Ludwig Thoma
Erinnerungen
Leute, die ich kannte

Liebe Marcus,

viel Glück und
Erfolg in München.
Eine kleine Kostprobe
deiner neuen Umgebung
soll dich bayrisch
einstimmen!

Alexander +
Dagny

August '97

Zu diesem Buch

Ludwig Thomas »Erinnerungen« und die autobiographischen Porträtskizzen »Leute, die ich kannte« gehören zu den Glanzstücken der autobiographischen Literatur. Sie erscheinen in dieser Ausgabe zum erstenmal in einem Band, nach den Erstausgaben ediert und mit erläuternden Anmerkungen versehen. In den »Erinnerungen« (1919) erzählt Ludwig Thoma, wie er, der Förstersohn, in der Vorder-Riß am Rand des Karwendelgebirges aufwuchs, er berichtet von seinen Schul- und Studienjahren sowie schließlich von seiner Tätigkeit als Rechtsanwalt und von seinen Anfängen als Autor. »Leute, die ich kannte«, 1923 postum erschienen, ist zwar nicht die fortgeschriebene Autobiographie, aber in den Porträts seiner Zeitgenossen wird seine Welt und seine Zeit nicht minder lebendig. Unter den Porträtierten der Dichterkollege Frank Wedekind oder sein Verleger Albert Langen, daneben aber auch Glossen über fragwürdige Literatenzirkel oder die Mode der Vereinsmeierei sowie verschiedene Betrachtungen, zum Beispiel über das fortschrittliche Württemberg.

Ludwig Thoma, am 21. Januar 1867 in Oberammergau geboren und am 26. August 1921 in Rottach am Tegernsee gestorben. Erst Rechtsanwalt, dann ab 1899 Redakteur des »Simplicissimus« und als Peter Schlemihl gefürchteter Satiriker. Er schrieb Gedichte, Komödien, Volksstücke, Erzählungen und naturalistische Bauernromane.

Ludwig Thoma
Erinnerungen
Leute, die ich kannte

Herausgegeben von Hans Pörnbacher

Piper München Zürich

»Erinnerungen« erschien zuerst 1919 und
»Leute, die ich kannte« 1923
im Albert Langen Verlag, München.

Von Ludwig Thoma liegen in der Serie Piper außerdem vor:
Heilige Nacht (262)
Moral (297)
Münchnerinnen (339)
Tante Frieda (379)
Der Ruepp (543)
Jozef Filsers Briefwexel (574)
Das Thoma-Buch (Hg. von Richard Lemp, 641)
Der Münchner im Himmel (684)
Nachbarsleute (741)
Andreas Vöst (806)
Lausbubengeschichten (853)
Der Jagerloisl (925)
Der Wittiber (1077)
Der heilige Hies (1144)
Altaich (1190)
Die Lokalbahn (1300)
Die Sippe (1301)
Dichter und Freier (1302)
Der Schusternazi/Der alte Feinschmecker/Waldfrieden (1303)

Taschenbucherstausgabe
Juli 1996
© 1996 R. Piper GmbH & Co. KG, München
Umschlag: Büro Hamburg
Simone Leitenberger, Susanne Schmitt, Andrea Lühr
Umschlagabbildung: Thomas Baumgartner (1911)
Gesamtherstellung: Clausen & Bosse, Leck
Printed in Germany   ISBN 3-492-22294-3

INHALT

Erinnerungen

Kinderzeit	9
Schuljahre	46
Im Berufe	92

Leute, die ich kannte

Karl Haider	197
Friedrich Steub	204
Wilhelm von Diez	208
Holger Drachmann	212
Rudolf Wilke	216
Albert Langen	221
Ignatius Taschner	228
Torggelstube	253
Der Goethebund	256
Pernerstorfer	258
Joseph Ruederer	261
Otto Erich Hartleben	265
Überbrettl	269
Frank Wedekind	271
Der alte Reder	275
Georg Queri	279
Schwäbische Eindrücke	281
Salzburg	285
Der alte Landrichter	289

Anhang

Anmerkungen	295
Nachwort	341
Literaturverzeichnis	365
Zur Ausgabe	368
Zeittafel	369
Register	372

Erinnerungen

Kinderzeit

Die Vorfahren meines Urgroßvaters waren Klosterjäger bei den Zisterziensern in Waldsassen; einer von ihnen wird um 1618 im Pfarrbuche als Venator regius aufgeführt und war demnach ein Jagdknecht des böhmischen Winterkönigs Friedrich, der als Kurfürst von der Pfalz das schon im Jahre 1560 säkularisierte Kloster Waldsassen mit seinem riesigen Waldbesitze von seinen Vorgängern übernommen hatte. Erst nach einem vollen Jahrhundert, um 1669, wurden die Zisterzienser wieder in ihre Rechte eingesetzt, und die Klosterjäger Thoma fanden wohl genug Ursache zu Verdruß und Streit mit den rauhhaarigen Hintersassen, die sich nur langsam an Gesetz und Recht gewöhnten. Schon 1525 hatte der Pfälzer Kurfürst mit grobem Eingriff in die Machtsphäre der Abtei den Bauern die Jagd freigegeben, die sie wie überall und immer mißbräuchlich ausnützten.

»Die Äcker lagen brach, auf den Wiesen flog der Wald an, und die Bauern taten nichts mehr als jagen«, erzählt der Chronist.

Allmählich mags wieder besser geworden sein, denn als am 4. September 1786 Herr Wolfgang von Goethe auf seiner Fahrt nach Italien von Karlsbad her durchreiste, fand er in dem Stifte Waldsassen ein »köstliches Besitztum der geistlichen Herren, die früher als andere Menschen klug waren«. Vielleicht stand unter irgendeinem Torbogen der noch nicht zwanzigjährige Sohn des Joseph Adam Thoma und sah die Eilkutsche vorüberrollen, in der der Olympier saß und sich freute, daß ihm die heimliche Abreise so wohl gelungen war.

Die Begegnung ließe sich einbilden, denn mein Urgroßvater hielt sich dazumal in Waldsassen auf.

Über ihn, den Geheimen Oberforstrat Joseph Ritter von Thoma, besitze ich genauere Nachrichten aus Familienpapieren und aus dem Buche von Dr. Heß: »Lebensbilder hervorragender Forstmänner«.

Er wurde in Waldsassen im Januar 1767 geboren – genau

hundert Jahre vor mir – trat 1791 in kurbayrische Dienste, kam 1799 nach München als Rat der Landesdirektion Bayerns und trat 1817 an die Spitze der bayrischen Forstverwaltung.

In dieser Stellung verblieb er bis 1849.

Er heiratete Sabina Freyin von Heppenstein und führte mit ihr eine glückliche, mit Kindern gesegnete Ehe.

»Er starb«, heißt es bei Heß, »an demselben Tage, an welchem der König das Dekret über die von ihm erbetene Versetzung in den Ruhestand unter Anerkennung seiner großen Verdienste durch Verleihung des Komturkreuzes des Verdienstordens der bayrischen Krone unterzeichnete.

Am 7. Mai 1841 hatte er unter großer und freudiger Teilnahme der Forstbeamten im ganzen Königreiche sein 50jähriges Jubiläum begangen.«

Als sein hervorragendes Werk wird ihm die Forstorganisation von 1822 nachgerühmt, durch welche erst die Einheit der bayrischen Forstverwaltung geschaffen wurde, und die in ihren Grundzügen bis 1885 erhalten blieb. Auch als Jäger genoß er hohes Ansehen, und als um 1841 die Verhältnisse in der Leibgehegsjagd zu starken Klagen Veranlassung gaben, wandten sich die Revierförster und Jagdgehilfen vertrauensvoll an meinen Urgroßvater, der Abhilfe schuf.

Der König verlangte von ihm ein Gutachten über einen passenden Vorstand der Hofjagd-Intendanz. Es handelte sich um zwei Bewerber, Forstmeister Kaltenborn von Freising und Forstmeister Reverdys von Berchtesgaden, die beide ihre Laufbahn als königliche Leibjäger begonnen hatten, dann Revierförster und Forstmeister geworden waren.

Nach der in unserer Familie erhaltenen Überlieferung war mein Urgroßvater ein stattlicher Mann von würdevollem Wesen, gütig, wortkarg, doch geselligen Freuden nicht abgeneigt, ein eifriger Jäger bis ins hohe Alter und ein geschätzter Musiker.

Ich besitze eine nach der Natur gezeichnete Lithographie von ihm, die von der hohen Porträtkunst jener Zeit ein sprechendes Zeugnis ablegt.

Das kräftig geschnittene Gesicht, an dem die hohe Stirn

und ein Paar kluge, versonnene Augen auffallen, zeigt keinen bürokratischen Zug und ließe in ihm, wenn die Unterschrift fehlte, einen Künstler vermuten.

Sein ältester Sohn, mein Großvater Franz Thoma, war viele Jahre Forstmeister in Schongau und hatte ausgedehnte Jagdreviere, die vor dem Jahre 1848 sehr wildreich waren; ein alter Jagdgehilfe von ihm, der in Oberammergau im Ruhestande lebte, erzählte mir davon Wunderdinge, und wenn auch einiges Latein gewesen sein mag, so blieb noch genug Wahrheit übrig, um mir zu zeigen, daß damals das goldene Zeitalter der Jäger war. Bei den Treibjagden mußten die Bauern noch Dienste leisten, und die Beute war so groß, daß man etliche Leiterwagen zum Heimschaffen brauchte. Das berühmte Freiheitsjahr brachte das große Schinden und die Vernichtung des Wildstandes auf lange Zeit hinaus; es war kaum mehr Übertreibung, wenn die »Fliegenden Blätter« einen Förster zeigten, der im Tiergarten den letzten Rehbock im Käfig betrachtete.

Die Verwüstung seiner Jagd griff meinem Großvater ans Herz, und er mochte nicht mehr in den ausgeschossenen Revieren bleiben.

Er gab um Versetzung ein und kam nach Kaufbeuren, wo der spätere Ministerialrat August von Ganghofer, der Vater Ludwig Ganghofers, sein Aktuar wurde.

Meine Mutter wußte mir viel Freundliches von ihrem Schwiegervater, der sie sehr geschätzt haben muß, zu erzählen. Er war ein temperamentvoller Herr, und meine Neigung zum Jähzorn soll ich von ihm geerbt haben, aber für gewöhnlich zeigte er eine gewinnende Fröhlichkeit und ein Schreiben der Bürger Schongaus, die ihrem Forstmeister zum 25jährigen Jubiläum gratulierten, rühmt ihm besonders Herzensgüte gegen Arme nach.

Meine Mutter hieß ihn einen Kavalier von der alten Schule, ohne mir den Unterschied von den neueren zu erklären, und meine Tante Friederike, die als »königliche Forstmeisterstochter älterer Ordnung« erst vor einigen Jahren im Damenstifte Neuberghausen starb, rühmte ihrem Vater peinliche Akkuratesse in der äußeren Erscheinung nach.

Im Jahre 1862 starb er. Seine Witwe, Henriette Thoma, lebte bis 1871 in Lenggries, treu und liebevoll behütet von ihrem ältesten Sohne Max, der in der nahen Vorder-Riß als Oberförster hauste.

Er war mein Vater.

Aus seinen Zeugnissen und Briefen entnehme ich, daß er im November 1842 die Universität München bezog. Dort hat sich der »lange Thoma« einen guten Namen als Schläger gemacht und Proben einer ungewöhnlichen Körperkraft abgelegt, sonst aber sich so geführt, daß ihm Anno 1845 der Rektor Dr. Döllinger urkundlich bestätigen konnte, »es liege hierorts nichts Nachteiliges gegen ihn vor«.

Er bestand die theoretische Prüfung der Forstkandidaten und wurde zur praktischen Vorbereitung auf den höheren Forstdienst zugelassen. Drei Wochen später wurde ihm von seinem Forstmeister und Vater Franz Thoma eröffnet, daß ihm die »Praxisnahme auf dem Forstreviere Hohenschwangau« gestattet sei, und daß er für diese Eröffnung einen Taxbetrag von 34 Kreuzern zu erlegen habe.

Im Januar 1846 wurde er zum Verweser des Gehilfenpostens beim Reviere Wies mit einer »Remuneration von täglich 15 Kreuzern« gnädigst bestimmt und avancierte dann zum wirklichen Forstgehilfen in Thierhaupten, später in Peißenberg.

Als Aktuarsverweser in Ettal bezog er bereits im Jahre 1847 eine Taggebühr von 45 Kreuzern und bewies alle Zeit die Wahrheit des Sprichwortes: Mit wenigem lebt man wohl.

Er galt als guter Jäger und Kugelschütze. Dagegen scheint er beim Trinken Zurückhaltung beobachtet zu haben. Ein Freund macht ihm brieflich diesen Vorwurf, woraus ich schließe, daß man damals den Fehler als ungewöhnlich rügen durfte.

In Tölz, wo der Forstgehilfe Max Thoma zu Forsteinrichtungsarbeiten im Jahre 1852 weilte, zeigte man mir in einer Weinstube noch zu Anfang der achtziger Jahre eine Kneipzeitung, die er mit Text und Karikaturen ausgestattet hatte.

Er lachte gerne und ließ sich keine Mühe verdrießen, um

einen Spaß von langer Hand her vorzubereiten und sorgfältig durchzuführen.

Man war damals harmlos und fröhlich in Altbayern, gemessener im Ernste, derber im Scherze als heute. Bei Scheibenschießen und Jagden war lustige Neckerei nicht bloß gern gesehen; sie galt als notwendige Würze der Geselligkeit.

Der Liebreiz jener Zeit ist uns erhalten geblieben in den klassischen Zeichnungen Max Haiders, der Hofjagdgehilfe war, bevor ihm König Max die Mittel zur künstlerischen Ausbildung gewährte.

Das Sturmjahr 1848 ist, wie es mir scheinen will, an meinem Vater vorübergegangen, ohne ihn in seinen Tiefen aufzuwühlen.

Er war stark angefärbt von dem Humor, der damals die Gestalten des Barnabas Mühlhuber und des Kasimir Heulmaier in den Fliegenden Blättern schuf, und seiner ruhigen, festen Art sagten die Aufläufe der Philister vor dem Hause der Lola Montez so wenig zu, wie die mit Tiraden gespickten Flugblätter.

Im übrigen konnte dem jungen Forstmanne das, was er zunächst vor Augen hatte, nicht als neuer Segen erscheinen.

Anno 1857 wurde er zum Revierförster in Piesenhausen, Forstamt Marquartstein, ernannt und heiratete Katharina Pfeiffer, eine Tochter der Schwabenwirtseheleute von Oberammergau.

Die Familie Pfeiffer, früher in Oberau ansässig und begütert, stand in gutem Ansehen. Damals waren Gastwirte Respektspersonen in der Gemeinde, die ihr Gewerbe neben der Landwirtschaft trieben und sich um des Fremdenverkehrs willen nichts vergaben.

Sie hielten scharfes Regiment im Hause aufrecht und litten keine Unordnung.

Der Schwabenwirt, ein kurz angebundener Mann, galt etwas und brachte sich vorwärts, unterstützt von einer braven Frau, die zuweilen bei so hohen Gästen wie König Max Ehre mit ihrer Kochkunst einlegte.

Es war selbstverständlich, daß die Töchter bei jeder häuslichen Arbeit mithelfen mußten, in Küche und Keller, wie in der Gaststube.

Die Kinder sagten zu jener Zeit »Sie« zu den Eltern, und der Verkehr in der Familie bewegte sich in gemessenen Formen, die keine unziemliche Vertraulichkeit oder Unbescheidenheit aufkommen ließen.

Ein Brief, in dem meine Mutter als sechzehnjähriges Mädchen ihre Eltern um Beisteuer zu einem Sommerkleide bittet, zeigt nach Stil und Inhalt so viel altväterliche, strenge Zucht, daß man versucht ist, ihn sehr viel weiter zurückzudatieren.

Sie hielt sich damals in München auf, um sich nach gutem Brauche in einem renommierten Gasthause in der Kochkunst zu vervollkommnen. Es galt als Vorzug, daß sie diese Lernzeit bei Grodemange verbringen durfte.

Was sie hier sah und lernte, trug sie säuberlich in ein dickes Heft ein. Gedruckte Kochbücher hatten damals wenig Geltung, und ich habe heute noch das stärkere Vertrauen zu jenen geschriebenen Rezepten, die ich als Erinnerungen aufbewahre.

Nach einem halben Jahre kehrte meine Mutter freudig zurück. Sie hing zeitlebens mit allen Fasern an ihrem Heimatdorfe und an ihrer älteren Schwester Marie, die in jungen Jahren den k. Posthalter und Verleger Eduard Lang heiratete, früh Witwe wurde und die auf uns Kinder durch ihre vornehme, stille Art einen unvergeßlichen Eindruck machte.

Die Schwabenwirtstöchter, deren jugendliche Anmut mir eine Daguerreotypie zeigt, fanden neben ihrer Arbeit immer noch Zeit, ihren Geist zu bilden, und wenn sie nicht allzuviel lasen, so lasen sie ganz gewiß nie einen seichten Roman.

Man ergötzte sich gemeinsam mit Gleichstrebenden an einem guten Buche, und ein studierender Jüngling konnte sich in den Ferien hohe Anerkennung erwerben, wenn er seine erst kürzlich erworbenen Kenntnisse in literarhistorischen Bemerkungen zu »Werthers Leiden« oder zu »Hermann und Dorothea« zeigte. Man las neben einigen Klassikern auch Stifters Studien, dies und jenes von Jean Paul, und man führte darüber empfindsame Gespräche, bei denen die Mädchen wohl nur die Zuhörerinnen abgaben.

Dies alles bewegte sich in bescheidenen Grenzen, führte nicht zu Überklugheit und förderte eine wirkliche Herzensbildung.

Wie das im lieben Deutschland üblich ist und war, mußten auch in Oberammergau gleichgestimmte Naturen einen Verein gründen zur Pflege ihrer Ideale, oder der Liebe zum »Guten, Wahren und Schönen«, wie man damals sagte.

Der Verein erhielt den Namen »Ambronia« mit Beziehung auf den lieblichen Fluß, der sich durch das Tal schlängelt.

Hochstrebende Jünglinge, die später als Notare, Ärzte und geistliche Räte im Vaterlande wirkten, schlossen den Bund, dem auch bildungsfrohe Mädchen beitreten durften.

Wer sich geneigt fühlt, darüber zu lächeln, der lege sich die Frage vor, wo heute noch in einem kleinen, abgelegenen Dorfe eine solche Vereinigung zustande kommen könnte, und ob in diesem Streben nicht ein gesunderer Kern steckte als im Literaturklatsch und in den Moderichtungen unserer größeren Städte.

Im übrigen war Oberammergau in der Mitte des vorigen Jahrhunderts ein geeigneter Platz für solche Neigungen und Ziele.

Es saßen weitgereiste Leute dort, denn ein reger Handel mit Schnitzereien, nicht zuletzt mit den reizvollen Spielwaren, ging durch ganz Europa und auch über See. Mancher hatte sich tüchtig in der Welt umgetan und den Wert gediegener Bildung schätzen gelernt, aber jeder fühlte sich erst wieder glücklich, wenn er heimgekehrt war und behaglich im Ampergrunde zu Füßen des Kofels saß.

Unter den Schnitzern gab es vortreffliche Künstler, die, weil sie sich zu bescheiden wußten, Vollendetes leisteten. Sie alle haben ihr Können der gemeinsamen Aufgabe, dem Passionsspiele, gewidmet, und dieses stand damals in seiner schönsten Blüte, denn im ganzen und in jeder Einzelheit zeigte es die aus traditioneller Kunstfertigkeit hervorgegangene Eigenart, die es später im Großbetriebe mit den von auswärts bezogenen echten Dekorationen und Kostümen verloren hat.

Die Hingabe der Gemeinde an den »Passion«, den Ruhm

der Heimat, war damals frei von ungesunden Spekulationen, von Hoffnungen auf unmäßigen und leichten Gewinn.

Erst der Zustrom des englischen und des noch schlimmeren amerikanischen Sensationspöbels hat das Bild verändert.

Aber jene älteren Generationen von Aposteln und Jüngern des Herrn richteten ihr Leben ein wenig nach dem Stile ihres heiligen Spieles ein und zeichneten sich durch Wohlanständigkeit aus. Sie handelten und redeten mit einiger Getragenheit und ließen sich von dem Bewußtsein leiten, daß sie auf einem Podium stünden und von vielen beachtet würden.

Im Glauben an den besonderen Beruf des Ammergauers, der das Gefühl einer engen Zusammengehörigkeit stärkte, war man glücklich und zufrieden.

Mit den kleinen, typischen Häusern, die im Erdgeschosse eine Stube hatten, von der aus hinterm Ofen eine Stiege in die obere Kammer führte, ist auch anderes verschwunden.

Ich darf einer edlen Persönlichkeit nicht vergessen, die von größtem Einflusse auf das patriarchalische Leben in der Gemeinde war und ihm ein besonderes Gepräge gab.

Ich meine den geistlichen Rat Joseph Aloys Daisenberger, der manches Jahrzehnt Pfarrer in Oberammergau war und als hoher Achtziger dort starb. Von ihm ist die gegenwärtige Fassung des Passionsspieltextes sowie eine vortreffliche Geschichte des Dorfes, die man im 20. Bande des Oberbayrischen Archives findet. Außerdem hat der würdige Herr einige vaterländische Schauspiele verfaßt, die seinen Ammergauern Gelegenheit boten, ihre schauspielerischen Talente zu üben.

Ich habe noch eines gesehen und dabei meinen Onkel Hans Lang als ritterlichen Herzog von Bayern ziemlich lange Sätze sprechen hören.

Daisenberger war das Urbild eines gütigen Priesters, über dessen Lippen nie ein hartes Wort kam, nie ein unduldsames, und der mit einem stillen Lächeln es ruhig dem Leben überließ, stürmische Meinungen zu glätten.

Er kümmerte sich nicht um Ansichten, sondern um das Schicksal eines jeden, er war Freund und Vater in jedem Hause, immer bereit, zu helfen.

Die Gemeinde hat ihm auf dem Friedhofe ein Denkmal errichtet.

Die wohlgetroffene Büste ist von dem Bildhauer Otto Lang modelliert, der als Sohn des Mühlbartl Sebastian aus einer alten Ammergauer Schnitzerfamilie stammt.

Mehr noch als das Denkmal ehrt den edlen Daisenberger die Erinnerung an ihn als den Schutzgeist Ammergaus, eine Erinnerung, die manches wohltätige Beginnen veranlaßte und ihm die rechte Weihe gab.

Ich habe den alten Herrn noch gut gekannt.

Wenn meine Mutter zu Besuch im Verlegerhause weilte, durfte ich ihm die »Augsburger Abendzeitung« bringen, die er täglich von meinen Verwandten erhielt.

Er hatte stets ein gutes Wort für mich, den er getauft hat; ein Umstand, der meiner Mutter zur Hoffnung und Beruhigung diente, wenn es bei mir im Aufwachsen nicht immer schnurgerade nach oben ging.

Weil ich nun das Denkmal Daisenbergers erwähnte, will ich beifügen, daß auch dem Altbürgermeister Oberammergaus, meinem Oheim Hans Lang, dem viel gerühmten Kaiphas des Passionsspieles, ein solches errichtet werden soll, das wiederum Otto Lang modelliert und in München zur Ausstellung gebracht hat.

Es wird ausgeführt werden, wenn es wieder Bronze für diese Zwecke geben wird.

Der Bürgermeister Lang hat es wohl verdient um sein Heimatdorf, das für ihn die große und kleine Welt gewesen ist. Ich glaube nicht, daß irgendein Ereignis auf dem Theatro mundi, über das er sich weltklug zu verbreiten wußte, sein Inneres je so gewaltig aufregte, wie etwa die Besetzung der Rollen im Passion, und kein Eingriff in die Menschenrechte konnte ihm so verbrecherisch erscheinen wie der Versuch, den Text des Spieles zu ändern und dem modernen Empfinden anzupassen.

Ein Versuch, den eingewanderte Schöngeister mehrmals unternehmen wollten.

Aber dagegen erhob sich immer der Zorn des Volkes, und Kaiphas führte eine so drohende Sprache wie vor dem Statthalter Pontius Pilatus.

Er war ein behaglicher und braver Mann, mit einem lebhaften Temperament begabt, gescheit und bildungsbeflissen, der als Jüngling in der Ambronia aus dem Wissensquell schöpfte, als Mann jedem törichten Zwange abhold blieb und sich, während er sich gerne unterrichtete, doch nach dem Goetheschen Rezept auf das Nächste beschränkte und Tüchtiges leistete.

Ammergau darf sich glücklich schätzen, wenn es auch künftig Männer findet, denen die Heimat so viel und alles gilt wie ihm.

Den Mittelpunkt im Dorfe, wie den Mittelpunkt im Leben vieler mir teurer Menschen bildete das Verlegerhaus von Georg Langs sel. Erben.

Wie ich schon oben erwähnte, ging früher, besonders im 18. Jahrhundert, der Handel mit Ammergauer Waren durch ganz Europa, wie auch nach Nord- und Südamerika. In vielen Städten des Auslands bestanden Handelshäuser und Niederlagen der Ammergauer, so in Kopenhagen, Petersburg, Moskau, Amsterdam, Cadix, Lima u. a., und der Ammergauer Kraxenträger ging seine Wege durch vieler Herren Länder.

Das Sterbebuch der Gemeinde weist nach, daß überall in der Welt Leute aus dem Dorf tätig waren, bis sie ferne von der Heimat starben. Zur Zeit der Napoleonischen Kriege stockte der Handel, die Niederlagen im Auslande wurden größtenteils aufgegeben. Dafür wurden in Ammergau selbst Verlagshäuser gegründet, das bedeutendste von Georg Lang.

Dessen Sohn Johann Lang hat nach 1815 als rühriger und umsichtiger Geschäftsmann den Handel wieder in Flor gebracht, sich selber einen großen Wirkungskreis geschaffen und eine sichere Existenz gegründet.

Das hätte auch dem Fremden und Uneingeweihten das stattliche Haus verraten. Wie es dastand mit weit ausladendem Schindeldache, darauf die großen Steine, nur zwei Stockwerke hoch, aber in die Länge gedehnt, glich es einem behäbigen Bauernhofe, und dem Eintretenden sagten schon die prachtvolle geschnitzte Tür mit Handelsemblemen, der gewölbte Gang, die breite Treppe, daß er sich in einem ansehnlichen Bürgerhause befinde.

Gute Stiche schmückten die Wände des Treppenhauses und der in schönen Verhältnissen angelegten Zimmer und vermittelten den Eindruck, daß sich einige Generationen hier mit Geschmack wohnlich eingerichtet hatten. Zu ebener Erde waren ineinandergehend vier geräumige Läden, in denen mit Rokokoornamenten verzierte Glaskästen standen, die manches wertvolle Stück der Ammergauer Kunst enthielten.

Zwei Läden waren angefüllt mit Spielwaren, Puppen, Pferden, Botenfuhrwerken, Bogen und Pfeilen, Armbrusten, Hampelmännern und vielem anderen.

Man stelle sich einen Knaben vor, der aus der Risser Einsamkeit kommend plötzlich vor diesen angehäuften Herrlichkeiten stand, und man wird verstehen, wie heute noch der Eindruck in mir so stark nachlebt, daß für mich das Verlegerhaus der Inbegriff einer schönen Behaglichkeit geblieben ist.

Zu Anfang der fünfziger Jahre hatte Eduard Lang, der Sohn von Johann Lang, Anwesen und Geschäft übernommen und die Schwester meiner Mutter geheiratet.

Er muß ein edler, liebenswerter Mensch gewesen sein, denn noch viele Jahre nach seinem Tode – er starb schon 1859 – war die Erinnerung an ihn im Dorfe wie in der Familie lebendig. Meine Mutter hat mir oft die Redlichkeit seines Charakters und seinen feurigen, begeisterungsfähigen Sinn gerühmt.

Seine Witwe, der die Sorge für sechs Kinder oblag, blieb zeitlebens eine stille Frau, die ich immer ernst sah; sie genoß in ungewöhnlichem Grade Liebe und Verehrung, nicht zuletzt von seiten meiner Mutter. Ein verhaltener, gedämpfter Ton von Trauer blieb an dem Hause haften; nicht so, daß er störend gewirkt hätte, aber doch so, daß kein lautes Wesen aufkommen konnte.

Behaglich blieb es bei alledem, und wenn der Herr Oberförster aus der Riß zu Besuch kam und im Kreise der vielen älteren und jüngeren Damen seine lange Pfeife rauchte – eine bemerkenswerte Vergünstigung –, dann gab es auch lebhafte Fröhlichkeit.

Mein Bruder und ich haben als junge Holzfüchse erfahren, wie viele erzieherische Talente in erwachsenen Kusinen stecken, denn sie verwandten einige Mühe auf die Glättung unserer Manieren.

Aus einem anregenden Kreise, in dem sie wohl gelitten war und herzliche Freundschaft gefunden hatte, trat meine Mutter im Jahre 1857, um ihrem Ehemanne nach Piesenhausen bei Marquartstein zu folgen.

Mein Vater hatte nach Pflicht und Brauch beim König Max um eine Audienz nachgesucht, und meine Mutter erzählte mir noch viele Jahre später mit Lächeln und Erröten, daß der König ihm zur Wahl der Gattin Glück gewünscht und gesagt habe, er sehe wohl, daß seine Revierförster einen ausgezeichneten Geschmack verrieten.

Der König kam fast alljährlich nach Ammergau, und da mochte es wohl geschehen sein, daß ihm beim festlichen Willkommen die Töchter des Schwabenwirtes Blumensträuße überreicht hatten.

Daß er sich daran erinnerte und dem jungen Forstmanne diese herzliche Freude bereitete, zeigte seine Güte und seinen Takt, die ihn, wie der alte Riehl erzählt, ganz besonders auszeichneten und ihm alle Herzen gewannen.

In Piesenhausen wohnten meine Eltern mehrere Jahre in glücklicher Ehe, der zwei Kinder, mein Bruder Max und meine Schwester Marie, entsprossen.

Mein Vater fand alles Behagen am häuslichen Herd; es ist ihm treu geblieben, und er hat es wohl zu würdigen gewußt.

Ein wertgeschätzter Freund wurde ihm der Pfarrer von Grassau, der ein passionierter Jäger war und einer von den prächtigen geistlichen Herren, die Max Haider verewigt hat. Man erzählte von ihm, daß er einmal beim Messelesen die Wandlung vergessen habe, weil vor der Kirche das Jagdhorn zum Aufbruch blies. Ich habe aber die Geschichte so oft über den und jenen Pfarrer erzählen hören, daß ich sie für erfunden halte. Sie war wohl bezeichnend für den Jagdeifer der Herren.

Die schärfere Richtung, die später kam, hat den harmlosen

Freuden ein Ende gemacht, und sie hat, wie mir erzählt wurde, dem geistlichen Rat in Grassau weh genug getan.

Als er schon hochbetagt war, hetzte ein junger Kooperator die Bauern gegen ihn auf, indem er seinen Eifer oder gar seine Rechtgläubigkeit in Zweifel zog, und es fanden sich wirklich Leute, die dem gütigen Manne bei einer Katzenmusik die Fenster einwarfen zum Danke für viele Wohltaten, die er den Armen erwiesen hatte.

Damals aber, in den fünfziger und sechziger Jahren freute man sich an den Pfarrern, die fröhliche Junggesellen waren, jeden Spaß in Ehren gelten ließen und sich beim Scheibenschießen und Jagen offenbar tüchtig zeigten.

Denn in allen Darstellungen spielt der Hochwürdige niemals etwa so wie der Landrichter, Assessor oder Lehrer eine komische Figur.

Im Jahre 1861 wurde mein Vater als Revierförster nach Partenkirchen versetzt.

Er hatte darum nachgesucht, wohl auch auf Bitten meiner Mutter, die sich glücklich fühlte, als sie wieder ins Werdenfelser Land und in die Nähe der Ammergauer Heimat kam.

Während der vier Jahre, die meine Eltern in Partenkirchen blieben, gab es vornehmlich zwei Ereignisse, von denen uns später erzählt wurde. Das eine war der große Brand, bei dem die Hälfte des enggebauten Dorfes in Asche gelegt wurde, und das andere die berühmte letzte Bärenjagd im Wettersteingebirge.

Sie ist mehrmals in Zeitschriften geschildert worden, obwohl sie ohne rechten Schluß blieb. Denn Meister Petz entkam, wenn auch schwer angeschossen, und verendete vermutlich in irgendeiner unzugänglichen Schlucht.

Einem alten Förster, der mit dabei war, kam der Bär auf dreißig Schritte, aber es versagten ihm die beiden Schüsse seines Kugelzwillings; die Kapseln brannten leer ab.

Daß er Ruhm und Schußgeld verlieren mußte, verdroß den Alten so schwer, daß er wochenlang gemütskrank war und kein anderes Wort als lästerliche Flüche über die Lippen brachte.

Sobald ihm ein Bekannter begegnete, schrie er ihm von weitem zu: Brauchst nix red'n... woaß scho... woaß scho...

Himmel... Herrgott... Nur durch Anwendung von Alkohol gelang es ihm nach und nach, sein seelisches Gleichgewicht wieder zu erlangen.

In Partenkirchen lernte mein Vater den Münchner Kunstmaler Julius Noerr kennen, der ihm in der Folgezeit ein lieber Freund geworden ist.

Noerrs Landschaften erregen neuerdings Aufsehen bei Kritikern, die jetzt die Münchner Kunst der sechziger Jahre entdecken und erstaunt über die hohen Werte sind, die sich ihnen darbieten; vielleicht können ihnen die Landschaften wie die Tierbilder Noerrs, seine reizvollen Aquarelle und Zeichnungen, seine Genrebilder zeigen, wie vielseitig dieser Künstler war, der wie kaum ein anderer die Alpenwelt kannte und in nie versiegender Freude am Malerischen jeder Spezialität abhold blieb.

Von seinen Wanderungen durch Tirol und Oberbayern brachte er Mappen voll kostbarer Studien heim. Wie er mit einfachen Mitteln in Bleistiftskizzen Stimmungen festhielt, ist bewundernswert, und keiner hat so treu und so liebenswürdig wie er Jagd und Jäger im bayrischen Gebirge geschildert.

Sein Lebenswerk kann in der Heimat kaum voll gewürdigt werden, da die meisten seiner Bilder nach England verkauft worden sind, doch vermag das, was sich bei einheimischen Sammlern vorfindet, immerhin das hohe Können Noerrs darzutun.

Ein Können, das freilich in jener Zeit mehr verbreitet und notwendige Vorbedingung war. Mit billiger Genialität durfte man sich damals nicht hervorwagen; um das zu ermöglichen, war lange Vorarbeit der segensreichen Kritik notwendig. In dem alten, noblen München, dem Pocci, Schwind, Spitzweg, Schleich, Lier, Riehl, Kobell, Lachner und manche andere das Gepräge gaben, mußte einer was können, der aus der Reihe hervortreten wollte, und sie alle, die etwas konnten, waren vornehm und hätten sich das laute Geschrei der Markthelfer verbeten.

Noerr war späterhin ein regelrechter Sommergast in der Vorder-Riß und obgleich er sich nicht viel mit uns abgab, wurden wir Kinder ihm besonders anhänglich.

Es war eine vielbegehrte Gunst, ihm beim Malen zuschauen zu dürfen.

Seine Freundschaft hat meinem Vater viel gegolten und seine Kunst hat ihn in bescheidenen Maßen selber zum Schaffen angeregt.

Zu einigen Zeichnungen Noerrs, die in »Über Land und Meer« erschienen sind, hat er die Texte verfaßt.

In Partenkirchen blieb mein Vater, bis er im Jahre 1865 als Oberförster – der Titel war geändert worden – in die Vorder-Riß kam.

Die Familie war auf vier Kinder angewachsen, und der Umstand ließ meine Eltern wünschen, jene Oberförsterei, mit der Ökonomie und Wirtschaft verbunden waren, zu erhalten.

Der Posten war wegen seiner Einsamkeit nicht übermäßig begehrt, und doch wurde diese Einöde meiner Mutter wie uns Kindern zur liebsten Heimat, die wir in der Rückerinnerung erst recht mit allen Vorzügen ausschmückten.

Im Januar 1867 besuchte meine Mutter ihre Schwester Marie Lang in Oberammergau, um im Verlegerhause ihre Niederkunft abzuwarten, denn sie getraute sich nicht, in der Riß zu bleiben, weit ab von jeder Hilfe, die bei starkem Schneefalle überhaupt nicht erreichbar gewesen wäre.

Am 21. Januar gegen Mittag kam ich zur Welt, und meine Verwandten erzählen mir, ich hätte gerade, als sie von der Schule heimkamen, so laut geschrieen, daß sie mich schon auf der Straße hörten.

Meine ersten Erinnerungen knüpfen sich an das einsame Forsthaus, an den geheimnisreichen Wald, der dicht daneben lag, an die kleine Kapelle, deren Decke ein blauer, mit vergoldeten Sternen übersäter Himmel war.

Wenn man an heißen Tagen dort eintrat, umfing einen erfrischende Kühle und eine Stille, die noch stärker wirkte, weil das gleichmäßige Rauschen der Isar deutlich heraufklang.

Hinterm Hause war unter einem schattigen Ahorn der lustig plätschernde Brunnen ganz besonders merkwürdig und anziehend für uns, weil in seinem Granter gefangene Aschen und Forellen herumschwammen, die sich nie erwischen ließen, so oft man auch nach ihnen haschte.

Drunten am Flusse kreischte eine Holzsäge, biß sich gellend in dicke Stämme ein und fraß sich durch, oder ging im gleichen Takte auf und ab.

Ich betrachtete das Haus und die hoch aufgeschichteten Bretterlager von oben herab mit scheuer Angst, denn es war uns Kindern strenge verboten, hinunterzugehen, und als ich doch einmal neugierig über den Bachsteg geschritten war, kriegte ich vom Vater, der mich erblickt hatte, die ersten Hiebe.

Noch etwas Merkwürdiges und die Phantasie Erregendes waren die rauchenden Kohlenmeiler, gerade unterm Hause, an denen rußige Männer auf und ab kletterten und mit langen Stangen herumhantierten. Hinter Rauch und Qualm leuchtete oft eine feurige Glut auf, aber trotz der Scheu, die uns der Anblick einflößte, trieben wir uns gerne bei den Kohlenbrennern herum, die in kleinen Blockhütten hausten, auf offenem Herde über prasselndem Feuer ihren Schmarren kochten und die Kleinen, die mit neugierigen Augen in den dunkeln Raum starrten, davon versuchen ließen.

Wieder andere gefährlich aussehende Riesen, die große Wasserstiefel an den Füßen trugen, fügten Baumstämme mit eisernen Klammern aneinander; wenn sie, ihre Äxte geschultert, dicke Seile darum geschlungen, in unser Haus kamen und sich im Hausflöz an die Tische setzten, hielt ich die bärtigen Flößer für wilde Männer und traute ihnen schreckliche Dinge zu.

Sie waren aber recht zutunlich und boten uns Kindern Brotbrocken an, die sie zuerst ins Bier eingetaucht hatten; allmählich gewöhnten wir uns an sie und es mußte uns sehr streng verboten werden, im Flöz bei den Tischen herumzustehen.

Unsere besonderen Freunde waren die Jäger. Fast alle gaben sich mit uns ab, keiner aber verstand es besser, unsere Herzen zu gewinnen, wie der Lenggrieser Thomas Bauer, der immer helfen konnte, wenn ein Spielzeug zerbrochen war, und der nie ungeduldig wurde, so oft wir auch mit Bitten zu ihm kamen. Gewiß waren die Geschichten, die uns Viktor erzählte, wunderschön, aber was waren sie gegen die Erlebnisse, die unser Bauer droben im Walde mit Zwergen und Berggeistern gehabt hatte! Wenn er vom Pürschgang heimkam, sprangen wir ihm entgegen, und staunten ihn an, wenn er einen erlegten Hirsch oder einen Gamsbock brachte, und immer hatte er was für uns, eine seltsam geformte Wurzel, einen Baumschwamm oder eine Pfeife, die er unterwegs aus einer Rinde zurecht gemacht hatte.

In seinem Jägerstübchen war er nie vor uns sicher; kaum hatte er es sich auf seinem Kanapee gemütlich gemacht und seine Pfeife angebrannt, dann trippelten kleine Füße über die Stiege herauf und polterten gegen die Türe, deren Klinke nicht zu erreichen war.

Es half ihm nichts, er mußte die Quälgeister einlassen und viele Fragen beantworten, ob er den Zwergkönig mit dem langen Bart und dem spitzen Hut gesehen habe, und ob die Gambs mit den goldenen Krickeln noch auf dem Scharfreiter herumspringe.

Er mußte uns vormachen, wie die Gambsböcke blädern, und auf dem Schnecken, wie die Hirsche im Herbst schreien, und wenn er sein Gewehr zerlegte oder eine Uhr reparierte oder einen Gambsbart faßte, schauten neugierige Kinderaugen dem Tausendkünstler zu.

Vertrauen und Neigung hingen sich so fest an den Mann, daß er uns allen als Sinnbild und Verkörperung des stillen Glückes galt, das wir in der Riß gefunden hatten.

Ein gern gesehener Mann war der Lenggrieser Bote. Die allgemeine Freude über diese Verbindung mit der Außenwelt ging auch auf uns Kinder über, und der mit allerlei Gaben gefüllte Plachenwagen übte großen Reiz auf uns aus.

Man lernt nur in einer solchen Abgeschiedenheit das Vergnügen am kleinsten kennen, und Städter vermögen es sich kaum vorzustellen, wie Zeitungen, Briefe und Pakete erwartungsvolle Spannung verursachen, oder was frisch gebackene Semmeln einmal die Woche bedeuten können.

Wieviel Freude brachten damals die illustrierten Wochenschriften »Über Land und Meer« und die »Gartenlaube« in das Forsthaus!

Dazu gehörten Pfeife und duftender Kaffee und ein Kreis von Menschen, die gewillt waren, alles wohlwollend aufzunehmen, was ihnen geboten wurde, die Nachrichten aus einer fernen Welt mit Interesse zu hören und sich dabei in ihrem Winkel erst recht wohl zu fühlen.

Wie waren aber jene Zeitschriften damals im besten Sinne weltbürgerlich und wußten Eigenart und Verschiedenheit der Völker so zu schildern, daß es Teilnahme, nicht aber feindselige Gefühle erregte!

Ich blättre zuweilen noch in den alten Bänden und finde die Stimmung jener Tage wieder.

Zu den vielen gescheiten Kindern, die den Kreis ihrer Angehörigen durch tiefsinnige Fragen und Antworten immer wieder in Erstaunen versetzen, werde ich wohl auch gehört haben, doch sind mir keine erwähnenswerte Aussprüche überliefert worden; dafür etliche Schrecknisse, die ich bestand.

Ein Hafen voll heißer Milch, der mir über die Brust geschüttet wurde, spielte in der Chronik Viktors eine wichtige Rolle, daneben eine Axt, die ich mir ins Bein hackte, und ein Rausch.

Ich kam als kleiner Kerl hinter einen halben Liter Rotwein, den mein Vater eben mit einem Freunde hatte trinken wollen, als sie beide aus irgendeinem Grunde rasch aus dem Zimmer eilten. Gleich darauf aß man zu Mittag, und ich fiel vom Stuhl, so oft man mich darauf setzte; es ließ sich nicht mehr leugnen, daß ich betrunken war, und die Folgen blieben nicht aus. Mein Vater hielt mich durch sie für genügend bestraft, wie er überhaupt kein Freund von Prügeln war, und er fragte mich am andern Morgen teilnehmend, ob ich wieder Rotwein möchte; als ich die Frage bejahte, sagte er, daß sei ein gutes Zeugnis für den Wein.

Für mich mag es ein Besseres sein, daß jenem ersten Rausche kaum wieder einer gefolgt ist.

Mein Interesse an Büchern soll sich sehr früh gezeigt haben, insoferne ich stundenlang über Bildern sitzen und unerbittlich auf genaue Erklärung dringen konnte.

Bei Wiederholung von Erzählungen mußte sich Viktor vor Gedächtnisfehlern hüten, denn ich duldete keine Schwankungen und verlangte Genauigkeit; ich selber hielt mich nicht daran und liebte schmückende Übertreibung, wenn ich mein Wissen an unsern Jäger weitergab.

Die größte Freude bereitete man mir mit Münchner Bilderbogen, und der Eindruck, den »Max und Moritz« von Wilhelm Busch auf mich machte, war so stark, daß meine besorgte Mutter das Buch in Verwahrung nahm.

Nur zuweilen an besonderen Tagen oder zur Belohnung für gutes Betragen durfte ich es anschauen und war schon gleich von der Umschlagzeichnung freudig erregt.

Wenn ich heute die zwei Bubenköpfe sehe, überkommt mich noch immer ein stilles Behagen, und sie wirken auf mich wie ein Gruß aus der lieben Kinderzeit.

Tante Theres, eine Schwester meines Vaters, die mir das Buch geschenkt hatte, war mir dafür besonders lieb, und als sie nun gar eines Tages ein kleines Marionettentheater mitbrachte und darauf den »Freischütz« spielte, hegte ich für sie die größte Zuneigung und Bewunderung.

Manches wichtige Ereignis ist in meiner Erinnerung verblaßt, manches ganz daraus entschwunden; aber der Abend, an dem ich voll Erwartung vor dem Kunsttempel aus Pappendeckel saß und die Schicksale des braven Jägers Max miterlebte, steht immer noch lebendig vor mir.

Freilich gab sich Tante Theres, ein stattliches älteres Mädchen, große Mühe, um mit tiefer Stimme, mit bengalischen Feuern und mit Pistolenschüssen Grauen in uns wachzurufen.

Wie solche Eindrücke haften bleiben, erfuhr ich viele Jahre später, als ich zu Proben hinter die Bühne des Hoftheaters kam; in dieser Welt von Pappe und Leinwand roch es ähnlich, vielleicht recht entfernt ähnlich so, wie im Marionettentheater, und gleich stand die Aufführung des »Freischütz« vor meinen Augen.

Die Talente der Tante Theres fanden in der Riß nicht bei allen so viel Anklang wie bei mir, und ihr Zug ins Künstlerische, Geniale oder Theatralische wurde auch späterhin, als ich den Tadel verstehen konnte, mit Bedauern festgestellt; sie machte keine sehr gute Heirat, lebte in ärmlichen Verhältnissen, und das kam eben davon, wie selbst die gutmütige Viktor sagen konnte.

Erleben eigentlich Stadtkinder Weihnachtsfreuden? Erlebt man sie heute noch?

Ich will es allen wünschen, aber ich kann nicht glauben, daß das Fest in den engen Gassen der Stadt, in der wochenlang die Ausstellungen der Spielwarenhändler die Freude vorwegnehmen, Vergleiche veranlassen oder schmerzliche Verzichte zum Bewußtsein bringen, das sein kann, was es uns Kindern im Walde gewesen ist.

Der erste Schnee erregte schon liebliche Ahnungen, die bald verstärkt wurden, wenn es im Hause nach Pfeffernüssen, Makronen und Kaffeekuchen zu riechen begann, wenn am langen Tische der Herr Oberförster und seine Jäger mit den Marzipanmodeln ganz zahme, häusliche Dienste verrichteten, wenn an den langen Abenden sich das wohlige Gefühl der Zusammengehörigkeit auf dieser Insel, die Tag um Tag stiller wurde, verbreitete.

In der Stadt kam das Christkind nur einmal, aber in der Riß wurde es schon Wochen vorher im Walde gesehen; bald kam der, bald jener Jagdgehilfe mit der Meldung herein, daß er es auf der Jachenauer Seite oder hinterm Ochsensitzer habe fliegen sehen.

In klaren Nächten mußte man bloß vor die Türe gehen, dann hörte man vom Walde herüber ein feines Klingeln und sah in den Büschen ein Licht aufblitzen. Da röteten sich die Backen vor Aufregung, und die Augen blitzten vor freudiger Erwartung. Je näher aber der heilige Abend kam, desto näher kam auch das Christkind ans Haus, ein Licht huschte an den Fenstern des Schlafzimmers vorüber, und es klang wie von leise gerüttelten Schlittenschellen.

Da setzten wir uns in den Betten auf und schauten sehnsüchtig ins Dunkel hinaus; die großen Kinder aber, die unten standen und auf einer Stange Lichter befestigt hatten, der Jagdgehilfe Bauer und sein Oberförster, freuten sich kaum weniger.

Es gab natürlich in den kleinen Verhältnissen kein Übermaß an Geschenken, aber was gegeben wurde, war mit aufmerksamer Beachtung eines Wunsches gewählt und erregte Freude.

Als meine Mutter an einem Morgen nach der Bescherung in das Zimmer eintrat, wo der Christbaum stand, sah sie mich stolz mit meinem Säbel herumspazieren, aber ebenso froh bewegt schritt mein Vater im Hemde auf und ab und hatte den neuen Werderstutzen umgehängt, den ihm das Christkind gebracht hatte.

Wenn der Weg offen war, fuhren meine Eltern nach den Feiertagen auf kurze Zeit zu den Verwandten nach Ammergau.

Ich mag an fünf Jahre alt gewesen sein, als ich zum erstenmal mitkommen durfte; und wie der Schlitten die Höhe oberhalb Wallgau erreichte, von wo aus sich der Blick auf das Dorf öffnet, war ich außer mir vor Erstaunen über die vielen Häuser, die Dach an Dach nebeneinander standen.

Für mich hatte es bis dahin bloß drei Häuser in der Welt gegeben.

Auch mein Vater war gerne in der Riß. Die schöne Jagd, das gute Fischwasser und die Selbständigkeit im Dienste konnten ihm wohl gefallen.

Freilich gab es auch Unannehmlichkeiten, die nicht ausbleiben konnten, nach der Erfahrung, daß mit großen Herren nicht gut Kirschen essen ist.

König Ludwig II., der sich alljährlich mehrere Wochen in der Riß aufhielt, war immer gütig, dankbar für die bescheidenste Aufmerksamkeit, und er hatte oder zeigte doch niemals Launen.

Aber im Gefolge eines Königs gibt es immer Leute, die stärker auftreten als der Herr.

Überdies lagen als Nachbarn der Herzog von Koburg und der Herzog von Nassau an, die wieder Hofmarschälle und Jägermeister hatten, die sich aufzublasen wußten und ihre Sorge um die eigene Liebhaberei hinter der um ihre Hoheiten versteckten.

Große Herren lassen sich die Mücken abwehren, aber nicht die Ohrenbläser, sagt ein deutsches Sprichwort, und so mußte sich hie und da ein bayrisches Ministerium mit Beschwerden der Hoheiten befassen, die offensichtlich nur Beschwerden ihrer Kämmerlinge waren.

Einmal wurde mein Vater zur Rechenschaft gezogen, weil er zugegeben hatte, daß Pferde des Herzogs von Nassau in der leerstehenden Stallung des Königs untergebracht wurden, und er hatte dazu ausdrücklich die Erlaubnis des Oberstallmeisters Grafen Holnstein verlangt, die um so bereitwilliger gegeben wurde, als Holnstein auch auf den Jagden des Nassauer Herzogs öfter zu Gaste war.

Irgend ein Hofstaller bemerkte den Vorfall, witterte dahinter einen Eingriff in die königlichen Rechte und machte diensteifrig Meldung.

Graf Holnstein, dem die Sache peinlich war, erinnerte sich nicht mehr an seine Einwilligung, und der Tölzer Forstmeister mußte auf Anordnung des Ministeriums meinem Vater einen Verweis erteilen. Er wehrte sich dagegen, wies aus seinen Notizen nach, daß der Oberstallmeister ohne Zögern den Wunsch des Herzogs erfüllt habe, und daß er damit zu einer Weigerung weder Anlaß noch Recht gehabt habe; allein da das unbedeutende Ereignis dem Grafen Holnstein gänzlich aus dem Gedächtnisse entschwunden war, verfügte das Ministerium, es habe bei dem Verweise zu bleiben.

Die Ungerechtigkeit ärgerte meinen Vater so sehr, daß er um Versetzung eingeben wollte, und erst nach einigem Zureden gelang es meiner Mutter, ihn zu beruhigen.

Er schätzte nun die etwas hysterische Dienstbeflissenheit der höheren Stelle gebührend ein und wurde vorsichtiger im Verkehr mit Höflingen, zuweilen auch deutlich, wenn sich ihr Eifer zu weit vorwagte.

Der Herzog von Nassau – vielleicht noch lebhafter sein Hofmarschall – wollte den zum königlichen Leibgehege gehörenden Fermerskopf an seine Jagd angliedern.

Mein Vater mußte als Verwalter des Reviers sein Gutachten abgeben.

Nun schickte, um ihn zu gewinnen, der Hofmarschall einen Hofkammerrat in die Riß, der meinem Vater nahelegte, die Oberleitung über die herzogliche Jagd am Fermerskopf und eine entsprechende Gratifikation anzunehmen.

Das Anerbieten wurde mit der Bemerkung gemacht, die bayrische Regierung brauche ja davon nichts zu erfahren.

Mein Vater wies dem Hofkammerrat die Türe und schrieb dem Hofmarschall Grafen C., er möge ihn »für alle Zukunft mit derartigen Zudringlichkeiten verschonen«.

Ich erwähne den Vorfall mit einem wörtlichen Zitate aus dem Briefwechsel, weil er ein Bild von der Situation wie von dem Wesen meines Vaters gibt.

Heute, unter so veränderten Umständen, können den Leser die damaligen Verhältnisse interessieren, und so will ich bemerken, daß der Oberförster in der Vorder-Riß zu Anfang einen Jahresgehalt von 800 Gulden bezog, der nach und nach auf 1100 Gulden stieg.

Dazu kamen als Nebenbezüge: freie Wohnung, Dienstgründe, ein »Holzdeputat von 15 Klaftern Hartholz«, »Funktionsaversen und Bauexigenzaversen« von 200 Gulden und eine »Hochgebirgs-Leib-Reserve-Gehegsjagdetatremuneration« von 30 Gulden.

Man sieht, es war damals alles wohl geordnet und mit dem rechten Namen versehen.

Einen sehr erheblichen Dienst leistete mein Vater dem bayrischen Staate dadurch, daß er ihn im Jahre 1871 veranlaßte, vom Bankier La Roche in Basel das Jägerbauerngut in Fall um den Preis von 50000 Gulden zu erwerben.

Der Staat ließ sich zögernd auf das Geschäft ein, ist aber heute wohl zufrieden damit, denn die Waldungen repräsentieren einen Millionenwert.

In der Vorder-Riß gab es damals vier Hauptgebäulichkeiten. Drei auf der Anhöhe über der Isar: das von Max II. erbaute »Königshaus«, das Forsthaus und neben diesem eine Kapelle.

Dazu kamen Nebengebäude für Jagdgehilfen und Stallungen.

Im Tale, nahe dem Einflusse des Rißbaches in die Isar, lag eine Schneidsäge.

Das dazu gehörende uralte, mit Freskomalereien gezierte Bauernhaus fehlt in keiner Sammlung von Abbildungen altbayrischer Häuser.

Etliche Büchsenschüsse entfernt lag Isar aufwärts ein Bauernhof, der »Ochsensitzer«, und sein Eigentümer, der Danner Toni, schätzte meinen Vater und war ihm auf seine Art zugetan, aber das hielt ihn nie ab, einem Wilderer Unterschlupf zu geben, und wenn er von unseren Jägern etwas erfahren hätte, wäre die Botschaft heimlich weitergegeben worden.

Auch die Jäger waren Isarwinkler und nicht minder schlau wie der Toni; sie konnten geradeso unbefangen dreinschauen, jedes Wort abwägen, sich taub stellen, indes sie den braven Ochsensitzer von weitem gehen hörten, wenn er auch noch so leise auftrat.

Von dem heimlichen Kriege, der nie zum Ende kam, ließ man nichts merken; man saß bei Gelegenheit freundlich zusammen hinterm Bierkrug und kannte einander, ohne Worte zu verlieren.

Zuweilen hat Bauer, der Glaslthomä von Lenggries, sogar dem schlauen Toni die Würmer aus der Nase gezogen.

Die Wilderer trieben in jener Zeit ein arges Unwesen im Isartal. Manches Ereignis ist von den Zeitungen berichtet, auch romantisch aufgeputzt worden, und der »Dammei« in Tölz, der die Kämpfe der Wildbratschützen besang, hatte reichlich Arbeit.

Die Verwegensten waren die Lenggrieser, Wackersberger und Jachenauer; als besonders reich an Listen galten die Tiroler aus der Scharnitz.

Es mußten schneidige Jäger sein, die gegen sie aufkommen wollten, und man fand sie unter den Einheimischen, die selber gewildert hatten, bevor sie in den Dienst traten.

Ich habe nie gehört, daß einer untreu gewesen wäre, wohl aber weiß ich, daß der eine und andere beim Zusammentreffen mit den alten Kameraden sein Leben lassen mußte.

Diese Dinge entbehren für die Beteiligten ganz und gar des Reizes, den sie für Fernstehende hatten; es ging dabei rauher zu, als es sich ein freundlicher, vom Schimmer der Romantik angeregter Leser vorstellen mochte.

Einer von meines Vaters Jagdgehilfen, der Bartl, ein braver, bildschöner Bursche, wurde aus dem Hinterhalt auf wenige Schritte Entfernung niedergeschossen.

Ein Jachenauer, der unter den Wilderern war und die Tat, wie man erzählte, verhindern wollte, wurde später Jagdgehilfe und fand einen schlimmen Tod auf der Benediktenwand; er wurde schwer verwundet mit Steinen zugedeckt und kam so jämmerlich um.

Ein Sagknecht aus der Jachenau, der den Bartl erschossen haben soll – bewiesen konnte es nicht werden –, traf nicht lange nachher wieder mit den Jägern zusammen und wurde schwer verwundet. Er kam mit dem Leben davon, verlor aber das Gehör.

In ihrer Art berühmt geworden ist die Floßfahrt der Wilderer im Jahre 1869, von der man sich heute noch im Oberland viel erzählt.

Die zwei Söhne des Halsenbauern von Lenggries und mit ihnen einige Kameraden hatten bei Mittenwald gewildert und wollten ihre Jagdbeute auf einem Floße Isar abwärts nach Lenggries oder Tölz bringen.

Sie kamen in der hellen Mondnacht in schneller Fahrt den Fluß herunter; die Ruder hatten sie mit Tüchern umwickelt.

Vor der Risser Brücke, unweit vom Ochsensitzer, wurden sie angerufen. Es kam zum Feuern heraus und hinein.

Der Mann am Steuer, der Halsen Blasi, wurde erschossen, zwei andere wurden verwundet. Der Halsen Toni erhielt einen Schuß mitten auf den Taler seiner Uhrkette, und dieser glückliche Zufall rettete ihm das Leben. Ein Fünfter versteckte sich unter das Wildpret, das auf dem Floße lag, und kam heil davon.

Sie hielten an der Schneidsäge an und schafften den Toten wie die Verwundeten ins Haus.

Die gerichtliche Untersuchung führte zu keinem Ergebnisse.

Der Vorfall kann heute, wie damals, Verwunderung über »rechtlose Zustände« erregen, die in den Zeitungen ausführlich besprochen wurden.

Rechtlos schlechthin waren die Zustände nicht, aber schwierig genug.

Anzeigen hatten keinen Erfolg, denn die Strafen waren vor Einführung des Reichsstrafgesetzbuches so gelind, daß sie keinen abschrecken konnten; trotzdem haben die unbändigen Isarwinkler sich fast immer mit der Waffe gegen die Gefangennahme gewehrt.

Die drei oder vier Jäger hatten gegen die zahlreichen Schützen einen harten Stand in dem großen Revier; selten stand einer gegen einen, und so war rasche Selbsthilfe beinahe notwendig.

Wie unbeugsam die Leute waren, mag die Tatsache beweisen, daß der Halsen Toni, der bei der Floßfahrt wie durch ein Wunder gerettet worden war, bald darauf wieder ins Revier ging und etliche Jahre später doch erschossen wurde.

Seinem Bruder Blasi hat man übrigens in Lenggries nicht nachgetrauert, denn er war als gewalttätiger Mensch gefürchtet.

Meinem Vater aber rechnete man es hoch an, daß er die Verwundeten freundlich behandelt und mit Imbiß gestärkt hatte, bevor er sie auf einem mit Betten belegten Leiterwagen nach Tölz fahren ließ.

Der »Dammei« hat es nicht unterlassen, diese Guttat in seinem Liede hervorzuheben.

An derartige Geschehnisse habe ich kaum eine andere Erinnerung, als daß ich auch später noch unsere Jäger wie sagenhafte Helden bewunderte und ihr Tun und Wesen anstaunte.

Doch steht mir noch lebhaft im Gedächtnis, daß einmal an meinem Namenstag ein Wilderer gefangen eingebracht wurde; er saß im Hausflötz und ließ mich, als ich neugierig vor ihm stand, von der Maß Bier trinken, die man ihm gegeben hatte. Vielleicht bin ich dadurch zutraulicher geworden, jedenfalls schenkte er mir die geweihte Münze, die er an einer Schnur um den Hals trug.

Er hatte sie vermutlich von den Franziskanern in der Hinter-Riß erhalten.

In diesem zu tiefst ins Karwendelgebirge eingebetteten tirolischen Kloster versahen die Herren Patres ihr Amt noch in einer Art, die von jedem Zeitgeist unberührt geblieben war.

Der Bauer und der Hirte bewarben sich dort um einen wirksamen Viehsegen, um Schutz gegen Gefahr im Stall und auf den Almen, die Weiber kamen um Amulette, die sie vor häuslichen Unfällen und Krankheiten bewahren oder Gebresten heilen sollten; wo immer eine Bedrängnis des Lebens sich einstellte, suchte das Volk Rat und Hilfe bei den Jüngern des heiligen Franziskus.

Ihr unleugbares Verdienst, in dieser Einsamkeit, losgelöst von allen Freuden der Welt, ohne Scheu vor Beschwerden die Werke der Nächstenliebe zu pflegen, wird jeder gerne anerkennen.

Und etwas Rührendes hat es, eine Bevölkerung zu sehen, die in urzeitlichen Zuständen, abgeschieden von den Hilfsmitteln, die moderne Einrichtungen gewähren, lebt und nur des einen Beistandes sicher ist, dem auch die Voreltern herzlich vertrauten.

So mag man es gelten lassen, daß auch der fromme Wildbratschütze sich in der Hinter-Riß den Kugelsegen holte, der ihn vor einem jähen Tod im Hochwald oder im Kar behüten mußte.

Das Kloster liegt zwei Wegstunden von dem Forsthause in Vorder-Riß entfernt.

An Sonntagen kam der Pater heraus und las in der Kapelle für Flösser, Jäger, Holzknechte und alle, die zu unserm Hause gehörten, die Messe.

Da geschah es zuweilen, daß vorne auf einem mit Samt ausgeschlagenen Betstuhle ein hochgewachsener Mann kniete, der sein Kreuz schlug und der Zeremonie andächtig folgte, wie der Sagknecht oder Kohlenbrenner, der durch ein paar Bänke von ihm getrennt war.

Wenn der Mann aufstand und die Kapelle verließ, ragte er über alle hinweg, auch über den langen Herrn Oberförster, der doch sechs Schuh und etliche Zoll maß.

Sein reiches, gewelltes Haar und ein Paar merkwürdige, schöne Augen fielen so auf, daß sie dem kleinen Buben, den man zu einem ehrerbietigen Gruß anhielt, in Erinnerung blieben.

Der Mann war König Ludwig II.

Er weilte allsommerlich sechs bis acht Wochen in der Vorder-Riß, und erst nach Erbauung des Schlosses Linderhof hat er darin eine Änderung getroffen.

Damals fühlte er sich wohl in dem bescheidenen Jagdhause, das sein Vater hatte errichten lassen, und er suchte nichts als Stille und Abgeschiedenheit.

Seine Freude an der Natur galt in meinem Elternhause wie bei allen Leuten in den Bergen als besonderer Beweis seines edlen Charakters, und niemandem fiel es ein, an krankhafte Erscheinungen zu glauben.

Der König schloß sich auch keineswegs auffallend vor jeder Begegnung mit Menschen ab, wenn er schon gegen manches empfindlich war.

Bei seinen kurzen Spaziergängen hatte er nichts dagegen, Leuten zu begegnen, die in den Wald gehörten, und zuweilen redete er einen Jäger an.

Jedenfalls hat er alle bei Namen gekannt und sich zuweilen nach ihnen erkundigt.

Aus späteren Erzählungen weiß ich, daß während seiner Anwesenheit in Hörweite kein Schuß fallen durfte; er wollte sich Tod und Vernichtung nicht in diesen Frieden hineindenken.

Daß er selten Besuche von hochstehenden oder offiziellen Persönlichkeiten empfing, ist bekannt, ebenso, daß er sich solchen Begegnungen durch schleunige Fahrten in die Berge entzog.

Hohenlohe vermerkt in seinen Denkwürdigkeiten häufig derartige Verstöße gegen die Etikette, und schüttelt den Kopf darüber, wenn der König dem Prinzen Napoleon, dem Kronprinzen von Preußen und anderen ausweicht mit der schlichten Erklärung, er müsse Gebirgsluft atmen. Unterm 3. Juli 1869 schreibt Hohenlohe ins Tagebuch, der König sei »in die Riß entflohen, um der Ankunft des Kaisers von Österreich zu entgehen«.

Wenn es dabei diplomatische Schwierigkeiten ergab, dann wußte man jedenfalls in der Riß nichts davon; diese kleine Welt freute sich, wenn der König kam. Seine Ankunft erfolgte oft unvermutet und war erst wenige Stunden vorher durch einen Vorreiter angesagt.

Die Vorbereitungen mußten dann schnell geschehen. Der mit Kies belegte Platz vor dem Königshause wurde gesäubert,

Girlanden und Kränze wurden gebunden, alles lief hin und her, war emsig und in Aufregung.

Es gab für uns Kinder viel zu schauen, wenn Küchen- und Proviantwägen und Hofequipagen voraus kamen, wenn Reiter, Köche, Lakaien dienstfertig und lärmend herumeilten, Befehle riefen und entgegennahmen, wenn so plötzlich ein fremdartiges Treiben die gewohnte Stille unterbrach.

Die Forstgehilfen und Jäger mit meinem Vater an der Spitze stellten sich auf; meine Mutter kam festtäglich gekleidet mit ihrem weiblichen Gefolge, und auch wir Kinder durften an dem Ereignis teilnehmen.

Das Gattertor flog auf, Vorreiter sprengten aus dem Walde heran, und dann kam in rascher Fahrt der Wagen, in dem der König saß, der freundlich grüßte und seine mit Bändern verzierte schottische Mütze abnahm.

Meine Mutter überreichte ihm einen Strauß Gartenblumen oder Alpenrosen, mein Vater trat neben sie, und in der lautlosen Stille hörte man ein leise geführtes Gespräch, kurze Fragen und kurze Antworten.

Dann fuhr der Wagen im Schritt am Hause vor, der König stieg aus und war bald, gefolgt von dienstfertigen Männern in blauen Uniformen, verschwunden.

In uns Kindern erregte die Ankunft des Königs stets die Hoffnung auf besondere Freuden, denn der freundliche Küchenmeister versäumte es nie, uns Zuckerbäckereien und Gefrorenes zu schenken, und das waren so seltene Dinge, daß sie uns lange als die Sinnbilder der königlichen Macht und Herrlichkeit galten.

Aus Erzählungen weiß ich, daß Ludwig II. schon damals an Schlaflosigkeit litt und oft die Nacht zum Tage machte.

Es konnte vorkommen, daß mein Vater aus dem Schlafe geweckt und zum König gerufen wurde, der sich bis in den frühen Morgen hinein mit ihm unterhielt und ihn nach allem Möglichen fragte, vermutlich weniger, um sich zu unterrichten, als um die Stunden herumzubringen.

Wenn wir zu Bett gebracht wurden, zeigte uns die alte Viktor wohl auch die hell erleuchteten Fenster des Königshauses und erzählte uns, daß der arme König noch lange regieren müsse und sich nicht niederlegen dürfe.

Etliche Male wurden wir aufgeweckt und durften im dunkeln Zimmer am Fenster stehen und schauen, wie drüben Fackeln aufloderten, ein Wagen vorfuhr und bald wie ein geheimnisvoller Spuk im Walde verschwand.

Die Zeit der sechziger Jahre war politisch so bewegt, daß sie auch auf das Risser Stilleben einwirken mußte.

Mein Vater stand mit seinen Ansichten auf Seite jener Altliberalen, die sich nach der Einigung Deutschlands sehnten, ohne sich über Ziele und Mittel völlig klar zu sein; ihre Abneigung gegen klerikale Forderungen und gegen Unduldsamkeit in jeder Form war bestimmter gerichtet. Seine politischen Meinungen fanden ihren Ausdruck in der Wahl der Zeitungen, die er las, in ein paar Briefen und in Bemerkungen, die ich von seiner Hand geschrieben in »Rottecks Weltgeschichte« finde.

Leidenschaftlichkeit war ihm fremd.

Vielleicht war sie es überhaupt jener Zeit, wenigstens in den Maßen, die wir kennen.

Ich besitze Briefe, die ein kluger und hochstehender Mann an meinen Vater geschrieben hat, und das Hervorstechendste ist der maßvolle Ton und die Art, den Gegner noch immer gelten zu lassen.

Auch als der Krieg gegen Preußen ausgebrochen war, führte die Erregung nicht zu haltlosen und wüsten Schimpfereien.

Wer sich davon überzeugen will, der nehme alte Zeitschriften zur Hand, und er wird staunen, wie darin jede Eisenfresserei glücklich vermieden ist.

Die Philister allerdings, die Hohenlohe mit viel Unbehagen in Bierkellern beobachtete, mögen sich wütend gebärdet haben, aber in der Familie war der Ton nicht auf Mord und Tod gestimmt.

In der Vorder-Riß pflegte man in dem ereignisreichen Sommer 1866 einen regen Verkehr mit den bundesbrüderlichen Grenzern und Jägern aus Tirol, und man stellte dabei mit würdigem Ernste als unausbleibliche Folge den Untergang Preußens fest.

Ein bayerischer Oberkontrolleur, der zuweilen zur Visitation kam, schüttelte zu diesen Prophezeiungen den Kopf. Er hatte sich im Dienste des Zollvereins längere Zeit in Norddeutschland aufgehalten und versicherte auf Grund seiner Erfahrungen, daß die Geschichte auch anders kommen könne.

Man nahm dem liebenswürdigen Manne diese schrullenhafte Ansicht nicht übel und lächelte darüber.

Wie es dann sehr bald wirklich anders kam, wurde der Oberkontrolleur als einsichtiger Politiker betrachtet.

Nach dem Kriege war der deutsche Frühling, den Völk im Zollparlament begrüßte, nicht durchaus hell und sonnenwarm.

Am Himmel hing als finstere Wolke die Angst vor dem Verluste der bayerischen Selbständigkeit, und sehr hohe Herren, auch der König, schauten bedenklich nach ihr und befürchteten schlimmes Wetter.

In manchen Kreisen war das ja lange noch ein anregendes Gesprächsthema; wer sich aber in den Geist jener Zeit versetzt, wird feststellen, daß der von Ludwig II. niedergelegte Wunsch, »es möge Bayern, nicht mehr als nötig, mit Preußen verknüpft werden«, jeden politischen Gedanken, zum mindesten an offizieller Stelle, beherrschte.

Der Entwurf zu einer Gründung »der Vereinigten Staaten von Süddeutschland«, den Herr von Völerndorff anfertigte, liest sich für uns wie die Vereinsstatuten einer Harmonie und Bürgereintracht; damals wurde er mit feierlichem Ernste gewürdigt.

Über die mögliche nationale Verbindung der süddeutschen Staaten, über ihr selbständiges und nicht zu nahes Verhältnis zum norddeutschen Bunde unterhielt man sich in den Salons der Gesandten, in den Zimmern der Minister und in den Bierstuben, vielleicht nicht mit wesentlich abgestufter Einsicht.

Daß mein Vater von dieser Angstmeierei nicht angesteckt war und die deutsche Zukunft in den Händen des Fürsten Bismarck für gut aufgehoben hielt, beweist mir ein Brief, den er im Februar 1870 an seinen Freund, den Oberst Graf Tattenbach, geschrieben hat.

Darin drückt er seine Sorge aus, es könne das »weibsmäßige Getue und Sichsperren« noch einmal zu Dummheiten führen.

Das Mißtrauensvotum, das beide Kammern gegen den Ministerpräsidenten von Hohenlohe abgaben, indem sie ihm »die Fähigkeit zur Wahrung der bayerischen Selbständigkeit« absprachen, beunruhigte meinen Vater.

Ganz besonders aber die Tatsache, daß alle bayerischen Prinzen, mit Ausnahme des immer für ein einiges Deutschland eintretenden Herzogs Karl Theodor, dem Mißtrauensvotum zugestimmt hatten.

Nicht nur aus Zeitungsberichten, auch aus unmittelbarer Anschauung konnte mein Vater die Erkenntnis gewinnen, wie die Sorge um die Selbstherrlichkeit maßgebende Persönlichkeiten beherrschte. Der württembergische Minister Baron Varnbüler weilte öfters als Jagdgast in der Vorder-Riß. Der war ein Partikularist von besonderen Graden, und in seiner gut schwäbischen Offenherzigkeit machte er kein Hehl daraus. Er war übrigens kein Bürokrat, und seine Ansichten waren nicht in der Luft der Kanzleien gediehen, vielmehr hatte er eine für damalige Zeiten sehr ungewöhnliche Laufbahn durchmessen.

Er war Direktor einer Wiener Maschinenfabrik gewesen und hatte große Reisen unternommen, ehe er ins Schwäbische heimkehrte und am Nesenbach Weltgeschichte machte.

Der Krieg von 1870 verscheuchte die Kümmernisse oder brachte sie doch zum Schweigen.

Mein Vater erlebte ihn mit freudiger Anteilnahme, und er mag oft ungeduldig auf Nachrichten gewartet haben.

Die Riß war in dem harten Winter schon im Dezember zugeschneit, und damit war der Postdienst eingestellt.

Da taten unsere Jäger ein übriges für ihren Oberförster. Sie stapften auf Schneereifen zum Forsthaus Fall hinaus und holten die Post, die von Lenggries aus dorthin gebracht worden war.

Eines Abends, als wir schon bei Lampenlicht in der Stube saßen, trat der Jäger Bauer, den Bart bereift und vereisten Schnee an den Schuhen, ein.

Er brachte die Nachricht, daß Paris gefallen sei. Daran

würde ich mich vielleicht nicht mehr erinnern, aber daß mein Vater und die Jagdgehilfen hinauseilten und Schuß auf Schuß vor den Fenstern abfeuerten, machte einen so starken Eindruck auf mich, daß es mir im Gedächtnis blieb.

Und daran erinnere ich mich auch, wie völlig ich im Banne der bei Gustav Weise in Stuttgart erschienenen Kriegszeitung stand, die, zerlesen und vergilbt, mir heute noch das Andenken an meine Kinderzeit wachruft.

Ich kannte jedes Bild, und ein Gedicht, das ich damals lernte, kann ich heute noch zum Teil auswendig.

Die Hauptperson für mich war aber keiner der Herrscher oder Heerführer, sondern »der Bismarck«, den ich zur Verwunderung unserer Jäger auch aus figurenreichen Bildern sogleich herausfand.

Die leidenschaftliche Anhänglichkeit an ihn schlug Wurzeln im Kinderherzen, die mit meinem Aufwachsen erstarkten, zäher wurden und sich niemals lockern ließen.

Kluge Leute haben mir späterhin ihr Mitleid zugewandt wegen meiner unbekümmerten Hingabe an den Alten; ich habe daran festgehalten und nichts davon hergelassen bis auf heute.

Eine besondere Freude war es für meinen Vater, wenn er Nachrichten von seinem Forstgehilfen Mailer erhielt, der als Artillerieleutnant gegen Frankreich gezogen war.

Er ist nach Jahren Förster in der Valepp geworden und war dort so lange im Amt, daß ihn wohl die meisten Münchner Touristen kennen.

Nach dem Feldzuge kam er wieder in die Vorder-Riß und brachte als Trophäen einen französischen Küraß und mehrere Chassepotgewehre mit.

Der Küraß regte meine kindliche Phantasie an, weil er eine tiefe Schußbeule trug.

Mit den Chassepots aber machte mein Vater gründliche Schießproben, wie er überhaupt für Gewehre ein eingefleischtes Interesse zeigte. Jede Schußwaffe, die ein Jäger führte, wurde von ihm genau untersucht, zerlegt und ausprobiert. Das Werdergewehr, das den bayerischen Jägerbataillonen gute Dienste geleistet hatte, fand seine besondere Bewunderung, und eine Werder-Pürschbüchse, die er zu Weihnachten erhielt, machte ihm die größte Freude. Er schoß sie auf jede Entfernung ein, und als er dabei eine Henne, die sich an die Isar hinunter verlaufen hatte, auf sehr weite Distanz hinlegte, erhielt er von der Hausmutter eine eindringliche Vorlesung über Sparsamkeit und Besonnenheit in reiferen Jahren.

Zu Anfang der siebziger Jahre erregte die Welt jener Streit um das Unfehlbarkeitsdogma.

In Städten und Dörfern kam es zu heftigen Wortkämpfen und zum Eintritt in die altkatholische Kirche.

Mein Vater stand auf der Seite seines alten Rektors Döllinger und sah kopfschüttelnd, wie sich so plötzlich Gewissensfragen erheben konnten.

Allein als Forstmann und Jäger befaßte er sich nicht heftig mit den Fragen, und er bedurfte auf seiner grünen Insel keines Vereins und keiner Partei, um für sich ein Gegner des unduldsamen Wesens zu bleiben.

Meine Mutter aber hing zu sehr an der alten Sitte und den alten Formen, als daß sie sich ein Urteil angemaßt hätte.

Sie hatte sich den Grundsatz zurechtgelegt, daß man sich aus den Lehren der Kirche das viele Gute und Schöne entnehmen und sonst nicht nachgrübeln und kritisieren solle.

Wenn sie das in späteren Jahren zu mir sagte, nickte sie bekräftigend mit dem Kopfe dazu, und ich sah ihr an, daß sie zufrieden war, einen so sicheren Standpunkt gewonnen zu haben. Sie hat nach ihrer Religion gelebt und faßte – tiefer als manche theologische Abhandlung – das Wesen des Christentums in dem Satze zusammen, »daß man niemanden wehe tun dürfe«. Um religiöse Meinungen anderer hat sie sich ihr Leben lang nicht gekümmert.

Eine sich mehr gegen Zwang auflehnende Natur war unsere »alte Viktor«.

Ich bin um einen Titel verlegen, der ihre Wirksamkeit richtig bezeichnen könnte.

»Stütze der Hausfrau« sagte man damals nicht und es klänge mir zu fremdartig; »Kinderfräulein« paßte nicht zur Bescheidenheit unseres Hauses und würde ihrer Tätigkeit nicht gerecht. So will ich sie, wie ehedem im Leben, die alte Viktor heißen.

Sie war die Tochter eines Handelsgärtners und Bürgermeisters von Schongau, kam zu meinen Eltern, als ich zwei Jahre alt war, und starb vierunddreißig Jahre später in meinem Hause.

Sie war eine angehende Dreißigerin, als sie kam, nicht ganz frei von altmädchenhafter Empfindlichkeit, aber so lebenstüchtig, daß sie bald die unentbehrliche Beraterin und Helferin war.

In schweren Stunden zeigte sie ihre resolute Art, tat immer das Richtige und Notwendige, und kein Schmerz konnte sie verhindern, an alles zu denken und für alles zu sorgen.

Nur in ruhigen Zeiten und ganz besonders, wenn lebhaftere Heiterkeit vorherrschte, konnte sie in weltschmerzliches Mitleid mit sich selber verfallen und in ihr Tagebuch ein gefühlvolles Gedicht aus Zeitschriften oder Büchern abschreiben. Sie besaß eine ausgesprochene Neigung für die schöne Literatur und eine Neigung, sich darüber zu unterhalten.

Dabei war sie eine gründlich geschulte Kennerin aller Pflanzen, Kräuter und Blumen, sie botanisierte auf jedem Spaziergange und klebte die gepreßten Herbarien in ein Buch ein.

Ihr Vater war in den vierziger Jahren Landtagsabgeordneter gewesen und hatte seiner Tochter eine gründliche Abneigung gegen jede Art von Rückschritt und Tyrannei vererbt.

Sie blieb zeitlebens mißtrauisch gegen zukünftige Möglichkeiten, und sie war überzeugt, daß von irgendwoher und von irgendwem Unterdrückung drohe.

So frommgläubig sie war, nahm sie doch »eine gewisse Art von Geistlichen« von diesem Verdachte nicht aus.

Sie sah in dem Dogma und in der Art, wie es durchgesetzt wurde, nur die Bestätigung ihrer schlimmen Ahnungen und den Beweis dafür, daß es allgemach wieder finsterer werde.

Sie war glücklich, wenn sie sich darüber aussprechen konnte, aber wenn gar der Herr Oberförster ihr beipflichtend sagte, daß die »Viktor wieder einmal durchaus recht habe«.

Für die kleinen Leute trat sie immer ein, auch wenn ihnen niemand zu nahe trat; sie stellte den unwirklichen Gefahren ebenso nachdrücklich ihre Prinzipien entgegen.

Alle im Hause schätzten ihre brave Art, und der Jagdgehilfe Thomas Bauer, der ein Paar gute Augen hatte und ein sicheres Urteil, schloß mit ihr dauerhafte Freundschaft.

Wenn sich der Frühling auf den Bergen einstellte und Bauer meinen Eltern einen Strauß der frühesten Blumen brachte, vergaß er auch die »Viktori« nicht.

Sie blieb ihm dankbar und anhänglich, wie allem und jedem, was im Zusammenhange mit der schönen Vorder-Risser-Zeit stand.

Eine nicht unwichtige Rolle spielten in diesem kleinen Kreise auch die Jagdgäste, oder Jagdkavaliere, wie man sie nannte.

Es lag in der Abneigung des Königs gegen alles, was Verpflichtungen mit sich brachte, begründet, daß keine Mitglieder des königlichen Hauses in die Riß kamen.

Eine Ausnahme bildete nur Herzog Ludwig, der jedes Jahr zur Pürsche – Treibjagden gab es damals nicht – eingeladen war. Den württembergischen Minister von Varnbüler habe ich schon genannt. Andere Herren gab es, die nur für ein Jahr oder eine Jagdzeit Erlaubnis erhielten.

Ein regelmäßiger Gast war ein Graf Pappenheim, den die Jäger wegen seines Jagdfiebers den Grafen »Nackelheim« hießen.

Aber der Jagdkavalier für meine Eltern, und für alles, was in der Riß lebte, war der Oberst Graf Tattenbach, der in der Amberger Gewehrfabrik Dienst tat.

Sein Kommen war jedesmal ein Fest.

Wir Kinder liebten den kleinen Mann, der unter den buschigsten Augenbrauen, die ich je gesehen habe, klug in die Welt schaute, und wenn wir uns auch keine Rechenschaft darüber geben konnten, so fühlten wir doch das Behagen, das er um sich verbreitete.

Er machte nicht viele Worte, aber aus seinen gutmütigen Neckereien sprach seine Zuneigung zu meinen Eltern. Er ist meinem Vater ein treuer Freund geworden und geblieben;

meiner Mutter hat er nach dessen Tode Beistand und freundliche Dienste geleistet, wo er konnte.

Die Jäger schätzten ihn wegen seiner weidmännischen Fähigkeiten und wegen seines sachverständigen Urteils über Gewehre.

Seine Jagdpassion gab Anlaß zu vielen Späßen, denn in ihr ging er ganz auf und jedes Jagdglück genoß er zweimal.

Wenn er es erlebte und wenn er es am Kaffeetisch erzählte.

Dabei wurde er gesprächig und schilderte – nicht in fließender Rede, sondern in häufig abgebrochenen Sätzen mit Pausen – jeden Umstand, der sich beim Pürschen, beim Schusse und bei der Nachsuche zugetragen hatte. Der Pausen bedurfte er, um am langen Pfeifenrohre zu saugen und mit dem Rauche die herrliche Erinnerung einzuschlürfen. Zuweilen dauerte eine Pause so lange, daß sich jemand mit einer Frage oder dem Glückwunsche zu früh einstellte, dann hob er beschwörend die Hand auf und sagte lachend: »Nur warten! Ich bin noch lang net fertig.«

Er war ein vornehmer Mann, dessen schlichter Charakter sich mit keiner Phrase vertrug, harmlos, von guter, altbayerischer Prägung.

Wenn er nach der Hirschbrunst Abschied nahm und das Gattertor hinter seinem davonrollenden Wagen zufiel, dann waren wir allein auf viele Monate.

Es bedurfte eines guten Willens und eines tüchtigen Verstandes, um diese Einsamkeit nicht als drückend zu empfinden.

Daran fehlte es nicht, und zeitlebens haben meine Angehörigen sich gerne jener Zeit erinnert.

Und so will ich Abschied nehmen von den schlichten Menschen, die »tätig treu in ihrem Kreise nie vom graden Wege wichen«.

Die meisten von ihnen sind tot und haben mir das Heimweh hinterlassen nach ihrer redlichen Art und nach dem Fleck Erde, der mir durch sie so teuer geworden ist.

Schuljahre

Es ist mir nicht bekannt, ob der Wortlaut der Disziplinarsatzungen unserer bayrischen Gymnasien heute ein anderer ist als vor dreißig Jahren, die Ansichten der Lehrer wie der Schüler haben sich jedenfalls geändert, und darum ist trotz aller Widerstände ein vielbegehrter und viel angefeindeter Fortschritt erzielt worden. Als ich Schüler der oberen Gymnasialklassen war, galt uns Jungen körperliche Ausbildung nicht viel mehr als unseren Professoren. Diese nannten alles, was sie fördern konnte, Allotria treiben, und sie waren immer besorgt, daß die Jugend nicht vom Studium abgelenkt wurde.

Wenn ich heute die Scharen junger Leute in die Berge laufen sehe, Backfische mitten unter heranwachsenden Jünglingen, stelle ich mir vor, was die Rektoren älterer Ordnung dagegen zu sagen gehabt hätten, oder wie die Eltern vor so etwas zurückgeschreckt wären.

Wie sauertöpfisch stellten sich viele Lehrer gegen den einen herkömmlichen Maispaziergang! Einige mußten immer wieder daran erinnert werden, und wie oft schrieben wir an die Tafel: »Oramus dominum professorem, ut ambulemus!« Endlich ließ sich der Gestrenge herbei, das Unvermeidliche zu gewähren. Man fuhr etwa nach Bruck, ging zum Maisacher Keller und zurück, und der forsche Schüler trank dann mehr, als er vertragen konnte. Es gingen Heldensagen in der Klasse herum, daß der und jener vierzehn Halbe Bier hineingeschüttet habe, und alle staunten das an.

Jungen haben immer Ehrgeiz. Wenn er sich auf Dummheiten schlägt, ist die Erziehung schuld.

Das törichte Froschverbindungswesen zum Beispiel war aus einem Punkte leicht zu kurieren. Hätte man die Jugend angehalten, in Mut und körperlicher Gewandtheit zu wetteifern, so wären ihr sogleich die Folgen heimlicher Saufgelage verächtlich erschienen. Durch strenge Verbote reizte man gerade die Tüchtigsten zur Übertretung, die nun Auszeichnung im Kampfe gegen drakonische Maßregeln suchten. Dazu kam, daß Philister dieser Verbindungen, Fähnriche, Studenten, Praktikanten, zuweilen sogar ältere Esel, mit kommersierten und mit den darüber hocherfreuten Pennälern die Burschenhüte durchstachen.

Das leuchtende Vorbild für frische Jungen konnte damals ein aufgeschwemmter Student sein, der sich in ein paar Semestern um Gesundheit und Tatkraft soff. Heute verachtet jeder Schüler einen Mann, der in den zwanziger Jahren schon an Folgen des Trinkens leidet, heute rühmt er den besten Bergsteiger, Schneeschuhläufer, Ballspieler, kennt hervorragende Leistungen und träumt davon, sie zu übertreffen.

Und es gibt Lehrer, die diesen Geist fördern und nicht entsetzt daran denken, daß ein Tag im Freien die Lust am Präparieren trüben könnte. Sie stellen sich, wie ich höre, auch auf einen andern Fuß zu den Schülern. Wenn ich eine stattliche Reihe von Professoren in der Erinnerung an mir vorüberziehen lasse, finde ich kaum einen darunter, der uns ein wohlwollender Freund oder gar ein Kamerad gewesen wäre. Sonderlinge, Tyrannen, die Aufruhr witterten, gute Kerle, die seufzend ihren Dienst taten, waren sie Lenker unserer Geschicke, mißtrauische Vorgesetzte, aber niemals Kameraden. Es wurde ungeheuer viel Respekt verlangt und recht wenig eingeflößt. Leichte Dinge wurden unmäßig schwer genommen, und man dachte wohl gar nicht daran, wie empfindlich die Jugend gegen die Unwahrheit ist, die in jeder Übertreibung steckt.

Ich halte für die beste Erziehung die, die jungen Menschen Widerwillen gegen Taktlosigkeit und Unbescheidenheit einflößt. Da ist Vorbedingung ein herzliches Verhältnis zu den Lehrern. Das unsere war so, daß wir alle, auch da, wo wir das Recht auf seiten der Lehrer sahen, Partei gegen sie nahmen. Das natürliche Empfinden der Jugend entscheidet sich aber, wenn es nicht durch schädigende Einflüsse beirrt wird, immer für das Recht. Der schädliche Einfluß war das ganze System. Heute ist, wie ich sehen kann, vieles besser geworden. Und ich glaube, die Schüler von heute werden sich dereinst nicht mehr als Graubärte mit Entrüstung über ihre Schulzeit unterhalten.

Wenn einmal die Rede darauf kommt, breche ich heute noch eine Lanze für die humanistische Schulbildung. Ich habe Gründe dagegen anführen hören, die mir sehr vernünftig, aber nie überzeugend vorkamen. Daß die Naturwissenschaften heute einen ganz andern Rang einnehmen als zu der Zeit, da der Lehrplan für humanistische Gymnasien festgesetzt wurde, kann wohl nicht bestritten werden, aber immer gewinnen mich gleich wieder die für sich, die Zweckmäßigkeit nicht als ausschlaggebend für die Bildung des Geistes gelten lassen. Wenn ich nachdenke, was in meinem Schulranzen von früher her geblieben ist, so finde ich wenig an positiven Kenntnissen, wohl aber manches an Gesamteindrücken, Anregungen und Stimmungen, die mir förderlich waren.

Immer bleibt es mir ein Gewinn, daß ich Homer in der Ursprache gelesen habe. Keine andere Dichtung kann empfängliche Jugend, während sie ihre Phantasie anregt, so in das eigentliche Wesen der Dichtkunst einführen wie die Odyssee. Ehrwürdig durch ihr Alter, durch ihre Wirkung auf viele Geschlechter der Menschen, zeigt sie ihr in herrlicher Sprache die Unwandelbarkeit natürlichen Empfindens. Die Wirkung dieser Einfachheit und Wahrheit auf ein junges Gemüt läßt sich nicht scharf umgrenzen; sie bleibt haften und vermag uns nach manchen Irrgängen zum Verständnisse echter Größe zurückzuführen.

Heute noch steht mir die Schilderung, wie die Schaffnerin Eurykleia den Herrn an der Narbe wieder erkennt, oder jene, wie Argos, der Hund, von Ungeziefer zerfressen, auf dem Lager das Haupt und die Ohren hebt, da ihm nach zwanzig Jahren Odysseus naht, weit über allem. Und weil sie mich damals tief ergriffen, glaube ich fest daran, daß sie mir den Weg zum rechten Verständnisse wiesen. Ich habe über der Lektüre Homers manches andere vernachlässigt, wie ich überhaupt mein Interesse für bestimmte Fächer gerne übertrieb.

Ich konnte mich nur schwer in gleichmäßige Ordnung fügen, und noch weniger gelang es mir, in der Schule aufmerksam zu bleiben. Dazu kam, daß ich vieles begann, eine Zeitlang mit Freude betrieb und dann wieder achtlos liegen ließ. So erinnere ich mich, daß ich einige Monate hindurch eifrigst

Zeichnungen zur Odyssee machte, zu denen ich in verschiedenen Büchern Unterlagen fand; ich kolorierte sie säuberlich, erwarb mir damit auch die Anerkennung eines noch ziemlich jungen Professors, der in mir künstlerische Begabung entdeckte und mir hinterher sein Wohlwollen entzog, als mein Eifer nachließ und zuletzt ganz einschlief. Es war klar, daß ich bei dieser Veranlagung wenig Neigung zur Mathematik fassen konnte, die systematisches Fortschreiten verlangt und keiner Draufgängerei Vorschub leistet.

Dagegen betrieb ich mit Eifer Geschichte, und die Neigung dafür ist mir geblieben. Nach meiner Gewohnheit hielt ich mich weder an das Schulpensum noch an die Schulbücher. Ich las die bändereichen Werke von Schlosser, Weber und Annegarn, der heute nicht mehr vielen bekannt ist. Annegarn mit Abneigung und innerlichem Widerspruche, denn ich hatte seiner ultramontan gefärbten Darstellung eine waschechte liberale Gesinnung entgegenzustellen.

Ich kann heute darüber lächeln, wie ich mit einer der Gegenwart, nicht aber dem Geist der Zeiten angepaßten Leidenschaft für und gegen längst vergangene Ereignisse und Zustände Partei nahm. Aber ich habe späterhin gereifte Männer gesehen, die sich in die Haare gerieten über den Gang nach Canossa oder die Schuld Maria Stuarts, und so kann ich es mir selber verzeihen, daß ich als Gymnasiast von der Maximilianstraße bis zum Isartor unter heftigen Reden gegen Anjou oder Rom oder die Welfen dahinschritt.

Mein Widerpart war ein kluger Junge, der vom Papa altbayerische Skepsis angenommen hatte und meine wortreiche Heftigkeit belächelte. Gröblicher wurde der Kampf, wenn ich auf den Fahrten in die Vakanz mit meinen Chiemgauer Kommilitonen beisammen saß. Sie studierten fast alle in Freising und zerzausten mir meinen großen Kurfürsten mitsamt dem alten Fritz, daß es eine Art hatte.

Geschichte wurde auf den Münchner Gymnasien sehr vorsichtig traktiert. Mit 1815 hörte man auf, wenn es überhaupt so weit ging; was nachher kam, war zu gefährlich, zu aktuell und nicht reif für abgeklärte Darstellung. Ob es auf einen Wink von oben unterlassen wurde, weiß ich nicht.

Was für Absonderlichkeiten damals noch möglich waren, mag ein Beispiel zeigen. Wir hatten in der zweiten Gymnasialklasse, der heutigen siebenten oder Obersekunda, einen Professor, der nur Katholiken in seiner Klasse haben wollte. Man sah dem alten Herrn die Schrulle nach, und da es eine Parallelklasse gab, wurde in sie alles, was Protestant und Jude war, gestopft. Erst das Jahr darauf wurden wir wieder simultan.

Einiges von unseren deutschen Klassikern, mit denen ich frühzeitig vertraut geworden war, lasen wir auch in der Schule, in einer Art, die wirklich Tadel verdiente. Hätte ich zum Beispiel Hermann und Dorothea nicht vorher gekannt, so wäre mir vielleicht auf lange Zeit der Geschmack daran verdorben gewesen durch die unbeschreiblich langweilige Behandlung, die sich monatelang dürftig und dürr hinschleppte.

Am Ende waren unsere Lehrer auch da wieder in einer Zwickmühle. In den Werken unserer Dichter ist allerlei enthalten, zu dem man sich als Erzieher nicht freudig bekennen durfte; davor warnen, hieß darauf hinweisen, und so tat man so, als glaubte man uns, daß wir selber alles Gefährdende scheu von uns abweisen würden. Aus einem so verdruckten Getue kommt nie was Gescheites heraus. Natürlich hatten wir Leute unter uns, die wahre Entdecker von Verfänglichkeiten waren und besonders bei Shakespeare Stellen fanden, die sie kichernd vor dem Unterrichte und in den Pausen ihren Vertrauten mitteilten. Vor so was schützt kein Verhütungssystem, bloß eine Erziehung zum frischen und gesunden Sinn.

Wir hatten einen Lehrer, den alten Eilles, einen Grobianus, der trotz seines rauhen Wesens unser Liebling war, und dem wir alle über die Schule hinaus Verehrung bewahrten. Wenn der im Homer an eine Stelle kam, wo etwa Odysseus sich mit Kalypso zurückzog, dann strich er lachend seinen roten Bart und schrie uns zu: »Nur laut reden und nicht murmeln! Hinterher tuschelt ihr euch doch das dümmste Zeug in die Ohren! Und er schlief bei ihr... jawoll! Ihr Lausbuben und Duckmäuser!«

Mein Interesse an der deutschen Literatur bewies ich nicht bloß durch reichlichen Ankauf von Reclambüchern und Gesamtausgaben, dessen Kosten meine gute Mutter oft mit Kopfschütteln bestritt, sondern neben dem übrigens verbotenen Theaterbesuch auch dadurch, daß ich mich in die Universität einschlich. Damals las Bernays ein Kolleg über Schiller; es begann eine Viertelstunde nach vier Uhr, also nach Klassenschluß. Ich lief mit zwei Freunden Trab durchs Lehel, den Hofgarten und die Ludwigstraße und saß dann keuchend und erhitzt auf der hintersten Bank. Daß es per nefas geschah und uns das Aussehen akademischer Bürger verlieh, war vielleicht der stärkere Ansporn zu dem anstrengenden Hospitieren.

Bernays wirkte mit schauspielerischen Mitteln; wenn er bald flüsterte, bald die Stimme erhob, wenn er Pausen machte und dann ein bedeutendes Wort in die Zuhörer schleuderte, machte er starken Eindruck und wollte ihn machen. Wir bewunderten ihn, und bewunderten auch ein wenig uns selber, daß wir uns die Bildung so sauer verdienten.

Der Theaterbesuch! Natürlich war er verboten, oder richtiger gesagt, nur »nach vorgängiger Erlaubnis des Rektors gestattet«. Heute bin ich noch froh darüber, daß ich mich auch hierin nicht an die Satzungen hielt, denn die allerschönsten Stunden verlebte ich auf der Galerie des Hoftheaters, wo ich mit Herzklopfen saß und beim freundlichen Anschlag der Glocke mich sogleich in eine Märchenwelt versetzt fand. Wenn ich ihren Klang höre und sich der Vorhang feierlich hebt, fühle ich mich immer wieder zurückversetzt in jene Zeit, Jahre versinken, und ich bin wieder jung wie damals. Das Hoftheater hatte ein Ensemble, dessen sich heute die berliner und wiener Bühnen nicht rühmen können. Vorstellungen mit Rüthling, Herz, Richter, Kainz, Häusser, Schneider, Possart, Keppler, mit der Heese, Bland und Ramlo bleiben im Gedächtnisse.

Draußen am Gärtnertheater war auch eine Künstlerschar tätig, die, wie heute keine mehr, Volksstücke und Possen herausbringen konnte. Der alte Lang, Albert, Hofpauer, Neuert, Dreher, Brummer, die Schönchen, Kopp, Hartl-Mitius.

So gab mir das Theater schöne Feste, und eine brave

Tante und Theaterfreundin gab mir die dreißig Pfennige für den Platz auf der Galerie. Mit einem Stück Brot und einer Hartwurst in der Tasche wartete ich gern eine Stunde lang vor den geschlossenen Toren, um dann die engen Treppen hinaufzustürmen und mir den besten Platz zu erobern.

Einen sehr starken Eindruck machte auf mich das Gastspiel der Meininger. Es ist bekannt, wie ihre Regie mit äußeren Mitteln, mit wildbewegten Volksmassen, mit echten Kostümen Wirkungen hervorbrachte, und ich erinnere mich heute noch an die hereinstürmenden Pappenheimer Kürassiere oder an das Geschrei des Volkes auf dem römischen Forum. Aber auch die schauspielerischen Leistungen waren groß, und Teller, Nesper, Drach sind Namen, die sich ins Gedächtnis geprägt haben. Daß die Meininger sich ausschließlich mit der Darstellung klassischer Werke Ansehen erwarben, darf man im Zeitalter der Operette und des gemeinen Filmdramas besonders hervorheben.

Ich war der Obhut zweier Onkel anvertraut, die, so entfernt verwandt sie auch mit uns waren, doch nach Sitte und Brauch so genannt wurden. Sie hatten zusammen eine kleine Wohnung in der Frauenstraße inne; der eine, pensionierter Postsekretär, war mit der Schwester des andern, eines pensionierten Premierleutnants, verheiratet. Diese, die gute alte Tante Minna, war der Mittelpunkt des Hausstandes, die Friedensbringerin bei allen auftauchenden Differenzen zwischen den Herren und nebenher eine altbayrische Chronik. Ihre Geschichten gingen zurück in die zwanziger und dreißiger Jahre und spielten in Freising und Altmünchen. Sie erzählte gerne und sehr anschaulich und kannte die städtischen Familien, dazu auch eine erkleckliche Zahl bayrischer Staatsdiener, von denen sie allerlei Menschliches wußte, das im Gegensatze zu etwa vorhandenem Standeshochmute stehen durfte.

Wenn der Onkel Postsekretär abends, wie es seine Gewohnheit war, den Münchner Boten vorlas und mit einem Blaustift ärgerliche Nachrichten zornig anstrich, dann unterbrach Tante Minna nicht selten die Vorlesung mit einer Anekdote über einen Gewaltigen in Bayern. »Der brauchet sich auch net so aufmanndeln...« Damit begann sie gewöhnlich die Erzählung, und dann folgte die Geschichte eines Begebnisses, in dem der hohe Herr schlecht abgeschnitten hatte.

Das konnte oft bis in die frühe Jugend des Getadelten zurückreichen, denn die Tante hatte ein unerbittliches Gedächtnis. Dabei war sie heiter, wohlwollend und herzensgut und sah aus wie ein altes Münchner Bild, mit ihren in der Mitte gescheitelten Haaren, auf denen eine kleine Florhaube saß. Sie hielt den kleinen, aber behäbigen Haushalt in bester Ordnung und ließ in ihrer heiteren und doch resoluten Art keine Verstimmung andauern, die sich zuweilen einstellte, denn die zwei Onkels repräsentierten zwei verschiedene Welten. Der Postsekretär hatte – schon anfangs der dreißiger Jahre – in München Jura studiert, war aber vor dem Examen zur Post gegangen und hatte zuletzt als Sekretär in Regensburg amtiert. Der Premierleutnant hatte die Feldzüge mitgemacht, war nach siebzig krank geworden und hatte den Dienst quittiert.

Vorne, wo Onkel Joseph, der Sekretär, sein Zimmer hatte, war's ganz altbayrisch, partikularistisch, katholisch. Sechsundsechzig und was nachher kam, Reichsgründung, Liberalismus um und um, Kulturkampf, alles wurde als Untergang der guten, alten Zeit betrachtet. Hier bildeten Kindererinnerungen an Max Joseph, der das Söhnchen des burghauser Landrichters getätschelt hatte, das Allerheiligste, und eine Studentenerinnerung an Ludwig I., der den Kandidaten Joseph Maier im Englischen Garten angesprochen hatte, konnte durch keine neudeutsche Großtat in den Schatten gestellt werden.

Wenn aber das »Regensburger Morgenblatt«, das auch abends vorgelesen wurde, einen schmerzlichen Seufzer über Falk, Lutz oder Bismarck brachte, fuhr der angenetzte Blaustift gröblich übers Papier. Da konnte es dann auch Pausen geben, und zwischen zwei Schlucken aus der Sternecker Maß setzte es ingrimmige Worte über respektabelste Persönlichkeiten ab, bis Tante Minna fand, daß es nun genug wäre, und daß man weiterlesen sollte.

Im Zimmer rückwärts, wo Onkel Wilhelm hauste, lebten

die Erinnerungen an Wörth, Sedan und Orleans, hier herrschten Freude am neuen Reiche und temperierter Liberalismus.

Freilich wars auch recht gut altbayrisch, und in heroische Töne vom wieder erstandenen Kaisertum mischten sich die anheimelnden Klänge aus dem alten Bockkeller, aus lustigen münchner Tagen, wo der Herr Leutnant Paulus mit dem Maler Schleich und anderen Künstlern selig und fröhlich war. Im allgemeinen vermieden es die zwei Antipoden, besonders in meiner Anwesenheit, auf strittige Fragen zu kommen; wenn's doch geschah, war der Angreifer immer der Herr Postsekretär, der auch vor mir weder seine noch seines Gegners Würde zu wahren beflissen war.

Zuweilen streckte er, wenn ihm etwas mißfiel, heimlich, aber unmenschlich lang seine Zunge hinterm Maßkrug heraus und schnitt Gesichter.

Ich kann mich nicht erinnern, daß ihn der alte Offizier einmal bei der Kinderei ertappt hätte, und ich hütete mich wohl, den prächtigen Onkel, der so wundervolle Grimassen machen konnte, durch dummes Lachen zu verraten.

Trotz dieses Kleinkrieges vertrugen sich die beiden Herren recht gut, und wenn die Sprache auf vergangene Zeiten kam, fingen sie miteinander zu schwärmen an vom Schleibinger Bräu und vom Schwaigertheater, vom sagenhaft guten Bier und von billigen Kalbshaxen, und sie waren sich darüber einig, daß im Kulinarischen und im Trinkbaren das goldene Zeitalter doch vor der Kapitulation von Sedan geherrscht hatte. Und das versöhnte die Gegensätze.

Waren damals eigentlich andere, mildere Sommertage wie jetzt? Mir kommt's so vor, als hätte es bei weitem nicht so oft geregnet, denn viele Tage hintereinander gab es Hitzvakanzen, und wochenlang gingen wir jeden Abend auf den Bierkeller.

Onkel Wilhelm war nicht dabei; er blieb entweder zu Hause, oder er war um die Zeit schon in Prien zur Erholung. Reisen war nicht Sache des Herrn Postsekretärs. Nördlich ist er nicht über Regensburg hinausgekommen, aber auch nach Süden zog ihn sein Herz nicht, und es genügte ihm, wenn er an föhnigen Tagen vom Fenster aus die lange Kette der Alpen sah.

Das ging damals noch.

Vom rückwärts gelegenen Zimmer aus sah man über einen breiten Bach hinweg die Höhen am rechten Isarufer, darüber hinaus aber die salzburger und chiemgauer Berge.

Am Bache unten lag das freundliche Häuschen eines bekannten Musikers, mitten in einem hübschen Garten. Jetzt ist der Bach überwölbt, die Aussicht von einer öden Reihe hoher Mietskasernen versperrt, und wo die gepflegten Rosen des Musikers blühten, sind gepflasterte Höfe, darüber Küchenaltanen, auf denen man Teppiche ausklopft. Ein Stück Altmünchen nach dem andern wurde dem Verkehr, dem großstädtischen Bedürfnisse, dem Zeitgeist oder richtiger der Spekulation geopfert.

Seit Mitte der achtziger Jahre haben Gründer und Bauschwindler ihr Unwesen treiben dürfen, haben ganze Stadtviertel von schlecht gebauten, häßlichen Häusern errichtet, und keine vorausschauende Politik hat sie daran gehindert. In meiner Schulzeit lag vor dem Siegestor ein behäbiges Dorf mit einer netten Kirche; heute dehnen sich dort fade Straßen in die Länge, die genau so aussehen wie überall, wo sich das Emporblühen in Geschmacklosigkeit ausdrückt.

Damals lagen noch die Flöße vor dem »Grünen Baum«, der behaglichsten Wirtschaft Münchens, und weiter unten an der Brücke lag die Klarermühle, in der die Säge kreischte, wie irgendwo im Oberland. Jetzt gähnt uns eine Steinwüste an, Haus neben Haus und eine Kirche aus dem Anker-Steinbaukasten. Die Klarermühle mußte verschwinden, denn sie paßte so gar nicht ins Großstadtbild; sie hatte, und das ist nun einmal das schimmste, Eigenart, erinnerte an bescheidene Zeiten, wo München in seiner äußeren Erscheinung, wie in Handel und Gewerbe zu dem rassigen Landesteile gehörte, dessen Mittelpunkt es war.

Dem Manne, der München zur schönsten Stadt Deutschlands gemacht hat, ist das Sägewerk vor der Brücke nicht peinlich aufgefallen, und im »Grünen Baum« hat Ludwig I. öfters zugesprochen, aber die neue Zeit, die für amerikanische Snobs Jahrmärkte abhielt, ihnen eine Originalität vorschwindelte, von der sie sich losgesagt hatte, die konnte es nicht weltstädtisch genug kriegen. Ich habe in meiner Jugend noch so viel von der lieben, alten Zeit gesehen, daß ich mich ärgern darf über die protzigen Kaffee- und Bierpaläste, über die Gotik des Rathauses und die Niedlichkeit des Glockenspiels und über so vieles andere, was unserem München seine Eigenart genommen hat, um es als Schablonengroßstadt herzurichten.

Wenn ich Onkel Joseph an einem Sonntagvormittag auf seinem Spaziergang durch die Stadt begleiten durfte, machte er mich überall auf verschwundene Herrlichkeiten aufmerksam.

Da war einmal dies und da war einmal das gewesen, und es klang immer wehmütig, wie der Anfang eines Märchens.

Selten oder vielleicht nie handelte es sich um die großen Erinnerungen, sondern um die kleinen, die wirklich Beziehungen zum Leben des einzelnen haben. Da war einmal die Schranne abgehalten worden, und was hatte sich für ein Leben gerührt, wenn die Bauern anfuhren, Wagen an Wagen, und ihre Säcke aufstellten, wenn Markthelfer und Händler durcheinander liefen, wenn geboten und gefeilscht und zuletzt im Ewigen Licht oder beim Donisl oder im Goldenen Lamm neben der Hauptwache der Handel bei einem guten Trunk abgeschlossen wurde.

Kaffee tranken die Schrannenleute beim Kreckel; die Frauenzimmer aber, die auf dem Kräutermarkt, oder, wie es bald vornehmer geheißen hat, auf dem Viktualienmarkt ihre Einkäufe machten, kehrten beim Greiderer oder beim Goldner ein.

Wer es nobel geben wollte und gerne ein gutes Glas Wein trank, ging zum Schimon in die Kaufingergasse, der in dem Durchhause seine große Lokalität hatte.

Ja, wie gemütlich und lebhaft es dort zugegangen war! Offiziere, Künstler, Beamte, Bürger, auch Frauen aller Stände, alles durcheinander im schönen Verein, und überall ruhige Heiterkeit, wie es unter anständigen Leuten sein mußte, die einen edlen Tropfen liebten und das wüste Geplärr nicht brauchten und nicht machten. Wie viele anheimelnde Namen sagte mir der Onkel, der fast jeden mit einem Seufzer begleitete! Da waren der Mohrenköpflwirt am Saumarkt, der Melber in der Weinstraße, der Krapfenbräu am Färbergraben, der Fischerwirt neben der Synagoge, der Haarpuderwirt in der Sendlingerstraße und dort auch der Stiefelwirt, der Rosenwirt am Rindermarkt, der Schwarze Adler, der Goldne Hirsch und der Goldne Bär und in der Neuhauserstraße der Goldne Storch, wo Stellwagen und Boten von überall her gerne einkehrten.

Das klang anders wie die armselige Internationalität der heutigen Firmen, die dem Snob sagt, daß er auch in München den hübschen Zug der Nachäfferei und des Aufgebens aller Bodenständigkeit findet.

Dagegen sicher nicht mehr die schmackhafte Spezialität der guten Dinge, die klug verteilt hier im derberen, dort im feineren zu finden war.

Aber die schönste Entwicklung hat der brave Herr Postsekretär nicht mehr erlebt; er sah nur die Anfänge dazu und starb noch, bevor man zwischen Marmorsäulen unter überladenen Stuckdecken eine Tasse Kaffee trank und sich einbilden konnte, in einem Bahnhofe oder in einem Tempel zu hocken.

Das blieb dem eingefleischten Altmünchner erspart.

Wenn Maibock ausgeschenkt wurde, nahm er mich zuweilen mit, und da konnte es geschehen, daß er in eine bedenkliche Fröhlichkeit geriet und beim Heimweg den Hut sehr schief aufsetzte.

Bei einem dieser Frühschoppen zeigte er mir einmal einen alten Herrn, der aussah wie ein Oberförster aus der Jachenau oder vom Königssee.

»Das ist der Kobell«, sagte mein Onkel. »Und jetzt hast amal an bayrischen Dichter g'sehn.« Ich bewunderte ihn von weitem, und ich weiß nicht, was mich mehr freute, daß ich den berühmten Mann sah, oder daß er so berglerisch und jägermäßig ausschaute. Hermann Lingg und der Olympier Heyse wurden mir auf der Straße gezeigt.

Auch den alten Döllinger habe ich mehrmals gesehen, und Tante Minna, mit der ich ging, gab mir von ihm und seinem

Wirken eine Schilderung, die sich in Persönliches verlor und geschichtlich nicht unanfechtbar war.

Von den bayrischen Staatsmännern kannte ich von Angesicht zu Angesicht die Herren von Lutz und Fäustle.

Es läßt sich denken, was der Herr Postsekretär dem Erfinder des Kanzelparagraphen nachmurmelte; über Fäustle wurde milder geurteilt. Daß er Europens übertünchte Höflichkeit nicht kannte und als Gelegenheitsjäger mehr Eifer wie Talent verriet, wurde aber doch festgestellt.

Den Doktor Johann Baptist Sigl, der damals im Zenith seines Rufes stand und seine lebhaftesten Artikel schrieb, konnte man oft genug sehen.

Es war von ihm mehr die Rede als von irgendeinem süddeutschen Publizisten oder Politiker, und die schmückenden Beinamen, die er Personen und Dingen beilegte, fügten sich dem münchner Wortschatz ein.

Ereignisse, die die Meinung lebhaft erregten, gab es nicht; mit Murren über die Neuordnung der Dinge, die auch schon das erste Jahrzehnt hinter sich hatte, mit Murren über den König und seine Bauten wurde so ziemlich der Bedarf an Kritik gedeckt.

Es war eine stille Zeit; auch in literarischen und künstlerischen Dingen gab es keine Aufregungen; wenigstens keine so lauten, daß hellhörige Gymnasiasten was davon vernommen hätten.

Zur Weihnachtsbücherzeit lag ein Band Ebers in der Auslage, daneben was Germanisches von Dahn.

Von ihnen hörte man in der Entfernung, die für einen Schüler abgesteckt war, am meisten.

Freytags »Ahnen« und Scheffels Werke standen in Ansehen bei uns. Nur wenige kannten Storm, Keller, Raabe, Fontane, Konrad Ferdinand Meyer, aber daß auch damals die Jungen schon gescheit zu reden wußten, beweist mir die Erinnerung an ein Gespräch mit einem Mitschüler, der mir bei der Nachricht vom Tode Auerbachs klar machte, daß dieser Schriftsteller bedeutend überschätzt worden sei.

Ich glaube, daß ich den klugen Altersgenossen bewundert habe, denn ich hatte keine Anlagen zur Zweifelsucht; auch was mir nicht gefiel, war mir schon fast durch die Tatsache, daß es gedruckt war, dem Urteil entrückt.

Einen eigenartigen Eindruck machte auf mich ein kleines Buch, das ich als Siebzehnjähriger in der dritten Gymnasialklasse in die Hände bekam.

Es war Fritz Mauthners »Nach berühmten Mustern«, worin Auerbach, Freytag, Scheffel u. a. parodiert waren. Die scharfen Karikaturen wirkten nicht bloß erheiternd auf mich; sie quälten mich geradezu, weil sie mir mit einem Schlage den unbefangenen Glauben an eine Vollkommenheit nahmen, die mir unantastbar erschienen war.

Ich ließ mich eine Zeitlang mit Zögern auf Enthusiasmus ein; denn was waren Illusionen, die mit einer Zeile zerstört werden konnten? »'ktober war's; der Wein geraten...«, diese Parodie auf Scheffelsche Verse blieb mir lange im Gedächtnis.

Ich hatte einen wachen Sinn für bildende Kunst, und vor den Schaufenstern der Kunsthandlungen konnte ich lange stehen. Den Historienbildern im alten Nationalmuseum, den Ausstellungen im Kunstverein widmete ich lebhaftes Interesse; und wenn ich an die Eindrücke, die ich empfing, zurückdenke, sehe ich eine bestimmte Entwicklung des Geschmackes.

Ich hatte kein frühreifes Urteil und mußte immer gegen einen festgewurzelten Respekt kämpfen, bevor ich mich von einer Sache abwandte, die Geltung und Ansehen hatte. Ja, ich erinnere mich wohl, daß ich mich zur Bewunderung zwingen wollte und den Fehler bei mir suchte, wenn es mir nicht gelang. Aber auf die Dauer lassen sich Zweifel, die auf innerlichem Erleben und auf unbewußtem Wachsen beruhen, nicht unterkriegen. So weiß ich, wie ich mich geradezu danach sehnte, den Glauben an die Schönheit historischer Bilder wieder zu finden, und wie mirs nicht mehr gelingen wollte.

Ich sah nur mehr kostümierte Personen. Größe, Tragik des Geschehens hatten ihre starke Wirkung verloren.

Ich brachte den ketzerischen Gedanken nicht los, daß unter den meisten dieser Bilder auch irgend was anders stehen könnte, denn ob man bei Giengen, Ampfing oder sonstwo Schwerter schwang und Spieße vorstreckte, das machte doch keinen Unterschied. Ich ging nun durch das Nationalmuseum, das ich häufig aufsuchte, ohne den Wandgemälden Beachtung zu schenken, desto mehr aber der Sache selbst. Rüstungen, Waffen, Trachten, handwerklichen, künstlerischen Erzeugnissen, die mir die Vergangenheit wirklich lebendig machten.

Ich bedauere es noch heute, daß mir jede Führung fehlte, die mir Wissen und Verständnis, die ich mir mühsam und stückweise errang, ganz anders hätte beibringen können. Aber ich hatte niemand, und in der Schule fehlte schon gar jede Anregung, die mich gefördert hätte.

Nichts wurde so trocken gelehrt wie bayrische Geschichte, und ich glaube, daß man das heute in jeder Dorfschule besser macht. Ist es die Vaterlandsliebe weckende Geschichte, die nichts zu erzählen weiß als Erbschaftsstreitigkeiten der Wittelsbacher, die Spaltung und Wiedervereinigung von Bayern-Ingolstadt, Bayern-Landshut, Bayern-Straubing und Bayern-München?

Vom Volke hörte man nichts, von seinem Leben, von Bauart, Kunst und Handwerk, von Handel und Wandel im Lande, ja kaum etwas von den kunstreichen und klugen Männern, die unser Stamm hervorgebracht hat.

Der Gymnasiast lief in München an Kirchen, Palästen, Brunnen und Denkmälern vorbei, und sie waren ihm nichts als totes Gestein und Erz.

Sustris, Frey, Hans Krumper, Muelich, Peter Candid und Christoph Angermaier und viele andere waren leere Namen, wenn sie schon wirklich in Pregers Lehrbuch standen, und doch wäre es möglich gewesen, mit ein paar Hinweisen, am Ende gar auf einem Gange durch die Stadt, dem Schüler bleibendes Wissen beizubringen.

Man lernte in zwei Zeilen auswendig, daß Johann Furmair, genannt Aventinus, der große Geschichtsschreiber Bayerns war, aber auch nur eine Seite von ihm zu lesen, paßte nicht in den Rahmen des bayrischen Geschichtsunterrichtes. Es ist nicht bloß mir, es ist am Ende allen so gegangen: wenn man das Gymansium verließ, hatte man nichts gelernt und erfahren, was einem die Heimat wertvoller machen konnte.

Im Gegenteil, es war einem die Meinung anerzogen, als stünden wir arg im Schatten neben dem großen Geschehen und Emporblühen anderswo.

Wir hatten kein Fehrbellin, kein Roßbach, Leuthen und Belle-Alliance; unser Schlachtenruhm konnte einem warmherzigen Jungen wohl anfechtbar erscheinen, wenn er auf Seite der Feinde Deutschlands errungen war.

Daß es anderes gab, was uns auf die Heimat stolz machen durfte, davon erfuhr der Gymnasiast wenig oder nichts.

Die Pflicht zu meiner Erziehung nahm Onkel Wilhelm wie etwas Selbstverständliches oder seinem militärischen Charakter Zukommendes auf sich, und meine Mutter, die sich vom soldatischen Wesen die besten Erfolge versprechen mochte, war damit sehr einverstanden. Ich glaube nicht, daß der Herr Postsekretär eifersüchtig oder gekränkt war, aber er zeigte zuweilen mit Zitaten aus Klassikern, daß seine Kenntnisse solider waren als die »des Soldatenschädels«.

Der Oberleutnant wiederum wollte den Schein wahren, als ob er alle Gebiete des Wissens beherrschte, und ließ im Gespräche mit seinem Schwager Bemerkungen über Unterrichtsgegenstände fallen, die sein Vertrautsein mit ihnen beweisen sollten.

Das führte bloß dazu, daß Onkel Joseph heimlich die Augen rollte und hinterm Maßkrug die Zunge herausstreckte, wenn der Krieger, der nach einigen Jahren Lateinschule Regimentskadett geworden war, bedenkliche Blößen zeigte.

Mein Onkel Wilhelm war das Urbild des altbayrischen Offiziers von Anno dazumal, als es noch keinen preußischen Einschlag gab.

Ritterlich und ehrenhaft, bescheiden nach den recht kleinen Verhältnissen lebend, aber doch gesellig und ganz und gar nicht auf Kasinoton gestimmt, rauhschalig und stets bemüht, die angeborene Gutmütigkeit hinter Derbheit zu verstecken, freimütig und nicht gerade sehr ehrgeizig. Dazu mit einem wachen Sinn für gutes Essen und gutes Bier begabt, natürlich ein leidenschaftlicher Vorkämpfer des Altbayerntums gegen fränkische und pfälzische Fadessen und Anmaßungen. Wenn der dicke Bader Maier aus der Zweibrückenstraße kam, um meinen Onkel zu rasieren, hörte ich vieles, was mir ein Bild von der alten Zeit gab.

Die beiden duzten sich, da sie, der eine als Korporal und Feldwebel, der andere als Kadett im gleichen Regiment gedient hatten. Da gab es Erinnerungen an Erlebnisse und an alte Kameraden, von denen manche etliche Sprossen höher auf der militärischen Leiter gestiegen waren, da gab es Erinnerungen an kriegerische Abenteuer, denn auch der schnaufende und schwitzende Bader Maier war anno 66 in der Gegend von Würzburg in Weindörfern gelegen, und immer gab es seliges Erinnern an Eß- und Trinkbares, an sagenhafte Leberknödel, die ein Feldwebel besser wie jede Köchin zubereitet hatte, an Kartoffelsalate oder an Schweinernes mit bayrischen Rüben, für die ein jetziger Major das feinste Rezept besessen hatte.

Der Bader besonders war nur mit kulinarischen Andenken an den Bruderkrieg behaftet, und wenn er auch sonst nicht viel Gutes an den Franken gefunden hatte, ihre Preßsäcke und Schwartenmägen hatten ihm doch Ehrfurcht eingeflößt.

Ich saß am Tisch, und indes ich zu arbeiten schien, horchte ich aufmerksam zu, voll Erwartung, von diesen lebenden Zeugen etwas über Schlachtenlärm und Getümmel zu hören, aber es kam nichts als Berichte über Zutaten zu geräucherten Blut- und Leberwürsten, in denen auch die Rheinpfalz großes geleistet hatte, als der Gefreite Maier unter General Taxis als Strafbayer dort geweilt hatte. Ich konnte also meinen Hunger nach lebendiger Geschichte nicht stillen, allein vielleicht wuchs in mir heimlich das Verständnis für altbayrische Lebensfreude.

Wie man es von ihm erhofft hatte, verhielt sich Onkel Wilhelm gegen mich als soldatischer Vorgesetzter, der keine Respektlosigkeit und nichts Saloppes duldete und, wenn er schon einmal lobte, auf die Anerkennung stets eine scharfe Mahnung folgen ließ.

Die Überwachung meiner Arbeit, die zu seinem Pflichtenkreise gehörte, bereitete ihm Schwierigkeiten, über die er sich nicht ganz ehrlich wegsetzte.

Da ich seine Schwäche schnell durchschaut hatte, legte ich ihm manches Problem vor und hatte meinen Spaß daran, wie er den Zwicker aufsetzte und sich in den Text einer Stelle in Cornelius Nepos oder Cäsar zu vertiefen schien, um zuletzt zu entscheiden, sie sei gar nicht so schwer, ich solle nur ordentlich nachdenken und selber die Lösung finden.

Nicht selten hielt er Ansprachen an mich, in denen er mich als beinahe reif gelten ließ und mir die Ehrenstandpunkte klar machte.

So sehr mir das gefiel, war meine Neigung zu Kindereien doch viel zu lebhaft, als daß ich mich als werdender Mann benommen hätte, und das nahm er stets übel, sah eine Woche lang über mich weg und erwiderte meinen Gruß mit abweisender Kälte.

Ich wartete meine Zeit ab und fand das Mittel, ihn zu beschwichtigen, indem ich ihn über gelehrte Dinge respektvollst zu Rate zog.

Sein Kopfleiden fesselte ihn den ganzen Winter über ans Zimmer, und ich mußte für ihn aus der Lindauerschen Leihbibliothek häufig Bücher holen.

Das kleine Fräulein hinter dem Ladentische, ich glaube eine Irländerin, besaß meine ganze Bewunderung, wenn es in gebrochenem Deutsch über jedes verlangte Buch Urteile abgab. Es schien wirklich alles gelesen zu haben.

Ich selber war lesewütig und benützte jede Gelegenheit, Romane zu verschlingen.

Ich las auf der Straße und hatte daheim oft unterm Schulbuche einen Schmöker liegen.

Ich habe Gutes und Schlechtes wahllos gelesen, neben Dikkens, Gotthelf, Keller auch ganz seichtes Zeug, und es ist mir wie den Konditorlehrlingen ergangen, die sich am Überflusse das Naschen abgewöhnen.

Ich hörte nach und nach auf, an süßlichen und gespreizten Romanen Gefallen zu finden, und wurde mit der Zeit sogar recht empfindlich gegen gedruckte Unwahrheit.

Aber ich möchte doch die Kur nicht allen empfehlen.

Im Mai oder zu Anfang Juni ging Onkel Wilhelm aufs Land, und dann begann für mich eine Zeit genußreicher Ungebundenheit.

Der Herr Postsekretär war kein strenger Stellvertreter; übrigens starb er bald so ruhig und gelassen, wie er gelebt hatte.

Tante Minna aber konnte kaum Aufsicht üben, und so mußte man schon das meiste meinem eigenen Ernste überlassen.

Es ging schlecht und recht.

Der beste Antrieb war die Aussicht auf die selige Vakanz, die damals merkwürdigerweise und weil Zopfigkeit immer hartnäckig ist, nach den heißesten Tagen am 8. August begann.

Es bedeutete offenbar eine ungeheure Umwälzung, die noch jahrelang vorbereitet und erwogen werden mußte, sie schon am 15. Juli anfangen zu lassen. Aber auch so, wie sie waren, brachten mir die Ferien eine Fülle ungetrübter Freuden. In Prien am Chiemsee hatte meine Mutter ein Gasthaus gepachtet, die »Kampenwand«, und ich durfte die Knabenjahre, wie ehedem die Kinderzeit, auf dem Lande verbringen.

Der Chiemsee! Wenn ich die Augen schließe, und sei es, wo immer, Wasser an Schiffsplanken plätschern höre, erwacht in mir die Erinnerung an die Jugendzeit, an Stunden, die ich im Kahn verträumte, den See rundum und den Himmel über mir.

Ich sehe die stille Insel, von der die feierlichen Glockenklänge herüber klingen, ich höre den Kahn auf feinem Kiese knirschen, springe heraus und stehe wieder unter den alten Linden, von wo aus der Blick über die blaue Flut hinüber nach den Chiemgauer und Salzburger Bergen schweift. Ich gehe an der Klostermauer entlang und sitze am Ufer, wo Frieden und Feierabend sich tiefer ins Herz senken als irgendwo in der Welt, ich gehe zu den niederen Fischerhütten und sehe zu, wie man die Netze aufhängt und die Arbeit für den kommenden Tag bereitet.

Ein abgeschiedenes Stück Erde und ein versunkenes Glück in Jugend und Sorglosigkeit!

Aber doch! Dieses Glück gab es einmal, es erfüllte das Herz des Knaben mit Heimatliebe und wirkte lange nach.

In der efeuumrankten Wirtsstube auf der Fraueninsel habe ich oft ehrfürchtig die Bände der Künstlerchronik durchgeblättert und gesehen, wie diese friedliche Schönheit um mich herum auf bedeutende Menschen Eindruck gemacht hatte.

In den Gedichten war viel die Rede vom Chieminseeo, von Werinher und Irmingard, und diese Romantik der Scheffel- und Stielerzeit begeisterte mich zu den ersten Versen, die ich, allerdings viel später, auf blaue Flut und Klosterfrieden dichtete.

Die Mitglieder der Künstlerkolonie betrachtete ich mit respektvoller Bewunderung, in die sich etwas Neid mischte; denn Maler zu sein, erschien mir als das schönste Los, und heute noch, wenn ich Ölfarbe rieche und Farben mischen sehe, überkommen mich alte Wünsche.

Haushofer, Raupp, Wopfner und etliche mehr waren die Herrscher auf der Insel, die von Künstlern für Künstler entdeckt und in Besitz genommen worden war.

Laienbesucher hielten sich nur etliche Stunden auf und strichen scheu um die Größen herum, die nach der Abfahrt des letzten Dampfschiffes unter sich blieben. Der dicken, alten Julie standen sie weniger als Gäste, denn als Hüter ihrer Rechte und der alten Ordnung gegenüber, und wenn meine Mutter, wie sie es jeden Sommer einmal tat, zu Besuch kam, mußte sie Seufzer und Klagen über die Maler hören.

Die jungen Künstler, Söhne oder auch Schüler der Herren Professoren, hatten für Fröhlichkeit und die herkömmliche Ungebundenheit zu sorgen. Sie veranstalteten Feste an Geburtstagen der Größen, Kahnfahrten, Ausflüge, die dann im Chronikstil ausführlich beschrieben wurden.

Es war eine andere Zeit, und wenn ich mich daran erinnere, wie damals eine absprechende Kritik über einen der Könige der Fraueninsel die ganze Kolonie in Aufregung versetzte, wie sich die Entrüstung übers Wasser gegen Prien hin fortschwang und viele Gemüter beschäftigte, dann darf ich wohl sagen, es war eine harmlose Zeit.

Im Mittelpunkte des allgemeinen Interesses stand der Bau des Königsschlosses auf Herrenchiemsee, der als Symptom der beginnenden Erkrankung Ludwigs II. gelten darf.

Vielleicht ist noch kein Platz unpassender für eine Geschmacklosigkeit gewählt worden, als der einstmals wunderschöne Hochwald auf Herrenwörth.

Um ihn zu retten, hatte der König die Insel gekauft, als im Jahre 1874 württembergische Händler den Besitz vom Grafen Hunoldstein erworben und mit dem Abholzen begonnen hatten.

Nunmehr, Ende der siebziger Jahre, zerstörte er selber den Wald und das reizvollste Landschaftsbild, indem er den unglücklichen Abklatsch des Versailler Schlosses errichten ließ.

Der Bau ist nicht fertig geworden, und der viereckige Kasten, der patzig die Insel beherrscht und der von weit und breit die Blicke auf sich zieht, schaut aus wie ein Gefängnis.

Tritt man näher hinzu, oder besucht man den Prachtbau, so friert einen vor dem überladenen, planlos angehäuften Prunk.

Damals freilich kritisierte man nicht; im Lande galt auch dieser Plan des Königs als Beweis seiner kunstfreudigen, vom Großvater vererbten Art, und am Chiemsee war man wohl zufrieden mit dem regen Leben, das sich nunmehr entwikkelte.

Lärm gab es genug.

Scharen von Arbeitern siedelten sich auf der Insel, aber auch auf den nächsten Ufern an; Bauführer und Paliere mieteten sich in Prien ein, die Zufuhr des Materials brachte Fuhrleuten und Schiffern guten Verdienst, und der große Mann in diesem früher so stillen Winkel war der Erbauer des Schlosses, Ritter von Brandl.

Der Bau währte bis zum Frühjahr 1886 und gab Anlaß zu vielen Geschichten und Gerüchten.

Dem König dauerte er zu lange, und es soll ihm bei Besuchen manches vorgetäuscht worden sein, was nach seiner Abreise wieder verschwand; zuweilen wurde die Zahl der Arbeiter stark verringert und am Chiemsee erzählte man sich dann mit Augenblinzeln die seltsame Mär, daß auch einem König das Kleingeld ausgehen könne.

Eine barbarische Maßregel war der Abschuß des Damwildes, das bis dahin ungestört auf der Insel gehegt worden war.

Wenn man an stillen Abenden an der Südspitze der Herreninsel vorüberfuhr, sah man stets etliche Hirsche und Tiere, die ganz vertraut waren; auch von der Klosterwirtschaft aus hatte man oft den Anblick, wie Damwild auf die Wiesen austrat und äste.

Jetzt sollte es wegen der neuen Gartenanlagen ausgerottet werden. Alle Jäger und Schießer und Schinder im Chiemgau wurden zu dieser Jagd eingeladen; mit grobem und leichtem Schrot, mit gehacktem Blei und ganz vereinzelt nur mit der Kugel wurde auf das gehetzte Wild geschossen. Angepatzt und immer wieder aufgestört, wurden viele davon erst nach Tagen zur Strecke gebracht, und endlich war kein Stück mehr am Leben, das die übrigens nie ausgeführten Gartenanlagen hätte beschädigen können.

Wenn der König kam, wurden vorher viele Tausende von Blumen in Töpfen herbeigeschafft; man grub sie in den Boden ein und täuschte dem Schloßherrn einen herrlich gepflegten Garten vor.

Im Frühjahr 1886 wurde die Arbeit, die schon vorher gestockt hatte, ganz eingestellt; es war so was wie ein Bankerott, dem bald die Absetzung folgte.

Späterhin führte die Neugierde viele Besucher herbei, und es gehörte auch zu der weit verbreiteten Geschmacklosigkeit, daß diese leblose überladene Pracht bewundert wurde. Die Vorstellung, daß ein einzelner Mensch mit ein paar Dienern in diesen Räumen, langgestreckten Gängen und Spiegelgalerien auch nur etliche Stunden zubringen, hinter diesen von Gold starrenden Brokatvorhängen schlafen sollte, ist unmöglich.

Meine Mutter ließ sich nach dem Tode des Königs nicht zu einem Besuche des Schlosses überreden; sie wollte sich teure und in Ehren gehaltene Erinnerungen an den unglücklichen Mann und an schöne Tage in der stillen Vorderriß nicht zerstören lassen. Wenn sie enthusiastische Berichte von der Pracht und Herrlichkeit hörte, erzählte sie, wie sich der König einstmals in seinem Jagdhause so wohl gefühlt hatte, und wie schlicht und einfach er gewesen war.

Die Erinnerung an vergangene Tage wachte besonders lebhaft auf, wenn die alten Freunde, Graf Tattenbach, Julius Noerr oder der Jagdgehilfe Bauer zu Besuch kamen.

Sie ließen es sich nicht nehmen, von Zeit zu Zeit Nachschau zu halten, und mochten wohl fühlen, wieviel Freude sie damit erregten.

Auch für sie war mit dem Wegzuge meiner Eltern die Risser Gemütlichkeit zu Ende gegangen; Graf Tattenbach konnte es ebensowenig wie Noerr übers Herz bringen, unter den veränderten Umständen den Isarwinkel aufzusuchen, und Bauer hatte seine Versetzung ins Loisachtal erbeten und erhalten.

So sprach man von dem stillen Forsthause wie von einer verlorenen Heimat, an die sich alle mit Wehmut zurück erinnerten.

Wenn ich diese Männer, die sich in ihrer wortkargen, zurückhaltenden Art ähnelten, warm werden sah beim Lobe des alten Oberförsters, dann wurde mir der Vater wieder lebendig vor Augen gestellt und er selbst, sowie seine Umgebung mit einem romantischen Schimmer umkleidet, der für mich daran haften blieb. Bauer sprach von ihm mit einer fast kindlichen Anhänglichkeit, ließ keinen andern Jäger und Schützen neben ihm was gelten und es kam ihm dabei auch nicht auf Übertreibungen an.

Das stach so sehr von dem Wesen dieses harten Lenggriesers ab, daß es viel stärker wirkte, wie lange Reden und schöne Worte.

Er kam später auf einen ruhigen Posten in die Nähe Münchens, diente unter verschiedenen Vorgesetzten, heiratete, hatte Kinder und stand neben der Jagd einem kleinen Anwesen vor, aber wie sich sein Leben auch änderte, in der Anhänglichkeit an seinen ersten Oberförster blieb er sich die Jahrzehnte hindurch gleich. Wenn ich ihn besuchte, als Student, als Anwalt und später, als ich längst Schriftsteller geworden war, saß er mir zuerst schweigsam gegenüber, fragte mich kaum nach meinen Schicksalen und wurde erst vertraut, wenn er die Rede auf meinen Vater gebracht hatte. Dazu bot ihm jedes Ding Anlaß. Eine Pfeife, die er vom Rahmen holte und die noch von meinem Vater her stammte, der österreichische Landtabak, den auch mein Vater geraucht hatte, ein

Hirschgeweih aus der Riß, eine alte Büchse, die natürlich viel besser hingegangen war, wie die neuen, eine gemalte Scheibe, auf die mein Vater geschossen hatte, kurz alles, was ehrwürdige Beziehung zur Riß und ihren Oberförster hatte.

Daß ein Sohn des verehrten Mannes ihm gegenüber saß, machte ihn sogar mitteilsam, und er erzählte in seiner trockenen Art von Zusammenstößen mit Wilderern oder Lumpen, wie man im Isarwinkel sagte, bei denen es sich recht selbstverständlich um Tod und Leben gehandelt hatte.

Trat seine Frau, die allerhand Gutes auftragen mußte, in die Stube, dann hörte er sogleich zu reden auf und rauchte bedächtig vor sich hin, und er fuhr in seiner Erzählung erst wieder fort, wenn sie hinausgegangen war.

»Sie braucht's net z'wissen«, sagte er. Bei den Herbstjagden, die der Regent im Gebirge abhielt, mußte Bauer alljährlich Dienst leisten. Dabei erregte er das Mißfallen des Jagdpersonals, weil er das Verständnis der Lebenden für gar nichts achtete und hartnäckig darauf stehenblieb, daß man bloß früher, wie noch der Max Thoma Oberförster in der Riß war, die Jagd richtig und weidmännisch betrieben habe.

Mein ältester Bruder durfte in Prien ein Festschießen mitmachen, und Bauer fand sich dabei ein, um zu sehen, ob der Sohn dem Vater nachschlage. Am Schießstand stellte er sich hinter ihn und beobachtete ihn, gab ihm gute Lehren beim Laden und Kapsel aufsetzen – damals schoß man noch mit Vorderladern –, prüfte Wind und Licht, und wie es dann ganz anständig ging, lachte er freundlich und sagte: »Er werd scho.«

Aber auch in ernsteren Dingen, wenn es sich um wichtige Entschlüsse handelte, wurde der alte Jagdgehilfe um Rat gefragt, und Viktor wollte ihre Ersparnisse nur so anlegen, wie er es für gut und nützlich hielt.

Als er ans Heiraten dachte, zog er sie in sein Vertrauen und schrieb ihr einen Brief, worin er ihr über die Eigenschaften und die Vermögensverhältnisse seiner Zukünftigen genauen Bericht erstattete.

Sie erwog seine Angaben gewissenhaft und gab ihr Gutachten für das brave Frauenzimmer ab, das auch eine tüchtige

Hauserin wurde, und ich glaube, daß sich Viktor immer mit Stolz für die Stifterin dieses Glückes hielt.

Späterhin übernahm sie die Patenstelle bei einer Tochter und blieb ihr Leben lang eine sorgsame Gödin, die sich an Geburts- und Namenstagen vernehmen ließ.

Der Eindruck, den Bauer auf mich als heranwachsenden Knaben machte, war nachhaltig und ich habe an diesem gescheiten und ehrlichen Manne manches von der wertvollen Art unserer Oberlandler kennen und verstehen gelernt.

Er gilt mir als Vertreter der germanischen Bauernrasse, die sich im Gebirge rein erhalten hat; bedächtig im Reden, kühn im Handeln, trotzig und unbeugsam, taktvoll und klug, auch mit manchen Talenten und mit einem schlagfertigen Witze begabt.

Und die verschmitzte Schlauheit fehlte ihm nicht, die den Isarwinkler zum guten Jäger oder zum gefährlichen Wilderer macht.

Graf Tattenbach zeigte bei seinen Besuchen in Prien, späterhin in Traunstein immer das gleiche, stillvergnügte Verständnis für das Behagen, das er vom ersten Tage an in meinem Elternhause gefunden hatte.

Seine Anwesenheit in der Kampenwand hätte man mir gar nicht erst bekannt geben müssen, sie verriet sich sofort durch einen wundervollen Tabakgeruch, der das Haus durchzog.

Der Herr Oberst rauchte immer noch aus einem Tschibuk, dessen Rohr bedeutend länger war, als er selber, eine Herzegowinermischung, deren Aroma mir unvergeßlich geblieben ist.

Und noch immer schaute der Herr Oberst hinter buschigen Augenbrauen scheinbar sehr streng und grimmig in die Welt, und dabei saß doch das gutmütigste Lachen in seinen Augen, wenn eine fröhliche Erinnerung aufgefrischt wurde.

Seine Jagdgeschichten wurden immer breiter ausgemalt; eine reichte für die Kaffeestunde. Er bewohnte als Pensionist in München mit seinem Bruder, der gleich ihm Hagestolz geblieben war, ein reizendes Häuschen in der Gartenstraße, jetzt Kaulbachstraße, wo ich ihn öfter besuchen durfte.

Die beiden Brüder waren sich herzlich zugetan und lebten

in einer Harmonie zusammen, die nur durch den Tod gestört werden konnte. Als der Ältere, der General außer Dienst war, die Augen schloß, hatte auch für unsern Rißer Jagdkavalier das Leben keinen rechten Sinn mehr. Er folgte bald dem Bruder nach.

Als Gast meiner Mutter erkrankte er in Traunstein just in der Kaffeestunde, als er, die lange Pfeife in der Hand, eine ausgiebige Geschichte von einem erlegten Hirsch begonnen hatte.

Ganz plötzlich überfiel ihn ein Schüttelfrost, der ihn zwang, mit Rauchen und Erzählen aufzuhören und sich ins Bett zu legen.

Ein paar Tage blieb er noch in Traunstein. »Jetzt blasen wir Halali«, sagte er zu meiner Mutter kurz vor dem Abschied, und er hörte lächelnd ihren zuversichtlichen Tröstungen zu.

»Nein, nein, Frau Oberförster«, erwiderte er. »Diesmal is es Ernst und macht auch nix. Ich kann jeden Tag abmarschieren, mein Rucksack is schon gepackt.«

Verwandte holten ihn ab und brachten ihn nach München, wo er gelassen und vornehm die letzten Dinge abmachte.

Julius Noerr kam in den ersten Jahren zu längerem Aufenthalt und malte in Prien, Übersee, Bernau Studien, aber vielleicht war ihm der Chiemsee zu sehr Domäne Einzelner, oder er fand nicht, was er suchte, jedenfalls beschränkte er sich später auf vorübergehende Besuche, die nur der Pflege alter Freundschaft galten.

Ich durfte ihn zuweilen in seinem Atelier in der Schillerstraße aufsuchen, und was ich bei ihm an Zeichnungen, Porträtskizzen, Landschaftsstudien, an Vorarbeiten für jedes Bild gesehen habe, gibt mir heute noch, so weit das auch zurückliegt, einen Maßstab für das ehrliche, große Können Noerrs und manches Zeitgenossen von ihm, und ich bin überzeugt, daß mich diese Jugendeindrücke gefeit haben gegen allen Schwindel, der seitdem getrieben worden ist. Ich lernte verstehen, warum nur ehrliche Arbeit wirkliche Werte schaffen kann.

Und gewiß schlug damals meine Liebe für diese von aller Manier, Methode und Mode freie Kunst die ersten Wurzeln.

Sie ist mit den Jahren immer stärker geworden und heute, wo galizische Schwindler alle Begriffe umfälschen dürfen, betrachte ich es als Glück, zu Noerr, Spitzweg, Steub und manchem anderen Altmünchner zu fliehen.

Der See war der schönste Tummelplatz für einen gesunden Buben, und ich brachte jeden Tag, den ich loskam, darauf zu. Die ängstlichen Bedenken meiner Mutter wurden durch den Westernacher Franz, der meinem Rudern das beste Zeugnis ausstellte, beseitigt.

Allerdings andere Befürchtungen schwanden nie ganz, und besonders meine älteste Schwester sah mir immer mit Sorge nach und empfing mich mit Mißtrauen.

Sie ahnte, daß die schönen Obstanlagen auf der Herreninsel einen starken Reiz auf mich ausüben mußten, und daß ein Pirat immer in Versuchung war, sich auf der Krautinsel Rettiche zum Brot zu holen.

An der Hachel, einer Stelle, die man nach Kirchturm und Baumwipfeln bestimmen konnte, wenn man das Geheimnis wußte, gab es schwere Bürschlinge, die an regnerischen Tagen gut bissen, und die Fischerei war um so prächtiger, weil sie verboten war.

Dies und noch mehr hatte meine Schwester vor Augen, und als heiratsfähiges Mädchen kümmerte sie sich um die Reputation der Familie.

Ich ersparte ihr die Schande des Ertapptwerdens, obwohl mancher Verdacht auf mich fiel.

Daß mir der Westernacher als fünfzehnjährigem Buben Passagiere zur Überfahrt auf die Inseln anvertraute, galt mir als hohe Auszeichnung, und wenn mich die fremden Gäste für einen Schifferjungen hielten, war mein Glück vollständig, und ich war bemüht, den Eindruck zu befestigen.

Ab und zu hielt sich auch eine Dame zu meiner großen Befriedigung darüber auf, daß mir eine Pfeife im Maul baumelte.

Daran war vornehmlich der alte Bosch schuld, der mein Lehrmeister im Rauchen war.

Ich mußte für ihn Zigarrenstummel in unserer Wirtschaft

sammeln, die er auf dem Herd dörrte und dann in einer Kaffeemühle zerrieb. So gewannen wir unseren Tabak. Daneben rauchten wir ungarischen in blauen Paketen, Varinas mit den drei griechischen Palikaren als Warenzeichen, und den schwarzen Reiter, Kornährentabak, der aus der Pfeife herauswuchs, zischte und lieblich roch. Ich saß oft beim Bosch; an schlechten Tagen in der niederen Stube, an schönen Abenden auf der Bank vorm Haus, und er teilte mir seine Ansichten über alles Geschehen auf dieser Welt mit.

Sie waren recht verschieden von den allgemein gültigen, und wenn sie nicht samt und sonders richtig waren, so waren sie doch auf Grund eigenen Nachdenkens und tüftelnder Bauernschlauheit gefunden, und darum ganz gewiß anregender als alle gedruckten Zeitungsmeinungen.

Zu mir hatte der Alte Zuneigung gefaßt, die auf innigem Vertrauen beruhte.

Er lebte in dauernder Feindschaft mit dem Bauern, der ihm den Austrag reichen mußte, und da seine eigene Kraft nicht mehr ausreichte, mußte ich die Bosheiten ausüben, die zum Wachhalten eines gediegenen Ärgers notwendig waren.

Ich erledigte die Aufgaben mit Geschick und erwarb mir die Zufriedenheit des braven Bosch.

Manchmal besuchten ihn zwei Leidensgenossen, Austrägler, die in benachbarten Häusern lebten, und dann sangen sie zu dritt mit dünnen Kopfstimmen alte Lieder.

Eines handelte vom Rückzug aus Rußland.

Ich habe später den Versuch gemacht, den Text zu erhalten, aber von den Alten lebte längst keiner mehr, und so blieben meine Nachforschungen vergeblich.

Tür an Tür mit dem alten Bosch wohnte ein ausgedienter Zimmermann, der Martin, der Leitern machte, Sägen feilte, die Bauern rasierte, Uhren richtete und als Viehdoktor in Ansehen stand.

Er hatte einem Hausierer eine Bibel abgekauft, vermutlich aus keinem andern Grunde, als weil die Geistlichkeit vor dem heiligen Buche warnte und es nicht dulden wollte.

Martin saß oft mit einer großen Hornbrille auf der Nase vor dem dickleibigen Exemplar und versuchte herauszufinden, wo denn eigentlich die geistliche Obrigkeit der Schuh drückte. Ich glaube nicht, daß er darauf gekommen ist, aber es paßte ihm gut, daß er infolge seiner verbotenen Studien bei den Bauern für einen Mann galt, der geheimes Wissen besäße.

Im Pfarrhof erhielt man natürlich auch Kenntnis davon, aber der alte geistliche Rat Hefter kannte seine Pappenheimer und wußte, daß Zureden nichts helfen und das Ärgernis nur vergrößern konnte.

Wenn er dem Bibelforscher auf der Straße begegnete, sagte er bloß: »O mei Martin, du werst aa alle Tag dümmer...« Das sprach sich herum und nützte mehr wie Eifer und heftiges Schelten.

Der Geistliche Rat war noch aus der alten Schule; ein gemütlicher, behäbiger Mann, Verehrer einer trefflichen Küche, eines guten Trunkes und Freund aller Menschen, die ihre Ruhe haben wollten und ihn selber in Ruhe ließen.

Seine volkstümlichen Predigten waren berühmt, und mancher Sommergast ging in die Kirche, um zu hören, wie der alte Herr im breitesten Dialekt, mit fetter Stimme seinen Bauern das Evangelium auslegte.

Damals war es guter Brauch, daß die Studenten nach beendetem Schuljahre im Pfarrhofe ihre Aufwartung machten und die Zeugnisse vorwiesen.

Am ersten Feriensonntag traten wir zu fünf oder sechs vor den Geistlichen Rat, der uns fröhlich begrüßte und ein mildes Wort für minder gute Noten hatte.

»Macht nichts«, sagte er. »Für an Dreier muß ma auch was leist'n, wenn's nur koa Vierer net is. Es is allaweil um an Grad bessa, und überhaupts koane Gelehrt'n wollt's ja ihr gar net wer'n...«

Wir hatten einen unter uns, einen Häuslerssohn aus der Umgegend, der immer glanzvolle Zeugnisse mitbrachte, und es wollte den andern wie mir scheinen, daß ihn der Herr Rat mit Mißtrauen, ja mit einer gewissen Abneigung betrachtete. Seine Laufbahn ist übrigens weder so glänzend, wie seine Lehrer vermuteten, noch so schlimm, wie vielleicht der alte Herr besorgte, verlaufen; er ist Landpfarrer geworden und hat seine Talente vergraben.

Ein anderer, der älteste von uns Studenten, hat nach den Weihen noch dem geistlichen Stande Valet gesagt und als Kunstmaler einen harten Kampf mit dem Leben geführt, den ihm seine Verwandten, lauter reiche Bauern, nie mit der geringsten Unterstützung erleichterten.

Vielleicht hätte der brave Herr Rat Hefter die Leute zu seinen Gunsten gestimmt, aber der war längst tot, als sich das Unglück ereignete, und sein Nachfolger war ein scharfer Herr, der die Entrüstung aller Frommen in Prien teilte und sicherlich nicht dämpfte.

So mußte der gute Franzl für seine Gewissenhaftigkeit und Überzeugungstreue Hunger leiden und ein Künstlerelend kennen lernen, wie es schlimmer kaum in Romanen geschildert worden ist. Erst nach langen Jahren ist es ihm besser ergangen.

Damals stand er mit uns im Zimmer des Priener Pfarrherrn und wies sein Primanerzeugnis vor, wie wir Lateinschüler die unsrigen.

Für den zweiten oder dritten Sonntag wurden wir dann zu Tisch geladen, eine Ehre, die wir sehr hoch schätzten, denn es gab nicht bloß reichliches und gutes Essen, sondern auch lustige Unterhaltung; wenn die Mehlspeise aufgetragen wurde, kam die dicke, alte Köchin ins Zimmer, noch gerötet vom Herdfeuer und den Anstrengungen des Tages, um die Lobsprüche des Herrn Rates in Empfang zu nehmen.

Kaum saß sie, den Stuhl bescheiden etwas zurückgerückt, so fing Herr Hefter an, Geschichten zu erzählen von dem Bauerndirndl, das im Beichtstuhl den Finger in ein Astloch gesteckt hatte und nicht mehr loskam, und dann auf die Frage des Geistlichen, warum es nicht gehe, eine undeutliche Antwort gab, die zum Mißverständnisse führte.

Jedesmal kam Fräulein Marie in schamvolle Verlegenheit, und jedesmal lachte der joviale Pfarrherr und erklärte umständlich, daß es die allerunschuldigste Geschichte sei.

Wir freuten uns darüber, aber einer saß am Tische, der eine säuerliche Miene aufsetzte, ein Kooperator aus dem Kölnischen, den die Folgen des Kulturkampfes nach Altbayern verschlagen hatten, ein eifriger Kämpfer und ein heimlicher

Feind des gutmütigen Pfarrers, der übrigens die Abneigung kräftig erwiderte.

Ein seltsames Vorkommnis befreite ihn bald von dem unangenehmen Streiter, aber den Prienern trug es einen Spitznamen ein, den sie heute noch nicht angebracht haben.

Sie hatten als Denkmal für die gefallenen Krieger einen Friedensengel bestellt, dessen linke Brust dem Herrn Kooperator zu groß und zu sehr entblößt erschien. Am Tage vor der Enthüllung überredete er einen Schlosser, nachts die Brust abzufeilen. Er wurde über der Tat ertappt, das Fest konnte noch verschoben und ein neuer Engel bestellt werden, aber wer in der Umgegend einen Priener ärgern will, heißt ihn heute noch »Duttenfeiler«.

Der Streit, der damals im Nachklingen noch in ganz Deutschland die Gemüter erregte, und der später selbst von den Liberalen, die ihn mit Feuereifer betrieben hatten, als »unseliger Kulturkampf« bezeichnet wurde, teilte auch den guten Markt Prien in zwei Lager.

Was bäuerlich war, und was am Alten hing, und was insbesondere auch noch über die Verpreußung grimmige Bedenken nährte, wandte sich mit leidenschaftlichem Zorn gegen die neu-diokletianische Verfolgung.

Haarsträubende Geschichten wurden gedruckt, noch haarsträubendere erzählt, und mehr als ein braver Mann im Altbayrischen glaubte, was mir der Herr Aufschläger in Prien ernsthaft erzählte, daß Bismarck nur deshalb so unmenschlich wüte, weil er täglich einen Schnapsrausch habe.

Ich war gefeit gegen diese Angriffe auf meinen Helden und ließ nichts auf ihn kommen, aber ich erinnere mich wohl, mit welchem Ernste auch diese Tatsache im Gastzimmer unserer Kampenwand besprochen wurde. Im anderen Lager standen liberale Kaufherren und ein paar aufgeklärte Handwerksmeister, die sich den Rationalismus und die gemütliche Kirchenfeindlichkeit der Gartenlaube zu eigen gemacht hatten, und die eine aus Zeitungen zusammengelesene Freigeistigkeit gegen Altöttinger Kalendergeschichten ins Feld führten.

Sie waren die wortreichen Dialektiker, die anderen die härteren Köpfe; bei den nicht seltenen Wortgefechten behielten jene mit ehrlichen und geschwindelten Zitaten recht, oder schienen es zu behalten, denn im Laufe der Zeit siegten doch die Hartköpfigen und Konsequenten.

Die priener Diskussionen wurden pompös eingeleitet mit tiefgründigen historischen Kenntnissen, und wurden verbrämt mit Schlagworten aus Klassikern, aber sie endeten gewöhnlich mit landesüblichen Derbheiten und Grobheiten, ja zuweilen mit Hinauswurf und Schlägen. Ein Buchbindermeister, dessen dröhnender Baß mir unvergeßlich ist, mußte fast allwöchentlich Pflaster auf seine liberale Schädeldecke legen, denn seine Hitze führte ihn zur Betrunkenheit und seine Betrunkenheit zu ätzenden Bemerkungen, die weniger gewandte Streiter mit Schlägen und Hinausschmeißen erwiderten.

Das erregte aber keinen bittern Haß. Der Herr Buchbindermeister saß ein paar Tage darauf, zuweilen noch mit den Spuren des Kampfes, wieder gemütlich bei seinen Mitbürgern und Honoratioren, die ihn mißhandelt hatten, und trank und stritt und hatte von Glück zu sagen, wenn er zu alten Pflastern nicht gleich neue erhielt.

So litt und stritt man in Prien noch manches Jahr nach dem unseligen Kulturkampf.

Von seinen Gegnern merkte übrigens der eiserne Kanzler nichts, als er auf der Fahrt nach Gastein einige Minuten in Prien verweilen mußte.

Der Bahnsteig war dicht besetzt von Einheimischen und Fremden, da der Expeditor bekanntgegeben hatte, daß der Zug in der Station halten werde.

Der Bürgermeister war mit einigen Männern vom Gemeindeausschuß erschienen, und stand eingepreßt in seinem Gehrock und schwitzend vor Aufregung in der vordersten Reihe. Ich harrte mit Herzklopfen auf den Moment, wo ich den großen Mann nun wirklich sehen sollte, und als die Lokomotive, weiße Rauchwolken auspustend, sichtbar wurde, wollte mir das Ereignis ganz unwahrscheinlich vorkommen. Aber der Zug hielt, und Bismarck stand wirklich am offenen Fenster.

»Ist das Prien?« fragte er den Bürgermeister.

»Na, Prean«, antwortete der verzagte Mann, und ein unterdrücktes Lachen ging durch die Menge, die sich eilig vorwärts gedrängt hatte.

Es kamen noch ein paar Fragen nach der Zahl und der Beschäftigung der Einwohner, die ein Ausschußmitglied beantwortete, denn der Vorsteher unseres Marktes war ganz vernichtet und machte nur eine tiefe Verbeugung nach der andern. Der Zug setzte sich wieder in Bewegung, Hüte und Tücher wurden geschwenkt, stürmische Hochrufe ertönten, und mir war's zumute, als wäre ein nachklingendes Märchen zu Ende erzählt.

Ich hatte keinen Blick von dem Manne abgewandt, der mir ein körperliches Sinnbild deutscher Größe war und nun fast greifbar nahe stand und genau so aussah, wie ich ihn aus vielen Bildern kannte.

Das Verhalten des Herrn Bürgermeisters bei diesem historischen Vorgange wurde lange Zeit besprochen, mit Behagen an dem Spaße, aber auch mit Unwillen über den Mangel an gebührender Repräsentation. Wir hatten im Orte Kaufherren, die sich städtisch und weltgewandt fühlten und immer der Meinung waren, daß sich Prien zum feineren entwickeln müsse, aber da war eben die erste Bedingung, daß an der Spitze der Gemeinde ein Mann von höherem Streben stand. Es war, wie man mit bedauerndem Achselzucken feststellte, nicht möglich, denn die Mehrheit ließ sich nicht von höheren Gesichtspunkten leiten.

Aber doch regte sich in jener behaglichen Zeit auch in diesem Winkel ein reges Bildungsbedürfnis, vielleicht noch mehr das Verlangen, gebildet zu scheinen, über vieles zu reden und über veraltete Anschauungen erhaben zu sein.

Wie sich das Reich ins Große reckte und streckte, überkam bei Wachstum und Gedeihen den Kleinbürger eine Ahnung von seiner Bedeutung und von der Pflicht, sich ihrer würdig zu zeigen. Das führte nicht zu einem vertieften, wohl aber zu einem gesprächigen Interesse am geistigen Leben, das vornehmlich durch Zeitungen angeregt und gestillt wurde.

Zugleich fing man an, sich mehr Bücher zu kaufen, billige Klassikerausgaben und daneben das Konversationslexikon, aus dem sich für anzuschlagende Themata viel Stoff holen ließ. In Prien gab es einen Schreinermeister, dem es nicht darauf ankam, eines Abends Urteile über Richelieu und seine Politik abzugeben und ein andermal gründliche Kenntnisse über chinesische Seidenraupen zu verraten.

Er stand in hohem Ansehen, bis auch andere seine Quellen entdeckten.

Aber es war doch schon etwas, daß sich eine Tafelrunde von Bürgern zusammenfand, die an bildungsfördernden Gesprächen Freude hatte, und meine Mutter sah darin arglos ein Fortschreiten der Welt zum Guten und Schönen, ohne an das Konversationslexikon und an kleine Eitelkeiten der Redner zu denken.

Sie sah es gerne, wenn ich an solchen Abenden am Tische saß, und indes sie unermüdlich strickend zuhörte, mahnte sie mich mit Blicken, ja aufmerksam zu sein und von schlichten Bürgern zu lernen, wie man sein Wissen bereichern müsse.

Weniger befriedigt war sie, wenn die alte Viktor, die natürlich bei diesen Bildungskonventikeln nicht fehlen durfte, durch Fragen, die ihr eigenes Interesse geschickt verrieten, das Gespräch belebte, denn darin bestand zwischen den herzensguten Frauen eine gründliche Meinungsverschiedenheit, daß meine Mutter dem weiblichen Wesen nur ein aufnehmendes, Viktor aber ein möglichst tätiges Verhalten zubilligte.

Die Stricknadeln klapperten lauter, und Blicke richteten sich nach oben gegen die Decke, wenn die alte Viktor das Wort ergriff und nicht allzu schnell losließ.

Großes Ansehen erwarb sich damals ein Maurermeister, der nach Palästina gereist war und nun an manchen Winterabenden seine Erlebnisse zum besten gab; daß er dabei einen roten Fes aufhatte und aus einem Tschibuk rauchte, übermittelte den Eindruck einer orientalischen Welt. Bald wurde er aber durch meinen ältesten Bruder in den Hintergrund gedrängt, denn der fuhr nach Australien und seine brieflichen Reiseberichte, vorgelesen und erläutert von jenem bildungsreichen Schreinermeister, überstrahlten die Abenteuer eines Jerusalempilgers. Meine Mutter erlebte trotz allen Trennungsschmerzes, der in ihr wach blieb, doch manchen stolzen

Augenblick, wenn sich in den frisch geschriebenen Briefen gesundes Urteil und tapferer Sinn offenbarten. Sie hat ihren Ältesten, der ein zärtlicher Sohn und das Ebenbild des Vaters war, klug, ernsthaft und weit über seine Jahre männlich, nicht mehr gesehen. Als er nach zwei Dezennien heimkehrte, lag sie schon lange auf dem stillen Friedhofe in Seebruck am Chiemsee.

Die Priener, die literarische Neigungen hatten oder zeigten, fanden zuweilen Gelegenheit, einen berühmten Vertreter des Schrifttums leibhaftig zu sehen.

Ich erinnere mich wohl, wie der Schreinermeister aufgeregt in unsere Küche kam und meine Mutter fragte, ob sie denn auch wisse, daß der Herr, der im Garten draußen Kaffee trinke, kein Geringerer sei, als der Volksdichter Hermann von Schmid, und wie meine Mutter dann respektvoll zu dem gefeierten Gaste trat und ihn fragte, ob er mit allem zufrieden wäre, und wie Viktor, etwas ärgerlich, weil sie zurückstehen mußte, den Dichter vom Fenster aus sehr kritisch betrachtete und sagte, er sähe eigentlich nach nichts Besonderem aus.

Und dabei hatte der Dichter doch keine aufrichtigere Verehrerin seines »Kanzlers von Tirol« als die brave Alte, die ihn nunmehr in ihrem Unmute verleugnete.

Felix Dahn, der Dichter des Kampfes um Rom, sah man ab und zu in Prien, wenn er seine Verwandten im nahen Ernstdorf besuchte. Und zwei Sommer weilte der Tübinger Ästhetiker und Poet F. Th. Vischer als Gast in der »Kampenwand«.

Der kleine, etwas cholerische Herr ließ sich von mir häufig nach den Inseln rudern und war mit meiner Geschicklichkeit ebenso zufrieden, wie mit der Billigkeit dieser Fahrten. Er entlohnte mich stets mit einer Halben Bier und einem Stückchen Käse.

Er sprach sehr wenig und machte mir deutlich klar, daß ich nur auf Fragen zu antworten, sonst aber das Maul zu halten hätte.

Einmal fand ich ihn redselig.

Er hatte sich im Wirtshaus auf der Fraueninsel Kaffee bestellt und die Kellnerin eindringlich ermahnt, daß ja keine Zichorienmischung darin sein dürfe. Hernach merkte er doch den fatalen Geschmack heraus und schritt zornig in die Küche, wo er den erschrockenen Weibern im breitesten Schwäbisch ihre saumäßige Frechheit und viechsmäßige Dummheit vorhielt, so daß sie noch lange an sein ästhetisches Wesen denken mußten.

Leider wollte Viktor eines Tages an dem berühmten Manne ihre Liebhaberei für die schöne Literatur auslassen, was ihr sehr übel bekam. Nur ganz allmählich versöhnte sich Vischer wieder mit ihr, und es bedurfte prachtvoller Strauben und duftenden Kaffees, um ihn zu überzeugen, daß sie trotz allem ein erträgliches Weibsbild wäre.

So gut es ihm in der »Kampenwand« gefallen hatte, blieb er doch weg, als ein anderer Schwabe, der Bruder eines württembergischen Ministers, auftauchte.

Es war ein pensionierter Hauptmann, der sich in der Welt als Kriegsmann umgetan hatte.

Reiterleutnant in österreichischen Diensten, Freiwilliger bei den Nordstaaten von Amerika, zuletzt Offizier in der württembergischen Armee, hatte er verschiedene Feldzüge mitgemacht und lebte nun von einem mäßigen Kapital und einer bescheidenen Pension auf größerem Fuße, als es sich machen ließ.

Als er mit seinem Vermögen fertig war, erschoß er sich.

Es war schade um den gebildeten, gescheiten Mann, der sich, wie ich heute glaube, als Schriftsteller Ansehen und Einkommen hätte verschaffen können.

Im nüchternen Zustande befaßte er sich eifrig mit geschichtlichen Studien, aber immer wieder kam er ins Trinken, beging Verschwendungen und verlor jegliche Willenskraft, die zu ernsthafter Arbeit gehört.

Sonst schweigsam und zurückhaltend, wurde er sehr gesprächig, wenn das nasse Viertel eintrat, und dann erzählte er aus seinem abwechslungsreichen Leben Abenteuer und Begegnungen mit berühmten Persönlichkeiten.

Wie weit das alles zurücklag!

Österreichisches Militärleben im Frieden mit Fußeisen und Fuchtelhieben, seltsame Zustände in galizischen Garnisonen, dann kriegerische Erlebnisse in der Lombardei, in Stabe Gyulais, Begegnung mit Hackländer, Kriegsdienste in Amerika in einem Regiment, das sich selbst les enfants perdus nannte, weil sich Schiffbrüchige aus aller Herren Länder darin zusammengefunden hatten, dann Tauberbischofsheim und Champigny.

Es läßt sich denken, daß ich begierig zuhorchte, und ich war nicht nur ein aufmerksamer, sondern häufig auch der einzige Gesellschafter des Hauptmanns, von dem sich seine Bekannten meist zurückzogen, wenn er zu trinken anfing.

Einer hielt zuweilen bei ihm aus, ein Fürst W., der als Baron Altenburg in bescheidenen Verhältnissen in Prien lebte. Er war ein gutmütiger Herr, der gerne vom Glanze früherer Tage redete, als er noch Kavallerieoffizier war, und der sich doch in diesem Exil ganz wohl fühlte und regelmäßig mit den Bürgern beim Abendtrunke zusammensaß.

Sie machten es ihm nicht immer leicht, die Kontenance zu bewahren, denn als Fürst ohne Mittel, als Preuße und als alter Offizier stieß er überall an den kantigen Ecken der Priener Ansichten und Manieren an.

In der »Kampenwand« kehrte er mit Vorliebe ein, und die Höflichkeit meiner Mutter, die ihn trotz seines Inkognitos immer als Durchlaucht anredete, erwiderte er mit ritterlichen Komplimenten gegen das Haus, die Familie und die Persönlichkeit der Frau Oberförster. Wenn sie von der Vorder-Riß und dem König erzählte, hörte er mit der Teilnahme zu, die man dem Treiben und Befinden eines Gleichgestellten entgegenbringt, und er warf Bemerkungen ein, die seine intime Kenntnis des Hofes verraten sollten.

Er hatte immer eine Liebenswürdigkeit im Vorrat.

Meiner jüngsten Schwester, die als Kind eine auffällig tiefe Stimme hatte, prophezeite er eine glänzende Laufbahn als Sängerin, da irgendeine Dame auf oni oder eine Lucca, wie er als alter Theaterhabitué wußte, gleichfalls mit einem Basse behaftet gewesen war.

Auch an mir entdeckte er Ansätze zu glänzenden Eigenschaften, und wenn meine Mutter auch nicht ganz davon überzeugt war, so hörte sie es doch gerne und schätzte die gute Absicht. Er sah gut aus, und selbst in dem Anzuge eines priener Schneiders wirkte er als vornehmer Herr, und wenn er höchst eigenhändig ein Paar neubesohlte Stiefel vom Schuster heimtrug, sah er immer noch wie ein grand seigneur aus. Über die unfreiwillige Bescheidenheit seines Lebens verlor er nie ein Wort und übersah die Ungeschlachtheit der Ortsbürger, die sich anblinzelten und anstießen, wenn Seine Durchlaucht dreißig Pfennige als Ausgabenetat für zwei halbe Bier zurechtlegte.

Eine Bemerkung, die ich darüber machte, wies meine Mutter mit ungewohnter Schärfe zurück, und sie erklärte mir, wie ehrenwert diese Selbstzucht eines Mannes war, der einmal in ganz anderen Verhältnissen gelebt hatte.

Wenn der Fürst mit dem Hauptmann zusammen saß und die alten Kavaliere Erinnerungen austauschten, gab mir meine Mutter deutlich zu verstehen, daß ich meinen Platz zu räumen hätte.

Wahrscheinlich vermutete sie, daß die Herren Reiteroffiziere auch einmal auf ein paar Kapitel kommen könnten, die sich nicht für die reifere Jugend eigneten.

Immer war mir der letzte Tag im September, und mochte auch die schönste Herbstsonne leuchten, mit grauen Nebeln verhängt.

Frühmorgens gab es die letzten Vorbereitungen zur Abreise; Mahnungen von Viktor, auf meine Wäsche zu achten, da schon wieder Taschentücher und dies und das gefehlt hätten, Mahnungen meiner Mutter, allen Fleiß daran zu setzen; dann das letzte Frühstück in der Küche, die mir nie anheimelnder vorkam als im Augenblick des Scheidens, und der Gang zur Bahn.

Wer mir begegnete, auch wenn ich ihn sonst nicht ehrte, erschien mir als ehrwürdiges und liebenswertes Stück Heimat und empfing meinen wehmütigen Gruß.

Der Herr Maurermeister stand unter der Tür, weil auch seine Buben abreisten, und lüftete seinen Fes, und ich beneidete ihn, daß er so Tabak rauchend alle Tage in dem lieben Ort bleiben durfte.

Ich beneidete den Schreinerlehrling, der pfeifend einen

Karren auf die Straße zog, und den Stationsdiener, der auch dableiben durfte, und wenn mich der Expeditor väterlich auf die Schulter klopfte und Glückauf zum Studium wünschte, dachte ich, er habe leicht reden und unbekümmert sein, wenn er doch nicht in die weite Welt hinaus müsse. Pfiff nicht die Lokomotive jämmerlicher wie sonst, und schlich nicht der Zug trübseliger von Bernau herein?

Was für rohe Menschen waren die Kondukteure, die hinter einem die Türe zuwarfen und das verhängnisvolle Billett mit gleichgültiger Miene zwickten! Dann ging es im weiten Bogen herum ums Dorf. Dort sahen noch Bauernhäuser hinter Bäumen hervor, dann kam der Blick auf den See und die Inseln.

Ich habe auch später noch an Heimweh gelitten, damals aber kam es wie Krankheit über mich.

Das Oktoberfest war mir verhaßt, weil das Ende der Ferien mit ihm zusammenfiel, und ich habe lange Zeit nachher den Lärm von Karusselorgeln und den Duft gebratener Heringe in Verbindung mit bitteren und schmerzlichen Gefühlen gebracht.

Der gutmütige Onkel Joseph nahm mich auf die Theresienwiese mit in der Meinung, daß diese Freuden meinen Trübsinn verscheuchen müßten, aber der Anblick von Oberlandler Bauern oder von Schützen aus dem Gebirge war nur angetan, mir mein Elend erst recht fühlbar zu machen. Daran änderten auch die scharfen Vermahnungen des Herrn Premierleutnants nichts, der mir sagte, er habe das sogenannte Heimweh der Rekruten stets als Scheu vor Disziplin und Pflichterfüllung betrachtet, und er müsse leider annehmen, daß auch meine Wehleidigkeit darauf hinausgehe.

Ich aber legte mir ein Verzeichnis der Tage meiner babylonischen Gefangenschaft an und strich jeden Abend einen aus; nach ein paar Wochen vergaß ich darauf und war geheilt.

Späterhin, als ich über die Flegeljahre hinausgewachsen war, halfen mir ein paar Verliebtheiten, am Aufenthalt in München mehr Gefallen zu finden.

Denn natürlich fehlte es auch an der Jugendeselei nicht; aber ich muß bekennen, daß es nie zu Erklärungen kam.

Ich bewunderte einige Mitschüler, die auf dem Eise oder sonstwo mit Backfischen verkehrten, sprachen, Arm in Arm mit ihnen gingen.

Ich selber verehrte sie nur aus der Entfernung, und sogar vor ihrem Entgegenkommen versteckte sich meine Blödigkeit hinter Trotz.

Machte ich den Versuch, eine junge Dame, die im gleichen Hause wohnte, anzureden, dann war mir die Kehle wie zugeschnürt. Einmal setzte ich an, aber heiser vor Aufregung stotterte ich ein paar nichtssagende Entschuldigungen und floh eilig die Treppe hinunter. Und doch brachte mich ein Jugenderzieher, Schulmann und Rektor in ernstliche Gefahr, indem er mich als Verlorenen behandelte und in einer Weise bloßstellte, die sich nicht für ihn ziemte.

Ich trug wochenlang einen herzlich dummen Brief an jenen Backfisch in einem Schulbuche herum, immer mit der Absicht, ihn zu überreichen, wozu mir stets wieder der Mut fehlte.

Eines Tages erwischte mein Ordinarius den Brief, übergab ihn dem Rektor, und dieser sonderbare Freund der Jugend, der zufällig wußte, daß ich von einer angesehenen Familie zuweilen eingeladen wurde, schrieb an sie und behauptete, ich hätte an die jüngere Tochter des Hauses diesen unziemlichen Brief gerichtet.

Es war unwahr, und ich wehrte mich leidenschaftlich gegen die Anklage, aber es half mir nichts; die Mama war indigniert, und der Papa gab mir jovial zu verstehen, daß man mich nicht mehr einladen könne.

Damals habe ich mich ein paar Tage lang mit Selbstmordgedanken getragen, und ich glaube, daß ich nahe genug daran war, die Torheit zu begehen.

Ein erfahrener Mann hatte wahrhaftig in der Unbeholfenheit des Briefes knabenhafte Blödigkeit erblicken müssen und alles andere eher als Routine und Verdorbenheit.

Der einzige, der damals für mich eintrat, war der Religionslehrer, der über die gedrechselten Phrasen, die ich an das sehr geehrte Fräulein gerichtet hatte, gelächelt haben soll. Er merkte, wie verstört ich war, und sprach mich daraufhin an;

schon das wirkte als etwas Ungewöhnliches auf mich, und als mir der strenge und zurückhaltende Mann mit freundlichen Worten zu verstehen gab, daß er mir glaubte, kam ich darüber weg.

Das Erlebnis gilt mir heute noch als Beweis dafür, wie schwer sich Unverständnis und Übelwollen an der Jugend versündigen können.

Ich habe später aus Ferne und Nähe Schülerselbstmorde erlebt und gewöhnlich recht törichte Urteile darüber gehört; selten fand ich Verständnis für die Wahrheit, daß roher Eingriff und grobes Unrecht gerade jugendlichen Gemütern unerträglich erscheinen können.

Sehr drückend empfand ich es damals, daß ich bei den Mitschülern wenig oder kein Verständnis für meinen Schmerz fand; eher beifällige Zustimmung zu der Verfehlung, die ich gar nicht begangen hatte, schlaues Mißtrauen gegen meine Verteidigung, aber kaum Billigung des leidenschaftlichen Zornes, mit dem ich mich gegen das Unrecht wehrte.

Ich darf sagen, daß lauter halb und ganz fertige, ihr eigenes Heil und ihren Nutzen kennende Spießbürger um mich herum auf den Schulbänken saßen.

Schwärmen und rückhaltloses, übertreibendes Sichhingeben an irgendeine Sache konnten sie mit überlegenem Lächeln beantworten.

Die meisten wußten ja auch schon, was sie werden wollten oder sollten.

Diese prädestinierten Amtsrichter, Ärzte, Assessoren, Intendanturbeamten und Offiziere kannten Vorteile und Nachteile der Berufe, und es sollte mich wundern, wenn sie sich nicht über künftige Pensionsbezüge unterrichtet hätten.

    Nunc est bibendum,
        Nunc pede libero pulsanda tellus!
war ein gern zitierter Vers Horazens.

Jetzt wollen wir trinken, jetzt befreit mit dem Fuß auf die Erde stampfen.

Aber die Ausgelassenheit war bei den meisten schon klug gedämpft; nach ein bißchen konventionellem Saufen trat der freie Fuß in die herkömmliche Laufbahn, und der ordentliche junge Mensch erwarb nicht erst, sondern behielt die vom Vater überkommene Klugheit, innerhalb der Schranken im sachten Trabe zu gehen.

Ich war dazu bestimmt und gewillt, Forstmann zu werden, und mein Vormund, auch einer vom grünen Tuche, hielt mir zuweilen vor Augen, daß Pflichttreue und Wahrheitsliebe gerade die Männer zieren müßten, denen der Staat den hohen Wert der Waldungen anvertraue.

Ich nickte beifällig zu der hohen Auffassung, aber mit meinen Wünschen verband sich doch eher die Vorstellung von einem Hause im Grünen, von Pürschgängen und Tabakrauchen.

Ich hatte das reizvolle Bild meiner Zukunft vor Augen, wenn ich den Bruder meines Vaters, den Oberförster von Wörnbrunn bei Grünwald, besuchte.

Er saß dort unter Förstern und Jagdgehilfen in einem ansehnlichen, von den Münchnern gern besuchten Wirtshause.

Sohn, Enkel und Urenkel schwerer Altbayern und Pfeifen rauchender Jäger, hatte ich natürlich das vollste Verständnis für diese Freuden, und wenn ich an Sonntagen bei den derben, und nicht durchaus wahrheitsliebenden Männern saß, wollte ich ihnen ähnlich sein und werden.

Einer davon, der Förster Holderied, war noch ein Vertreter der aussterbenden Rasse von Wildlingen, die einen unaufhörlichen Kampf mit Lumpen führten. Man erzählte von ihm Schauermären, lauter echte altbayrische Geschichten, voll Jägerromantik des Hinaufschießens oder Hinaufgeschossenwerdens.

Ein Prachtkerl war der Jagdgehilfe Schröder, der in der Sauschütte das Schwarzwild zu füttern hatte.

Er konnte lügen, wie ich es nie mehr gehört habe, und ich glaube, daß die Pflege des Jägerlateins in ihm ihren letzten ehrwürdigen Meister gehabt hat.

Er log immer, und verzog keine Miene dabei; mit steinerner Ruhe brachte er die ungeheuerlichsten Geschichten vor und schien in Zorn zu geraten, wenn jemand Bedenken oder Zweifel zeigte.

Für mich waren die Besuche in Wörnbrunn nicht ungefährlich. Ich gab mich der Herrlichkeit rückhaltlos, wie immer, hin und wollte auf allen Glanz der Welt verzichten, um in die Lodenjoppe und dieses bajuvarische Behagen zu schliefen. Ich setzte meiner Mutter mit Bitten zu, mich zum niederen Forstdienst gehen zu lassen, aber zu meinem Glücke erkannte sie die Ursache meiner Resignation auf die höhere Laufbahn. Ich durfte nicht mehr so häufig zum Forsthause wandern, und da mir Onkel Franz das selber und, wie ich merkte, mit Bedauern eröffnen mußte, blieb ich ganz weg.

Die Oberklasse des Gymnasiums besuchte ich in Landshut; ich wollte das Wohlwollen jenes münchner Rektors nicht noch mehr herausfordern.

Die wohlhäbige Stadt, Mittelpunkt der reichsten Bauerngegend, in der eine starke Garnison lag, und die ihre Tradition als ehemaliger Sitz der Landesuniversität noch bewahrte, gefiel mir sehr gut.

Die breite Altstadt mit ihren hochgieblign Häusern und der mächtigen Martinskirche als Abschluß war die Hauptstraße, auf der nachmittags die Herren Offiziere, Beamten, Fähnriche und Gymnasiasten bummelten, um den zahlreichen hübschen Bürgertöchtern Beachtung zu schenken.

Vom Kollerbräu zum Dome hinauf, vom Dome zum Kollerbräu hinunter flanierte die Jugend, die in Uniform schon etwas vorstellte, und die andere, die mit Band und Mütze bald etwas vorstellen wollte, und sie grüßten, hier verwegen, dort schüchtern, die Weiblichkeit.

Ich war bei einer angesehenen Bürgerfamilie untergebracht und genoß zum ersten Male volle Freiheit in meinem Tun und Lassen.

Daß ich sie nicht mißbrauchte, rechnete mir der wohlwollende Rektor des Gymnasiums hoch an; er hatte mich mit einigem Mißtrauen empfangen und im Auge behalten, weil ihn der münchner Kollege brieflich vor mir gewarnt hatte.

Nach Umlauf einiger Monate rief er mich zu sich und fragte mich, was ich denn eigentlich an meinem früheren Gymnasium pekziert habe. Ich erzählte ihm frischweg das Schicksal meines verhinderten Liebesbriefes. Lächelnd hörte er mich an, und dann las er mir einige kräftige Stellen aus dem Briefe seines Kollegen vor.

»Was sagen Sie dazu?« fragte er mich.

Ohne langes Besinnen gab ich zur Antwort: »Wenn ich Rektor wäre, würde ich über einen Schüler keinen Brief schreiben.«

Er bewahrte mir sein Wohlwollen während des ganzen Jahres, wie in der Schlußprüfung, und ich blieb ihm über das Gymnasium hinaus dankbar dafür; als Universitätsstudent besuchte ich ihn mehrmals, und er brachte das Gespräch gerne auf die resolute Antwort, die ich ihm damals gegeben hatte.

Im Juni meines letzten Schuljahres starb König Ludwig II.

Das Ereignis machte tiefen Eindruck, und er war echt, wie er sich in Schweigen und Niedergeschlagenheit zeigte.

Was später folgte, das Herumerzählen von Schauergeschichten, Tuscheln, Flüstern und Kokettieren mit Frondeurgelüsten, die doch nicht ernst gemeint waren, erregte in mir schon damals Zweifel in die Stärke populärer Stimmungen. Den gepreßten Bürgerherzen in Landshut tat die Kunde wohl, daß man aus irgendeinem Bräuhause einen vorher ordnungsmäßig verdroschenen preußischen Unteroffizier der schweren Reiter hinausgeschmissen habe, weil er in unehrerbietigen Zweifeln befangen gewesen wäre.

Wenn nicht wahr, so gut erfunden. Denn wie ich an meinem Hausherrn sehen konnte, herrschte Befriedigung, daß sich die allgemeine Erregung, und zwar gegen Norden hin, Luft gemacht hatte.

Im August bestand ich die Schlußprüfung, die von Kennern für leichter als gewöhnlich erklärt wurde. Ich möchte nicht entscheiden, ob das stimmt; jedenfalls war man auch mit der Begründung bei der Hand.

In München hatte ein Prinz das Absolutorium zu bestehen, und dem hätte man es nicht zu schwer machen wollen.

Meinen Ansprüchen genügte die Prüfung, und zu meiner Freude genügte ich den Ansprüchen.

Ein seliger Vormittag, als wir unter dem Tore des Gymnasiums die Hüllen von den farbigen Mützen entfernten und nun mit leuchtenden Rotkappen durch die Stadt gingen.

Beim Abschiedskommerse hatte ich die Rede zu halten.

Meine Kommilitonen trauten mir nach etlichen dichterischen Versuchen, die ich hinter mir hatte, Erkleckliches zu, und an tüchtigen Redensarten von der Sonne der akademischen Freiheit hätte es auch nicht gefehlt, wenn ich nicht beim zweiten Satze stecken geblieben wäre.

Ich rang nach Worten, fand kein einziges und setzte mich unter peinvollem Schweigen hilflos nieder.

Ähnliches war nie geschehen, und ich glaube, daß es mir der Jahrgang lange nachgetragen hat.

Die Situation rettete aber mein verehrter Studienrektor, der sogleich aufstand und eine wohl gegliederte und durchdachte Rede an die abziehende Jugend hielt.

Manches kluge und manches schöne Wort aus den nun abgetanen Klassikern war darin verflochten, und ich sah freilich, wie man's hätte machen sollen.

Die Befriedigung über das ungewöhnliche Hervortreten des Rektors, die Freude an seinen Worten schwächten einigermaßen das Unbehagen, das ich verursacht hatte, ab.

Etliche Tage sangen und tranken wir noch in Landshut herum und kamen uns bedeutender und freier vor, wie jemals wieder im Leben.

   Nunc est bibendum,
   Nunc pede libero pulsanda tellus!

Damit ging es heim.

Meine Mutter war etliche Jahre vorher nach Traunstein übergesiedelt und hatte den Gasthof »Zur Post« in Pacht genommen. So hatten nun die Bürger dieser Stadt Gelegenheit, mich in Farbenpracht mit dem pede libero stolzieren zu sehen und der braven Frau Oberförster zu dem Erfolge ihres Sohnes Glück zu wünschen.

Sie holte mich mit den Schwestern von der Bahn ab und war gerührt, mich an einem unter manchen Seufzern herbeigesehnten Ziele zu sehen.

Allzuviel konnte ich nicht erwidern, da ich vom bibendo stockheiser geworden war.

Die alte Viktor war etwas gekränkt, weil man sie als Hüterin des Hauses daheim gelassen hatte, und so drängte sie zuerst ihre Gefühle zurück, um brummig zu sagen, ich sähe doch sehr versoffen aus.

Sie rang sich aber zur Freude durch und meinte, nun sei ich auf dem Wege zum Berufe meines Vaters und könne wohl gar noch Oberförster in der Vorder-Riß werden.

Im Berufe

Zwei Semester war ich an der Forstakademie in Aschaffenburg, dann ging ich zur Rechtswissenschaft über, studierte in München und Erlangen, wo ich nach Ablauf der vorgeschriebenen Zeit das Examen bestand.

Meine Erlebnisse auf der Hochschule waren die herkömmlichen, so sehr, daß ich sie nicht zu schildern brauche.

Damals, als ich die Schlußprüfung ablegte, war es noch Sitte, dem erfolgreichen Kandidaten den Zylinder einzutreiben.

Meine Freunde harrten vor der Türe auf mich und schlugen mir den Hut bis zu den Ohren hinunter.

Da wußten die Bürger, die uns begegneten, daß aus dem Studenten ein Rechtspraktikant geworden war und nickten mir beifällig zu.

Am Abend zogen wir zum Bahnhofe hinaus, und ich fuhr heim ins Berufsleben, das mit der Praxis beim Amtsgerichte Traunstein anfing.

Rückblickend auf mein Studium, kann ich sagen, daß ich das meiste aus Büchern lernte und vom bestimmenden Einflusse eines Lehrers nichts zu fühlen bekam.

Wenn ich lese, daß jemand durch eine führende Persönlichkeit aus dem Dunkel ins Licht geleitet wurde, kann ich mir keine rechte Vorstellung davon machen, denn was ich vom Katheder herunter vortragen hörte, war trockene Wissenschaft, die man nachschrieb, um dann zu finden, daß es gedruckt nicht anders zu lesen war. Dagegen habe ich mir persönliche Erinnerungen an etliche Professoren bewahrt.

Sie waren ziemlich alte Herren und wirkten auf mich wie Überbleibsel aus der Uhlandzeit, paßten auch in das Bild der kleinen Universitätsstadt, in der man so viele Erinnerungstafeln an berühmte Theologen, Mediziner und Juristen sieht.

Sie waren Sonderlinge von einer Art, nach der man Heimweh haben darf.

Der alte Gengler mit seinen langen, weißen Haaren und

den blanken Kinderaugen war der Gelehrte aus der Biedermeierzeit, weltfremd, verloren und verträumt, ganz in seine Welt der Deutschen Rechtsgeschichte eingesponnen, und doch recht lebhaft, fast leidenschaftlich, wenn er von Freiheiten sprach, die es einmal gegeben hatte. Man belegte damals die Collegia persönlich bei den Professoren. Als ich Gengler besuchte, war er schüchtern wie ein Kandidat, saß ganz vorne auf dem Stuhlrande und hielt das Gespräch mit Mühe im Gange.

Vom alten Makowitzka, dem Nationalökonomen, ging die Sage, er sei Anno 48 zum Tode verurteilt und begnadigt worden.

Das stimmte nicht, wie ich später hörte, viel mehr hatte er eine geringe Freiheitsstrafe erhalten, aber in Erlangen, wo man noch Erinnerungen an Sand hoch hielt, ließ man nicht ab vom Glauben an das Henkerschwert, das über dem braven Herrn geschwebt haben sollte.

Er empfing mich im Lehnstuhl sitzend, die fast erblindeten Augen durch einen Schirm geschützt.

Mehrmals wiederholte er die Frage, ob es mein ernster Vorsatz und Wille sei, bei ihm zu belegen, und als ich höflich darauf bestand, sagte er: »Ja, also dann lese ich... es war nämlich noch ein Herr da, und da Sie nun zu zweit sind, werde ich die Vorlesung abhalten.«

Der andere und ich, wir sahen uns im ersten Kolleg etwas süß-säuerlich an, denn da gab es nun einmal kein Schwänzen, wenn wir nicht unsern Lehrer kränken wollten.

Professor Lüders, Philister der Hannovera und Korpsbruder Bismarcks, war ein distinguiert aussehender, sehr wohlhabender Herr bei hohen Jahren.

Er lehrte Strafrecht, sprach sehr gemessen, mit hannöverschem Akzente, und wenn sich Unruhe bemerkbar machte, konnte er würdevoll sagen: »Meine Herren, ich muß um Ruhe bitten... übrigens, meine Name ist Lüders, ich wohne in der Friedrichstraße Nummer 2...«

Von seinem einzigen Leideserben sprach er als von seinem Sohne und Korpsbruder Karl...

Zu den Originalen, an denen es in Erlangen nicht fehlte,

gehörte der Anatomiediener, ein alter Student und Korpsphilister; dann waren sehr hohe Semester vertreten, verbummelte Herren von vierzig und mehr Jahren, darunter ein Grieche, der Papadakis oder so ähnlich hieß und, als obdachlos aus der Stadt verwiesen, sich in den Bierdörfern herumtrieb, bis er eines Tages erschlagen wurde.

Von besonderer Art waren auch die Bürger, die sich über Mensuren und Abfuhren unterhielten; die Handlungsdiener und Friseurgehilfen, die Verbindungen gründeten, Wein- und Bierzipfel trugen und sich studentisch gebärdeten, und die jungen Damen, die für Burschenschaft oder Korps eintraten, kurz diese kleine Welt, die ich nun verließ, um sie nirgends mehr zu finden.

In mein letztes Semester fiel die Erregung über die Entlassung Bismarcks, vielmehr der Mangel an Erregung darüber, und gerade der blieb nicht ohne Einfluß auf meine Entwicklung. Ich war nicht naseweis, und ich harrte auf die bedeutenden Worte der Älteren.

Da sah ich mit Erstaunen, wie ein ganzes Volk den Verlust seines größten Staatsmannes und seines Kredits im Auslande wie eine Schicksalsfügung hinnahm, ich sah, wie man hausbackene Erklärungen dafür, daß ein junger Kaiser keinen alten Kanzler wollte, suchte und fand, wie man die Willkür eines Dilettanten zufrieden oder unzufrieden, aber jedenfalls ergeben trug.

Nicht der Triumph der Gegner Bismarcks, die Geduld seiner ehemaligen Anhänger brachte mich um alles gläubige Vertrauen und schärfte mir den Blick für die Knechtseligkeit des deutschen Spießbürgers.

Ein englisches Witzblatt brachte damals ein Bild, wie der Lotse das deutsche Schiff verläßt. Es traf den Nagel auf den Kopf; aber in Deutschland sah man schweigend zu, wie unberufene Hände das Steuer ergriffen, und wie im gefährlichsten Fahrwasser der Zickzackkurs begann.

Manches Mal noch hörte ich in der folgenden Zeit jeder Taktlosigkeit gemütvoll und loyal Beifall spenden, und ich frage mich bescheiden, ob diese erfahrenen Männer nicht am Ende besser sähen als ich.

Nur allmählich löste sich aus Zweifeln der gründlichste Abscheu vor dem Treiben los, dem ich später, so oft ich konnte und so scharf ich konnte, Ausdruck gab.

Ein Vorfall, den ich bald nach der Heimkehr erlebte, zeigte mir, daß es nicht lauter Gleichgültige und Ängstliche gab.

Ich saß mit den Forstmeistern der traunsteiner Gegend in einem Bierkeller, und das Gespräch kam selbstverständlich auf die Entlassung des Reichsgründers, auf Undank und Jämmerlichkeit, und es wurde mit Schärfe geführt.

Schweigend saß ein alter Forstmann aus Marquartstein am Tische, der sich, wie man mir erzählte, im Kriege von 1870 oft bewährt und ausgezeichnet hatte; er trank still, aber grimmig und reichlich Bier, und plötzlich sprang er auf seinen Stuhl und schrie saftige Majestätsbeleidigungen übers Publikum hinweg.

Erschrocken faßten ihn die andern am Rockschoß und wollten ihn herunter ziehen, aber der alte Krieger war in Feuer geraten und wiederholte hartnäckig seine Worte, bis man ihn endlich in die Versenkung brachte.

»Und von mir aus passiert mir, was mag!« schrie er. »Das is mir wurscht...« Es passierte ihm nichts, und es war schön, daß sich unter den Hunderten nicht einer fand, der den Alten denunzierte oder ihn durch leichtfertiges Erzählen des Vorfalls in Verlegenheit brachte.

Für gewöhnlich aber und besonders im Kreise von Juristen hörte ich nur lederne Unterhaltungen über das Geschehnis, als hätte sich's irgendwo in der Fremde zugetragen, außerhalb der Interessensphäre dieser wackern Beamten, und der immer wiederkehrende Refrain vom neuen Herrn und alten Faktotum wirkte beschwichtigend auf alle.

Für meine Mutter hatte es den Verzicht auf lieb gewordene Vorstellungen bedeutet, als ich dem Forstwesen den Rücken kehrte; meine Ausführungen, gegen die sie etwas mißtrauisch war, wurden jedoch unterstützt durch die Klagen aller in der Post einkehrenden Forstleute über das neue Schreibwesen und die miserablen Gehälter.

So fand sie sich darein; leichter wie die alte Viktor, die sich ihre Hoffnungen auf einen Lebensabend in der Vorder-Riß schon allzu schön ausgeschmückt hatte, um sich mit einem Male davon trennen zu können.

Als ich aber im Frack vor ihr stand und zur Ablegung des Staatsdienereides ins Amtsgericht schreiten mußte, verzog sich ihr Gesicht zu einem zufriedenen Lächeln, und sie erinnerte sich, daß mein Vater nach einem lebhaften Streite, den ich als Kind mit meinen Geschwistern durchgefochten hatte, der Meinung gewesen war, es könne ein Advokat aus mir werden.

Ich selber nahm den Eintritt in die Praxis sehr ernst, und ich kam mir wohl bedeutend vor, als ich, den Bäcker Jäger grüßend und dem Kaufmann Fritsch dankend, dahinschritt, um eidlich Wahrung der Dienstgeheimnisse und Fernbleiben von geheimen Verbindungen zu geloben.

Dem Amtsvorstande stellte ich mich freudig zur Verfügung, und ich wollte ein unbeugsamer Hüter der Gerechtigkeit sein.

Von da ab brachte mir fast jeder Tag Enttäuschungen, bis ich von allen Illusionen geheilt war.

Der Chef des Amtsgerichtes war nicht bloß ein trockener, unbedeutender Mensch, sondern auch ein Bürokrat von der Schadenfreude, die sich vor 48 mit Prügelstrafen hatte ausleben dürfen und nun zurückgedämmt das Gemüt verfinstern mußte. Mitleidlos und sackgrob gegen die kleinen Leute, mißtrauisch gegen jedermann, selbstgefällig, unwissend und geschwätzig, so war der Mann, der mich bei den ersten Schritten in eine mit viel Respekt betrachtete Welt leiten sollte.

Von der Geistlosigkeit und dem Unwerte der Praxis bei einem solchen Gerichte macht sich der Außenstehende doch wohl keinen Begriff.

Ich lernte nichts von allem, was ich für später hätte lernen müssen.

Zuerst nahm mich der Chef in Beschlag.

Ich mußte bei den Pflegschaftsverhandlungen Protokolle schreiben und durfte zuhören, wie die Kindsväter sich sperrten, die üblichen acht bis zehn Mark monatlich für das illegitime Kind zu bezahlen.

Bei den Schöffengerichtsverhandlungen war ich stellvertretender Gerichtsschreiber, und das war immerhin noch unterhaltender als das Nachschreiben der Urteile, die mir mein Vorgesetzter diktierte.

Er tat sich was darauf zu gut, ellenlange Sätze zu bilden, und schwelgte wie ein alter Gendarm in eingeschachtelten, zusammengestopselten Perioden.

Was sich alles über die verbrecherischen Absichten eines Landstreichers sagen ließ, der ein Hufeisen gefunden, selbes aber nicht abgeliefert hatte, das erfuhr ich damals mit Unbehagen. Mein Chef aber wiegte sich in den Hüften, hing noch ein paar Relativsätze, schlauen Verdachtes voll, an die Hauptwörter, und wenn die lange Periode hinkend und mühsam bis an den Schluß gelangt war, forderte er meine Bewunderung heraus: »Han, was sag'n Sie jetzt?«

Mein Ersuchen, selber einmal ein Urteil anfertigen zu dürfen, wies er barsch zurück.

Nach ein paar auf die Art zugebrachten Monaten mußte ich im Hypothekenamt unter ängstlicher Aufsicht des Amtsrichters und des Aktuars ein paar Einträge in die heiligen Bücher machen.

Meine respektlose Art zu schreiben erregte ihr Entsetzen, und sie waren beide froh, wenn ich ausblieb.

In den Zivilverhandlungen lernte ich die Dehnung der Bagatellsachen durch Advokaten kennen. Wie lange konnte sich ein Prozeß um zwanzig Mark hinschleppen! Wie bald verschwand die Streitsumme neben den Kosten der Zeugen, Sachverständigen und Anwälte, womöglich gar eines Augenscheines! War man endlich ans Ziel gelangt, nämlich dahin, daß es den Streitenden zu dumm wurde, dann stellte sich heraus, daß die Brühe viel teurer geworden war als der Fisch, und aus Scheu vor den Kosten prozessierte man weiter, bis es den Streitteilen abermalen zu dumm wurde. Wenn zuletzt der Amtsrichter und die beiden Anwälte gemeinsam den Geist der Versöhnlichkeit heraufbeschworen, kam er mit einer langen Rechnung, und die Parteien mußten sein verspätetes Eintreffen beklagen. Es gab damals in Traunstein ein paar Advokaten, die sich an Saftigkeit überboten und dafür sorgten, daß ihre bajuvarischen Bonmots die Runde machten.

Keiner wollte leiden, daß der andere der Gröbere war, und ich hegte manchmal den Verdacht, daß ihre Derbheiten nicht frisch aus dem Gemüte sprudelten, sondern sorgsam vorbereitet waren.

Dem Publikum gefielen sie.

Als die Herren älter, kränklich und sanfter wurden, konnte man oft mit Bedauern sagen hören: »Ja... früher! Wie die Herren noch beim Zeug waren, da hat ma was hören können... aba jetzt is ja gar nix mehr...«

Zuweilen erhielt ich vom Landgerichte den Auftrag, vor der Strafkammer eine Verteidigung zu führen.

Ich ging es das erstemal mit Eifer an, konferierte mit dem gefangenen Klienten, suchte nach juristischen Finessen und nach Mitleid erregenden Momenten, setzte eine wohlgeformte Rede auf und nahm mir vor, Pathos zu entwickeln, bis ich merkte, daß alles, was ich sagte, den fünf Herren oben am langen Tische wurscht und egal war.

Auch der Klient, der dem Verteidiger gerührt die Hand drückt, blieb ein schöner Traum, und der einzige Mensch, auf den ich als forensischer Redner Eindruck machte, war der alte trinkfeste Förster Schwab, den die Freundschaft zu mir in den Gerichtssaal geführt hatte. Er faßte die Sache als großartigen Spaß auf, denn für ihn war ein Angeklagter ein Lump und damit fertig. Er verzog seinen Mund zu einem breiten Lachen, zwickte die Augen zu und sagte: »De hast amal schö ang'logen... Herrschaftsaggera... wia's d'as no so daherbracht host...«

Ich habe die fünf Herren noch öfter anlügen müssen, aber der Eifer flaute ab, und ich lernte verstehen, daß Gewohnheit alle Feuer löscht.

Als Praktikant am Landgerichte mußte ich den geheimen Beratungen, in denen die Urteile gefällt wurden, beiwohnen. Es sollte dem jungen Manne einen Begriff davon geben, wie man's mache. Ich sah noch einiges andere und dachte darüber nach.

Draußen im Saale saß ein Angeklagter, der angstvoll seinem Schicksale entgegensah, denn mehr wie einmal handelte es sich um Reputation und Existenz. Es wäre unnatürlich gewesen, wenn ein junger Mann sich nicht stärkeren Empfindungen hingegeben und Partei für den armen Teufel genommen hätte. Ich wartete ungeduldig auf das erste Votum des jüngsten Beisitzers und hoffte, er möchte sich auf meine Seite schlagen. Das ging aber nicht so rasch mit dem Beraten.

Die Herren hatten über der Tragik des Falles nicht den Appetit verloren, holten sich die Gaben der Hausfrauen aus den Taschen und aßen erst einmal. Öfters hörte ich mit gleichmütigen Worten auf Strafen erkennen, deren Folgen ich mir vielleicht übertrieben vorstellte, und ich konnte auf die scharfen, wie auf die pomadigen Richter einen starken Groll werfen.

Um so mehr begeisterten mich andere, die bei gerechtem Abwägen immer noch Güte zeigten, und wenn sie gar dem Vorsitzenden mit höflicher Bestimmtheit entgegentraten, war ich gerne bereit, sie zu bewundern. In solchen Dingen sah der grüne Praktikant scharf genug, und er machte sich Begriffe, die von ihm nicht verlangt wurden.

Wenn ich der Wahrheit streng die Ehre gebe, muß ich sagen, daß ich nie böswillige Härte sah, wohl aber Engherzigkeit und Mangel an Verständnis für die Motive strafbarer Handlungen.

Leidenschaften, denen eine Tat entsprungen war, wurde man selten gerecht, und oft sah man abschreckende Roheit, wo sich ein starkes Temperament hatte hinreißen lassen. Gefährlich waren erzieherische Gesichtspunkte, denn durch Strenge gegen den einzelnen bessernd auf die Allgemeinheit wirken zu wollen, führt von gerechten Maßen ab.

Befremdend und manchmal komisch war es, wie wenig ein verbeinter Jurist von dem Volke wußte, in dessen Mitte er lebte. Sitten, Gebräuche und Mißbräuche, die Art zu denken und zu reden, das alles konnte gröblich mißverstanden werden, und es kam vor, daß der Praktikant im Beratungszimmer, durch Räuspern die Aufmerksamkeit auf sich lenkend, Auskunft über dies und das erteilen durfte.

Natürlich gab man ihm zu verstehen, daß die andere Ansicht auch richtig, ja, wenn man logisches Denken beim kleinen Volke voraussetzen könnte, allein richtig wäre.

Von ungewöhnlicher und überragender Begabung war unter den Herren eigentlich nur einer, der Erste Staatsanwalt v. A.

Der schweigsame, in sich gekehrte Junggeselle konnte aber zuweilen bedenklich über die Schnur hauen, wenn er alle Quartale – hie und da öfter – sich einen gewaltigen Haarbeutel anschnallte.

Er wurde grölend in einer Wirtschaft sitzend von den Bürgern angestaunt, ja einmal hantelte er sich am hellen Morgen an der eisernen Barriere entlang, die um die Hauptkirche angebracht war. Ein anderes Mal retteten ihn ein Bierbrauer und ich vor dem Angriffe, den hitzige Bauernburschen auf ihn unternahmen. Kurz vorher waren Leute aus dem Dorfe, wo der Herr Staatsanwalt zechte, zu empfindlichen Strafen verurteilt worden, und da schien den Krakeelern, die auch nicht mehr nüchtern waren, eine günstige Gelegenheit zur Rache gegeben. Er sprach nie darüber, aber eines Tages lud er mich ein, ihm einige Arbeiten vorzulegen, über die er sich dann auf Spaziergängen eingehend mit mir unterhielt.

Das war sein Dank für meine Hilfe an jenem unangenehmen Abend.

Nach der landgerichtlichen Praxis trat ich beim Bezirksamte ein.

Obwohl oder vielleicht weil ich einiges von den Wünschen und Bedürfnissen der Landbevölkerung kannte, blieben mir Zweck und Nutzen der Verwaltungstätigkeit ein Rätsel.

Da saß in Traunstein ein Herr, ohne dessen Genehmigung kein Anbau an einen Schweinestall, kein Neubau einer Waschküche erfolgen durfte, der die Gemeindeverwaltung überwachte und die Schulen überwachte, der überall drein zu reden und zu befehlen hatte, meist in Dinge, von denen er sicherlich weniger verstand als die Interessenten, und über die er immer Sachverständige das eigentliche Urteil abgeben lassen mußte.

Er war recht eigentlich der Repräsentant einer anfechtbaren staatlichen Bevormundung.

Während meiner Praxis erlebte ich einen mich persönlich schmerzenden Beweis von der Schädlichkeit des Systems, das einem Juristen die letzte Entscheidung überwies, wo nur sehr geschulte Fachleute hätten zum Worte kommen dürfen.

Eine sehr populäre Forderung ging seit Jahren auf die Tieferlegung des Chiemsees.

Das Populäre ist nicht immer das Kluge oder das Nützliche. Am Südufer des Sees sahen die Bauern einen großen Gewinn in der Trockenlegung ihrer Streuwiesen; Landtagskandidaten hatten ihre Gunst mit Versprechungen erworben, viel Papier war verschrieben worden, Projekte lagen vor, aber der alte Bezirksamtmann ging nicht mehr an das schwierige Werk heran.

Der neue sah darin die Gelegenheit, sich hervorzutun; er betrieb die Sache mit Eifer, und der Chiemsee wurde tiefer gelegt.

Auf Jahre hinaus waren die Inseln und die Nordufer verunstaltet; lange Sandbänke, Schilffelder zerstörten das schöne Bild und eine rechte Fliegenplage kam dazu.

Die erhofften Vorteile blieben großenteils aus, die Nachteile übertrafen die Erwartungen.

Freilich hätten sich die Anwohner stärker gegen den Plan auflehnen müssen, aber auch an der Teilnahmslosigkeit war das System schuld.

Wer unter Vormundschaft gehalten wird, bleibt unmündig.

Ich brachte der Verwaltung weder Verständnis noch Neigung entgegen; nur einmal erwarb ich mir Anerkennung, als ich die eben in Kraft tretende Alters- und Invaliditätsversicherung im Amtsblatte in gemeinverständlicher Sprache erläuterte.

Die treuherzigsten Stellen strich mir der Assessor, aber das Ganze klang immer noch unjuristisch genug, um Aufsehen zu erregen. Mit mir war ein Freiherr von G. als Praktikant eingetreten, dem ich zu viele Bären aufband, als daß ich ihn für sehr klug hätte halten können.

Aber er besaß eine hereditäre Anpassungsfähigkeit an das seltsame Geschäft im Bezirksamte.

Die Kunst, Akten zu erledigen und den Schein einer umfassenden Tätigkeit für sich und das Amt zu erregen, hatte er sofort heraus.

Jeder Antrag wurde brevi manu an den Bürgermeister, den Distriktstechniker, die Gendamerie usw. geschickt zur näheren Berichterstattung, oder ergebenst an Behörden mit dem Ersuchen um Auskunft. Wenn sie zurückkamen mit den eingeforderten oder erbetenen Berichten, fand sich gleich wieder ein Häkchen, über das erneute Auskunft verlangt werden konnte. So waren die Akten immer auf der Reise, und immer schien was zu geschehen, und nie geschah was.

Herr v. G. betrieb das Rotierungssystem so eifrig und auffällig, daß ihm der Chef sein Erstaunen über diese Geschäftsgewandtheit mit schmeichelhaften Worten ausdrückte.

Zu den Bären, die ich dem gutmütigen Baron aufband, gehörte auch die Geschichte von unserm wackern Gendameriewachtmeister in Traunstein, einem fidelen Rheinpfälzer, mit dem wir Rechtspraktikanten gerne zusammen saßen.

Herr v. G. hatte wenig Verständnis für diesen Verkehr und sprach mich darauf hin an.

Ich erzählte ihm, daß der Wachtmeister ein hochgebildeter Mann sei, der sechs Sprachen, darunter alle slawischen beherrsche; er habe ein großes Vermögen verloren und sei zur Gendamerie gegangen, um sein Leben fristen zu können.

Der Roman machte Eindruck.

Eines Tages wurde ein böhmischer Landstreicher eingeliefert, der kein Wort Deutsch verstand, und unser Assessor, der Amtsanwalt war, äußerte sich verdrießlich über die Schwierigkeit, einen Dolmetscher aufzutreiben.

Da konnte Herr v. G. wieder einmal hilfreich einspringen, und er meldete, daß der Wachtmeister alle slawischen Sprachen beherrsche.

Der Assessor war freudig überrascht und wollte unsern pfälzer Krischer vors Amtsgericht laden; hinterher kam ihm die Sache verdächtig vor; er schickte nach dem Wachtmeister, der dem Schwindel gleich ein Ende machte.

»Das hawwe mer wieder die Praktikante eingebrockt«, sagte er. »Das G'sindel kann doch kein Ruh gewwe...«

Herr v. G wurde von da ab vorsichtiger gegen meine Erzählungen.

Was werden?

Gewöhnlich entschied sich darüber der Rechtspraktikant erst nach dem Staatskonkurse und der Bekanntgabe der Note, die den Pegelstrich seiner Fähigkeiten und Aussichten bildete.

Einem Zweier stand alles offen, einem Dreier war beinahe alles verschlossen.

Sogar die Post und Eisenbahn kaprizierte sich auf intelligente Juristen; beim Notariat, beim Auditoriat, bei der Intendantur, von Justiz und Verwaltung nicht zu reden, überall begehrte man die Marke »zwei«.

In vergangenen Zeiten brannte man Galeerensträflingen ein entehrendes Zeichen auf die Schultern; sie trugen nicht schwerer daran, als geprüfte Juristen an einem Dreier.

Ich brauchte nicht erst das Ergebnis des letzten Examens abzuwarten, um zu wissen, daß ich weder Richter noch Verwaltungsbeamter werden mochte.

In beiden Berufen sah ich Beschränkungen der persönlichen Freiheit, gegen die ich mich auflehnte; die Vorstellung, daß ich mir den Aufenthaltsort nicht selbst sollte wählen können, hätte allein genügt, mich abzuschrecken.

Und dies und das im Leben der Richter und Beamten, das ich täglich beobachten konnte, sagte mir nicht zu; es schien sich doch in einem engen Kreise zu drehen, von einer Beförderung und Versetzung zur andern, und alles Interesse, das sich über den Beruf hinaus erstreckte, starb von selber ab.

Ich floh, wenn ich irgend konnte, die Gesellschaft der Juristen.

Jede Unterhaltung mit Bürgern, Handwerksgesellen oder Bauern war unvergleichlich anregender, als ein Gespräch mit trefflichen Räten. Wie Schüler von ihren Aufgaben unterhielten sich die Herren von ihren Fällen, die älteren mit Genugtuung, weil sie noch, die jüngeren, weil sie schon so klug waren.

Die Medisance, die auch in diesem Kreise blühte, bestand immer darin, daß einem Abwesenden nachgesagt wurde, er habe oberstrichterliche Entscheidungen nicht gekannt oder falsch verstanden.

Nachmittags gegen fünf verließ der Staatshämorrhoidarius

die Kanzlei, schloß sich einem Gleichgesinnten an und spazierte auf dem Bürgersteige auf und ab, Fälle erwägend, Sätze abrundend, Deduktionen zum logischen Ende führend.

Eine Karawane von Paragraphenkennern pilgerte so zum Bahnhofe, grüßte sich, verlästerte sich, sagte sich Unkenntnis einer Bestimmung und Verkalkung nach und wartete auf den großen Schnellzug Paris – Wien, der hier eine halbe Minute lang hielt.

Man sah verächtlich auf die fremdartigen Menschen, die keine Ahnung von Einführungs- und Ausführungsgesetzen hatten, und die Fremden sahen verächtlich auf die Havelocks und abgelatschten Schuhe der Schriftgelehrten.

Man stieß sich gegenseitig ab, bis der Zug weiterfuhr.

Die Fremden zogen gen Wien, die Räte gen ein Bräuhaus, wo neue Gedanken über alte Entscheidungen aufblitzten.

Ich wußte, daß ich dieses Leben nicht führen würde, und so malte ich mir meine Zukunft als Rechtsanwalt aus, bescheiden, mit gemütlichem Einschlag.

Eine auskömmliche Praxis in Traunstein, die mir Muße ließ zu kleinen schriftstellerischen Versuchen, denn an die dachte ich damals schon.

Wenn ich mit meiner Mutter über kommende Zeiten sprach, überlegten wir uns, wo ich etwa einmieten, und wieviel Zimmer ich brauchen würde, denn es galt mir als ausgemacht, daß sie dann die Wirtschaft aufgeben und zu mir ziehen sollte.

Der Kupferstecher Professor Hecht aus Wien, der in der »Post« ein paar Sommermonate wohnte, lächelte zu meinen Plänen und sagte: »Sie werden sich nicht als Advokat in das kleine Nest verkriechen. Sie gehören in die Welt hinaus, und ich weiß gewiß, daß Sie in München als Schriftsteller oder Leiter einer Zeitung einen Namen haben werden.«

Ich hörte die Prophezeiung gerne, wenn ich auch nicht zuversichtlich daran glaubte.

Ein anderer ständiger Gast in der »Post« und Freund der Familie, Assessor F., mußte wohl eine ähnliche Meinung haben, denn er redete mir zu, das letzte Jahr meiner Praktikantenzeit in der Hauptstadt zu verbringen, und gab mir die Mittel dazu.

Ich glaube nicht, daß irgendein Ereignis so bestimmenden Einfluß auf mein Leben gewonnen hat wie die Übersiedlung nach München; ich fand dort Anschluß an Männer, die mich zur Schriftstellerei ermunterten, und vor allem, ich fand selber den Mut, zu wollen, und verlor den Geschmack daran, mich unter die Decke eines behaglichen Philisterlebens zu verschliefen.

Ein anderes Ereignis mit seinen Folgen trug auch etwas dazu bei.

Mein zweiter Bruder war nach zehnjähriger Abwesenheit aus Australien zurückgekehrt; er war als junger Kaufmann hinübergegangen, mußte sich aber später als Matrose, Fischer und Jäger durchschlagen.

Um ihn daheim zu halten, erwarb meine Mutter das Postanwesen in Seebruck am Chiemsee und zog selber mit meinen zwei jüngeren Schwestern dorthin.

Ich war viel bei ihnen draußen und verlor etwas den Zusammenhang mit Traunstein.

Das Seebrucker Anwesen war vom Vorbesitzer vernachlässigt worden; es gab Sorgen genug, die mich deshalb bedrückten, weil ich mir die alten Tage meiner Mutter ruhevoller und heiterer gedacht hatte.

Darüber verblaßten die Bilder eigener Behaglichkeit, die vielleicht am Ende, nicht aber am Anfange eines tätigen Lebens ihren Platz finden durften.

Ich dachte ernsthafter ans Vorwärtskommen und ergriff dankbar die Gelegenheit dazu, die mir Assessor F. bot, der damals Junggeselle war und, wie er sagte, mich vorm Versauern in den kleinen Verhältnissen bewahren wollte.

Klein und eng war es in Traunstein und von einer Gemütlichkeit, die einen jungen Mann verleiten konnte, hier sein Genüge zu finden und auf Kämpfe zu verzichten. Es ist altbayrische Art, sich im Winkel wohl zu fühlen, und aus Freude an bescheidener Geselligkeit hat schon mancher, um den es schad war, Resignation geschöpft.

In dem Landstädtchen schien es sich vornehmlich um Essen und Trinken zu handeln, und alle Tätigkeit war auf diesen

Teil der Produktion und des Handels gerichtet. Am Hauptplatz stand ein Wirtshaus neben dem andern, Brauerei neben Brauerei, und wenn man von der Weinleite herab sah, wie es aus mächtigen Schlöten qualmte, wußte man, daß bloß Bier gesotten wurde.

Durch die Gassen zog vielversprechend der Geruch von gedörrtem Malz, aus mächtigen Toren rollten leere Bierbanzen, und am Quieken der Schweine erfreute sich der Spaziergänger in Erwartung solider Genüsse.

Der Holzreichtum der Umgegend hatte schon vor Jahrhunderten die Anlage einer großen Saline, wohin die Sole von Reichenhall aus geleitet wurde, veranlaßt.

Sie förderte das Emporblühen der Stadt, die auch jetzt im Wohlstand gedieh. Als Sitz vieler Behörden, sehr günstig zwischen Gebirg und fruchtbarem Hügellande gelegen, bildete sie den Mittelpunkt einer volkreichen Gegend.

Zur allwöchentlichen Schranne und zu den Märkten strömten die Bauern herein, und dazu herrschte ein starker Verkehr von Musterreisenden, die von hier aus die chiemgauer Orte besuchten.

Ein anheimelndes Bild der alten Zeit boten die zahlreichen Omnibusse, die von blasenden Postillionen durch die Stadt gelenkt wurden, denn damals waren die Kleinbahnen nach Trostberg, Tittmoning, Ruhpolding noch nicht gebaut.

Hier saß nun ein besitz- und genußfrohes Bürgertum, das sich den Grundsatz vom Leben und Lebenlassen angeeignet hatte. Genauigkeit und ängstliches Sparen erfreuten sich keines Ansehens, und war man stolz auf den Wohlstand eines Mitbürgers, so verlangte man auch, daß er nicht kleinlich war.

Rentamtmann Peetz, der Chronist Traunsteins, erzählt eine Geschichte, die für altbayrische Lebensauffassung bezeichnend ist.

In den siebziger Jahren spielten zwei gutsituierte Bürger, der Mittermüller und der Untermüller regelmäßig Tarock mit einem jungen Advokaten. Sie fühlten sich verpflichtet, für den Mann ein übriges zu tun, und fingen in Frieden und Eintracht miteinander einen Prozeß über Wasserrechte an.

Die Geschichte hätte sich auch später genau so zutragen

können, denn die Lust, etwas springen zu lassen, und die gewisse unbekümmerte Art lagen in der Rasse begründet.

Zum Oktoberfestschießen meldete sich beim Höllbräu alljährlich ein Traunsteiner Bürger, denn da es Brauch war, daß ein Leibjäger für den König etliche Schüsse abgab, machte es sich gut, wenn auch der Höllbräu einen Vertreter dort hatte.

Wenn dieser, der Eigentümer der größten Brauerei, zum »Bierletzt«, das ist zum letzten Sommerbier in ein Dorf fuhr, wo er einen Kunden hatte, mußte ich öfter mithalten. Es wurden riesige Platten angehäuft mit Gans- und Entenvierteln, Hühnern, Schweinernem und Geräuchertem aufgetragen und die Honoratioren des Ortes, Pfarrer, Lehrer und Gendarm waren eingeladen.

Der Höllbräu hatte weder zu bestellen noch nachzurechnen, wenn am Schlusse der Betrag von ein paar hundert Mark verlangt wurde. Gewöhnlich hingen etliche Pfennige daran, damit es nach Gewissenhaftigkeit aussah.

In kleineren Maßen hielt es jeder so, daß er im angenehmen Wechsel von Geben und Nehmen der Kundschaft Gelegenheit bot, ihn zu schröpfen.

Mit den Beamten hatte man sich in früheren Jahren besser verstanden; nunmehr schlossen sich die Herren Juristen ab, und die Bürger erwiderten die Zurückhaltung mit herzlicher Abneigung gegen die Hungerleider.

So hieß der königliche Beamte. Für die pensionierten Offiziere, an denen kein Mangel war, hatte man den Namen Schwammerlbrocker erfunden.

In ihren politischen Meinungen unterschieden sich die Traunsteiner nicht von den übrigen Oberbayern. Tiefe Abneigung gegen alles Leidenschaftliche in diesen Dingen vereinigte sich mit dem üblichen Maße von Wurstigkeit und Partikularismus, und das ergab bei Wahlen eine sichere ultramontane Mehrheit.

Daneben konnte sich der mit Beamten, Pensionisten und etlichen Rentnern eingewanderte Liberalismus nicht sehen lassen.

Er gab nur einige Lebenszeichen von sich, und man verzichtete schmerzlich lächelnd im vorhinein auf jeden Erfolg, agitierte nicht und stellte Kandidaten auf, denen die bescheidenste Rolle in der Öffentlichkeit Ersatz für den Durchfall bot.

Mehr Lärm erregte der damals neu auftauchende Waldbauernbund, der sich bald darauf mit dem niederbayrischen Bauernbund in den Zielen zusammenfand. Professor Kleitner, Eisenberger, der Hutzenauer Bauer von Ruhpolding, und ein kleiner Geschäftsmann, der Melber Jehl von Traunstein, waren die Führer der gleich mit grobgenagelten Schuhen auftretenden Partei.

Durch sie wurde das politische Phlegma etwas aufgerüttelt.

An Respektlosigkeiten, Kraftsprüchen und Widerhaarigkeiten hatte man doch seine landsmännische Freude.

Von einem Schreinermeister, einem braven Familienvater und fleißigen Handwerker wurde mit einer gewissen Scheu erzählt, er sei Sozialdemokrat, der einzige in der Stadt, die König Ludwig I. als treu gesinnt vor allen andern belobt hatte, weil eine Traunsteiner Deputation zu ihm nach seiner Abdankung gekommen war.

An König Max bewahrte man freundliche Erinnerungen.

Nach dem großen Brande im Jahre 1851 war er in die Stadt gekommen und hatte den Unglücklichen Trost zugesprochen.

In den neunziger Jahren, als man allerorts nach Motiven für Feste suchte, kam ein Pläne ersinnender Mann auf die Idee, dem gütigen Landesherrn ein Denkmal zu errichten.

Das Denkmal fiel sehr klein aus, das Einweihungsfest sehr groß.

In der Zeit des allgemeinen Aufschwungs gab es natürlich Leute, die den Fremdenverkehr auf alle unmögliche Weise heben wollten.

Er hielt sich jedoch in mäßigen Grenzen, obwohl man Reunions veranstaltete, bei denen wir Rechtspraktikanten das Ballkomitee bilden mußten.

Wenn es herbstelte, versank die Stadt wieder in stillen Frieden, in dem es nichts Fremdes und Neuzeitliches gab, und von dem umfangen man zwischen Tarockrennen und Kegelscheiben vergessen konnte, daß ihm der Kampf vorangehen müsse.

Im Februar 1893 trat ich beim Stadtmagistrat in München, zwei Monate später bei Rechtsanwalt Löwenfeld als Praktikant ein.

Da waren also nun die größeren Verhältnisse, die ich kennen lernen sollte, allein bei Amt und Gericht merkte ich wenig davon.

Der Fabrikbetrieb im Labyrinth des Augustinerstockes, wo die Gerichte untergebracht waren, verwirrte mich wohl anfangs, allein ich merkte bald, daß die Herren auch mit Wasser kochten, und die erste Zeugenvernehmung, die ein buchgelehrter Konkurseinser in meinem Beisein vornahm, erregte in mir den Verdacht, daß es jeder Dreier besser gemacht hätte.

Der Verdacht hat sich späterhin gefestigt und ist zur sicheren Überzeugung geworden.

Vielbeschäftigte und berühmte Anwälte gab es zu bewundern, darunter manchen, dessen Gewandtheit und Wissen exemplarisch waren.

Unter den Verteidigern ragten Wimmer, Bernstein, Angstwurm hervor und wurden in Aufsehen erregenden Prozessen viel genannt.

Der beste forensische Redner, den ich kennen gelernt habe, war der joviale Justizrat Wimmer, dem die glücklichste Mischung von Sachlichkeit und Pathos eigen war.

Die witzige Schärfe Bernsteins machte viel von sich reden, und ganz öliges Pathos hatte Angstwurm, der einen Komödianten und einen Pfarrer hätte lehren können, ein Mann, der in Bildern schwelgte, bis ein anderer kam, der ihn darin weit übertraf.

Gerade damals ging der Stern des Mößmer Franzl auf, des Vaters der Gerichtshofblüten.

Unzählig sind die gewagten Vergleiche, Bilder und Parabeln, die von ihm erzählt werden, aber die Art, wie er sie mit feierlichem Ernste, losbrechender Heftigkeit und wieder mit dumpfer Resignation vorbrachte, machte sie erst zu den Ereignissen, von denen sich die Herren Kollegen Vormittage lang unterhielten.

Rechtsanwalt Bernstein, der mit Löwenfeld assoziiert war,

galt mir als Mann, der alles, was ich heimlich wünschte, erreicht hatte.

Schriftsteller, Kritiker von Ruf, und dabei berühmter Anwalt sein, das hielt ich für ein zur Höhe geführtes Leben. Zuweilen mußte ich ihn vertreten, und es wunderte mich nicht, daß ein handfester Sozialdemokrat und Vorstadtmaurer, den ich verteidigen sollte, grimmig losbrach, weil er »den Moasta verlangt und an Lehrbuab'n gekriegt hatte«.

Am Stammtisch im »Herzl«, wo ich einen Kreis alter und neuer Freunde gefunden hatte, verkehrte der Vertreter der »Augsburger Abendzeitung« Joseph Ritter.

Er fand Gefallen an meiner Art, über allerhand Dinge zu urteilen, und forderte mich auf, ganz so wie ich redete, auch einmal zu schreiben und es ihm für seine Zeitung zu geben.

Ich versuchte mich in Plaudereien über Zustände, die ich kannte, und die Artikel erschienen zu meiner großen Genugtuung in der Abendzeitung. Der Redaktion sagten sie zu, und damit war eine Verbindung hergestellt, die für mich wichtig wurde.

In Freundeskreisen machten zuweilen Gedichte von mir die Runde, die, meistens im Dialekt, bald derb, bald hanebüchen lustig waren, und von denen mir das eine und andere nach langen Jahren wieder unterkam, wenn es jemand vortrug.

So waren sie ungedruckt erhalten geblieben, und ihren Vater kannte nur ich, der ich schweigend zuhörte.

Die literarische Bewegung, die damals in Deutschland einsetzte, erregte mein lebhaftes Interesse.

Von Hauptmann hatte ich »Vor Sonnenaufgang« und »Einsame Menschen« gelesen, von Sudermann »Die Ehre« gesehen. »Vor Sonnenaufgang« packte mich stark, gegen »Die Ehre« lehnte ich mich auf, und ich erregte Widerspruch, wenn ich etwas schroff erklärte, der Graf Trast sei eine ausgestopfte Marlittfigur; die hausbackenen Halbwahrheiten, die er deklamiere, seien unerträglicher als ganze Dummheiten.

Den stärksten Eindruck machte Fontanes »Jenny Treibel« auf mich; in dieser abgeklärten, lächelnden Schilderung sah ich, was Goethe als das Reizvollste und Wichtigste hervorhebt, die Persönlichkeit, und zwar eine recht überlegene und sympathische zugleich. »Jenny Treibel« ist mir ein Lieblingsbuch geblieben, auch deswegen, weil es mich zuerst und auf die angenehmste Art lehrte, wie nur eine souveräne Darstellung wirklichen Lebens wertvoll sei, und wie langweilig und gleichgültig sich daneben Stimmungen und Gefühle ausnehmen.

Je weiter wir uns von jener Zeit entfernen und je mehr und Größeres sich zwischen sie und uns stellt, desto klarer sehen wir, daß in der scheinbar so leicht hingeworfenen Schilderung mehr Kulturgeschichte steckt als in gelehrten Werken.

Darum werden solche Bücher für später Lebende noch erhöhten Wert haben, wenn man längst nichts mehr weiß und wissen will von den tiefen Gedanken und Schmerzen eines Ästheten.

Von Berlin her klangen damals Namen, die einen aufhorchen machten.

Neben den Eroberern der Bühne, Hauptmann und Sudermann, neben Liliencron die Dehmel, Hartleben, Schlaf, Holz; und von der freien Bühne las man, von Schlenther und Brahm.

M. G. Conrad, dem es nie am Brustton fehlte, war in seiner »Gesellschaft« bemüht, in München die Schläfer zu wecken.

Es war damals sehr viel die Rede vom Naturalismus und Realismus im Gegensatze zum Idealismus, der dahin siechte.

Auch an Stammtischen sprach man darüber und äußerte Gram über das »Aufsuchen des Schmutzes«, wie über das Schwinden idealer Anschauungen, und da im »Herzl« etliche Maler einkehrten, setzte man Seufzer über den Impressionismus drauf.

Ich trat keck für das Neue ein, und wenn der Streit lichterloh brannte, war ich sehr unzweideutig und ließ Worte fahren, die Staunen und Unbehagen erregten.

Das Bemerkenswerteste an den Diskussionen war das Interesse, das man in München auch in Kreisen fand, die sich anderswo sicherlich nicht um künstlerische Streitfragen kümmerten.

Im Dezember begann die letzte Prüfung, die ich abzulegen hatte, der gefürchtete Staatskonkurs.

Ich eilte jeden Morgen, noch vor es hell wurde, in die Schrannenhalle, half andern und ließ mir helfen, schrieb Kommentarstellen ab und fand, daß auch diesmal das Wetter nicht so schlecht war, wie es von weitem ausgesehen hatte.

Ich habe mich damals zum ersten, aber auch zum letzten Male über Rechtsfragen mit einer gewissen Leidenschaftlichkeit verbreitet, wenn ich in der Mittagspause das Prüfungslokal verließ.

Die Aufsicht wurde milde gehandhabt; man konnte sich fast ungestört unterhalten, sich Mitteilungen zukommen lassen, ja, wenn es die Zeit erlaubte, auch einmal die Arbeiten zum Vergleiche zuschieben.

Unvergeßlich bleibt mir ein phlegmatischer Kollege, der mit einem stumpfsinnigen Lächeln unserm Eifer zusah und selber kaum etliche Worte hinmalte. Ich bot ihm mitleidig einen Bogen an, den ich schon hastig vollgeschrieben hatte. Er schob ihn mir zurück und sagte: »Dös hilft mir aa nix.« Ich verstand seine Resignation, als ich erfuhr, daß er der einzige Sohn eines reichen Münchner Hausherrn wäre und keinen Wert auf eine glänzende Laufbahn legte.

Nach etlichen Wochen war die Prüfung beendet, und ich fuhr heim.

Mit tiefem Schmerze mußte ich sehen, wie meine Mutter, die seit dem Sommer kränkelte, in ihren verfallenen Zügen die Spuren eines nahen Endes zeigte.

Ich blieb in Seebruck, und es folgten bittere Monate, in denen ich mir Gewalt antun mußte, um eine Zuversicht zur Schau zu tragen, die ich aufgegeben hatte.

Im darauffolgenden Juni ging ich hinter dem Sarge meiner Mutter her.

Lange Zeit klang mir ihre müde Stimme in den Ohren, mit der sie mich fragte, was der Arzt nach dem Besuche gesagt habe, lange Zeit sah ich ihr Lächeln, mit dem sie meinen tröstenden Bericht anhörte, und eigentlich bin ich heute noch nicht darüber weggekommen, daß sie sterben mußte, bevor sie irgendeinen Erfolg gesehen hatte.

In ihren letzten Tagen konnte ich ihr noch eine Zuschrift der »Augsburger Zeitung« und einige Artikel vorlesen, und sie legte ihre abgemagerte Hand in die meine. »Es wird alles recht werden«, sagte sie und nickte mir freundlich zu.

Ich kehrte nach München zurück, wo ich eine Konzipientenstelle bei einem Rechtsanwalt angenommen hatte.

Zweifel über das, was ich nun eigentlich tun sollte, drückten mich schwer; unselbständig bleiben, hieß Zeit verlieren, in der Hauptstadt eine Praxis eröffnen, war aussichtslos, und mir fehlten zum Abwarten alle Mittel; in Traunstein anzufangen, sagte mir auch nicht zu. So dachte ich bald an dies, bald an jenes, kam zu keinem Entschlusse und fühlte mich unglücklich.

An einem Augustabend fuhr ich mit einem Freunde nach Dachau, um von da weiter nach Schwabhausen zu gehen.

Wie wir den Berg hinaufkamen und der Marktplatz mit seinen Giebelhäusern recht feierabendlich vor mir lag, überkam mich eine starke Sehnsucht, in dieser Stille zu leben.

Und das Gefühl verstärkte sich, als ich andern Tags auf der Rückkehr wieder durch den Ort kam.

Ich besann mich nicht lange und kam um die Zulassung in Dachau ein.

Alte Herren und besorgte Freunde rieten mir ab, allein ich folgte dem plötzlichen Einfalle, und ich hatte es nicht zu bereuen.

Mit nicht ganz hundert Mark im Vermögen zog ich zwei Monate später im Hause eines dachauer Schneidermeisters ein und war für den Ort und die Umgebung das sonderbare Exemplar des ersten ansässigen Advokaten.

Als ich beim Vorstande des Amtsgerichtes meinen Besuch machte, strich der alte Herr seinen langen, grauen Schnauzbart und sagte brummig: »So? Sie san der?«

Er versprach sich offenbar weder Nutzen noch Annehmlichkeit von der neuen Erscheinung und als echter Oberpfälzer hielt er mit seiner Meinung nicht hinterm Berge.

Wir haben uns später gut vertragen und verstanden.

In den ersten Tagen wartete ich mit Beklemmung auf Klienten. Auf den Schrannentag hatte ich meine Hoffnungen gesetzt, und es kam auch ein stattlicher, wohlgenährter Bauer in die Kanzlei, setzte sich auf mein Ersuchen und erzählte irgendwas von einem alten Kirchenweg.

Als ich zur Feder griff, legte er seine Hand auf meinen Arm und sagte: »Net schreib'n! Na... na... net schreib'n!«

Ich verstand, daß er bloß gekommen war, um den neuen Advokaten kostenlos anzuschauen; nach seiner Meinung war die Sache erst brenzlig, wenn was geschrieben wurde.

Er ging und versprach wiederzukommen.

Die Tage schwanden, die Mittel auch, und ich wurde ängstlich.

Noch dazu hatte ich Schulden gemacht, als der Vertreter einer Buchhandlung zu mir gekommen war und mich bestimmt hatte, eine Bibliothek anzulegen.

Als ich schon recht verzagt wurde, kam ein Lehrer aus der pfaffenhofener Gegend und übertrug mir seine Verteidigung in einem Beleidigungsprozesse, den ihm Bürgermeister und Bezirksamtmann aufgehängt hatten.

Ich erfuhr bald, warum der Mann aus einem andern Bezirke just mich aufgesucht hatte; in der Bahn war ihm von dem Reisenden der Buchhandlung der junge dachauer Anwalt so gerühmt worden, daß er seine Fahrt nach München unterbrach und in Dachau ausstieg.

Von nun an ging's, wenn auch nicht über alle Maßen gut, doch ordentlich und so, daß ich nach einer Weile die alte Viktor einladen konnte, mir den Haushalt zu führen. Sie kam mit Freuden, und wenn's auch nicht beim Oberförster in der Vorder-Riß war, so war es doch im ersten selbständigen Hauswesen des Herrn Anwalts, den sie als Kind auf dem Arm getragen hatte.

Als »d' Frau Mutter« genoß sie Ansehen und Vertrauen bei allen Bauernweibern, die ein Anliegen zu mir führte, und die nach der Aussprache mit mir erst noch die richtige und ausgiebige mit ihr in der Küche abhielten.

Und jede brachte, wie es damals schöner Brauch war, etwas im Korbe mit, einen Gockel oder eine fette Ente oder in Blätter eingeschlagen frische Butter.

Ihre alte Tugend, tätigen Anteil am Leben zu nehmen, hatte Viktor nicht abgelegt und sie kümmerte sich um Gang und

Stand der Prozesse, besonders, wenn es eine ihrer Schutzbefohlenen recht dringlich gemacht hatte.

Eine besondere Freude war es ihr, wenn sie Klagen oder Erwiderungen abschreiben durfte.

Dann saß die Alte stundenlang an ihrem Schreibtische, ganz eingenommen von der Wichtigkeit ihrer Aufgabe und ihrem Anteile an meinen Erfolgen.

War ich bei Gericht, und kam in meiner Abwesenheit ein Klient, so brauchte er nicht ohne Bescheid wegzugehen, denn Viktor nahm ihn ins Gebet, ließ sich seine Schmerzen vortragen und flößte ihm das Vertrauen ein, daß er an die rechte Schmiede gekommen sei. Wenn's irgend zu machen wäre, dann würde es der Herr Doktor machen und meine Dachauer faßten schon gleich Zuversicht, weil »d' Frau Mutter« sie so gut angehört hatte.

Es war eine stille, liebe Zeit, ganz so, wie ich sie mir vorgestellt hatte an jenem ersten Abend, als ich die gepflasterte Gasse hinuntergegangen war an den Bürgern vorbei, die ausruhend vor den Haustüren saßen.

Hinter Dachau, dem das große Moos vorgelegen ist, dehnt sich ein welliges Hügelland von großer Fruchtbarkeit aus, in dem Dorf an Dorf bald zwischen Höhen, bald hinter Wäldern versteckt liegt.

Hier lebt ein tüchtiges Volk, das sich Rasse und Eigenart fast unberührt erhalten hat, und ich lernte verstehen, wie sein ganzes Denken und Handeln, wie alle seine Vorzüge begründet liegen in der Liebe zur Arbeit und in ihrer Wertschätzung.

Arbeit gibt ihrem Leben ausschließlich Inhalt, weiht ihre Gebräuche und Sitten, bestimmt einzig ihre Anschauungen über Menschen und Dinge.

Es liegt eine so tiefe, gesunde, verständige Sittlichkeit in dieser Lebensführung eines ganzen zahlreichen Standes, in dieser Auffassung von Recht und Unrecht, von Pflicht und Ehre, daß mir daneben die höhere Moral der Gebildeten recht verwaschen vorkam.

In dem, was Leute, die Redensarten und Empfindelei schätzen, als Rauheit, Derbheit, als Mangel an Kultur und Feinnervigkeit, als Urzuständliches betrachten wollten, trat mir ungeschriebene Gesetzmäßigkeit eines tüchtigen Sinnes entgegen. So, wie das Bauernvolk natürliches Geschehen hinnimmt, wie ruhig es sich über Krankheit und Sterben wegsetzt, wie es nur die Nützlichkeit des Daseins schätzt, zeigt es wahre Größe.

Und Klugheit darin, daß ihm nie Worte für Begriffe gelten.

Derb zugreifende altbayrische Lebensfreude, aufgeweckter Sinn, schlagfertiger Witz und eine Fülle von Talenten vervollständigen das Bild.

Im Verstehenlernen faßte ich Lust, dieses Leben zu schildern.

Auf einer Fahrt nach München kam mir ganz plötzlich der Gedanke, es ließe sich am Ende versuchen, etwas über die Bauern zu schreiben.

Daraus entstanden die Erzählungen, die zuerst im »Sammler«, später in einem Buche unter dem Titel »Agricola« erschienen sind. Im Kreise der dachauer Freunde fanden sie beifällige Aufnahme, aber der Ton war nicht auf Enthusiasmus gestimmt, den sie am Ende auch nicht erregen mußten. Eher machte sich im »Stellwagen« – so nannte sich unsere Gesellschaft, die sich allabendlich beim Zieglerbräu versammelte – sachliche Kritik geltend, denn jeder der Beamten kannte doch die Bauern oder wollte sie kennen. Natürlich waren die Herren vom Bezirksamt geneigt, mich zurechtzuweisen, wenn ich ihren widerspenstigen Untertanen im lebhaften Wortwechsel zu viel Ehre erwies.

So konnte nur der Laie urteilen, der keine Ahnung davon hatte, wie viele Hindernisse der Bauer einer wohlmeinenden Erziehung entgegenstellte, wie bockbeinig und hintersinnig er war, wie mißtrauisch gegen die wohlwollende Regierung.

Der Bezirksamtmann war Bürokrat, wie aus den »Fliegenden Blättern« von 1850 herausgeschnitten, lieblos und ganz Herrscher. Der Assessor sehnte sich nach der Stadt unter Menschen. Was ihn hierorts mit kleinlichen Anliegen plagte, war Untertan und konnte gerade noch für zweibeinig gelten. Die Sprache war schauderhaft, der Begriffsmangel erschreckend.

Gehorchen und Zahlen konnte man von den Leuten verlangen, und dann kam die Scheidewand, diesseits derer die Intelligenz thronte.

Der Assessor verdiente sich einen Spitznamen, den wir ihm verliehen. Er hieß »der Durrasch«.

Und wie er dazu kam, das verriet sein herzliches Verständnis für das Volk und seine Sprache.

In einer Strafsache, bei der unser Assessor als Amtsanwalt den Staat vertrat, erzählte ein Bauernbursche, er habe von einer Rauferei nichts gesehen, weil er immer hinausgelaufen sei. Er habe den Durchmarsch gehabt.

Nach seiner Vernehmung erhob sich der Assessor und verlangte zu wissen, was dieser Zeuge unter einem »Durrasch« verstehe. Es handle sich offenbar um eine faule Ausrede.

Vergeblich bemühte sich unser alter Oberamtsrichter klarzulegen, daß der Zeuge Durchmarsch gesagt und Diarrhöe gemeint habe. Er wählte bei der Wiederholung sogar ein deutsches Wort, das der Sache ganz auf den Grund ging. Half nichts. Der Herr Assessor hatte deutlich »Durrasch« verstanden und verlangte unter drohendem Hinweis auf den geleisteten Eid genaue Auskunft über das seltsame Wort.

Ein tiefes Mißtrauen gegen den hinterlistigen Burschen blieb in ihm zurück.

Von ganz anderem Schlage war der prächtige Vorstand des Amtsgerichtes, in dem ich den Letzten einer aussterbenden Rasse, der urbayrischen Landrichter älterer Ordnung, kennen und schätzen lernte.

Er stand gut mit den Bauern. Seine Derbheit verletzte sie nicht, ja ich glaube, sie hatten Spaß an seiner Art, alle Dinge beim rechten Namen zu nennen, und an Schrannentagen hatte er viel Zuhörer.

Immer hatte man den Eindruck, daß er es gut meinte; am besten, wenn er Leute, die wegen eines Schimpfwortes Prozesse anfingen, so zusammenstauchte, daß sie aus dem Gerichtssaal verletzter herauskamen, als sie hineingegangen waren.

Von der einmal sprichwörtlichen Prozeßwut der Bauern merkte ich kaum mehr etwas; insbesondere waren die Grundstreitigkeiten fast ganz verschwunden.

Gerade die Wohlhabenden und Angesehenen in den Gemeinden redeten immer zum Frieden, wenn Zwistigkeiten über Wege und Fahrtrechte entstehen wollten. Auch von dem großen Einflusse der Geistlichkeit wurde und wird mehr erzählt, als wahr ist.

Ich fand, daß sich die Bauern in Gemeindeangelegenheiten recht ungern dareinreden ließen und daß sich eifrige Pfarrer damit schnell mißliebig machten. Hier wußte jeder einzelne, was er wollte, und konnte sich über die Folgen eines Beschlusses ein Urteil bilden; sich zu beugen und gegen die eigene Meinung Gehorsam zu leisten, lag den Leuten ganz und gar nicht im Sinne.

Gewiß wählten sie, vor die Caprivischen Handelsverträge abgeschlossen wurden, fast ausnahmslos die klerikalen Kandidaten in den Landtag und in den Reichstag. Weil sie sich mit Politik nicht befaßten, weil sie bei keiner andern Partei die Interessen ihres Standes berücksichtigt sahen, und weil Pfarrer wie ultramontane Kandidaten immer noch die einzigen waren, mit denen sie Fühlung hatten.

Das wurde anders, als infolge jener Handelsverträge den Getreidepreise stark zurückgingen und der Bauernbund gegründet wurde.

Der eingewurzelte Respekt vor der Geistlichkeit, über den man so viel hören konnte, war wie weggeblasen, und der Zorn wurde nicht im mindesten durch Rücksichten in Schranken gehalten.

Geistliche, die damals in Versammlungen auftraten, mußten mit Staunen wahrnehmen, wie ihnen ein grimmiger Haß entgegengebracht wurde.

Sie kannten dieses Volk nicht mehr.

Sie hatten es unterschätzt, hatten an eine Fügsamkeit geglaubt, die dem Stamme fremd war, und die Erfahrungen, die man nunmehr machte, übten einen starken, nachhaltigen Einfluß auf die Haltung des Zentrums aus. Auffällig war, wie viele schlagfertige, wirksame Redner sogleich aus dem Bauernstande hervorgingen. Wenn man auf der gegnerischen Seite, durch einen gewissen Bildungsdünkel verleitet, glaubte, leichtes Spiel mit den unwissenden Leuten zu haben, so wurde man schnell eines Bessern belehrt. Auch ein dachauer Herr mußte daran glauben.

Ein ultramontaner Rheinpfälzer, sonst ein umgänglicher Mann, aber sprudelnd vor Eifer, in Ausdrücken und Gebärden sich gehen lassend, meinte er, den aufgebrachten Bauern einmal die Leviten lesen zu müssen. Ein Bürgermeister aus der Umgegend deckte ihn aber unter dem schallenden Gelächter der Hörerschaft so zu, daß man ihm hinterher nahe legte, er möge im Interesse der Autorität und des Ansehens der Beamtenschaft nicht mehr auftreten.

Und da ich nun gerade von Reden und Rednern erzähle, will ich anfügen, daß ich mich auch einmal hören ließ.

Zur Feier des 25. Jahrestages des Frankfurter Friedens hielt ich auf dem Marktplatze eine Ansprache an die Veteranen.

Den größten Erfolg hatte ich damit bei der alten Viktor, die an einem Fenster des Zieglerhauses stand und Tränen der Rührung vergoß und zu den Umstehenden sagte, nur das hätte meine Mutter noch erleben müssen.

Nach dem Umzug und der Pflanzung einer Friedenseiche war Festessen.

Als ich etwas verspätet den Saal betrat, standen alle Veteranen auf, um den Redner zu ehren.

Den Bezirksamtmann, der schon anwesend war, verdroß das, und er erhob sich, um von seinem höheren Standpunkte aus den Tag zu beleuchten.

Zuerst war es still, aber wie der Mann im trockensten Amtsstil über den Krieg sprach, als hätte das Königliche Bezirksamt Dachau nachträglich seine Billigung auszudrücken, fingen alle Veteranen wie auf ein gegebenes Zeichen an, mit klappernden Löffeln die Suppe zu essen. Und in dem Lärm ging die obrigkeitliche Meinung unter.

In Dachau waren damals zahlreiche Maler, darunter Dill, Hölzel, Langhammer, Keller-Reutlingen, Flad, Weißgerber, Klimsch u. a.

Bei Hölzel verkehrte ich häufig. Er malte damals pointillistisch, trug die Farben mit der Spachtel auf, und man mußte etliche Schritte zurücktreten, um zu erkennen, was ein Bild darstellte.

Später ging er unter dem Einflusse Dills zur Malweise des Schotten Brangwyn über.

In abgetönten Farben, meist in Grün und Grau, wurden überhängende Bäume an Gräben und Bächen dargestellt, und die Bilder wirkten wie Gobelins.

Mir wollte es scheinen, als hätte sich die Gegend recht wohl so malen lassen, wie sie war, und jede Stimmung so, wie sie der Künstler erlebte und empfand, aber es gab auch damals einzig richtige Methoden, hinter die die Persönlichkeit zurücktrat.

Ein Sonderling war Flad, dem es nicht zum besten ging. Mit einem dicken Knüppel bewaffnet, den er nach kläffenden Hunden warf, lief er tagelang im Moos herum und sprach eifrig vor sich hin. Zuweilen schloß er sich mir auf einem Spaziergange an und trug Stellen aus Scherrs »Blücher und seine Zeit« vor. Er schien das Buch auswendig zu können.

Bei Hölzel, einem liebenswürdigen Österreicher, der Kenntnisse und Interesse und ein lehrhaftes Wesen hatte, gab es immer anregende Unterhaltung, und ich verdankte ihm manchen Hinweis auf gute Bücher.

Besonders die Russen und einige Skandinavier lernte ich durch ihn kennen; ich bereute es nicht, ihnen erst später und mit gereifterem Urteil begegnet zu sein.

Anna Karenina wurde und blieb ein Lieblingsbuch von mir; aber Raskolnikow konnte ich nicht zu Ende lesen. Die unheimliche Schilderung jeder Regung einer Seele, die zum Verbrechen wie zu etwas Notwendigem und fast Selbstverständlichem hingedrängt wird, erschütterte mich so, daß ich das Buch immer wieder weglegte, so oft ich darnach griff.

Mit geteilten Empfindungen nahm ich Ibsens »Baumeister Solneß« auf; da schien mir zuviel mit Absicht hineingeheimnist zu sein, und die Menschen gingen auf Stelzen.

Ich glaube, solche Gedanken waren damals sehr ketzerisch, denn etliche Päpste zu Berlin hatten längst die Infallibilität des großen Norwegers verkündigt. Aber mir fehlte stets die Führung durch den literarischen Zirkel, und ich mußte alles unmittelbar auf mich wirken lassen, ohne vorher zu wissen, was die Mode verlangte.

Denke ich zurück, so meine ich fast, ich hätte damals unbewußt schon den Reiz empfunden, den, wie Gottfried Keller sagt, das Verfolgen der Kompositionsgeheimnisse und des Stiles gewährt. Heute erblicke ich jedenfalls darin das Anziehendste, hinter den Zeilen den Autor beim Schaffen zu sehen und aus dem Worte die Stimmung und aus der Stimmung Gedanken, die sich schufen, zu erraten. Wenn man das recht genossen hat, ist man gefeit gegen Literaturzirkel und ihre Dogmen.

Am 1. Januar 1896 erschien die erste Nummer der »Jugend«.

Ich kann noch heute das Titelbild dieses Heftes nicht sehen, ohne mich ergriffen zu fühlen von der Erinnerung an jene Zeit und von der Sehnsucht nach ihr, die voll Fröhlichkeit, voll Streben, voll Hoffen war. Bald darauf sah man in München überall Th. Th. Heines Plakat, ein junges Mädel an der Seite eines Teufels.

Es war die Ankündigung des »Simplicissimus«.

Was regte sich damals für eine Fülle von Talent und Können, und vor allem von Teilnahme an diesen Dingen!

Mag die Bedeutung beider Wochenschriften beurteilt werden, wie immer; auch ein Gegner kann es nicht leugnen, daß sie frisches, neues Leben brachten.

Wer erschrak und widerstrebte, war doch mit hineingezogen in den Kreis dieser neuen Interessen, die München aus dem Schlafe aufweckten.

Mit welcher Aufmerksamkeit betrachtete man die Zeichnungen, prüfte man die Beiträge, las man die Namen der Künstler und Schriftsteller!

Sie waren Ereignisse, über die man diskutierte, nicht Kaffeehauslektüre, die man durchblätterte und weglegte; sie gaben mannigfaltigste Anregung und öffneten die Bahn für die Jungen, die sich mit den Älteren messen wollten.

Ich schickte zögernd und ohne rechtes Vertrauen ein politisches Gedicht an die Jugend und war nicht wenig stolz, als es schon in der zweiten Nummer erschien.

Ein paar andere folgten, und meine Zuversicht wuchs.

Damals war das Gasthaus zur Post in Traunstein verkauft und der Pachtvertrag gelöst worden; meine älteste Schwester erwarb eine Fremdenpension in München, die Zuspruch fand, und wir vereinbarten, daß ich mich nach einiger Zeit in der Stadt als Anwalt niederlassen sollte.

Ein Herr, der Gast in der Pension war, fragte mich eines Tages, ob ich der Verfasser der Gedichte in der Jugend wäre, und als ich es bejahte, meinte er, ich sollte nicht abseits von der aufstrebenden Bewegung bleiben und mich nicht bloß gelegentlich und so von außen her daran beteiligen.

Es war Graf Eduard Keyserling, der als Verfasser feiner, von leiser Ironie durchdrungener Werke bekannt geworden ist; recht bewundern lernte ich ihn viele Jahre später, als er in seiner schweren Krankheit, die zur Erblindung führte, eine Heiterkeit bewahrte, die nur aus Überlegenheit und Größe kommen konnte.

Die Stunden, die ich in anregenden Gesprächen mit dem geistreichen, im besten Sinne vornehmen Manne verbringen durfte, sind mir in lieber Erinnerung geblieben.

Den Umzug nach München wollte ich aber nicht übereilen; es war besser, in der Landpraxis noch fester Fuß zu fassen, und zudem hatte ich mit einem Universitätsfreunde die Verabredung getroffen, mit ihm gemeinsam die Kanzlei zu eröffnen.

So blieb ich noch ein Jahr in Dachau.

Eines Tages, im Frühjahr 1896, besuchte mich Redakteur Ritter und zeigte mir ziemlich aufgeregt ein illustriertes Blatt.

Das sei denn doch zu stark! Zu solchen Dingen solle man nicht schweigen, und wenn er auch nicht nach Polizei und Zensur schreie, so meine er doch, man müsse dagegen Stellung nehmen, und ich solle ihm den Gefallen tun, einen kräftigen Artikel gegen dieses neuzeitliche Gebilde zu schreiben.

Ich sah mir das Blatt an. Es war die Nummer 1 des Simplicissimus. Eine Erzählung, »Die Fürstin Russalka« von Frank Wedekind, hatte den guten Ritter in Harnisch gebracht.

Er war etwas gekränkt, als ich ihm sagte, daß ich seine Ansicht nicht teilen könnte.

Im Frühjahr 1897 kam der Abschied von Dachau; ich hatte doch das Gefühl, aus sicheren, wenn auch kleinen Verhältnissen heraus ins Ungewisse zu gehen, und so fiel es mir nicht leicht; noch schwerer freilich bedrückte es die alte Viktor, die es nicht verstehen wollte, warum ich mit meinem sorglosen, glücklichen Zustande nicht zufrieden war.

Es lag nicht in ihrer Art, darüber viele Worte zu machen, aber von ihren Spaziergängen im Hofgarten kehrte sie immer traurig zurück, und manchmal sah ich an ihren verweinten Augen, wie schwer ihr das Ende dieses bescheidenen Glückes fiel.

Noch dazu erlitten meine münchner Pläne eine arge Störung durch die plötzliche Erkrankung und den Tod meiner Schwester, aber zurück konnte ich nicht mehr, und so begann ich recht freudlos und sorgenvoll die Tätigkeit in meiner Kanzlei am Marienplatze.

Ich mußte bald erkennen, wie schwer es für einen jungen Anfänger ist, in der großen Stadt durchzudringen; am Ende ist es unerläßliche Notwendigkeit, auf irgendeine Art aufzufallen.

Wenn das Los der vielen, die es versuchen, nicht doch sehr bitter wäre, könnten die angewandten Mittel, die erfolgreichen wie die vergeblichen, komisch wirken.

Die marktschreierischen Volkstribunen, die sich um den Beifall im Zuschauerraume bemühten und das unwahrste Pathos in Bagatellsachen anwandten, waren arme Teufel, schon weil sie das tun mußten.

Mir bot die Praxis, die ich vom Lande hereingebracht hatte, einigen Halt, aber der Entschluß, sobald als möglich diese Tätigkeit aufzugeben, stand mir fest.

Ein Freund vom Stammtische im Herzl, Rohrmüller, hatte mit zwei anderen Herren die Waldbauersche Buchhandlung in Passau gekauft und erklärte sich im Sommer 1897 bereit, meine Bauerngeschichten gesammelt herauszugeben und sie illustrieren zu lassen.

Ich wandte mich brieflich an Bruno Paul, dessen Zeichnungen im Simplicissimus mir aufgefallen waren, und nach einer kurzen Unterredung sicherte er mir seine Mitarbeit zu.

Fürs Landschaftliche war Adolf Hölzel sogleich gewonnen, und nun begann für mich die sehr anregende Tätigkeit, die beiden Künstler zur Ausführung des Versprochenen anzuhalten.

Bei Bruno Paul stieß ich dabei auf größere Schwierigkeiten, denn er war von Korfiz Holm, dem damaligen Chefredakteur des Simplicissimus, stark in Anspruch genommen.

Im Spätsommer setzte sich Paul nach Lauterbach bei Dachau, wo er im Oktober mit seinen Zeichnungen fertig wurde, so daß wir endlich daran gehen konnten, das Buch zusammenzustellen. Dabei leistete uns Rudolf Wilke, den ich nicht lange vorher kennengelernt hatte, sachverständige Hilfe, und der Sonntag, an dem wir von früh bis Abend Text und Bilder zusammenklebten, bleibt mir in fröhlichster Erinnerung.

Im Dezember war der »Agricola« gedruckt, und ich konnte das erste Exemplar dem Fräulein Viktor Pröbstl widmen und überreichen, die es zeitlebens für das beste und vollkommenste Buch hielt trotz ihrer Hinneigung zu den Klassikern.

Ich gestehe, daß es für mich ein recht erhebendes und die Brust schwellendes Gefühl war, als ich bei Littauer am Odeonsplatze zum ersten Male mein Werk in der Auslage liegen sah.

Ich bin damals nicht ganz zufällig an allen größeren Buchhandlungen Münchens vorbei gebummelt, und meine Wertschätzung der Sortimenter richtete sich danach, ob sie den Agricola ausgestellt hatten.

Es kamen auch bald Kritiken, und merkwürdigerweise die anerkenndsten in norddeutschen Zeitungen; doch fehlte es in München keineswegs an freundlichem Beifalle, und M. G. Conrad sang mir in der »Gesellschaft« ein klingendes Loblied.

Die nachhaltigsten Folgen hatte es für mich, daß ich durch die Arbeit am Agricola mit dem Simplicissimuskreise bekannt wurde.

Der Verleger Albert Langen lud mich eines Tages zu einer Unterredung ein.

Daß wir uns bei dieser ersten Begegnung gleich gefallen hätten, möchte ich nicht behaupten.

Der elegant gekleidete, mit dem gepflegten Vollbart recht

pariserisch aussehende junge Herr war mir zu beweglich, sprang von einer Frage zur andern über, ohne recht auf Antwort zu warten, und leitete mir das Gespräch zu sehr von oben herab. Dabei prüften mich seine flinken Augen halb neugierig, halb mißtrauisch, und ich glaubte deutlich zu merken, daß er mich nach bekannter Manier ein bißchen unterwertig süddeutsch fand.

Weil ich das merkte, war ich schroffer und kratziger und kürzer angebunden, als es sonst meine Art war, und dieses erste Zusammentreffen endete, wenn auch nicht mit einem Mißklange, so doch mit dem Eindrucke, daß wir einander nicht viel zu sagen hätten.

Ich habe späterhin meine Ansicht über den gescheiten, heiteren und lebhaften Mann gründlich geändert und mehr wie einmal unterhielten wir uns über jene erste Begegnung, bei der ich ihn zu sehr als feinen Hund und reichen Jüngling betrachtet hatte.

Vielleicht haben ähnliche Urteile über ihn manche Verstimmung hervorgerufen; Frank Wedekind hat seinem Ärger bekanntlich in mehreren Theaterstücken Luft verschafft, aber er hat stark daneben gegriffen und ist am Äußerlichen hängen geblieben.

Über den Reichtum Langens war man sich in München einig und Doktor Sigl schrieb in seinem »Bayrischen Vaterlande« mehr bestimmt als unterrichtet von den Millionen des jungen Verlegers. In Wirklichkeit hat dieser den Simplicissimus wie seinen Buchverlag mit den sehr bescheidenen Resten seines väterlichen Vermögens gegründet, und als die einen von seinen reichen Mitteln fabelten, andere wieder seine Zurückhaltung gegenüber kühnen Plänen oder hochgespannten Erwartungen für knauseriges Wesen hielten, war Langen mehr wie einmal vor die Frage gestellt, ob er das Unternehmen noch länger halten könne.

Im Café Heck am Odeonsplatze trafen sich damals fast alle Künstler, die am Simplicissimus und an der Jugend mitarbeiteten: zuweilen Heine, regelmäßig aber Paul, Wilke, Thöny, Reznicek, Jank, Erler, Putz, Gröber, Eichler, Georgi, Feldbauer u. a.

Den stärksten Eindruck machte der damals vierundzwanzigjährige Rudolf Wilke aus Braunschweig auf mich. Er war von einer Unbekümmertheit, die beim Fehlen jeglicher Pose, bei gründlichen Kenntnissen und beim tiefsten Ernste in künstlerischen Dingen viel ansprechender wirkte als die von Murger geschilderte Sorglosigkeit der pariser Bohemiens.

Er hätte ins elterliche Geschäft – sein Vater war Baumeister gewesen – eintreten sollen, war aber bald nach München gezogen, wo er bei Holossy studierte.

Er arbeitete zuerst für kleine illustrierte Münchner Blätter, bis ihn das Ergebnis des ersten Preisausschreibens der Jugend mit einem Schlage bekannt machte.

Charakteristisch für ihn war die Art, wie er sich an dem Wettbewerbe beteiligte. Er hatte das Ausschreiben übersehen oder den Termin verbummelt, setzte sich am letzten Tage hin und machte etwas ganz anderes, als vorgeschrieben war, aber seine Zeichnung war so verblüffend gut, daß Georg Hirth mit Zustimmung des Preisgerichtes einen weiteren ersten Preis stiftete, der ihm zugesprochen wurde.

Von da ab war er regelmäßiger Mitarbeiter der Jugend, bis er zum Simplicissimus übertrat.

Er war von allen, die sich damals durchsetzten, sicher das stärkste Talent und übte einen sehr bemerkbaren Einfluß auf die ganze Richtung aus, er wurde nachempfunden und nachgeahmt, und am Ende hätten nur wenige bestreiten können, daß sie beim jungen Meister Rudolf Wilke in die Schule gegangen waren.

Er selber machte kein Wesen daraus, denn er wußte, daß er noch ganz anderes zu geben hatte; mochte er andern für fertig gelten, er selber arbeitete an sich weiter und reifte langsam heran, um dann von Reichtum überzuquellen.

Als er mühelos und selbstsicher das beste schuf, mußte er sterben.

Mit ihm hat Deutschland einen großen Humoristen verloren; wer in dem Werke seines kurzen Lebens den überraschenden Aufstieg bemerkt und sich Rechenschaft darüber geben kann, wie diese liebevolle Schilderung des Komischen sich immer mehr vertiefte und immer mehr die gute Art der niederdeutschen Rasse zeigte, wer dieses stille, so gar nicht lärmende, aber doch erschütternde Lachen über die Schwächen der lieben Menschheit versteht, der weiß, welche Hoffnungen der Tod Rudolf Wilkes zerstört hat.

Auch als Persönlichkeit war er prachtvoll. Von der Gewandtheit und Kraft des hochgewachsenen Mannes wurde vieles erzählt, und kaum etwas war übertrieben; auf großen Radtouren, die wir zusammen machten, hatte ich oft Gelegenheit, mich über seine Tollkühnheit zu ärgern, aber auch immer wieder zu sehen, wie kaltblütig und selbstverständlich er jede gefährliche Situation überwand.

Schon wie er sich zu größeren Reisen anschickte, war bezeichnend für ihn; sogleich entschlossen, unbeschwert durch irgendwelche Rücksichten oder Verpflichtungen, unbekümmert um Länge der Fahrt und Dauer der Reise, setzte er sich mit in den Zug, und dann durfte es gehen, wohin es wollte.

Freilich konnte er einem dann beim ersten Frühstück in Mailand so nebenbei mitteilen, daß er ganz vergessen habe, Geld einzustecken. Einmal radelten er, Thöny und ich durch die Provence nach Marseille, setzten nach Algier über und fuhren dann über Constantine nach Biskra und Tunis.

Da war Wilke in seinem Element; seinetwegen hätte die Reise noch viele Monate dauern dürfen, und er hätte sicherlich nie gefragt, ob uns das Geld lange; wär's ausgegangen, hätte man sich schon auf irgendeine Weise geholfen.

Unvergeßlich bleibt mir sein Entzücken über einen alten Araber, dem wir in der Nähe von Bougie begegneten; er ritt auf einem Maultiere, links und rechts neben sich einen Korb mit Orangen gefüllt, über sich einen großen Sonnenschirm aufgespannt, der kunstreich am Sattel befestigt war, und so saß der alte Herr vergnügt im Schatten, las in einem kleinen Buche und aß Orangen.

So was von kluger Art, zu reisen, so selbständig ausgedacht und frei von herkömmlichen Zwangszuständen, gefiel unserm Wilke derart, daß er vom Rad herunterstieg und eine Weile neben dem alten Kerl herlief, nur um ihn recht zu beobachten.

Er wußte überhaupt den würdevollen Gleichmut der Araber, von dem wir immer wieder Beweise erlebten, nicht genug zu rühmen, und das war leicht erklärlich, denn er war darin selbst ein Stück von ihnen.

Sein unbändiger Wandertrieb ließ ihn daheim besonderen Gefallen an landstreichenden Handwerksburschen finden.

An einem warmen Märztage, wo einen Ahnungen von wundervollem Sonnenschein und blauem Himmel zum Reisen verlocken, fuhr ich mit ihm auf der Landstraße nach Dachau an zwei walzenden Kunden vorbei, die, ihre schmutzigen Bündel umgehängt, ins Weite hinein marschierten.

Wir setzten uns auf einen Schotterhaufen und ließen sie noch mal an uns vorbeistapfen.

»Die Kerle haben es doch am schönsten«, sagte Wilke mit ehrlichem Neide, und dann setzte er mir auseinander, wie es einzig weise sei, in den Tag hinein zu leben und von aller Konvention frei zu sein.

Jede Pose war ihm verhaßt, und jede sah er mit unbestechlichen Augen, auch wenn sie Leute von klingenden Namen zu verstecken suchten.

Damit war einer bei ihm sofort unten durch, und zuweilen, wenn sich uns gegenüber eine Berühmtheit wohlwollend gehen ließ, sagte Wilke, der Kerl sei doch bloß ein Hanswurst; zu dem Urteil genügte ihm irgendeine Selbstgefälligkeit im Ton oder in der Gebärde.

Das literarische Jung-München, das sich auch damals absurd gebärdete und sich bedeutender gab, als es war, bot ihm reichliche Gelegenheit zum Spotte; wenn er sich zuweilen mit übertriebener Bescheidenheit in der Torggelstube zu den Unsterblichen setzte, mit schüchternen Fragen Belehrungen anregte, ahnten die Gecken nicht, wie sehr sie die Gefoppten waren. Auch nicht, wie gründlich sie der harmlose Künstler durchschaute, und wie er ihre unmännliche Art verabscheute.

Sein ernsthaftes Wesen, das sich frei von Vorurteilen und Schulmeinungen in selbstgedachten Gedanken zeigte, trat sogleich hervor, wenn er über wirkliches Können urteilte.

Er ging immer auf das Wesentliche ein und vermied auch Großem gegenüber die Banalität des Superlatives.

Ein hoher Genuß, der bleibende Erinnerungen zurückließ,

war es, ihn über ein gutes Bild reden zu hören; es war nichts von Schulmeisterei, die klassifiziert und Zusammenhänge beweist, darin, es war bei aller Zurückhaltung die Meinung des großen Könners, dem tief verborgene, unbewußte Vorgänge des Schaffens klar vor Augen standen.

Auch über Bücher habe ich nicht leicht jemand so gut urteilen gehört wie Rudolf Wilke; er las gerne und mit Auswahl, am liebsten gute Memoiren, die eine vergangene Zeit zum Leben erweckten; an die Freude, die er über Platons »Laches« empfand, erinnere ich mich gerne.

Die ehrliche Gescheitheit des Sokrates, der jeden Begriff ins kleinste zerlegt und sein Eigentliches herausschält, der nie bloße Worte gelten läßt, keiner Schwierigkeit ausweicht, der nichts sich in den Nebel der Redensarten verlieren läßt, entzückte ihn, und gleich stand ihm der kluge Athenienser plastisch vor Augen, der sich von braven Spießbürgern zuerst hergebrachte Meinungen vortragen läßt, um sie dann bloß durch Fragen zu der unerquicklichen Erkenntnis zu bringen, daß sie weder etwas wirklich geglaubt, noch sich etwas gedacht hatten.

Er stellte Betrachtungen darüber an, wie uns heute die Kunst des geraden Denkens, aber auch das Verlangen darnach durch die verfluchte Phrase verloren gegangen sei, und eifrig las er mir nach ein paar Seiten aus »Laches« Proben aus dem Zarathustra vor, um daran zu zeigen, wie hoch wir das Spielen mit Worten und Stimmungen einschätzen. Natürlich sah Wilke als Maler nur in der echten Schilderung menschlicher Charaktere und der sich daraus folgerichtig aufbauenden Geschehnisse schriftstellerische Werte, und das Kokettieren mit hintersinnigen Gedanken und Weltschmerzen führte er auf künstlerische Impotenz zurück.

Ich erwähne das, um seine Stellung und damit wohl auch die der andern Künstler zu den neuen Göttern zu kennzeichnen. Eigentlich bestand wenig oder kein Zusammenhang zwischen den literarischen und den künstlerischen Mitarbeitern der Jugend und des Simplicissimus. Hirth versuchte ihn, wie mir erzählt wurde, in geselligen Zusammenkünften anzuregen, aber man fand aneinander kein übermäßiges Gefallen.

Die Herren Dichter fühlten sich wohler, wenn sie unter sich waren und sich mit ein bißchen Medisance und recht viel gegenseitiger Bewunderung die Zeit vertreiben konnten; natürlich gehörte dazu ein Auditorium von Jüngern und Jüngerinnen, die mit aufgerissenen Augen dasaßen und den Flügelschlag der neuen Zeit rauschen hörten.

In Schwabing trieb, wie erzählt wurde, der Kultus des Stephan George seltsame Blüten, und man sagte, der Dichter habe sichs bei gelegentlicher Anwesenheit gefallen lassen, daß die schwabinger Lämmer um ihn herumhüpften und ihn auf violetten Abendfesten anblökten. Andere vereinigten sich zu andern Gemeinden, und es wurden viele Altäre errichtet, auf denen genügend Weihrauch verbrannt wurde.

Das neue genialische Wesen brachte immerhin Leben und Bewegung nach München, und am Ende hatte es doch mehr Gehalt als das marktschreierische Getue der heutigen Talente, die jede Form verachten, die sie nicht beherrschen.

Viel Aufsehen erregte damals Frank Wedekind mit seinen Gedichten im Simplicissimus; sein »Frühlings Erwachen« hatte ihm in literarischen Kreisen schon Geltung verschafft, aber das größere Publikum wurde erst durch seine geistreichen, zuweilen recht gepfefferten Verse auf ihn aufmerksam. Ein Gedicht auf die Palästinareise des Kaisers ist wegen seiner Folgen berühmt geworden, und Wedekind hat späterhin für die Bildung einer Legende gesorgt, die schmerzhaft klang, aber der Wahrheit nicht entsprach.

Ich kam damals täglich mit Wilke, Thöny und Paul zusammen und erlebte als Unbeteiligter die Geschichte der oft erzählten und auch für die Bühne bearbeiteten Majestätsbeleidigung.

Eines Mittags im Oktober 1898 suchte Korfiz Holm die Künstler des Simplicissimus und mich im Parkhotel auf und zeigte mir den Korrekturabzug der späterhin viel genannten Palästinanummer, weil ich den Text zu einer Zeichnung Pauls gemacht hatte. Wir lachten über das Titelbild Heines, das Gottfried von Bouillon und Barbarossa mit dem Tropenhelm Wilhelms zeigte, und dann las ich das Gedicht Wedekinds.

Darin war der Kaiser so direkt angegriffen, daß ich sagte, wenn die Verse nicht in letzter Stunde noch entfernt würden, sei die Beschlagnahme der Nummer und eine Verfolgung wegen Majestätsbeleidigung unausbleiblich.

Holm erklärte aber, das Gedicht sei von einer juristischen Autorität geprüft worden und außerdem sei die Nummer schon im Drucke, so daß Änderungen nicht mehr möglich seien. Ich blieb auf meiner Ansicht stehen, aber am Ende war es Sache der Redaktion, ob sie die Strafverfolgung riskieren wollte oder nicht.

Die Nummer wurde sofort nach Erscheinen konfisziert; Albert Langen floh nach Zürich, Heine wurde nach Leipzig vorgeladen und dort in Untersuchungshaft genommen, späterhin auch zu sechs Monaten Gefängnis verurteilt.

Obwohl Wedekind das Gedicht unter einem Pseudonym hatte erscheinen lassen, konnte er sich doch nicht für gesichert halten, denn zu viele Leute kannten ihn als Verfasser. Eine andere Frage ist, ob er ehrenhalber nicht hätte hervortreten müssen, aber die Entscheidung darüber wurde ihm erspart, da die Polizei durch einen Übergriff des Leipziger Gerichtes hinter das Geheimnis kam. Wedekind wurde rechtzeitig gewarnt und floh von der Premiere seines »Erdgeistes« weg in die Schweiz zu Langen.

Daß er über die Aufdeckung seiner Autorschaft ungehalten war, läßt sich begreifen, aber ganz unverständlich bleibt der Vorwurf, den er später gegen Langen erhob: der habe ihn gezwungen, eine Majestätsbeleidigung zu dichten, indem er seine Notlage ausgenützt habe.

Wedekind war regelmäßiger Mitarbeiter des Simplicissimus und konnte darauf rechnen, daß jeder Beitrag von ihm angenommen und anständig honoriert wurde. Von einem Zwange, ein bestimmtes Gedicht zu machen, konnte schon darum ebensowenig die Rede sein, wie von einer Notlage. Der Hergang war auch ein anderer. Das Gedicht auf die Palästinafahrt war in seiner ersten Fassung so scharf, daß Albert Langen Bedenken trug, es aufzunehmen, und Änderungen verlangte. Wedekind, der es in der Redaktion mit Vaterfreuden vorgelesen hatte, wollte an die Milderung zuerst nicht heran und verstand sich nur mit Widerstreben dazu. Darum blieb auch die zweite Fassung noch so gepfeffert, daß Langen die Aufnahme vom Gutachten des Herrn Justizrates Rosenthal abhängig machte.

Der gab seinen Segen dazu, vielleicht etwas zu sehr beeinflußt durch das Vergnügen an der famosen Satire und dem formvollendeten Gedichte. Damit war das Unheil im Zuge und nahm seinen Lauf.

Die Gegner, an denen es dem Simplicissimus nicht fehlen konnte, haben sich hinterher stark über planmäßige Majestätsbeleidigungen und geschäftliche Spekulationen aufzuregen gewußt. Daß ein aus künstlerischen Gesichtspunkten geleitetes Witzblatt sich aufs Geschäftemachen nicht einlassen konnte, war am Ende leicht einzusehen; schwieriger mußte auch für kluge Leute in Deutschland die Erkenntnis sein, daß ein sich so sehr und in solchen Formen in den Vordergrund drängendes persönliches Regime ganz von selber die Satire herausforderte. Die unnahbare Höhe des Thrones mußte zu allererst von dem Herrscher selbst gewahrt werden. Wenn er in die Niederungen der Tagesstreitigkeiten bei jeder möglichen Gelegenheit herunterstieg, rief natürlicherweise dieser Widerspruch zwischen der eigenen Unverletzlichkeit und dem Vorbringen von anfechtbaren und verletzenden und sehr konventionellen Meinungen scharfe Entgegnungen hervor.

Als Repräsentant eines großen Volkes Polemik zu treiben, in alles und jedes dreinzureden, ging nicht an. Die aufdringliche Bewunderung, die auch groben Verstößen und Fehlern gegenüber an den Tag gelegt wurde, die Manier, jeden ehrlichen Unwillen über das gefährliche, vorlaute Wesen als vaterlandslose Gesinnung zu brandmarken, verschärften den Widerspruch und mehrten den Zorn, der sich – heute dürfen wir sagen leider – viel zu wenig Luft machte. Wäre das Ersuchen um geneigteste Zurückhaltung, das 1908 zu sehr in Moll gestellt wurde, zehn Jahre vorher von Parlament und Presse mit rücksichtsloser Entschiedenheit vertreten worden, dann hätte vieles anders und besser werden müssen.

Es ist heute schwer, gerade weil es leicht ist, darüber große Reden zu halten; aber das wollte ich in diesem Zusammenhange sagen, daß jene angeblich planmäßigen Majestätsbeleidigungen bloß die Antworten auf planmäßige Herausforderungen waren. Dazu kam, daß der Ton, mit dem damals die Musik gemacht wurde, auf Künstler, denen die Persönlichkeit viel oder alles gilt, höchst aufreizend wirkte.

Die unechte Heldenpose, die einem so häufig vor Augen gestellt wurde, konnte nicht immer einem schweigenden Mißbehagen begegnen; es mußte sich äußern, und die Form des Spottes wirkte erlösender als schwerblütiger Tadel, denn er zeigte blitzartig, mit unwiderleglicher Schärfe das, worauf es ankam, und die ärgerliche Erkenntnis milderte sich durch die Möglichkeit, darüber herzhaft lachen zu können.

Spott untergräbt keine echte Autorität, weil er sie nicht treffen kann, aber dem auf Äußerlichkeiten ruhenden, konventionell festgehaltenen, dem übertriebenen und angemaßten Ansehen tut er Abbruch, und das ist nicht schädlich, denn treffender Spott heilt unklare Verstimmungen, indem er mit einem Worte, mit einer Geste die Ursachen des Unbehagens aufdeckt.

Im übrigen hätte ein von politischen Gehässigkeiten unangekränkeltes Empfinden sich wirklich darüber empören müssen, daß ein Künstler wie Th. Th. Heine für ein gutes Bild und ein Witzwort über die pompöse Reise nach Jerusalem zur Gefängnisstrafe von sechs Monaten verurteilt werden konnte. Diese brutale Vergewaltigung als Antwort auf einen mit geistigen Waffen geführten Angriff war abscheulich.

Aber man nahm damals sogar einen Rechtsbruch und eine Verletzung der Bayrischen Staatshoheit geduldig hin, weil es sich um Sühne für eine Majestätsbeleidigung, und auch, weil es sich um den Simplicissimus handelte.

Der sächsische Untersuchungsrichter wollte noch mehr Schuldbeweise gegen Heine zusammenbringen und glaubte, daß eine gründliche Haussuchung in der Redaktion des Simplicissimus Erfolg verspräche; allein den bayrischen Behörden traute er nicht genug Eifer zu, und darum suchte er um die durch das Gesetz nachdrücklich verwehrte Erlaubnis nach, selber die Haussuchung vornehmen zu dürfen.

Der bayrische Justizminister ließ sich verblüffen und gab

dem unverschämten Ansinnen nach; der sächsische Richter kam nach München, schnüffelte in allen Schränken und Schubladen herum und fand auch einen Brief Heines, den er brauchen konnte.

Daß weder der Landtag noch die Presse gegen diese Gesetzwidrigkeit entschieden Stellung nahm, daß das Ministerium sich feige auf einen nicht anwendbaren Paragraphen berief, das alles war wirklich verächtlicher Byzantinismus.

Das Recht mißachtet, die Würde des Staates preisgegeben, um das Ansehen eines Monarchen gegen ein Witzwort zu wahren.

Je intensiver mein Verkehr mit den Künstlern wurde, desto lebhafter wurde in mir der Wunsch, mit ihnen zusammenzuarbeiten, alle meine Interessen gingen darin auf, und eine immer stärkere Unlust am anwaltschaftlichen Berufe drückte schwer auf mich.

Aber noch sah ich keinen Weg, der ins Freie führte. Das Heim, daß ich der alten Viktor und meiner jüngsten Schwester geboten hatte, mußte ich erhalten, und ich konnte nicht darauf rechnen, daß schriftstellerische Arbeit mir diese Möglichkeit gewährte. Ich schrieb wohl einige Erzählungen für den Simplicissimus, die gefielen, aber das gab mir, wie ich mir selbst gestehen mußte, noch lange nicht das Recht, darin Sicherheiten für die Zukunft zu sehen.

Frühling und Sommer 1899 waren darum recht unerquicklich für mich; ich plagte mich ab mit der Sehnsucht nach einem anderen, soviel reicheren Leben und mit den Bedenken, die gegen einen raschen Schritt sprachen.

Ich ging daran, ein Lustspiel zu schreiben, daß auch im Laufe des Jahres fertig wurde, den Titel »Witwen« führte und gottlob nicht aufgeführt wurde.

Die Genugtuung darüber empfinde ich heute nicht deshalb, weil das Lustspiel nach alten Mustern auf Verwechslungen aufgebaut war, sondern weil die Ablehnung heilsam für mich wurde.

Der Oberregisseur Savits, der mir von einem Ferienaufenthalte in Seebruck her befreundet war, las die Komödie und erklärte mir bei der Unterredung im Regiezimmer des Hoftheaters, das ich mit Herzklopfen und auch mit frohen Erwartungen betrat, daß dieses Ei keinen Dotter habe.

Es seien ganz nette Sachen darin, sogar eine famose Szene zwischen einem Bauern und dem Anwaltsbuchhalter, aber das lange nicht, und kurz und gut, das Ei habe keinen Dotter, und er rate mir, es zurückzuziehen.

Ich erlebte ein paar bittere Tage, grollte über Verkennung und fand nach reiflichem Nachdenken, daß Savits recht hatte.

Ich war zu tief im Milieu gesteckt, hatte nach eigenen Erlebnissen und Stimmungen und nach Modellen gearbeitet. Dabei blieb ich im Gestrüpp.

Damals aber, im Sommer 1899, saß ich gläubig am Schreibtische, freute mich, wenn die Handlung vorwärts schritt, und sah hinter grauen Wolken ein Stück blauen Himmel. Wenn der Lärm unter meiner Kanzlei am Promenadeplatze allmählich verstummte, legte ich die mich immer mehr langweilenden Akten beiseite und holte aus der Schublade das Manuskript der »Witwen« hervor, um bis in die tiefe Nacht hinein zu sinnieren und zu schreiben. Dann traten mir aus den sich kräuselnden Tabakwolken Bilder einer freundlichen Zukunft entgegen, und oft überwältigten sie mich so, daß ich aufsprang und im Zimmer auf und ab lief und laute Selbstgespräche führte.

Die alte Viktor saß im Zimmer daneben, hörte das Gemurmel mit sorglichen und von Hochachtung erfüllten Empfindungen an, denn sie wußte, daß ich ein Lustspiel dichtete, und für sie gab es keinen Zweifel, daß es prachtvoll werden müsse.

Vielleicht knüpfte auch sie einige Hoffnungen daran auf Rückkehr zum Landleben, aus dem Lärm heraus zur Stille.

Oft höre ich noch heute die tiefen Schläge der Domuhr, die von den Frauentürmen herunter über den Platz dröhnten, und ich erinnere mich daran, wie oft ich mit heißem Kopfe am offenen Fenster stand und in die Nacht hinaussah.

Wieder war eine Szene fertig, es wollte sich runden und wollte werden, und vor mir lag die ersehnte Freiheit.

Dann klang aus der Ferne die leise Stimme meiner Mutter herüber: »Es wird noch alles recht werden.«

Die Erlösung kam unerwartet und auf andere Weise, als ich geträumt hatte. Eines Tages, es war im September 1899, sprach mich ein Rechtsanwalt, der meine geheimen Wünsche erraten hatte, daraufhin an und erbot sich, meine Praxis gegen eine runde Summe zu übernehmen.

Ich konnte nicht sofort zusagen und sprach darüber mit meinem Rechtskonzipienten, der mir nachdenklich schweigend zuhörte und mich am folgenden Tag um eine Unterredung ersuchte.

Er bat mich dabei, nicht jenem Anwalte, sondern ihm unter den gleichen Bedingungen die Praxis abzutreten.

Jetzt besann ich mich nicht mehr lange, und schon am nächsten Tage schlossen wir den Vertrag ab, der mir überraschend schnell die Freiheit verschaffte.

Gleichzeitig traf es sich, daß in Allershausen bei Freising, wo sich eine Schwester von mir kürzlich verheiratet hatte, ein kleines Haus um billiges Geld zu mieten war.

Ich machte Viktor den Vorschlag, mit meiner andern Schwester dorthin zu ziehen, und versprach, möglichst oft hinauszukommen; die bescheidenen Mittel, die beide zum Leben brauchten, getraute ich mich aufzubringen, da mir nunmehr auch Langen ein monatliches Fixum für regelmäßige Mitarbeit am Simplicissimus zugesagt hatte.

Ich selber mietete ein paar unmöblierte Zimmer in der Lerchenfeldstraße und war nun auf wenig gestellt, aber frei wie ein Vogel, und wohl nie mehr habe ich mich so glücklich gefühlt, wie in jenen ersten Wochen, als ich eifrig an meinem Lustspiele schrieb, an keine Zeit und keine Pflicht gebunden war und mir auf Spaziergängen im englischen Garten ausmalte, wie unbändig schön es erst nach einem Erfolge werden würde.

Dann kam freilich die betrübliche Erkenntnis, daß das Ei keinen Dotter hatte, aber bald trug ich den Kopf wieder hoch, und nach dem tiefen Eindrucke, den eine Bauernhochzeit in Allershausen auf mich gemacht hatte, schrieb ich »Die Hochzeit« und daran anschließend ein Lustspiel »Die Medaille«.

In der Zwischenzeit war ich auch in die Redaktion des Simplicissimus eingetreten.

Der Kongreß der Mitarbeiter, auf dem der Beschluß gefaßt wurde, fand in der Schweiz statt, in Rorschach am Bodensee, weil Langen deutschen Boden nicht betreten durfte.

Fünf Jahre lang mußte er im Ausland bleiben, bis er 1903 durch Vermittlung eines mächtigen Herrn in Sachsen nach Hinterlegung einer beträchtlichen Summe außer Verfolgung gesetzt wurde.

Was es für den rührigen, etwas zappeligen Mann bedeutete, sein junges Unternehmen im Stiche lassen zu müssen, kann man sich denken, und schon darum kennzeichnet sich die Behauptung, daß er zu geschäftlicher Förderung eine Majestätsbeleidigung von Wedekind erzwungen habe, als sinnloses Geschwätz.

Es ist ihm ein Vorwurf daraus gemacht worden, daß er sich nicht dem Strafrichter gestellt habe, und es gab dafür eine klingende Redensart, daß er nicht den Mut gehabt habe, die Folgen seiner Handlungen zu tragen.

Es gehört aber neben Mut auch kräftige Gesundheit dazu, sich ein halbes Jahr einsperren zu lassen, und die fehlte Langen, der damals an starken nervösen Kopfschmerzen litt.

Wir haben in den folgenden Jahren noch manche Zusammenkunft in Zürich gehabt, und es war unschwer zu sehen, wie sehr die Trennung von Geschäft und Tätigkeit Langen bedrückte.

In der Redaktion des Simplicissimus hatte ich neben Reinhold Geheeb eine anregende Tätigkeit, die mir zusagte, und die mir stets Zeit zu eigenen Arbeiten ließ.

Von maßgebendem Einflusse auf den Inhalt der einzelnen Nummern war von den Künstlern immer Th. Th. Heine, der häufig in die Redaktion kam, sich mit uns beriet und Anregungen gab.

Die andern, Paul, Thöny, Wilke, Reznicek zeichneten entweder nach Laune und Einfall, was ihnen gerade zusagte, oder sie übernahmen es, einen vereinbarten Text zu illustrieren. Redaktionssitzungen, an denen alle Künstler teilnahmen, wurden erst später nach Langens Rückkehr abgehalten.

Wilhelm Schulz hielt sich noch in Berlin auf, und der Verkehr mit ihm blieb aufs Schriftliche beschränkt; J.B. Engl machte selber die Texte zu seinen Zeichnungen.

Von literarischen Mitarbeitern sah man zuweilen Bierbaum, Falkenberg, Gumppenberg, Greiner, ziemlich häufig Holitscher.

Hie und da kam ein junger Mann in der Uniform eines bayrischen Infanteristen, trug einen Stoß Manuskripte, die er für den Verlag geprüft hatte, bei sich und übergab der Redaktion ab und zu geschätzte Beiträge; er war sehr zurückhaltend, sehr gemessen im Ton, und man erzählte von ihm, daß er an einem Roman arbeite. Der Infanterist hieß Thomas Mann, und der Roman erschien später unter dem Titel »Buddenbrooks«.

Mit den literarischen Vereinen kam ich nicht in Fühlung, ebensowenig mit den engeren Zirkeln um Halbe, Ruederer u. a.

Otto Erich Hartleben lernte ich in einer Gesellschaft kennen; er gab von Zeit zu Zeit Gastrollen in München, und man hörte nach seiner Abreise Erzählungen von endlosen Kneipgelagen, die von fröhlichen Philistern, die sich was darauf zugute taten, noch gehörig übertrieben wurden.

Er hatte was vom alten Studenten an sich, auch ein bißchen was vom gefeierten Genie, um das sich Kreise bilden, aber wenn er nach einer Weile die Geste beiseite ließ, konnte man sich an dem Frohsinn des hochbegabten, warmherzigen Menschen erfreuen. Zuletzt traf ich ihn in Florenz, im Frühjahr 1903, aufgelegt, wie immer, zum Schwärmen und Pokulieren, aber jede fröhliche Stunde mußte er mit körperlichen Schmerzen bezahlen, und er sah recht verfallen aus.

Bald nach meinem Eintritte in die Redaktion des Simplicissimus lernte ich Björnstjerne Björnson kennen.

Das heißt, um es respektvoller auszudrücken, ich wurde ihm vorgestellt, und er hatte die Güte, mir etwas Wohlwollendes über ein paar Gedichte zu sagen.

Er gehörte zu den Männern, die körperlich größer aussehen, als sie sind, und die man stets über andere wegragen sieht; in der größten Gesellschaft mußte sogleich der Blick auf ihn fallen, und das wußte er und hielt was darauf. Er sah imponierend aus mit seiner geraden Haltung, mit den blitzenden Augen unter buschigen Brauen, die ein bißchen über die kleinere Menschheit wegsahen, mit den schlohweißen Haaren auf dem stolz getragenen Haupte. Im Gespräche mit uns war er so was wie wohlaffektionierter König, aber er konnte auch aus sich herausgehen und derb und herzlich lachen.

Wer bei ihm zu Besuch in Aulestad gewesen war, rühmte seine zwanglose Gastfreundschaft; hier, in München, war er schon etwas Vertreter einer fremden Großmacht und kritisch und mißtrauisch gegen den Unteroffiziersgeist, den er diesseits der schwarzweißroten Pfähle witterte. Damals war er auf Deutschland gut zu sprechen und hielt uns für bildungs- und besserungsfähig. »Über unsere Kraft« hatte in Berlin volles Verständnis gefunden, und viele Angehörige der preußischen Nation schrieben sich die Finger schwarz über die tiefen Probleme des ersten wie des zweiten Teiles, und so sah Björnson, daß sie auf dem rechten Wege waren und sich zu einigem Werte durchringen konnten.

Immer leidenschaftlich, setzte er sich ganz für eine Sache ein und ließ am Widerparte gar nichts gelten; er besaß im höchsten Maße die Gabe, nur die eine Seite zu sehen, und war darum ein erfolgreicher Parteiführer und nebenher ein glänzender Journalist; alles sah er aus bestimmten Gesichtswinkeln und ordnete es seinem Systeme ein.

Ich besuchte einmal um Ostern 1904 mit ihm das Forum in Rom.

Professor Boni begrüßte den illustren Gast aus Norwegen mit romanischer Höflichkeit und würdevoller Devotion und machte selbst den Führer.

Wilke und ich gingen hinterdrein.

Als Boni, den die vom preußischen Unteroffiziersgeist angekränkelten deutschen Gelehrten für einen Scharlatan halten, unter anderm sagte, die Auffindung eines Altars hätte ihn zu der Überzeugung gebracht, daß die Plebejer eine andere Religion als die Patrizier gehabt hätten, daß sie überhaupt eine fremde, von den Römern unterjochte Nation gewesen seien, war Björnson über diese neuen, großen Gesichtspunkte begeistert, denn mit unterdrückten Völkern hielt er es immer.

Auf dem Heinwege fragte er mich, ob ich ihm kein gutes Buch über römische Geschichte nennen könne, »aber – fügte er bei – bleiben Sie mir weg mit diesen deutschen Gelehrten, mit Ihrem Mommsen! Es muß so sein, wie es Boni darstellte.«

Ich erwiderte etwas schnoddrig, daß meines Wissens in Deutschland kein derartiger Bockmist gedruckt worden sei.

Einen Augenblick war er verdutzt, dann brach er in ein schallendes Gelächter aus, und daheim rief er gleich seine herzensgute Frau Karoline herbei und erzählte ihr, daß der »onverschämte Kärl« die Erklärungen des prächtigen Professors Boni einen Bockmist genannt habe.

Einmal, als ich ihn in der Via Gregoriana besuchte, kam sein Enkel Arne Langen ins Zimmer und stellte sich ans Fenster. Man hatte von da aus einen wundervollen Blick auf die Peterskirche, und plötzlich rief der kleine Arne, auf die mächtige Kuppel hindeutend: »Großpapa, wer wohnt dort?«

»Da wohnt niemand«, erwiderte Björnson sehr ernst.

»O ja! Da wohnt der liebe Gott!«

»Onsinn! Wer hat dir das gesagt? Das war wieder dieser preußische Unteroffizier...« Björnson wurde ernstlich böse auf die deutsche Erzieherin, die seinen beiden Enkeln solche Märchen erzählte, und die ihm überhaupt viel zu korrekt und, wie er es nannte, zu preußisch war.

Bekannt ist seine leidenschaftliche Anteilnahme am Schicksale von Dreyfus; ihm teilte sich die Menschheit eine Zeitlang nur in edle, lichte Freunde des Unschuldigen und in pechrabenschwarze Anti-Dreyfusards. Björnson weilte in Paris bei Langen, als Dreyfus auf freien Fuß gesetzt wurde, und er beeilte sich, dem Märtyrer seine Sympathien mündlich kundzugeben.

Wie mir erzählt wurde, war er von der Zusammenkunft stark enttäuscht; der berühmteste Prozeßmann Europas soll sich als recht trockener Spießbürger gezeigt haben, der für die Opfer, die ihm von einzelnen, insbesondere von Picquart, gebracht worden waren, kaum Verständnis bewies.

Jedenfalls hat er durch seine dürftige Art dem großen skandinavischen Gönner die weltgeschichtliche Szene verdorben.

Mir hat Björnson im Laufe der Jahre seine freundliche Gesinnung bewahrt und zuweilen bewiesen. Als ich vom Landgerichte Stuttgart wegen Beleidigung einiger Sittlichkeitsapostel verurteilt worden war, legte er beim König von Württemberg Protest gegen die Strafe ein.

Um aber begnadigt zu werden, hätte ich selber ein Gesuch einreichen müssen, und das konnte ich aus begreiflichen Gründen nicht tun.

In der neuen Tätigkeit, die mir immer als begehrenswert erschienen war, fühlte ich mich glücklich.

Sehr viel trug dazu die freie Art bei, in der jeder Einzelne seiner Verpflichtung nachkam und in der alle die gemeinsame Aufgabe erfüllten.

Wir standen als angehende Dreißiger fast alle im gleichen Alter, hatten keinen Willen, als den eigenen zur Richtschnur und handelten nur nach Gesetzen, die wir uns selbst im Interesse der Sache auferlegten.

Es gab keinen Chef, dessen Meinungen oder Wünsche zu berücksichtigen waren; es gab keine äußerliche, außerhalb des Könnens und der Förderung des Ganzen liegende Autorität; die ruhte auf Persönlichkeit und Leistung. Gewiß überwog die Geltung Th. Th. Heines, und seine stets in urbaner Form vorgetragene Meinung war ausschlaggebend. Aber sie war es wirklich, weil sie überzeugte, und weil souveränes Können, treffsicherer Witz und ein durchdringender Verstand dahinter standen.

Der kameradschaftliche Ton, in dem wir andern miteinander verkehrten, führte keineswegs zur nachsichtigen Beurteilung eines Beitrages; Duldung auf Gegenseitigkeit gab es nicht, und wir blieben freimütig im Urteile gegeneinander. Anerkennung drückte sich am besten in herzhaftem Lachen aus, Bewundern und Anhimmeln unterblieben. Es war eine reizvolle Arbeit, die wir zwanglos, fast spielend erledigten, und bei dieser unbekümmerten Beschäftigung mit den Zeitereignissen, die wir, allen Parteidoktrinen abgeneigt, vom gemeinsamen, künstlerischen Standpunkte aus beurteilten, hielten wir uns frei von Pathos und dünkelhafter Theorie.

Natürlich war uns die ziemlich weitgreifende Wirkung unserer Äußerungen nicht gleichgültig, aber dabei machte uns die sich in Phrasen austobende Entrüstung der Gegner viel mehr Spaß als die Zustimmung der Anhänger. Die aufgestörten Philister wollten den Kampf gegen Spott mit sehr plumpen Mitteln geführt haben, mit Einsperren, mit Boykott, mit Konfiskation, mit Bahnhofsverboten usw.

Katholische und protestantische Geistliche gingen in die Buchhändlerläden, verlangten Entfernung des Simplicissimus aus den Schaufenstern, oder wollten den Vertrieb verbieten; Ministern, Polizeipräsidenten, Staatsanwälten, sogar Richtern kam es nicht darauf an, gesetzliche Bestimmungen zu umgehen oder zu verletzen, um das gehaßte, zum mindesten für verderblich gehaltene Witzblatt zu unterdrücken oder zu schädigen.

Ich sah in der stets in Superlativen schwelgenden Entrüstung den Beweis dafür, wie aus Phrasen sehr bald verlogene Empfindungen werden, und wie sie gesundes Denken und Selbstsicherheit vernichten.

Es war ein Krankheitsprozeß.

Das deutsche Volk hat in seiner gelassenen Art immer Selbstkritik geübt und ertragen, damals aber versuchten die Übereifrigen es zur gereizten Empfindlichkeit aufzustacheln.

Einrichtungen, deren Nutzen und Wert kein vernünftiger Mensch bestritt, wurden gemeinsam mit Mißbräuchen als heiligste Güter für unantastbar erklärt, ganze Stände waren erhaben über Kritik, und noch erhabener über den Witz.

Es war doch wirklich lächerlich, wenn ein Kriegsminister mit nachzitternder Empörung für seine Leutnants eintrat, weil im Simplicissimus ihre Schnoddrigkeit oder Gottähnlichkeit verulkt worden war.

Das waren dann Angriffe gegen die Armee, und man mußte dicke, schwere Worte nehmen, um die Verruchtheit des Unterfangens recht zu kennzeichnen.

Dabei hegte kaum ein Künstler ein so liebevolles Interesse für Soldaten und Offiziere wie Eduard Thöny, der, was Kenner oft anerkannten, jedes Detail von Uniformen, Waffen, von Sattel- und Zaumzeug richtig wiedergab.

Von Umsturzgedanken und fanatischen Theorien war im Kreise der jungen lebensfrohen Künstler nichts zu finden, aber auch nichts von ängstlicher Zurückhaltung, wenn es galt, einem Unfug oder einer Anmaßung entgegenzutreten.

Der Satire bot sich damals ein besonderes Angriffsziel in einer Bewegung, die angeblich auf Hebung der Sittlichkeit gerichtet war. In deutschtümelnden Kreisen hat man seit langer Zeit das Bedürfnis gefühlt, eine wohl nur eingebildete und phantastisch aufgeputzte Tugendboldigkeit der Germanen als Vorbild hinzustellen, und das wurde nun wieder einmal lebhaft erörtert. Es kam jetzt zur Gründung von Sittlichkeitsvereinen, zu Kongressen, zu Resolutionen, die strengere Gesetze verlangten.

Man erklärte das deutsche Volk für im sittlichen Niedergange begriffen, donnerte über körperliche und moralische Verderbnis und sah vor lauter germanischen Idealen die Tatsache nicht, daß diese heranwachsende Jugend ernster, strebsamer, tüchtiger war als die einer früheren Zeit, daß sie sich von alten Mißständen, vom hochmütigen Kastengeiste wie vom verderblichen Saufen abgewandt hatte und körperliche Tüchtigkeit in viel höherem Maße zu schätzen begann.

Man erblickte Gefahren in der Schund- und Kolportageliteratur, die gewiß nicht abzuleugnen waren, aber man übersah, wie gerade die sozialdemokratischen Arbeiter im ehrlichsten Bemühen sich den Schätzen der deutschen Literatur und Wissenschaft zuwandten, man schnüffelte alle Annoncenteile der Zeitungen durch, war aber nicht ehrlich genug, es zu sehen oder zu sagen, daß sich gerade die sozialistische Presse der größten Reinlichkeit befliß.

Und in der Freude an tönenden Redensarten schenkte man sich die härtere und doch allein Erfolg versprechende Arbeit, gegen die Ursachen sittlicher Schäden vorzugehen.

Die lagen in sozialen Mißständen, in Armut, in Ausbeutung, in der Wohnungsnot u. a. viel tiefer begründet als etwa in der Ausstellung einer Nudität im Schaufenster.

Es war selbstverständlich, daß die Orthodoxen beider

Konfessionen mit Begeisterung an der Bewegung teilnahmen und sie gehörig ausnützten.

Die Regierung ging täppisch, wie so oft, auf die moralischen und staatserhaltenden Bestrebungen ein, und es kam zur Vorlage der berüchtigten Lex Heinze.

Den Namen leitete sie von einem berliner Kupplerprozesse her, aber ihre Tendenz richtete sich weniger gegen großstädtische Übelstände als gegen eine unbequeme Freiheit der Presse.

In Süddeutschland waren es nicht zuletzt die beiden jungen Wochenzeitschriften »Jugend« und »Simplicissimus«, die den ultramontanen Eifer für scharfe Gesetze wachriefen und nährten.

So war es auch ein Kampf um die eigene Existenz, wenn sie gegen die offenen und noch mehr gegen die heimlichen Bestrebungen der reaktionären Parteien losschlugen.

Difficile non erat, satiram scribere.

Wie da zarteste Dinge vor die Öffentlichkeit gezerrt und angegrinst wurden, wie sich wohllebige Männer als Tugendhelden aufs Podium stellten, wie man in schmalzigen Redensarten schwelgte und wiederum mit rohem Unverstande auf künstlerischem Empfinden herumtrampelte, das alles forderte den schärfsten Spott heraus.

Es kam dann auch zu großen organisierten Widerständen, und in München wurde auf Anregung Max Halbes der Goethe-Bund aller Freunde künstlerischer Freiheit gegründet.

Es ging ein frischer Zug, an den man sich gerne erinnern darf, durch jene Versammlung im Münchner Kindl-Keller, in der die Gründung beschlossen wurde.

Und wo Georg Hirth und M. G. Conrad gegen Muckerei und Schnüffelei vom Leder zogen, da durfte man sicher sein, daß es scharfe Hiebe absetzte.

Die Lex Heinze fiel, aber das Bedürfnis nach germanischer Sittlichkeit blieb erhalten, ebenso wie die Sehnsucht nach Unterdrückung unangenehmer Geister.

Von dem Hasse, den dieses Sehnen wachrief, richtete sich ein herzhafter Teil gegen den Simplicissimus, dessen Mitarbeiter sich nicht zum wehleidigen Dulden verstanden.

Zwischen damals und heute liegen Ereignisse, die Kaffeehausliteraten zu Leitern des Staatswesens machten, und die es vielen Bewunderern und Verfechtern des früheren Systems ratsam erscheinen ließen, es nunmehr zu verdammen.

Glückselig pries sich, wer während des Krieges den Opfermut des eigenen Volkes nicht allzu laut bewundert hatte, Gott ähnlich war, wer ein paar internationale Seufzer losgelassen hatte.

Jämmerliche Hanswurste stellten sich im Niedergange des Vaterlandes entzückt von Freiheit und Menschlichkeit, und niemand hatte mehr Anspruch auf Bewunderung des Volkes als der große Pessimist, der als erster vor allen andern am glücklichen Ausgange gezweifelt hatte.

Wie schnell hat sich das Bürgertum in den Untergang der heiligsten Güter gefunden, wie hat es sie widerstandslos aufgegeben!

Selbst geschaffene, mit nüchternem Sinne für notwendig erkannte Einrichtungen, an denen man tätigen Anteil gehabt hätte, wären wohl anders verteidigt worden; so aber gerieten durch den im Kriege übermächtig gewordenen Haß gegen die Verlogenheit gezüchteter Begriffe die inneren Lebenskräfte miteinander in Kampf.

Ein wohlgegliederter, gewordener Organismus, in dem eines das andere unterstützte, wurde durch die Theorie zerstört.

Mögen Schwätzer ein System, das allerdings noch auszubauen war, verdammen, wir waren mächtig unter ihm und wären glücklich geworden, wenn man es auf breite Fundamente gestellt hätte.

Deutschland war in den Sattel gesetzt, aber reiten hat es nicht können; es überließ die Führung unsicheren Händen.

Dünkelhafter Dilettantismus hat die Möglichkeit unseres Unterganges geschaffen.

Keiner von uns war so weitblickend, die letzten Folgen der operettenhaft geführten Politik vorauszusehen, aber ihre Lächerlichkeit erkannten wir, und hinter dem Spotte über große Worte und Gesten steckte ein lebhafter Unmut. War es nicht natürlich, daß sich gerade Künstler am schärfsten gegen die Stillosigkeit der pompösen Aufmachung wandten?

Die alte Viktor konnte mein ferneres Wirken nur aus der Ferne betrachten, und zuweilen meinte sie seufzend, daß ich zu übermütig wäre, aber, wenn sie ängstlich darüber sprach, tröstete sie der gute Pfarrherr von Allershausen, der lustig auffaßte, was lustig gemeint war.

Oft suchte ich das kleine Haus an der Amper auf und nahm teil an dem stillen Glück, das die Alte hier gefunden hatte.

Ein Garten, dem sie Sorgfalt erwies, ein paar kleine Zimmer, deren schönster Schmuck ihre peinliche Sauberkeit war, das war die Welt, in der sie sich wohl fühlte, und von der aus auch auf mich eine Fülle von Behagen überging.

Kam ich unangemeldet, so schmollte sie ein wenig, denn sie wollte, daß mein Besuch mit guten Dingen gefeiert würde. Ein frisch gebackener Kaffeezopf gehörte auf den Tisch, und in der Küche mußte sie geheimnisvoll rumoren, um fröhlich lächelnd eine Lieblingsspeise aufzutragen. Dann saß sie mir gegenüber und hörte aufmerksam zu, wenn ich von meinem Leben berichtete. Es schien sich zum Guten zu wenden, aber – aber.

Da waren doch neulich recht unehrerbietige Verse im Simplicissimus gestanden, und wenn sie auch wußte, daß es nicht so schlimm gemeint war, was sollten die Leute von mir denken, die mich nicht kannten?

In solchen Fällen ergriff der Herr Pfarrer, der als lieber Gast dabei saß, meine Partei und führte aus, daß man nicht immer fein sein könne. Er war noch aus der alten Schule, die keine Zeloten und keine Politiker erzog; er stand nicht außerhalb der Welt, in der er wirkte, sondern mit tüchtigem Verstande mitten darin. Er kannte die Bauern und verstand seine Aufgabe, in ihnen den ererbten Sinn für tätiges Leben und ehrbare Sitte wach zu erhalten. Wie sie, mochte er kein übertriebenes Wesen leiden, er war fröhlich mit ihnen, ohne seinem Stande etwas zu vergeben, er hatte volles Verständnis für ihre Vorzüge und Fehler und zeigte sich nie empört über natürliches Geschehen. In ernsten Dingen bewahrte er Ruhe, und kleine Schmerzen heilte er am liebsten mit einem Scherzworte.

Viktor schätzte ihn sehr hoch, und auch er hatte seine Freude an ihrer braven Art.

Immer bezeigte er ihr freundschaftliche Anteilnahme und holte sie, wenn es irgend ging, zum Spaziergange ab.

Er neckte sie gerne mit ihrer Zuneigung zu mir, und als ich das erstemal nach Allershausen kam, erklärte er mir lachend, daß die Vorstellung eigentlich überflüssig wäre, denn er hätte mich in- und auswendig kennen gelernt aus den erschöpfenden Mitteilungen des Fräuleins Viktor Pröbstl.

Eine Unterbrechung des Stillebens wurde durch die Heimkehr meines älteren Bruders herbeigeführt.

Er kam mit seiner Frau und seinen vier Buben von Australien herüber; und regte schon das Wiedersehen nach der langen Zeit die Gemüter auf, so brachte die fremde Art der Frau wie der Kinder allerlei Unruhe in das kleine Haus.

Die Buben, der älteste zwölf, der jüngste über drei Jahre alt, hatten sich in Katoomba in den blauen Bergen nicht das geringste Verständnis für europäisches Ruhebedürfnis angeeignet.

Ich glaube nicht, daß sie eine Viertelstunde am Tage still waren, und Frau Jenny schien nur dann an die volle Gesundheit der Kinder zu glauben, wenn sich die Stimmen von allen vier laut und deutlich vernehmbar machten. Sie selbst, eine Engländerin aus der Kolonie, war eine sympathische, stille Frau, und es war unschwer zu sehen, daß sie in glücklicher Harmonie mit meinem Bruder lebte. Aber wenn sich Frauen schon überhaupt nicht allzu leicht verstehen, so konnte sich eine herzliche Neigung zwischen hausbackener schongauer Art und Australiertum erst recht nicht entwickeln.

Es war zwischen ihnen ein kleiner, stiller Krieg, den zwar Gutherzigkeit und Takt auf beiden Seiten nicht zum Ausbruche kommen ließen, aber der eben doch da war, der in der Luft lag und die Temperatur herunterdrückte.

Meine Schwägerin gehörte einer strengen protestantischen Sekte an, die jeglichen Bilderdienst verabscheute, und als sie in ihrem Zimmer ein ammergauer Kruzifix bemerken mußte, schlug sie zwar keinen Lärm, aber sie verhüllte den Heiland mit einer Nachtjacke.

Viktor war nicht unduldsam, ihr Katholizismus vertrug sich schlecht und recht mit liberalen Neigungen, aber diese Lieblosigkeit gegen ein Kruzifix, das jahrelang im Risser

Forsthause gehangen hatte, ertrug sie nicht; sie befreite es schweigend von der Hülle, nahm es an sich und trug es in ihr Zimmer.

Dabei mochten ihre Blicke und der Auftakt ihrer Schritte Empörung verraten haben, jedenfalls hatte diese Szene so etwas vom Zerschneiden des Tischtuches zwischen den beiden Weiblichkeiten an sich.

Die Neigung Jennys für lärmende Kinderstimmen teilte die Alte nicht; vermutlich hatte sie mein Geschrei dereinst liebevoll ertragen, und die Wiederholung von Brüllen und Quäken wäre ihr nach der langen Pause erträglich und nett vorgekommen, wenn es sich um Kinder von mir gehandelt hätte, aber der Milderungsgrund lag nicht vor. Sie sah und hörte die australischen Spiele ohne die Nachsicht, deren sie dringend bedurft hätten, und am Ende war die gute Alte wirklich zu jäh aus einer schönen Ruhe aufgestört worden. Sie beklagte sich nicht, wenn ich hinauskam, aber ich las in ihren Augen die stumme Frage, ob es denn wirklich für immer zu Ende sei mit den stillen, schönen Tagen.

Das und ein paar andere Beobachtungen ließen mir eine schleunige Änderung wünschenswert erscheinen.

Denn auch an meinem Bruder bemerkte ich ein seltsames Unbehagen.

Seit Jahren war es sein brennender Wunsch gewesen, wieder nach Deutschland zurückkehren zu dürfen.

Nun war er ihm erfüllt, und er mußte die schmerzliche Erfahrung an sich selber machen, daß ihm die Heimat fremd geworden war.

Hätte er gleich befriedigende Tätigkeit gefunden, so wäre alles anders und besser gewesen, aber die Erkenntnis, wie schwer es in den festgefügten, ihm gar zu systematisch geordneten Verhältnissen sei, als Mann von zweiundvierzig Jahren von vorne anzufangen, fiel ihm schon gleich schwer aufs Herz. Dazu kam eine Frage, die in den Kolonien kaum aufgetaucht wäre: Was sollte aus den Buben werden?

Drüben war Platz für kräftige Jugend, und es hätte keiner weit ausschauenden Vorbereitung bedurft, um vier gesunden Buben ein Auskommen zu verschaffen.

Drüben gab es keine konventionelle Verpflichtung, die schon in Knabenjahren zur Wahl zwischen höheren und niederen Berufen zwang.

Drüben gab es Arbeit für starke Arme; und langte es weiter, dann ging es auch weiter.

In Deutschland aber stand schon vor dem Abc-Schützen die große Frage: Was willst du werden?

Studieren oder dich gleich mit Geringerem bescheiden?

Private Stellung oder den sichern Staatsdienst wählen?

Beim Ältesten, der zwölf Jahre alt war, brannte es eigentlich schon auf die Nägel.

Wer immer in dem sich gleichmäßig drehenden Kreise blieb, dessen Leben drehte sich mit, wer aber hinausgetreten war, kam kaum mehr hinein.

Diese Erkenntnis stimmte meinen Bruder bitter und ließ ihm vieles kleinlicher und widerwärtiger erscheinen, als es war.

Ich hoffte, daß seine Sprachkenntnisse, seine Tüchtigkeit ihm zum Erreichen eines Postens förderlich sein könnten, aber die ersten Versuche schlugen fehl, und man gab ihm und mir zu verstehen, daß man in Deutschland langsam und ordnungsmäßig vorrücke. Und das muß man in der Jugend beginnen. Zu diesen Enttäuschungen kam schmerzliche Reue darüber, daß er nicht früher heimgekehrt war und unsere Mutter noch am Leben angetroffen hatte.

Meine tröstenden Worte nützten nicht viel. Oft saßen wir irgendwo im Freien, am Rande eines Waldes, und sprachen von alten Zeiten und Erinnerungen und ich sah wohl, wie sein Herz daran hing, aber auch, wie vergeblich er sich mühte, sich das, was einmal gewesen war, wieder lebendig zu machen. Redete ich von Gegenwart und Zukunft und von Hoffnungen, die sich erfüllen sollten, dann wurde er still und blies stärkere Rauchwolken aus der Pfeife vor sich hin.

Es war einmal.

Die Art, wie er seinem Ärger über Ungewohntes, was verschieden von australischen Dingen war, Ausdruck gab, zeigte mir deutlich, daß keine Freude in ihm aufkommen wollte. Und auch, daß die Worte Jennys, die sich oft genug über die

Verhältnisse in dem ihr so fremden Lande beklagen mochte, tiefer Fuß faßten als meine Tröstungen. Da ihm die Untätigkeit immer weniger zusagte, war ich froh, als ihm unsere Verwandten in Oberammergau einstweilen eine Stellung anboten.

Es war eine kleine Bosheit des Schicksals, daß meine Schwägerin dorthin übersiedeln mußte, wo man die Kruzifixe schnitzte.

Die Stellung war nur eine vorübergehende; nach einiger Zeit erklärte mir mein Bruder, daß Berichte, die er von seinen Schwägern erhalten habe, ihm für sich und seine Familie die Auswanderung nach Kanada als das Beste erscheinen ließen.

Es war mir möglich, ihm dazu behilflich zu sein, und so machte er sich im August 1902 auf die Reise; er traf Verhältnisse an, die ihm weitaus besser zusagten, und in seinen Briefen rühmte er das Entgegenkommen, das er gerade als Deutscher in Winnipeg gefunden hatte.

Später siedelte er nach S. Diego in Kalifornien über und starb dort an den Folgen eines Sonnenstiches.

Seine Buben wuchsen zu tüchtigen Männern heran, wie Jenny schrieb; sie waren ihr nach des Vaters Tode treue Helfer.

Viktor zeigte sich immer besorgt um das Schicksal meines Bruders, aber ich glaube, sie atmete doch auf, als in dem kleinen Hause an der Amper keine australischen Känguruhs mehr nachgeahmt wurden, und als die Zimmer wieder still und fein säuberlich, recht sonntagsnachmittäglich dalagen.

Für manche Plage und Verdrießlichkeit konnte ich sie entschädigen, als ich mit ihr im Sommer 1902 beim Sixbauern in Finsterwald am Tegernsee Wohnung nahm; da gefiel es ihr.

Über die Vorberge schauten die Gipfel des Roßstein und Buchstein herüber, unter denen die Rauchalm lag, und die gehörte Lenggrieser Bauern; wenn man sich da hinüberdachte, kam man an die Isar, und etliche Stunden flußaufwärts lag das Paradies, die Vorder-Riß.

Der Six war selber ein halber Lenggrieser – aus Fischbach – und kannte vertraute Namen und Menschen; den Glasl Thomas, der als Jagdgehilfe die dauernde Freundschaft des

Fräuleins Pröbstl errungen hatte, und andere Jagdgehilfen und Förster, die Riesch, Sachenbacher, Murbeck, Rauchenberger, Heiß, lauter Namen, die durch ihre Verbindung mit schönen Zeiten und geliebten Persönlichkeiten ehrwürdig waren.

Der Six erzählte auch risser Wilderergeschichten, und noch lieber hörte er sie an, wenn wir auf der Bank vor dem Hause saßen und Viktor ein langes Garn spann.

Das war wirklich die Heimkehr in die alte, so lang entbehrte Welt.

Auch die Leute waren die gleichen, wie die in der Jachenau, am Fall in Wackersberg und Lenggries, hochgewachsene, stämmige Bauern, verwegene Burschen und frische Mädeln.

Am gemütlichsten saß es sich in der kleinen Küche, wenn ein paar Nachbarn zum Heimgarten kamen und die Pfeifen zu breit ausgesponnenen Reden brannten, oder wenn die Sixbäuerin mit der Viktor uralte Kochrezepte austauschte.

Wenn ich aber droben in meinem Zimmer saß und an der »Lokalbahn« herumbastelte, wurde unten mein Lebenslauf mit liebevoller Gründlichkeit geschildert, was ich daran merken konnte, daß die Sixin über alle Einzelheiten trefflich unterrichtet war.

Beim Unterbuchberger oberhalb Gmund hatte sich Georg Hirth mit seiner Frau Wally festgesetzt, und er unterhielt einen regen Verkehr mit uns, der bald zur herzlichen Freundschaft führte.

In dem temperamentvollen, sich immer mit seiner ganzen Persönlichkeit einsetzenden Georg Hirth war ein gutes Stück deutscher Vergangenheit und Münchner Entwicklung verkörpert.

Als sehr junger Mann hatte er anfangs der sechziger Jahre die Aufmerksamkeit Ernst Keils, des Begründers der Gartenlaube, auf sich gezogen, war mit Feuereifer für freiheitliche Ideen und die deutschen Einigungsbestrebungen eingetreten und hatte dann 1866 bei Langensalza als Kämpfer auf preußischer Seite eine schwere Verwundung erlitten. Immer tätig und voll Unternehmungslust, gründete er in Berlin die Annalen des Deutschen Reiches und trat mit vielen hervorragenden Männern in Beziehung, siedelte dann nach München über und stand hier über vierzig Jahre lang im Mittelpunkt literarischer, künstlerischer, journalistischer und politischer Interessen als Mitbesitzer und Leiter der größten Zeitung, als Begründer der Jugend, als kunstverständiger Sammler und vor allem auch als Hüter und Förderer freier Gesinnung.

Als ich ihn damals an seinem geliebten Tegernsee kennenlernte, war er nicht mehr der kampflustige Streiter von ehedem, wenngleich sein Gemüt immer noch gegen Dummheit und Unterdrückung aufflammen konnte, aber er war abgeklärt, voll verstehender Güte und gerecht gegen Widersacher und gegnerische Meinungen.

Auch im Äußern eine fesselnde Erscheinung, mit dem energisch geformten Gesichte unter weißen Haaren, mit den ausdrucksvollen Augen, gewann er einen sogleich mit seinem milden Urteile über Menschen und Dinge und mit seiner lebhaften Anteilnahme an allen die Zeit bewegenden Fragen. Er verstand es prachtvoll, von seinen Erlebnissen zu erzählen, von bedeutenden Menschen, mit denen ihn das Leben zusammengeführt hatte, von Kämpfen, die überwunden waren, von politischen und kulturellen Streitfragen.

Da sah sich nun Viktor in Beziehungen zu einem von ihr stets bewunderten geistigen Leben gebracht und fühlte Interessen in die Nähe gerückt, die sie bisher ehrfürchtig von weitem angestaunt hatte. Oft sagte sie, daß diese Tage ihre glücklichsten wären.

Und es waren ihre letzten.

Mitte Oktober wurde im münchner Residenztheater meine Lokalbahn zum ersten Male aufgeführt.

Es war die zweite Première, die die Alte mitmachte; im Sommer vorher, am Vorabende meines Namenstages, war sie mit Herzklopfen in der Erstaufführung meiner Medaille gesessen. Als sich der Vorhang etliche Male hob und der Verfasser sich dankend vor dem Publikum verneigen mußte, oder durfte, wie die Kritiker schreiben, da gingen ihr die Augen über, und sie sah nicht einmal, was lieblosere Menschen bemerkten, daß ich mit staubbedeckten Lackschuhen oben auf der Bühne stand.

Ich war zur Aufführung gedankenverloren und Träumen nachhängend durch den Englischen Garten gegangen und hatte nicht darauf geachtet, wie viel Staub sich auf meine Schuhe gelegt hatte. Viktor erwartete mich neben meinen Brüdern und Schwestern vor dem Theater und konnte mir kaum die Hand zum Glückwunsch geben, so beschäftigt war sie, die Nase zu putzen und die Tränen abzuwischen.

Nunmehr kam die Première der Lokalbahn, und im dichtgefüllten Parkett saß sie neben festlich gekleideten Menschen, von denen nur wenige wußten, wie viel Anteil sie am Schicksale des Stückes nahm. Es ging wieder gut, und nach der Aufführung fand sich eine zahlreiche Gesellschaft in den Vier Jahreszeiten zusammen. Hirth hielt eine freundliche Rede, und wir blieben so lange beisammen, daß ich für Viktor, die sich nicht ganz wohl fühlte, keinen Wagen mehr bekam.

Auf dem Heimgange erkältete sie sich gründlich, fuhr aber trotz Abmahnens am andern Tage nach Allershausen, wo sie gleich von einer schweren Influenza befallen wurde.

Ihr Herz, das ohnehin nicht fest war, wurde in Mitleidenschaft gezogen, und nach einer Woche erhielt ich die telegraphische Nachricht, daß sie sehr schlecht daran sei.

Als ich hinausfuhr, kam mir am Dorfeingange der Pfarrer entgegen und sagte mir, daß es mit Viktor zu Ende gehe. Doch würde ich sie noch lebend antreffen, denn sie habe erklärt, daß sie erst sterben wolle, wenn sie von mir Abschied genommen habe.

Ich eilte ins Haus und stand erschüttert vor meiner alten Viktor, deren verfallene Züge mir jede Hoffnung nahmen.

Sie lächelte freundlich und streckte mir die Hand entgegen; fast unwillig wies sie meine weinende Schwester zurecht, da Klagen doch keinen Sinn hätten und mir weh tun könnten.

Ich setzte mich an den Bettrand, und sie bestand darauf, daß uns Kaffee gebracht würde.

Dann versuchte sie, sich ein wenig aufzurichten, stieß mit mir an und sah mich aus müden, halb erloschenen Augen noch einmal freundlich und voll Güte an.

Sie nickte zufrieden mit dem Kopfe, denn nun war's in Ordnung, und das Letzte, was sie gewollt hatte, war geschehen.

Bald darauf verlor sie das Bewußtsein und phantasierte.

Am Abend starb sie; die Geschichte von den Vorderrisser Tagen war zu Ende erzählt.

Im Frühjahre 1901 war ich zu kurzem Aufenthalte in Berlin und verlebte in fröhlicher Künstlergesellschaft ein paar genußreiche Wochen. Die Reichshauptstadt, die ich zum ersten Male sah, gefiel mir außerordentlich, und es schien mir hier alles ins Große und Bedeutende zu gehen.

Ganz gewiß war vieles dazu angetan, diese Meinung hervorzurufen, aber es lag auch in meiner Art, mich neuen Eindrücken stark hinzugeben und keine Mängel zu bemerken, wo ich nur Vorzüge sehen wollte.

Ich war als eifriger Leser von Treitschke, Häußer, Förster, Kugler, Onken, Archenholtz u. a. ziemlich vertraut mit preußischer Geschichte, und es hatte für mich einen besonderen Reiz, nunmehr an Stätten zu kommen, mit deren Namen sich mir so oft bestimmte Vorstellungen verbunden hatten.

Als eingefleischter Friedericianer erlebte ich einen eindrucksvollen Tag in Potsdam, wo, wie kaum an einem andern Orte, noch vieles auf Geist, Wissen und Art eines großen Mannes hinweist.

Ich möchte hier sagen, daß ich mir kein dümmeres Wort als das vom Potsdamismus denken kann, mit dem man die Zeit Wilhelms II. mißbilligend oder verächtlich bezeichnet hat. Das Wort trifft in gar nichts den Charakter der Zeit und der Männer, die nach 1890 die Geschichte Preußens lenkten. Da herrschte das gerade Gegenteil vom Potsdamismus, unter dem ich mir die glücklichste Verbindung von Klugheit und festem Willen vorstelle, die aus einem armen kleinen Lande einen mächtigen Staat geschaffen hat.

Wenn Äußerliches das Wesen eines großen Mannes widerzuspiegeln vermag, so tut das Sansouci. Alles in dem kleinen Schlosse, und nicht weniger das, was nicht darin ist, zeigt künstlerischen Takt, sich bescheidende Weisheit, Eigenschaften, die zur wahren Größe gehören.

Und es ist auch kein Zufall, daß das schöne Bild der aufsteigenden, von dem niedern Schlosse gekrönten Terrasse durch die in Marmor ausgeführte Kopie des Rauchschen Denkmals stark beeinträchtigt wurde.

Wilhelm II. hat sie dort aufstellen lassen, und sie paßt wieder einmal gar nicht hin.

Der Gefallen, den ich an Berlin gefunden hatte, blieb in mir wach, und als sich mir im folgenden Herbste die Möglichkeit bot, auf längere Zeit dorthin zu übersiedeln, besann ich mich nicht lange und entschloß mich, München auf einige Zeit zu verlassen.

Freiherr von Wolzogen hatte im Januar 1901 sein Überbrettl eröffnet, und der Erfolg des Unternehmens hatte ihn veranlaßt, in der Köpenicker Straße ein eigenes Theater zu erbauen.

Freund Rößler, der als Dichter der Fünf Frankfurter, des Feldherrnhügels und anderer Lustspiele später bekannt geworden ist, war Wolzogens Oberregisseur und machte mir den Vorschlag, ich sollte gegen ein Fixum die Verpflichtung übernehmen, jedes geeignete Gedicht zuerst dem Überbrettl zur Verfügung zu stellen und den kommenden Winter in Berlin zu bleiben. Außerdem sollte ich ihm zur Eröffnung des Theaters das Aufführungsrecht der »Medaille« überlassen.

Nach Einigung mit der Redaktion des Simplicissimus nahm ich das Anerbieten an, und schon Ende September 1901 bezog ich ein paar möblierte Zimmer in der Lessingstraße in Berlin, ein wenig ängstlich vor der eingebildeten Größe meiner Aufgabe in der gewaltigen Stadt und ein wenig stolz, ihr anzugehören.

Es war wieder einmal nicht ganz so, wie ich es mir ausgemalt hatte.

Das Theater in der Köpenicker Straße war noch nicht ausgebaut, gute Zeit wurde versäumt, und als es im November eröffnet wurde, war Überbrettl schon nicht mehr Mode, hatte Konkurrenten, und überdies hatte das Theater in dem Armenviertel die ungünstigste Lage.

Es mußte aufreizend wirken, wenn in dieser Straße Equipagen vorfuhren und Dämchen mit Einglasträgern ausstiegen.

Was auf der Bühne geboten wurde, war nett und unzulänglich und hätte einer heiter gestimmten Gesellschaft einen Polterabend sehr vergnüglich gestaltet, aber Berlin W war nicht so harmlos, und es hatte seine Neigung für gehobene Variétékunst bereits wieder abgelegt.

Die Konkurrenz versuchte es mit Attraktionen, und Liliencron las vor einem Parkettpöbel seine Novellen und Gedichte vor.

Mich befiel ein schwerer Katzenkammer, als ich das hörte, und schon vor der Eröffnungsvorstellung im Wolzogenschen Theater war ich mit allen Illusionen fertig.

Meiner »Medaille« ging es nicht zum besten; sie fiel nicht durch, aber sie erregte sichtlich wenig Freude, und vor allem paßte sie nicht auf diese Bühne.

Es war für mich nicht angenehm, den Kampf mit ansehen zu müssen, den Wolzogen mit der Ungunst des Publikums einige Monate hindurch führte, bis er mit einer Niederlage endete.

Ganz Berlin gab sich damals dem mächtigen Eindrucke hin, den das Lied »Haben Sie nicht den kleinen Cohn geseh'n?« machte, und es war aus mit den vertonten Liedern Bierbaums und Liliencrons.

Von meiner Freude an der lauten Großstadt kam ich bald zurück.

Zwar das Berlin, wie es geschäftig war, arbeitete und bei aller Hast und Hetze Ordnung hielt, imponierte mir noch immer; erst in späteren Jahren wurde ich mißtrauisch gegen die fixen Leute, die so viel Spektakel mit ihrer Arbeit machten und immer neue, unmögliche Pläne und Ideen am Telephon hatten und sich in der Pose der unter fürchterlicher Arbeitslast Zusammenbrechenden wohl fühlten.

Aber auch schon damals sah ich Berlin, wie es sich unterhielt, mit kritischen Augen an, und es gefiel mir nicht mehr.

Selbst in Abendgesellschaften merkte ich bei den geladenen Gästen, daß sie einander weder Ernst noch Heiterkeit glaubten und sich kühl beobachteten.

Diese Leute waren einander fremd, kaum aneinander gewöhnt und ganz und gar nicht miteinander verwachsen; sie konnten nur nach Äußerlichkeiten urteilen und waren veranlaßt, ihre Art nach außen zu wenden, da sie keinen innerlichen Zusammenhang hatten. Vom berliner Nachtbetrieb wurde oft mit einem gewissen Stolze gesprochen, als wäre in ihm der weltstädtische Charakter sicher gestellt und deutlich zur Erscheinung gebracht.

Ich weiß nicht, ob dieses Ziel erreicht wurde, noch weniger, ob es irgendeinen Wert hatte.

Ich sah nur dichtgedrängte Haufen von Menschen, die das eine gemeinsam hatten, daß sie sich fröhlicher gaben, als sie waren.

Daß der eigentliche, echte, alte Berliner viele Vorzüge habe, wurde mir eindringlich versichert, und ich zweifelte nicht daran, weil ich es durch den verehrten Theodor Fontane schon erfahren hatte, aber in der Völkerwanderung, die nach 1870 von Osten her einsetzte, wurden die Modelle Glasbrenners stark in den Hintergrund gedrängt. Mir schien es, als lebten die Massen neben, nicht miteinander, und das Auffälligste war gerade das Fehlen alles Charakteristischen.

Die Tunnelzeit war auch überwunden.

Daß sich die Schriftsteller regelmäßig hätten zusammenfinden können, wäre nicht mehr denkbar gewesen, und nichts war bezeichnender für die neue Zeit, als daß die Kritiker präponderierten. Sie waren die Berühmtheiten, auf die sich die Aufmerksamkeit des Publikums richtete, von ihnen war am meisten die Rede, ihr Ruhm überdauerte – was wenigen Autoren oder Künstlern beschieden war – mehr wie eine Saison. Ihre Geltung stand fest, die der Dichter blieb schwankend zwischen den Erfolgen, konnte abflauen und stürzen, und nach einer Niederlage sanken auch die alten Werte.

In der Première von Gerhard Hauptmanns »Rotem Hahn« saß ich neben Herrn Elias, der mir in den Zwischenakten Anhänger und Gegner des Dichters zeigte und zweifelnd, nach äußerlichen Merkmalen, den Ausgang abschätzte. Die feindlichen Mächte errangen den Sieg, und das Stück fiel durch.

Daß die Fortsetzung des Biberpelzes nicht gefiel, verstand ich, aber für die feindselige Wut, die sich um mich herum austobte, hatte ich keine Erklärung.

Es war so, als hätten sich die Theaterbesucher für irgendeine Kränkung zu rächen, als müßten sie einem lange zurückgehaltenen Hasse gegen den Dichter endlich Luft verschaffen. Und doch hatten sie ihm schon oft im gleichen Theater zugejubelt.

Bei Elias lernte ich Otto Brahm kennen, einen kleinen Herrn, an dem ein Paar kluge, scharf beobachtende Augen sogleich auffielen; er sprach wenig, aber was er sagte, klang trotz des ruhigen Tones sehr bestimmt.

Die Rolle, die ihm von Berlin, von Publikum und Presse, aufgedrängt wurde, Mittelpunkt des Interesses und ein bißchen Gott zu sein, führte er diskreter durch als andere, die nach ihm diesen Thron bestiegen. Die Vorstellungen in seinem Theater waren sehr gut, aber ich glaubte damals wie heute, daß die Kunst, mit tüchtigen Schauspielern Stücke, die was taugen und sich für die Bühne eignen, gut herauszubringen, für einen geschmackvollen und klugen Mann nicht allzu schwer ist.

Brahm besaß jedenfalls den Takt, sein Genie nicht aufdringlich vor die Rampe hinauszustellen; man merkte nichts von seinen besonderen Einfällen, aber desto mehr vom Willen des Dichters.

Später ist das ja anders geworden.

Hinter Regie- und Dekorationskünsten, hinter Turn- und Tanzleistungen mußte sogar der alte William Shakespeare mit seinem Texte zurückstehen. Von Schriftstellern, deren Erfolge ich einmal als Gipfel des Glückes betrachtet hatte, sah ich nun auch etliche. Das Wetter ist nie so schlecht, wie es sich vom Fenster aus ansieht, und die Berühmtheiten sind nie so erhaben, wie man von weitem glaubt.

Damals stand allerdings in Berlin kein Dichter im Zenit; Hauptmann hatte Mißerfolge gehabt, Sudermann war mit einem Schlager im Rückstande, neue Götter gab es nicht, die Saison war flau, und Zugkraft hatte das Unliterarische.

Der kleine Cohn – und ein Studentenstück »Alt-Heidelberg«, das verschämt zurückgestellt worden war und nun, da man es endlich gab, in Berlin wie in ganz Deutschland einen vollen Sieg errang.

Die Kritiker zuckten die Achseln, schüttelten die Köpfe und zuletzt lächelten sie wohlwollend.

Sudermann lernte ich in einer Abendgesellschaft kennen. Er wollte mir anfangs etwas zu dekorativ vorkommen, wie jener Mann in den Fliegenden Blättern, den die Hausfrau stets unter ein Makartbukett setzte, aber im Gespräche zeigte er gewinnende Natürlichkeit, und ich bat ihm heimlich das Vorurteil ab.

Ein liebenswürdiger Causeur mit altberlinischem Einschlag war Paul Lindau, der nie heimgehen wollte, immer noch eine Geschichte wußte und noch eine Zigarette rauchte.

In dem als Kritiker einmal so gefürchteten Oskar Blumenthal fand ich einen gütigen Menschen den ich später, als ich ihn mit seiner kranken Frau in Bozen traf, lieb gewann.

Frau Blumenthal hatte auf der Fahrt in eine Abendgesellschaft ganz plötzlich ihre Stimme verloren und blieb bis zu ihrem Tode stumm; es war rührend, anzusehen, mit welcher zarten Sorge ihr Mann sie pflegte, wie gelassen und heiter er blieb, um der Armen ihr Unglück nicht allzu fühlbar zu machen.

Für einige Aufmerksamkeiten, die ich ihr erwies, zeigte sich Blumenthal dankbar, und wir schlossen Freundschaft.

Mit Stettenheim, der die jüdische Gabe des Kalauerns in hohem Grade besaß und durch sie als Wippchen bekannt geworden war, traf ich öfter zusammen; das kleine, schmächtige Männchen war im hohen Alter bemerkenswert rüstig geblieben, und auch die gute Laune hatte er sich bewahrt.

Mit seinem Koätanen, dem alten Feuilletonisten Pietsch, trieb die Berliner Damenwelt einen seltsamen Kultus.

Er schrieb Plaudereien über gesellschaftliches Leben, berichtete über Bälle und Toiletten und konnte einer Schönen die begehrte Sensation verschaffen, in der Zeitung mit einigen schmückenden Beiworten genannt zu werden.

Das reichte hin, um ihn zum Löwen der Ballabende zu machen.

Wenn er im Saale auftauchte und mit den lustig zwinkernden Äuglein Ausschau hielt, umringte ihn sogleich die weibliche Jugend, die zarte wie die reifere, und schnullte den vergnügten Greis ab, nur um ja bemerkt und genannt zu werden.

Als Zeitbild war es erwähnenswert, wegen seiner Lieblichkeit brauchte man sich den Anblick nicht zu merken.

Wie in München, hatte ich auch in Berlin regeren Verkehr mit Künstlern als mit Schriftstellern.

Man kam allwöchentlich im kleinen Kreise zusammen und unterhielt sich aufs beste. Gearbeitet wurde viel, und ich konnte wohl sehen, daß man sich hier leichter und in größeren Maßen durchsetzen konnte als in München.

Die Sezession hatte neben ihrer künstlerischen auch noch die gewisse oppositionelle Bedeutung, da der Hof in Kunstfragen so bestimmt, wie unpassend eingriff.

Berlin W trat, wie es ihm zusagte, für das Neue ein, und empfand sicherlich einigen Reiz in diesem ungefährlichen Frondieren. Überdies glaubte man an der Spitze einer vorwärtsdrängenden Bewegung zu stehen und tat sich was darauf zu gut, Berlin als Mittelpunkt geistiger und künstlerischer Bestrebungen zu preisen. München sollte seinen Rang als Kunststadt verloren haben.

Das wurde freilich von Kritikern und Kunsthändlern eifriger behauptet als von den Künstlern, die zum größeren Teile aus Süddeutschland stammten, aber auch diese gaben sich nicht ungern der Ansicht hin.

Vielleicht entschädigt es sie für allerlei Unannehmlichkeiten ihres Aufenthaltes, über die sie trotz allem seufzten, und die Entwicklung hat gezeigt, daß zum Gedeihen der Kunst das Mäzenatentum allein nicht genügt, besonders nicht eines, das so unselbständig und lenkbar ist wie das berlinische.

Auch da gab es Mode und Saisongeltung, und die Götter von gestern wurden gestürzt, wenn die Götter von heute auf den Altar gehoben wurden.

Immer war eines nicht bloß das Beste, sondern das allein Gute, und der Herr Kommerzienrat ging willig von Manet zu Cezanne, von Cezanne zu Picasso über, nach den Dogmen, die von Kunsthändlern und Kunsthistorikern aufgestellt wurden.

Während des Krieges, und erst recht nach seinem unglücklichen Ausgange unter dem Eindrucke des Zusammenbruches war viel die Rede von Verfallserscheinungen, die verspätete Propheten in der Weltstadt Berlin bemerkt haben wollen; davon habe ich nichts gesehen, und auch was mir nicht gefiel, hat in mir darum noch keine düsteren Ahnungen erregt.

Ich sah in allem nur die natürlichen Folgen eines großen, schnell angehäuften Reichtums, des Zusammenströmens aller Kräfte des Reiches in diese Stadt, des ungeheuren Wachstums, bei dem es zur natürlichen Entwicklung einer bodenständigen Kultur nicht kommen konnte, und obwohl es mir in dem Treiben immer unbehaglicher wurde, übersah ich doch nicht, wie viel guter Wille am Werke war, und wie trotz allem in diesem rastlosen Vorwärtsdrängen und Sichausbreiten kräftiges Leben steckte.

In dieser Riesenstadt, in der alles wie am Schnürchen ging, in deren Straßen es keine Bettler gab, keine Unordnung, keine Unreinlichkeit, die unvergleichlich besser verwaltet war wie das so viel kleinere München, konnte man eher Hochachtung vor preußischer Tüchtigkeit empfinden als Angst vor baldigem Verfalle.

Aber was sich nachträglich dozieren läßt, ist, daß man sich gerade in Berlin hätte klar werden können, wie unfruchtbar eine Opposition ist, die sich ausschließlich auf Kritik beschränkt.

Eine intelligente Bürgerschaft, die ihrer freisinnigen Tradition anhing, wirtschaftlich große Erfolge errang, in der Verwaltung mustergültiges leistete, brachte, von jedem Einflusse auf die Geschicke des Staates ferngehalten, gegen diese schädlichste Bevormundung und ihre verderblichen Folgen lange nicht den Widerstand auf, den die vorhergehende Generation einer erfolgreichen Regierung entgegengesetzt hatte.

Ja, in dem Lächeln über die zahlreichen sehr starken Entgleisungen des persönlichen Regiments lag verzeihendes Wohlwollen und wirklich nicht die Erbitterung, die zur Befreiung von diesen unheilvollsten Dingen hätte führen können.

Der gutmütige Spott, mit dem man die Aufstellung der das Stadtbild verunzierenden Denkmäler hinnahm, wandte sich schonend gegen die Planlosigkeit der inneren wie der äußeren Politik und verkehrte sich nicht selten in ein beifälliges Schmunzeln über tönende Phrasen.

Welche ängstlichen, unschönen Rücksichten selbst solche Männer im Bann halten konnten, die mit ihrer Opposition ein bißchen kokettierten, hatte ich schon im Frühjahr 1901 gesehen.

Die Eröffnung einer Ausstellung der Sezession wurde durch ein Festbankett gefeiert und es waren schon etliche Worte gegen höfische Kunst gefallen, als sich aus der Mitte der Gäste unser Münchner Georg von Vollmar erhob und eine kluge, sehr gemäßigte Rede hielt.

Die Aufnahme war freundlich, aber es gab bei allen näher oder offiziell Beteiligten derart betretene Mienen, daß es auffallen mußte.

Vollmar sagte zu mir: »Sehen S', denen is mit ihren g'schmerzten Redensarten über freie Kunst nicht ernst; denen wär nix lieber, als wenn der Kaiser kommet, und wär er da, könnt er über die Rinnsteinkunst sagen, was er möcht, sie hätten alle miteinander die größte Freud drüber..«

Es zeigte sich, daß er noch mehr Recht hatte, als er vielleicht selbst glaubte. Gleich nach der Rede sah man Herren, die von einem Tisch zum andern gingen, eifrig einander in die Ohren tuschelten – und am Abend, als ich noch mit einigen Häuptern der Sezession in einem Kaffeehause saß, griffen diese begierig nach den Abendzeitungen und stellten aufatmend fest, daß in den ausführlichen Berichten über die glänzende Eröffnung der Ausstellung die Anwesenheit des sozialdemokratischen Führers und seine Rede mit keinem Worte erwähnt waren.

Man hatte die Berichterstatter oder Redaktionen durch Bitten dazu gebracht, daß sie das kompromittierende Ereignis totschwiegen.

Dabei hatten sich die Herren seit Jahren darin gefallen, die allerhöchste Abneigung gegen die moderne Kunst als Aushängeschild zu gebrauchen, und die größeren wie die kleinen Kapazitäten hatten gerne gezeigt, wie sie ihre Unbeliebtheit lächelnd und stark zu ertragen wüßten.

War es auch kein erschütterndes Ereignis, so zeigte es doch als Beispiel aus vielen, und auch darin, daß sehr ernsthafte und bedeutende Männer die Schwäche bewiesen, wie sehr die

Ausartung des persönlichen Regimentes in den Fehlern der Regierten begründet war.

Gegen eines lehnte ich mich auch damals schon auf: daß immer wieder betont wurde, der Kaiser habe den besten Willen, meine es gut und vergreife sich nur in den Mitteln.

Es gab in Berlin sehr viele gut Unterrichtete und Eingeweihte, die ihren Herrscher zu ehren glaubten, wenn sie mit Bonhommie versicherten, er möchte wohl, aber er könne nicht.

Männer, die in ihrem Wirkungskreise das beste leisteten und die bei keinem ihrer Angestellten den Willen für die Tat hätten gelten lassen, hegten keine Bedenken über das Schicksal des Landes, wenn die größten politischen Fehler nicht aus Böswilligkeit begangen worden waren.

Das wurde zum üblen Schlagworte, bei dem sich allzu viele beruhigten.

In Wirklichkeit stammte die Zufriedenheit oder dieser Mangel an Auflehnung aus Saturierung durch guten Verdienst und glänzende Geschäfte.

Die Sozialdemokratie aber – das habe ich damals geglaubt, und heute bin ich erst recht davon überzeugt – hat den Angriff gegen die gefährlichen Schadenstifter abgeschwächt, von ihnen abgelenkt durch maßlose und doktrinäre Polemik gegen den Kapitalismus.

Das alles ließ sich ums Jahr 1902 in Berlin schon sehr eingehend beobachten. Ich will nicht behaupten, daß ich mich hellseherisch argen Befürchtungen hingab, doch habe ich mich darüber zuweilen geärgert und meinem Ärger auch unbekümmert Ausdruck verliehen.

Für die ersten Tage des März 1902 hatte Langen eine Zusammenkunft in Zürich anberaumt, und ich folgte gerne der Einladung, die meinem Berliner Aufenthalte ein Ende bereitete.

Von meiner heftigen Neigung für die Weltstadt war ich abgekommen, und ich saß recht undankbar vergnügt in dem Zuge, der mich an Kiefernwäldern und Windmühlen vorbei nach dem Süden führte.

Von Zürich aus reiste ich mit Langen nach Paris, wo ich

zwei schöne Frühlingsmonate verlebte. Hier, wo jede Einzelheit zum Ganzen gehörte, wo zwischen allen Menschen unsichtbare und doch starke Zusammenhänge bestanden, begriff ich erst recht, wie erkältend gerade der Mangel daran in Berlin auf mich gewirkt hatte.

Bei Langen lernte ich Rodin, Carrière, Besnard, Steinlen und den fröhlichen Norweger Thaulow kennen; die Stunden, die ich mit ihnen verleben durfte, werden mir unvergeßlich bleiben.

Besonders gerne rufe ich mir einen Besuch in Rodins Atelier in Erinnerung, und nicht bloß wegen der Kunstwerke, die ich sah, fast noch mehr wegen der Art, wie der Meister alles zeigte und erklärte, wie er mit einem stillen Lächeln über den Enthusiasmus Langens wegsah und ruhig und verbindlich auf das Wesentliche zurückkam.

Ein Denkmal Victor Hugos, der dargestellt war, wie er nackt an einer Quelle liegt und träumend auf ihr Murmeln horcht, erregte die laute Bewunderung Langens. Er sprach seine Empörung darüber aus, daß die Stadt Paris dieses Monument abgelehnt und statt seiner einen schauderhaften Kitsch aufgestellt habe.

Rodin lächelte nur und zog die Achseln hoch.

Zu den täglichen Gästen in Langens Haus gehörte der entlassene Oberstleutnant Picquart, der im Dreyfusprozesse berühmt geworden war.

Ein stiller Mann von zurückhaltendem Wesen und verbindlichen Manieren, der nicht gerade typisch französisch aussah; der Eindruck verstärkte sich, wenn er tadellos Deutsch ohne jeden Akzent und noch mehr, wenn er elsässisch Dütsch sprach.

Er beobachtete viel und sprach wenig und er war mir mit seiner schweigsamen, nachdenklichen Art fast unheimlich; er muß, wenn er dazu gebraucht worden ist, als Spion in Deutschland die besten Dienste geleistet haben.

Langen sagte einmal zu ihm: »Sie haben sicher bei uns mehr gesehen, als Sie sehen durften.«

»Man sieht nie genug«, antwortete Picquart ruhig.

Von der deutschen Armee sprach er immer mit großer Hochachtung.

Als aus irgendeinem Anlasse die Rede auf 1870 kam, sagte er, man dürfe froh sein, daß die französischen Truppen nicht über den Rhein gekommen seien; sie wären nicht zu halten gewesen, denn von deutscher Zucht und Disziplin sei bei ihnen kaum etwas zu finden gewesen.

Damals war gerade der englische General Methuen von Delarey gefangen genommen worden, aber als man bei Tische Befriedigung über diesen Erfolg der Buren äußerte, sagte Picquart kurz und bestimmt: »In sechs Wochen ist die Sache trotzdem zu Ende.«

Es hat fast auf den Tag gestimmt.

Über den Dreyfus-Prozeß wurde noch immer viel gesprochen, besonders wenn Paul Clémenceau, ein Bruder des Tigers, anwesend war.

Picquart beteiligte sich selten an dem Gespräche, doch einmal sagte er: »Man wollte mich im Gefängnisse umbringen, und man hätte es auch sicher getan, wenn ich nicht kurz vor meiner Verhaftung die Erklärung veröffentlicht hätte, daß ich unter keinen Umständen, geschehe was wolle, Selbstmord verüben würde. So konnte man keinen Selbstmord vortäuschen, wie bei Henry und scheute sich, mich um die Ecke zu bringen.«

Georges Clémenceau, der damals ohne Mandat war und für den Senat kandidierte, sagte, wie uns sein Bruder erzählte: an dem Tage, wo er Ministerpräsident werde, erhalte Picquart das Portefeuille des Kriegsministers.

Es klang nach wenn und aber, und war zwei Jahre später Tatsache.

Picquart ist ziemlich lange vor dem Kriege gestorben; gab es französische Heerführer, die Deutschland und seine Armee so gut kannten wie er, dann waren sie gefährliche Gegner.

Bald nach meiner Ankunft in Paris kam auch der dänische Maler Kröyer zu Langen.

Der rotblonde Skandinave, ein trinkfester, gemütlicher Herr, schloß sich mir an, und wir wurden gute Kameraden, besonders als Langen mit seiner Familie eine länger währende Automobilfahrt nach Spanien unternahm. Wie wir allein waren, hielt Kröyer in seiner umständlichen und feierlichen Art eine Rede an mich: »Thöma, ich kann nicht allein hier essen, und du kannst nicht allein hier essen. Ich glaube aber, wir finden in ganz Paris kein so gotes Wirtshaus und kein so gotes Essen, und jedenfalls kein so billiges. Wir wollen uns also jeden Tag pünktlich hier treffen, Mittag und Abend und zosammen essen, und dann kann jeder gehen, wohin er mag...«

So hielten wir es auch und wir saßen jeden Tag bei Langen und gaben dem Diener Josèphe unsere Wünsche für die nächste Mahlzeit bekannt.

Zu einem Glase guten Bordeaux rauchten wir Importen, die auch nirgends so gut und billig waren wie in der Rue de la Pompe.

Langen kam nicht aus dem Lachen heraus, als ich ihm nach seiner Rückkehr von unseren pünktlich eingehaltenen Zusammenkünften erzählte.

Die Schilderungen Josèphes und ein paar leere Zigarrenkisten gaben die Illustrationen dazu ab.

Mein Weg führte mich fast täglich ins nahe Bois de Boulogne.

Ich wußte nichts Schöneres, als ein paar Stunden unter den grünenden Bäumen zu sitzen, in dieser Mischung von lauen Frühlingslüften und zartem Parfüm.

Die große Welt und Halbwelt rollten in eleganten Equipagen an mir vorüber, Wagen an Wagen, aber man sah nichts gewollt Auffälliges, hörte keinen Aufsehen erregenden Lärm, es war überall wirkliche Heiterkeit, die nicht auf Zuschauer berechnet war, und wie Geläute von kleinen silbernen Glocken drang aus den Kaffeegärten das Lachen der Frauen herüber.

Aber wenn ich an stillen Frühlingsabenden auf den gepflegten Wegen spazieren ging und die Amseln pfeifen hörte, überkam mich doch das Heimweh.

Es war mir erst recht wohl, als ich etliche Wochen später in Finsterwald vor dem Sixbauernhause saß. Und roch es auch nicht nach zartem Parfüm und klang es auch nicht nach silbernen Glöckchen, die Frühlingsluft wehte stärker, derber und gesünder um mich.

Schlenther, damals Direktor des Burgtheaters, hatte meine Lokalbahn zur Aufführung angenommen, und so stand ich eines Abends im Januar 1903 vor dem Wiener Prachtbau, sah Equipagen heranrollen, geputzte Damen und festlich gekleidete Herren aussteigen und ins Theater eilen, um meiner Première beizuwohnen.

Ich stand hinter einer Säule und schaute ihnen zu.

Ein in diesem Augenblicke vielleicht seltsames Gefühl von Gleichgültigkeit und Verlassenheit kam über mich.

Ging's gut oder schlecht, was konnte es mich viel kümmern?

Die liebsten Menschen, denen dieser Abend bedeutsam gewesen wäre, lebten nicht mehr, und ich hatte recht eigentlich niemand, der ein tieferes Interesse am Ausgange genommen hätte.

Ich dachte daran, wie es wohl meiner Mutter zumut gewesen wäre, wenn sie mich vor dem berühmten Theater der alten Kaiserstadt unmittelbar vor der Aufführung meines Stükkes gesehen hätte.

Wie ein unglaubwürdiges Glück wär's ihr vorgekommen, wie eine märchenhafte Fügung des Schicksals, das den Buben aus der Vorder-Riß in dieses marmorne Prachtschloß geführt hatte.

Und war's auch nicht ganz so wundersam, wie sie es empfunden hätte, merkwürdig war es doch, und das Erreichen eines Zieles war es doch, und darum zog es mir das Herz zusammen, daß ich mich nicht darüber freuen konnte.

Es schneite in dichten Flocken, und ich stand immer noch hinter der Säule und träumte vor mich hin. Die letzte Equipage war längst weggefahren, ein paar verspätete Fußgänger eilten noch ins Theater, als ich mich aufmachte und hinter die Bühne ging.

Man führte mich in die Direktionsloge, da der Autor im Burgtheater erst nach dem zweiten Akte erscheinen durfte. Schlenther war über meinen Gleichmut erstaunt und sagte mir hinterher beim herkömmlichen Glase Pilsner, Kaltblütigkeit in Ehren, aber so was von Wurstigkeit sei ihm doch noch nicht vorgekommen.

Ich mochte ihm die Gründe nicht sagen, warum ich still war, und ließ ihn bei seiner Ansicht.

Die Lokalbahn hatte Erfolg und wurde ziemlich oft aufgeführt; aus den Kritiken erfuhr ich, daß das Lustspiel nicht von überwältigender Bedeutung wäre.

Ich hatte es schon vorher gewußt, und recht eigentlich wollte ich auch gar nicht überwältigen.

Ich lernte in Wien Schönherr, Pernerstorfer, David kennen, Busson war mir schon befreundet, Karl Kraus und der wunderliche Peter Altenberg waren mir bekannt.

Schönherr, in Art und Sprache ein echter Nordtiroler, redete nicht mehr, als man um Imst und Stams und Telfs herum zu reden pflegt, hie und da ein bedächtiges Wort.

Sehr lebhaft war der alte Pernerstorfer, der merkwürdigste Sozialdemokrat, den ich gesehen habe. Denn er war ganz und gar völkisch bajuvarisch und sagte mir einmal ums andremal, daß die Ober- und Niederösterreicher, Steirer und Oberkärntner waschechte Bajuvaren wären, genau so vollgültig wie wir hinter unsern weiß-blauen Grenzpfählen.

Ich mußte mit ihm das Parlamentsgebäude ansehen, und er zeigte mir die historischen Stätten, wo zappelnde Volksboten an Händen und Füßen ergriffen und hinausgetragen worden waren, und wo der Bahöll immer zum Staatsereignisse wurde.

Als ich neben ihm durch die Gänge schritt, merkte ich was von der Krakeelstimmung, die hier herrschte. Man wurde so grimmig fixiert wie an scharfen Ecken in kleinen Universitätsstädten, drohende Blicke richteten sich auf mich, und ich hätte gleich ein paar Kontrahagen haben können, weil ich mit Pernerstorfer ging.

Als mein Mentor führte er mich in eine Frühschoppengesellschaft, die mich kennen zu lernen wünschte; darunter waren der Lyriker David und ein Benediktiner, der von seinem Kloster beurlaubt war und an der Universität Geschichte lehrte.

David bewies sein Interesse an meinem Schaffen, indem er ein paar schnoddrige Gedichte von mir lückenlos hersagte.

Ich fühlte mich damals wie später heimisch in dieser Atmosphäre herzlicher und jovialer Teilnahme.

Was waren Pötzl, Chiavacci und andere Altwiener für schlichte, natürliche Menschen!

Sie stammten aus einer andern Zeit, in der man sich gemeinsamen Strebens bewußt geblieben war, und in der einer den andern hatte gelten lassen.

Das Theaterwesen in Wien war, wie ich damals und später bemerken konnte, recht verschieden von dem berlinischen. Das Ausleihen der Schauspieler, das Starsystem, das Setzen auf Saisonschlager und Serienspiel gab es nicht; um illustre Direktoren und Regietalente kümmerte man sich weniger als um die Künstler, von denen jeder bekanntere eine große Gemeinde hatte.

Die höchste Verehrung genoß neben Girardi mit Recht der alte Baumeister am Burgtheater, der mich als Richter von Zalamea verstehen lehrte, wie hoch die feine, diskrete Schauspielkunst einer früheren Zeit gestanden hatte.

Bei der Hauptprobe meiner Lokalbahn entstand plötzlich Bewegung auf der Bühne.

Sonnenthal war hinter den Kulissen hervorgekommen und wurde von allen freundlich und ehrerbietig begrüßt. Er ließ sich den Autor vorstellen, sprach ein paar verbindliche Worte mit ihm, ganz grand Seigneur, und drückte den Mitwirkenden seine Anerkennung aus.

Der Auftritt war vielleicht ein bißchen feierlich, aber er hatte Stil.

Schlenther, einst Bahnbrecher der Moderne und strenger Kritiker, Ostpreuße und gar nicht auf Wien zugeschnitten, war als Burgtheater-Direktor in einer falschen Lage, was ihm auch häufig von den Zeitungen bestätigt wurde.

Die einst nachdrücklich betonten Prinzipien und Lehrsätze konnte er nicht verwirklichen; kaum etwas von dem, was er verlangt hatte, konnte er selbst erfüllen.

Zwischen Untunlichkeiten und Rücksichten war er eingeklemmt. Dabei mußte er die Empfindung haben, daß er Usurpator war oder Platzhalter. Denn der richtige, echte Burgtheater-Direktor saß in Hamburg, Herr von Berger, und es war bloß eine Frage der Zeit, wann er seinen Einzug halten und den falschen Waldemar entthronen würde.

Ich glaube, daß Schlenther herzlich froh war, als er wieder als P. S. mit Strenge seines Amtes walten und als Kritiker den Direktoren zeigen konnte, was der Direktor den Kritikern nicht hatte zeigen dürfen. Damals aber mußte er immer wieder die düstere Frage anhören, was er mit dem Geiste des alten Burgtheaters angefangen habe.

Er hat ihn wirklich nicht verscheucht, allerdings er hat ihn auch nicht herzitiert.

Der Gute blieb verschwunden; irgendwas im neuen Wien mißfiel ihm so, daß er nicht mehr darin umgehen mochte. Vielleicht hat ihn das neue Haus vertrieben, vielleicht der Operettenblödsinn; jedenfalls, er kam nicht wieder, und auch an die Nachfolger Schlenthers, den echten Thronerben nicht ausgenommen, mußte die peinliche Frage gestellt werden.

Wien war für uns Süddeutsche noch immer die Hauptstadt geblieben, der Sitz der Freude, des Reichtums, des Wohllebens, das Ziel der Wünsche.

Auch meine Phantasie hatte die Stadt mit Reizen geschmückt, und oft hatte ich mich hin geträumt, wenn ich als Rechtspraktikant auf dem Traunsteiner Bahnhofe stand und in den eleganten Coupés Reisende auf schwellenden Polstern sitzen sah. Wenn ich jetzt in der Dämmerstunde die Rothenthurmstraße und den Graben entlang schritt, konnte ich mir gestehen, daß mir das Leben mehr gehalten als versprochen hatte.

Von dem alten Wien, das ich aus vergilbten Bänden von »Über Land und Meer« und aus Beschreibungen Hackländers kannte und liebte, fand ich nicht mehr vieles, aber ich stieß doch auf einige Kneipen, die gemütliche Namen trugen, und in denen man sich in die Nestroyzeit zurückversetzt fühlen konnte.

Und der schönen Stadt, die zwischen Waldhügeln und Weinbergen gebettet liegt, ist eine Eigenart geblieben, die ihr auch moderne Architekten nicht nehmen können.

Der Première in Wien war die in Stuttgart vorausgegangen. Im Spätherbste 1902 besuchte ich zum erstenmal die schwäbische Residenz, in die mich der Staatsanwalt späterhin öfter als Angeklagten holte.

Ich lernte dabei Friedrich und Konrad Haußmann kennen und durch sie einige andere Führer der demokratischen Partei, v. Payer, Liesching u. a. Und ich trat in Beziehungen zu einem regen politischen Leben, das für mich als Altbayern neu und ungewohnt war, denn bei uns drehte sich doch viel oder alles um ausgeleierte Gegensätze. Wenn ich es vermeide, über Lebende ein Urteil abzugeben, darf ich doch von dem nachhaltigen Eindrucke sprechen, den Friedrich Haußmann, der vor mehr als zehn Jahren gestorben ist, auf mich gemacht hat.

Er war der Stillere von den beiden Zwillingsbrüdern, die in ihrem Äußeren wie in ihren Meinungen, in ihrer beruflichen wie in ihrer politischen Tätigkeit die auffälligste Ähnlichkeit miteinander hatten.

Friedrich war minder lebhaft, und wenn sein Bruder meinen oft zu bestimmt vorgebrachten Ansichten widersprach oder beipflichtete, hörte er lächend zu.

Meine Laufbahn vom Anwalt herüber zum Schriftsteller sprach ihn an, da er selbst Neigung und Beruf zum literarischen Schaffen in sich fühlte.

An der Art, wie ich über die Schnur zu hauen pflegte und nicht leicht einem Dinge seine zwei Seiten ließ, hatte er Vergnügen, wenn er sie auch nicht als die einzig richtige gelten ließ. Ein geradsinniger und gütiger Mann, hielt er sich selbst vom raschen Urteile zurück, aber er war dabei in seinen Ansichten unverrückbar fest gerichtet und gegen alles, was einer Überheblichkeit und dem Willen zur Unterdrückung ähnlich sah, konnte er trotz der Milde seines Wesens eine Schärfe zeigen, die jedes Paktieren ausschloß. Er erschien mir als der geborene Führer, als ein Mann, der den Willen vieler zu leiten berufen war, und dem viele unbedenklich überall hin folgen durften.

Weder Eiferer noch Phantast, zeigte er im Angriffe wie in der Abwehr den schalkhaften Humor, der aus tiefem, gütigem Verstehen kommt und immer Überlegenheit gewährt.

Daß ein Mann wie er zeitlebens in Opposition gegen die

Reichsregierung und ihre Politik stehen mußte, beweist deutlich, wie verfehlt das System war.

In Stuttgart hatte der Simplicissimus vom ersten Tage seines Bestehens an eifrige Freunde, und es lag in der schwäbischen Freimütigkeit begründet, daß Saftigkeit des Ausdruckes und Schärfe des Angriffs hier keine Schauer des Entsetzens erregten.

Man verstand hier besser als manchen Ortes, daß sich hinter dem Spotte ein erster Unwille, den man teilte, verbarg.

Schon darum war die gerichtliche Entscheidung, daß Stuttgart, wo der Simplicissimus gedruckt wurde, zuständig sei, für die Redaktion günstig.

Ein Verfahren mit solchen Mitteln, wie man sie in Leipzig für zulässig gehalten hatte, war hier ausgeschlossen. Es kam allerdings zu einer Reihe von Strafverfolgungen, aber die Verhandlungen wurden sachlich geführt, und sie blieben frei von dem behördlichen Entsetzen über die ganze Richtung.

Es handelte sich immer um den gegebenen Fall, und war Anlaß zu Strafen gegeben, so griffen die Richter nicht zimpferlich ein. Freilich auf sechs und sieben Monate Gefängnis erkannten sie nicht; es fehlte ihnen an der Schadenfreude, mit der man in Sachsen beschwingten Meinungen die Federn ausrupfte.

Man war ruhig, manchmal ein wenig nüchtern.

Ich erinnere mich eines Vorsitzenden, der seine liebe Not hatte mit den getragenen, in die Höhe strebenden Ausführungen literarischer Sachverständiger; er zog sie immer wieder aus der Region freiheitlicher Gedanken auf den Boden der Tatbestandsmerkmale nieder.

Es handelte sich um eine Beleidigung der Sittlichkeitsprediger, und bei dem Thema konnte man warm werden.

Ludwig Ganghofer, der als sachverständiger Zeuge vor den Schranken stand, wurde warm und schlug mit der Faust auf den Richtertisch, daß die Tintenfässer klirrten; die Richter waren erstaunt, aber nicht gerührt und brummten mir sechs Wochen auf.

Meine Stellung als Angeklagter konnte mir sonderbar scheinen in Erinnerung an vergangene Jahre, wo ich als Protokollführer oben auf dem Plateau der Erkenntnis oder unten im Anwaltstalar gesessen hatte.

Nach einer stuttgarter Verhandlung, in der die Rede war von Ludwig Pfau, vom Rechte der politischen Satire und von ihren Aufgaben, vom Kampfe für die Freiheit der Meinungen, war die Begründung des Freispruches noch nicht beendet, als ein junger Landstreicher hereingeführt wurde und meinen Platz einnahm.

Haußmann sah mich lächelnd an, daß Publikum kicherte, und ich dachte an den Wandel des Schicksals.

Meine Erlebnisse im Gerichtssaale liegen nach der Zeit, von der ich erzähle.

Vom Herbste 1902 ab war ich wieder eifriger in der Redaktion des Simplicissimus tätig.

Obwohl ich als Anfänger mit dem Erfolge der »Lokalbahn« zufrieden sein konnte, fühlte ich keinen Drang in mir, festen Fuß auf der Bühne zu fassen. Erst sechs Jahre später versuchte ich es wieder mit der »Moral«.

Ich kam bis zum Herbste 1904, wo ich meinen »Andreas Vöst« begann, überhaupt nicht zu größeren Arbeiten, schrieb kleinere Erzählungen, die Erlebnisse eines Lausbuben, später den »Heiligen Hies«.

Der Tod der alten Viktor wirkte lange auf mich nach, um so mehr, als er für mich den Verlust des letzten Stückes von Heim und Häuslichkeit bedeutet hatte.

Ich war nicht gerne allein und suchte Zerstreuung, ging auch mehr in Gesellschaft als früher.

Gerne schloß ich mich an Ludwig Ganghofer an; eigentlich war es sonderbar, daß wir uns nicht früher gefunden hatten, denn schon von Großvaters Zeiten her hatte es zwischen unsern Familien Beziehungen gegeben, und beide Schriftsteller, beide Jäger, beide aus sehr ähnlicher Umgebung stammend, hätten wir uns in Wien sicherlich sofort in Berlin bald einander genähert. In München lebt aber jeder auf seiner Insel.

Er lud mich in sein Jagdhaus Hubertus ein, wo ich schöne Wochen verbrachte, und wo mir Umgebung und Leben alte Kindererinnerungen an weltverlorene Bergtäler wachriefen.

Im Frühjahr 1903 machte ich mit Heine, Wilke und Thöny eine Radtour über Mailand, Genua, die Riviera entlang, dann zurück über Pisa nach Florenz, wo wir etwa sechs Wochen blieben. Ich bin die folgenden elf Jahre bis zum Ausbruche des Krieges in jedem Frühling nach Italien gereist, habe manche Freude dort gefunden, aber nie mehr habe ich sie mit der sorglosen Fröhlichkeit ausgenossen wie bei jenem ersten Male.

Von der Riviera allerdings war ich nicht in dem üblichen Maße entzückt; das schönste war die Fahrt bergauf, bergab die Küste entlang durch die kleinen Nester. Am lauen Abend, nachdem einen tagsüber die Sonne tüchtig verbrannt hatte, durch Pinienwälder zu fahren, tief unten das Meer gegen die Felsen branden zu hören, das war wundervoll.

Und wie war man in eine andere Welt versetzt, wenn man durch die engen Gassen der Fischerdörfer schritt, an den Gruppen schwatzender Menschen vorbei, die einen neugierig betrachteten.

Bunte Farben, das Trällern eines Liedes und immer wieder der Lärm eines Orgelklaviers, der einem lange nachfolgte, das alles mutete einen fremd und wieder vertraut an, wie etwas, das man sich in Sehnsucht so ausgemalt hatte.

Weiterhin, etwa nach Albenga, wurde es schon zu sehr Hotelpepinière, um anzusprechen, und die Landschaft, immer tiefes Blau und grelles Weiß, ermüdete den Blick; am wenigsten gefielen mir die viel gerühmten Palmen.

In Bordighera, das damals noch nicht auf großen Fremdenverkehr eingerichtet war, fanden wir in einer deutschen Pension gutes Unterkommen, blieben etwa eine Woche und besuchten das Paradies der Faulenzer und Gauner, Monte Carlo, das mich nicht bloß enttäuschte, sondern auch gründlich anwiderte.

Ich hatte ein recht unangenehmes Gefühl, weil ich nicht von dem Eindrucke loskam, daß diese auf dringliche Eleganz um mich herum zum großen Teil mit gestohlenem und unterschlagenem Gelde bestritten war; und wenn ich auch nicht an Prüderie kränkelte, so fand ich es keineswegs erhebend, von einer Gesellschaft umgeben zu sein, in der man die Diebe längst nicht mehr an den Fingern zählen konnte. Als ich das in einem Feuilleton so schilderte, wie ich es empfunden hatte, und die Meinung vertrat, der erhabene Fürst von Monaco, der von der Spielbank ausgehalten wird, lebe von recht unschönen Mitteln, kanzelte mich ein Journalist in einer berliner Zeitung ab. Es sei unerträglich spießbürgerlich, sich als deutscher Moralphilister dagegen aufzulehnen, daß die amerikanischen Milliardäre in diesem Paradiese ihre Dollars sitzen ließen. Vielleicht kamen die Yankees zuweilen nach Monte Carlo; ihre Anwesenheit machte nichts besser, aber jedenfalls gaben sie dem Leben dort nicht das Gepräge. Ganz gewiß stellten das größte Kontingent Betrüger und Leichtsinnige, und auf sie war auch der ganze Betrieb zugeschnitten, auf sie machten die kostümierten Kokotten und die Händler mit Schwindelwaren Jagd. Gewiß auch auf zahlreiche Neugierige und Dumme, die sich Romane zusammengeträumt hatten vom großen Leben, das in Monaco berückend schön und angenehm gruselig anzustaunen sei. Am Ende war es nichts als ein Markt der Gemeinheit, und ein recht langweiliger obendrein.

Es kam mir auch so vor, als hätte tout Berlin, das sich im Vorsaale drängte, den eigentlichen prickelnden teuflischen Reiz vermißt.

Wenigstens versicherte mir das Herr Alfred Holzbock, der plötzlich vor mir auftauchte, ganz so wie auf einem Berliner Balle, wo er den ausgelassenen Champagnergeist im ganzen Saale wie eine Stecknadel suchte und nicht fand.

Die Fahrt nach Florenz führte uns über Sestri Levante aufwärts durch entlegene Apenninendörfer, in denen wir manches anmutige und wieder belustigende Erlebnis mit dem neugierigen und naiven Volke hatten. Wilke hatte eine Kurbel abgetreten, und wir mußten in einem kleinen Dorfe haltmachen und versuchen, den Schaden reparieren zu lassen. Unsere Zweifel, ob das wohl in diesem Neste möglich wäre, zerstreute der Wirt, der uns mit großen, ausholenden Gesten und in feuriger Rede versicherte, es wäre der beste Mechaniker des Landes im Orte.

Wir brachten das Rad zu dem berühmten Künstler und ließen es uns in der Wartezeit wohl sein bei den trefflichen Makkaronis, die uns der Herbergsvater vorsetzte.

Wir mußten ihm viele Fragen nach unserer Herkunft, unserem Berufe, unseren Reiseplänen, auch nach dem Leben, das man in dem hyperboräischen Deutschland führe, beantworten; er hatte gehört, daß es auch dort trotz unwirtlicher Kälte viele Menschen, große Städte und sonderbarerweise ungemessenen Reichtum gebe.

Wir erzählten ihm Wahres und Unwahres und mehrten seinen Respekt vor den Nordmännern, die im Gelde schwimmen und trotzdem in der frostigen Gegend wohnen bleiben.

Ein paar Stunden später kam die ganze Einwohnerschaft die enge Gasse herunter zum Wirtshaus gezogen, Männer, Weiber, Kinder, alles was gehen konnte und Zeit hatte, und Zeit hatten sichtlich alle.

Voran schob triumphierend der Mechaniker das Rad Wilkes und übergab es feierlich dem Wirte, der es uns mit sichtlichem Stolze vorwies. Hatte er zuviel gesagt, daß der trefflichste Künstler des Landes in seinem Heimatorte zu finden sei?

Dann hielt er von der Freitreppe herunter eine Ansprache an die Einwohner, sagte ihnen, daß wir von weit her, aus dem großen Monaco di Baviera, nach dem schönen Italien gefahren wären, um uns an den Reizen dieses einzigen Landes zu erfreuen, daß wir nach dem altberühmten Florenz reisen wollten, wo reiche Menschen aus allen Ländern der Erde zusammenkämen, um die Kunstschätze zu bewundern. Er wünschte uns Glück zur Fahrt, schöne Tage und fröhliche Heimkehr. Die ganze Dorfschaft hörte andächtig zu und klatschte am Schlusse lebhaft Beifall, winkte uns zu und rief uns glückliche Reise nach, als wir aufstiegen und weiterfuhren.

Diese Leute waren so unverbildet, gutmütig und neugierig wie Kinder; und wie sie fand ich noch viele, ja eigentlich alle, besonders auf dem Lande.

Wie leicht hätte es sein müssen, mit ihnen stets im Frieden zu leben, – wenn es in Italien keine abgefeimten Advokaten und in Deutschland keine Diplomaten und Esel gegeben hätte.

Wie sonderbar aber die Ansichten über Volk und Land verbildet waren, das sah ich ein paar Wochen später in Florenz, als ein Tiroler Arzt uns mit sichtlichem Entsetzen fragte, ob es denn wahr sei, daß wir zu Rad durch die Apenninentäler gefahren wären.

Und er wollte es kaum glauben, daß wir das Wagnis ohne Abenteuer, ohne gefährliche Begegnungen mit Räubern bestanden hätten.

Ein Jahr später beschwor mich ein römischer Hotelier, ein geborener Italiener, ich möchte doch um Gottes willen von dem Plane abstehen, allein durch die Campagna gegen Amelia hin zu fahren, da ich sonst bestimmt Räubern in die Hände fiele.

So glücklich wirken die Zeitungen, und so bringen sie die Menschen einander näher.

Ich habe gerade auf jener Fahrt durch Umbrien und Toskana unter dem Landvolke die höflichsten, gastfreundlichsten Menschen gefunden, die kennenzulernen ebenso angenehm wie lehrreich war.

Denn Abkömmlingen Fra Diavolos bin ich nirgends begegnet.

Nach einer heiteren, durch die Sorglosigkeit beglückenden Fahrt ins Unbekannte hinein, die uns auf Schritt und Tritt noch mehr als die mit Sternen versehenen Bädekerwunder bot, überließen wir uns in Florenz mit freudigem Verständnisse dem Faulenzen und Schlendern, das sich in dieser Stadt zur wirklichen Kunst ausgebildet hat.

Wir suchten nicht mit unschöner Hast die Museen ab, wir besorgten das mit gelassener Ruhe, ohne Gewissensbisse, wenn wir es einmal an einem Vormittage versäumt hatten; wir lernten auf gut florentinisch mit den Händen in den Hosentaschen, an einer schwärzlichen Toskana schnullend, durch die engen Gassen bummeln, an den Ecken stehend, wir spielten Boccia mit kleinen Handwerkern, wir schütteten gewandt wie die Ureinwohner das Öl aus den langhalsigen Fiaschis ab, um uns den trefflichen Chianti einzuschenken, wir wurden Kenner der Tortellini und Spaghetti und lernten diese widerspenstigen Nudeln elegant um die Gabel wickeln.

An einigen Mitgliedern der deutschen Künstlerkolonie fanden wir gute Berater und Wegweiser im süßen Nichtstun, und fast jeden Abend saßen wir im Keller des Palazzo Antinori, wo man zur Weltweisheit und Kunstgeschichte ziemlich viel Rotwein trank.

Wir waren bald Stammgäste und konnten uns an dem Empfange beteiligen, den man dem General von Mussinan bereitete, als er auf seiner Hochzeitsreise nach Florenz gekommen war und der Einladung der würdigen Künstlerkolonie folgend in unseren Keller hinunterstieg. Leere Fässer dienten als Trommeln, Gießkannen als Trompeten, als sofort bei seinem Erscheinen der Mussinanmarsch intoniert wurde; alle bemühten sich, dem alten Soldaten einen guten Begriff von deutscher Künstlerfröhlichkeit zu verschaffen, als sich Wilke erhob und ganz in der Manier eines Oberlehrers mit unerschütterlichem Ernste einen Vortrag über die Entstehung Fiesoles hielt. Der General hörte mit höflicher Aufmerksamkeit zu, bis man ihm ins Ohr flüsterte, daß dieser sich als Gelehrter gehabende Herr ein Mitarbeiter des Simplicissimus sei und den größten Blödsinn auftische.

Unter den Künstlern, mit denen wir täglich verkehrten, war einer, der bei knappen Mitteln unbekümmert in den Tag hineinlebte und im Genusse einer frohen Stunde sich nie um die kommende sorgte. Wilke hatte ihn gleich am ersten Tage ins Herz geschlossen, weil ihm ein Vorfall gezeigt hatte, daß er hier eine verwandte Natur getroffen habe. Wir gingen nach San Miniato hinauf, und ein Herr der Gesellschaft, der mit jenem Maler befreundet war, machte ihn darauf aufmerksam, daß der Sommerüberzieher, den er anhatte, doch eigentlich zu abgetragen und schäbig wäre. Der Maler lächelte zu dem Vorbehalte, zog den Mantel aus und warf ihn seelenruhig in den Straßengraben.

Von der Stunde an hatte er in Wilke einen Freund.

Unser besonderes Vergnügen hatten wir an den deutschen Reisenden, die nach Florenz gekommen waren, um eine unumgängliche Pflicht zu erfüllen, die immer Vergleiche mit den soviel besseren Zuständen daheim, die sie leider auf Wochen entbehren mußten, anstellten, und die gewissermaßen unter der Aufsicht eines sie unsichtbar begleitenden Bildungsüberwachungsorganes alle Museen rastlos durchjagten. Man konnte jedoch feststellen, daß sich die englischen Besucher, die stets in zahlreichen Trupps in die Kunststätten einfielen, noch unberührter und dämlicher zeigten. Die hatten immer einen Führer dabei, gewöhnlich einen, der vom vielen Laufen und Reden schwindsüchtig geworden war, und dem sie mit Hilfe ihrer Bädeker genau aufpaßten, ob er auch alle besonders angemerkten Bilder und Plastiken in seinem monoton abgeleierten Vortrag erwähnte.

Wirkliches Interesse sah man nur im Kloster San Marco, wenn die Ladies und Gentlemen die verkohlten Reste des Hemdes anstarrten, das Girolamo Savonarola bei seiner Hinrichtung angehabt hatte.

Da umwehte sie nervenkitzelnd der Geist vergangener Zeiten, den der schwindsüchtige Führer vor den Mediceergräbern mit dem längsten Vortrag nicht herbeizitieren konnte.

Es war bei uns Sitte – und wenn es zur Besserung beitrug, war's auch recht –, daß man sich über die deutschen Touristen im Auslande aufregte, aber wer die amerikanischen und englischen besser fand, hatte schlechte Augen.

Sie waren geschmackvoller angezogen, aber sonst boten diese zusammengetriebenen Herden von Gewohnheitsmenschen, die sich keiner Sitte des Landes anpaßten, nirgends dem Volke und seinem Leben nähertraten und wie Sträflinge die von Hoteliers vorgeschriebenen Dinner- und Supperstunden einhielten, begieriger nach ihren gewohnten jams als nach allen Kunstschätzen, wirklich kein Bild, das man den Deutschen vorhalten konnte.

Unter denen gab es immer noch viele kunstfrohe, kenntnisreiche Leute, die abseits vom Haufen stille Freuden und wirklichen Gewinn fanden, und mit Bemerkungen über Jägerwäsche war es nicht abzutun, daß am Ende doch der deutsche Professor vieles in Italien für die Italiener zu neuem Leben erweckt hatte.

Mir war lange Jahre, vor sich der Wunsch verwirklichen ließ, eine Wanderung durch Italien in Aussicht gestellt worden, und ich hatte mich, glückselig über das Versprechen, monatelang auf die Reise vorbereitet, die zuletzt unterbleiben mußte.

Was ich damals und später lernte, blieb nicht ohne Früchte. Besonders Victor Hehn hatte mich zur Vorliebe für Italien erzogen und mich schon im vornhinein von Vorurteilen kuriert, durch die sich Viele Freude und Genuß verkümmern lassen. Ich sah mich nicht auf Schritt und Tritt enttäuscht, brachte nicht jedem Einheimischen Mißtrauen entgegen und konnte mich über bodenechte Lässigkeit und Unordnung freuen; die einförmige, alle Eindrücke verwischende Hotelkultur vermißte ich gerne.

Wer Italien wie ein Museum durcheilt, in dem er nur die Kostbarkeiten einer vergangenen Zeit findet, indes er sich von allem Lebendigen abgestoßen fühlt, beraubt sich der Möglichkeit, die Eigenart des Landes wie des Volkes, die tiefen Zusammenhänge zwischen ihr und der einstigen Größe und so aus der Gegenwart die Vergangenheit verstehen zu lernen.

In den Museen waren mir meine Freunde die besten Führer, da sie unbeschwert durch Bädeker und gültige Anschauungen das Rassigste zu finden wußten, und ich erinnere mich gerne daran, wie mich Heine in den Uffizien aus den Sälen der toskanischen Meister holte, um mir die wundervolle Anbetung der Hirten von van der Goes zu zeigen. Neben den disziplinierten Leuten, die sich unverbrüchlich an die Sterne Bädekers hielten, waren nicht wenige Jünger der Kunstgeschichte zu bemerken, die es sich vorgenommen hatten, durch eine Entdeckung bekannt zu werden, und die in unbeachteten, irgendwo in einer Kapelle verborgenen Kunstwerken die eigentlichen Wunder des Quattrocento auffanden. Darüber ließen sich dann beachtenswerte Artikel schreiben.

Wenn man darüber lächelt, überkommt einen doch die unbändige Sehnsucht nach jener schönen Zeit, in der diese Dinge etwas bedeutet haben.

Auch strengen Richtern begegnete man, die mißtrauisch die Bilder musterten, und als ich wieder einmal vor dem großen Bilde des van der Goes stand, klopfte mir Karl Voll auf die Schulter und sagte im brunnentiefen Basse: »Ja, ja, Sie haben es schön; Sie dürfen hier alles bewundern, unsereiner aber muß die Bilder auf ihre Echtheit untersuchen.« Und dann ging er gleich daran, seinem Verdachte gegen einen Memling neue Nahrung zu geben.

Durch Zufall fand ich in Florenz bei einem Antiquar etliche Bände Vasaris in deutscher Übersetzung und ging nun daran, mit der Lebensgeschichte alter toskanischer Meister ihre Werke an dem von Vasari angegebenen Stätten kennenzulernen und sie aufzusuchen, wenn sie dort nicht mehr zu finden waren. Dieser Anschauungsunterricht verschaffte mir schöne Stunden, dabei auch die bleibende Überzeugung, daß die erzählende, von Kritik und vordringlicher Klugheit freie Kunstgeschichte Vasaris unendlich lehrreicher, vornehmer und verdienstlicher ist wie alles, was moderne Weisheit über Kunst zusammengeschrieben hat.

Von den Werken der in Florenz lebenden deutschen Künstler sah ich nicht viel, und mancher der trefflichen Meister erinnerte mich an Gottfried Kellers Bildhauer, der in Rom viele Jahre an einer Statue arbeitete und immer italienischer und dolcefarnienter wurde.

Es mußte sehr schwer sein, sich an sonnigen toskanischen Tagen in ein Atelier gebannt zu sehen.

Auch wir seufzten über die Beiträge, die wir doch für die Münchner Redaktion zu machen hatten, und Mama Frattigiani, bei der wir wohnten, hatte das ganz echte florentinische Mitleid mit den armen Menschen, die arbeiten mußten. Der faulste war ihr Liebling, und diesen Rang nahm unbestritten Rudolf Wilke ein, den man nur durch furchtbare Drohungen mit Entziehung von Geld, Nahrung und Chianti dazu brachte, eine Zeichnung anzufangen oder gar zu vollenden.

Für Thöny war die gegenüberliegende Kaserne eines Kavallerieregimentes eine wahre Fundgrube der Unterhaltung und Belehrung.

Was man sah, war in allem das Gegenteil vom deutschen Drill; eigentlich geschah nie etwas, und immer schien das Wichtigste zu geschehen. Wenn ein Heuwagen einfuhr, schmetterten die Trompeten, Soldaten liefen durcheinander, Offiziere kommandierten, Signal auf Signal ertönte, bis endlich der Wagen in der Remise war. Dann breitete sich wieder unendliche Ruhe über dem Kasernenhofe aus.

Carlo Böcklin, der Sohn des Maestro Arnoldo, und Peter Bruckmann, sein Schwiegersohn, bereiteten uns eines Abends ein Fest in Fiesole, wozu sie die Liedertafel des Ortes eingeladen hatten.

Lauter Handwerker, Maurer, Schuster, Schneider, zeigten uns diese Leute soviel vornehme Höflichkeit, wie sie wohl in keinem anderen Lande bei ihresgleichen anzutreffen sind. Sie sangen wundervoll und nahmen unsere Begeisterung darüber gelassen auf, nippten nur ein wenig an dem Wein, der ihnen vorgesetzt wurde, um uns freundlich Bescheid zu geben, und als ein Deutscher die unvermeidliche Rede auf Bündnis, Freundschaft und Garibaldi gehalten hatte, erwiderte ein Maurerpalier, mit edler Gebärde aus der Schar vortretend, mit einer Rede von Sonne und Mond, die über allen Ländern schienen, und vom Gesang, der aller Menschen Herz erfreue.

Alles, was wir kennen und besser verstehen lernten, war dazu angetan, uns Liebe zu Land und Leuten einzuflößen und in uns, als wir scheiden mußten, den Wunsch nach baldiger Wiederkehr wach zu halten.

Wir durften ihn auch gemeinsam erfüllt sehen, aber so fröhlich haben wir den Aufenthalt nie mehr genossen wie bei jenem ersten Male.

Wir waren noch in Florenz, als wir die Nachricht erhielten, daß Albert Langen nach München zurückgekehrt sei. Er war zwei Monate vorher zu uns nach Bordighera gekommen und hatte damals Andeutungen gemacht, daß vielleicht die Strafverfolgung gegen ihn eingestellt und ihm die Heimkehr gestattet werde.

Ich glaubte nicht daran, weil ich keine Ahnung davon hatte, daß dem König von Sachsen ein Recht zustand, im Gnadenwege Prozesse niederzuschlagen. Auf Verwendung Björnsons und eines einflußreichen sächsischen Herrn wurde von diesem Rechte Gebrauch gemacht, und gegen Bezahlung einer ziemlich hohen Summe durfte Langen nach fünf Jahren wieder nach Deutschland kommen.

Er lebte wieder auf, und wer ihn nunmehr geschäftig, voll von Plänen, rastlos und glücklich zugleich sah und die völlige

Veränderung in seinem Wesen bemerkte, der konnte wirklich die Anschuldigung, als habe er absichtlich durch eine Majestätsbeleidigung Geschäfte machen wollen, rechtschaffen dumm finden.

Die lange Abwesenheit hätte das Bestehen seines Unternehmens gefährden können, wenn nicht der Konzern der Mitarbeiter den Simplicissimus unabhängig von geschäftlicher Leitung erhalten hätte.

Als das Blatt drei Jahre später in die Hände der aus Langen und den Mitarbeitern bestehenden Gesellschaft überging, fehlte es nicht an Leuten, die in dieser Transaktion eine Vergewaltigung sehen wollten, und Wedekind hat diese Meinung zu einem Stücke verwendet.

Wer gerecht urteilen will, mag sich sagen, daß wir, wenn wir von Langen schon etwas erzwingen wollten, nie eine bequemere Gelegenheit dazu gehabt hatten, als in der Zeit, wo er in Paris weilte und alles von unserem guten Willen abhing.

Der Anspruch auf Beteiligung war vollauf begründet, als Langen den Preis des Simplicissimus erhöhte. Darin lag ein Risiko, das wir mitzutragen hatten, und so konnten wir auch ein Recht auf den Vorteil beanspruchen.

Damals also nach der Rückkehr aus Italien fand ich Langen glückselig in neu erwachter Unternehmungslust vor; auch äußerlich hatte er sich völlig verändert, da er den gepflegten, etwas pariserisch anmutenden Vollbart abgetan hatte und glatt rasiert eher einem amerikanischen Geschäftsmanne glich.

Er war mit Elektrizität geladen, brachte jeden Vormittag neue Vorschläge ins Bureau, hielt Conseils ab und fühlte sich pudelwohl, wenn er mit sprunghaften Ideen Redaktion und Verlag in Bewegung erhielt.

Der Kreis der Mitarbeiter hatte in Olaf Gulbransson Zuwachs erhalten.

Im März 1902 hatte mir Langen in Paris ein von Gulbransson illustriertes Buch gezeigt und schon damals die Absicht geäußert, den Künstler für den Simplicissimus zu gewinnen; im Sommer darauf lud er ihn nach Aulestad ein und überredete ihn, schon im Herbste nach Deutschland zu übersiedeln.

Gulbransson kam im November nach Berlin, wo er nach Langens Meinung zuerst einmal Studien machen sollte, aber der Aufenthalt behagte ihm so wenig, daß ihn die übernommene Verpflichtung beinahe reute.

Kaum war er im Januar 1903 in München angelangt, fühlte er sich, obwohl er kein Wort deutsch sprach und verstand, heimisch und zeigte auch gleich das lebhafteste Verständnis für die Freuden des Karnevals, der damals reizvoller war als späterhin, wo er für die herbeieilenden Fremden originell werden mußte.

Ich erinnere mich an sehr ernsthaft ausgesponnene Beratungen, die von namhaften Männern über einen Künstler- und Schriftstellerball abgehalten wurden, und die ein solches Fest als wichtige Haupt- und Staatsaktion erscheinen ließen.

Die Vorbereitungen dazu führten mich mit Ignatius Taschner zusammen, mit dem mich bald eine Freundschaft verband, die für mich zum Lebensereignisse und wertvollsten Besitztume geworden ist.

Als er damals mit dem Bildhauer August Heer zu einer Besprechung kam, war's mir nach den ersten Worten, als hätten wir uns zeitlebens gekannt und wären als Nachbarkinder mitsammen aufgewachsen.

In einer entbehrungsreichen Jugend und in den härtesten Kämpfen hatte er sich eine Fröhlichkeit bewahrt, die jedes Zusammensein zum Feste machte.

Sein Vater stammte aus Niederbayern, seine Mutter war Fränkin, und die Eigenschaften der beiden Rassen waren in ihm auf das glücklichste vereint.

Übermütig, derb, ungemein tätig und arbeitsfroh, und wieder so ernsthaft, pflichttreu, aufs kleinste bedacht, schien er in seinem Charakter, wie in seiner Kunst aus einer vergangenen, soviel schöneren Zeit zu stammen.

Wenn er von seiner Lehrlings- und Gesellenzeit erzählte, war's wie eine Dreingabe zu Kellers Gerechten Kammachern, und wie klang es dann wieder ernsthaft und zum Herzen dringend, wenn er über künstlerische Dinge sprach!

Keiner hat wie er die heimlichen Zusammenhänge von Heimat und Rasse mit der Kunst gekannt, keiner so verstanden, wie sie über tüchtiges Handwerk hinaus zur höchsten Kunst führen, und das war bei ihm angeborenes oder durch Arbeit errungenes Wissen, weit weg von angelernter Doktrin.

Darum war er unbeirrbar durch alles, was Mode oder Richtung heißen mag, und zeigte in seinem Leben wie in seinem Schaffen die Art der hohen fränkischen Meister, deren Geist in ihm wieder lebendig geworden war. Ich verdanke ihm viel.

Anregung, Belehrung, Freude, die fröhlichsten, wie die inhaltsreichsten Stunden, Verständnis für die Kunst und ihre Wirkungen auf alle Erscheinungen des Lebens.

Im Umgange mit ihm fand ich Sicherheit; er lehrte mich durch Wort und Beispiel, strenger gegen mich sein.

Er nahm einige Monate, nachdem wir uns kennengelernt hatten, einen Ruf nach Breslau an; zwei Jahre später ging er nach Berlin, wo er die fruchtbarste Tätigkeit entfaltete. Aber wenn er nur irgend konnte, kehrte er nach Süddeutschland zurück, und immer war mir ein Heimweh gestillt, wenn er bei mir war.

Viele Pläne hatten wir gefaßt; sie sollten ausgeführt werden, wenn er aller Verpflichtungen ledig in seinem Hause in Mitterndorf endlich zu freier, durch keine Aufträge festgelegter Arbeit gekommen wäre. Die Erfüllung unserer Wünsche war nahegerückt, als er starb.

Mit ihm ging mir manche lieb gewordene Hoffnung zu Grabe, doch am härtesten traf es mich, daß ich seine ehrliche, kluge Freundschaft verlieren mußte.

Damals im Januar 1903 half er froh und ausgelassen an den Karnevalsunterhaltungen mit.

Auf seine Anregung veranstalteten wir einen Veteranenball, bei dem es wie in einem altbayrischen Dorfe hergehen mußte; wir stellten lebende Bilder aus dem Jahre 1870, und das Fest gefiel so, daß wir es die folgenden drei Jahre wiederholten.

Derartige Dinge wurden ja in München sehr ernst genommen, und zu ihrem Gelingen wurden Mühe und Fleiß und sehr viel Können aufgewandt.

Ich erinnere mich an ein antikes Fest im Hoftheater, das

Lenbach und Stuck und alle bekannten Künstler wochenlang vorbereiteten.

Natürlich hat man das in der Hauptstadt der Kritik ein bißchen ironisch beurteilt, aber wo immer Künstler die Bedingungen fröhlichen Zusammenlebens gefunden haben, sind Feste gefeiert worden, und wo das unterblieben ist, hat es nicht der Ernst der Arbeit verhindert.

In München ist auch mehr und mehr die Lust zu größeren Veranstaltungen geschwunden; die Zerwürfnisse in der Künstlerschaft, die Spaltung in zahlreiche Gruppen trugen viel dazu bei, und ich glaube nicht, daß sich bei den jüngeren Leuten soviel Phantasie finden ließe, wie ehedem zu Festen aufgewandt wurde; übersprudelndes Talent und Humor wird niemand von den Kümmerlingen erwarten, die sich heute gegenseitig ihre expressionistische Bedeutung aufschwätzen.

Langen konnte sich ein halbes Jahr nach seiner Rückkehr recht in sein Element, in das bewegteste Leben, versetzt fühlen, da wir mit einer gegen die Zentrumsherrschaft gerichteten Nummer großen Aufruhr erregten.

Ich hatte mit einer im Stile Abrahams a Santa Clara gehaltenen Predigt gegen die Dunkelmänner Veranlassung zur Konfiskation gegeben. Eine heftige Polemik setzte in den Zeitungen ein, der Minister von Feilitzsch wurde in der Kammer interpelliert, ein Abgeordneter las im Landtag Bruchteile der Predigt vor, und als der Präsident von Walther dagegen einschritt, ließ er sich irgendwelche Verstöße gegen die Geschäftsordnung zuschulden kommen und mußte abtreten; die Frage, ob München oder Stuttgart zuständig sei, führte zu lebhaften Kontroversen, der Generalstaatsanwalt lud mich sogar zu einer Besprechung ein, die er mit den Worten schloß: vive la guerre!

Ich beteiligte mich ausgiebig an der Zeitungspolemik und handelte nach dem Grundsatze, daß die beste Abwehr der Hieb sei.

So griff ich auch ohne Federlesen den Richter an, der im Ermittelungsverfahren tätig gewesen war und, als Sohn eines ultramontanen Abgeordneten selbst mit einem Zentrumsmandat behaftet, seine politische Abneigung deutlich genug ins Amtliche übersetzt hatte.

Das löste natürlich erneutes Zetergeschrei aus und wochenlang blieb das Feuerchen angefacht, bis die Sache zuletzt wie das Hornberger Schießen ausging.

Langen glänzte vor Vergnügen.

Wenn unsere Feinde, die sich gewiß herzliche Mühe gaben, äußerst bittere Sätze gegen uns zu konstruieren, gehört hätten, wie ihre saftigsten Artikel unter schallendem Gelächter vorgelesen wurden, dann hätten sie wahrscheinlich den Kampf aufgegeben.

Aber die Herren vom Zentrum waren selber so empfindlich, daß sie sich jene Wirkung ihrer Angriffe niemals hätten vorstellen können.

Gute Hasser waren sie. Als ich ein Jahr später wegen Beleidigung einiger Sittlichkeitswächter unter den Pastoren verurteilt wurde, rauschte Beifall durch die Zentrumspresse, und manches Blatt stellte sich entsetzt über mein Vergehen, wenn es auch anderen Tages wieder die ausgiebigsten Beschimpfungen gegen den Protestantismus brachte.

Mir aber war das ganz und gar nicht in den Sinn gekommen; ich hatte mich nur gegen die unverschämte Rede eines einzelnen gewandt, der sich als Tugendbeispiel und ganz Deutschland als sittlich verkommen bezeichnet hatte.

Nach meiner Verurteilung beschäftigte sich ein Sittlichkeitskongreß in Magdeburg mit mir, und ein Berliner Hofprediger sprach der Vorsehung, die meine Bestrafung herbeigeführt hatte, seine wohlwollende Anerkennung aus. Ich wollte dazu nicht schweigen und brachte in einem von Gulbransson illustrierten Flugblatte jener Magdeburger Versammlung einen größeren Mangel an Ehrerbietung entgegen.

Das Blatt war in München gedruckt, und ich mußte mich vor dem Schwurgericht verantworten. Von einer erhöhten Bank aus, auf der sonst Mörder und Diebe saßen, blickte ich hinüber zu den Geschworenen, unter denen ich recht behäbige, einem derben Spaß wohlgeneigte Landsleute bemerkte. Ich wäre als dreizehnter unter ihnen vielleicht der gewesen, dem eine saftige Geschichte das geringste Vergnügen bereitet hätte.

Als mein Gedicht vom Protokollführer im trockensten Tone vorgelesen wurde, schlugen sogleich einige hanebüchene Stellen ein; verschiedene Geschworene hatten Mühe, ernst zu bleiben, und kämpften mit blauroten Gesichtern gegen den Lachreiz an; die ehrbaren Volksrichter waren wie Schulkinder, die heimlich kichern.

Die Verhandlung, welche übrigens mit einem Freispruch endete, wurde im Landtag und bei ultramontanen Parteitagungen recht abfällig kritisiert, weil zwölf Sachverständige, darunter Professor Forel aus Zürich, Dr. Hirth, Ganghofer u. a., Stellung gegen die Anklage genommen hatten.

Außerdem kam es zu einer Beschwerde beim Justizminister, da der Staatsanwalt einige Sachverständige angeflegelt hatte.

Das Bezeichnendste dafür, wie töricht damals Parteipolitik getrieben wurde, ist, daß man, wütend über den Ausgang des Prozesses, die in Bayern gesetzlich festgelegte Zuständigkeit der Schwurgerichte für Preßvergehen am liebsten aufgehoben hätte. In einer verärgerten Stimmung wollte man ein wichtiges Volksrecht aufgeben und vergaß völlig, daß ihm die ultramontane Presse in der Ära Lutz sehr viel zu verdanken gehabt hatte.

Damals schrieb ein klerikales Provinzblatt, daß Religion und Sitte in Bayern durch meine Freisprechung für vogelfrei erklärt worden seien; so dick trug die Partei auf, als es sich nicht einmal um eine sie nahe berührende Sache handelte.

Freilich hatte man etliche Monate vorher vergeblich die Lärmtrommel gegen den Verfasser des »Andreas Vöst« gerührt, und der Bayrische Kurier hatte das Ministerium erfolglos aufgefordert, die Kirche und ihre Diener pflichtgemäß gegen die Veröffentlichung des Romans zu schützen.

Die Feindseligkeiten verschärften sich, und der Ton wurde grob und gröber, als ich die Briefe eines ultramontanen Abgeordneten veröffentlichte. Ich war nicht wehleidig und konnte es verstehen, daß mir aus dem Zentrumswalde kein liebreiches Echo entgegenschallte, aber imposant fand ich die mächtigen Gebieter des Landes nicht, die so wenig innerliche Stärke bei so viel äußerlicher zeigten.

Wenn wir im Januar 1906 bei Gründung der Gesellschaft geglaubt hatten, daß nunmehr ein lange dauerndes gemeinsames Schaffen gesichert wäre, so zeigte uns das Schicksal wenige Jahre später, daß sich auf die Zukunft nicht bauen läßt.

Seit 1907 kränkelte Wilke, im November 1908 starb er an einer Lungenentzündung.

J. B. Engl war ihm vorausgegangen, und Ende April 1909 folgte ihm Albert Langen, dessen Leiche Ferdinand von Reznicek nach Köln überführte. Vierzehn Tage darauf starb auch er in einer Münchner Klinik an Magenblutung.

Wilke war vierunddreißig Jahre alt, Langen neununddreißig, Reznicek vierzig; allen dreien schien nicht nur das blühende Alter, sondern auch Kraft und Gesundheit langes Leben zu verbürgen. Wilke allerdings, dessen Stärke und Gewandtheit einmal vorbildlich waren, hatte uns schon ein Jahr vor seinem Tode Grund zu Befürchtungen gegeben, aber ganz unvermutet kam das Ableben Langens und Rezniceks.

Dieser war der typische Österreicher von guter Familie; taktvoll, liebenswürdig, heiter, in Manieren wie im Charakter vornehm. Ich habe ihn nie laut oder heftig gesehen, und ich glaube, er wäre gegen Brutalität völlig hilflos gewesen. Die Grazie, die seine Zeichnungen auch denen, die herbere Kunst schätzen, wertvoll machte, lag in seinem Wesen.

Von den Künstlern, die durch den Simplicissimus und die Jugend bekannt wurden, war er sogleich der populärste, und er ist es geblieben.

Daß er verhätschelt und umworben, von Eitelkeit völlig frei blieb und ganz und gar nicht zügellos lebte, bewies seinen wirklichen Wert, den nur die anzweifelten, die ihn nicht persönlich kannten. Die Art und das Gegenständliche seiner Kunst veranlaßten manchen Sittenrichter, der sehr unangefochten leben konnte, in dem guten Ferdinand von Reznicek einen Wüstling zu vermuten, und zuweilen wurde ihm das auch gedruckt unterbreitet.

Derlei Vorwürfe verletzen die Ehre der Männer nicht, vielen erscheinen sie so schmeichelhaft, daß sie sie mit diskretem Lächeln entgegennehmen, Reznicek aber blieb davon unberührt. Er war weder der »verfluchte Kerl«, noch wollte er es zu sein scheinen.

Ohne Launen, immer aus dem Herzen heraus liebenswürdig, hilfsbereit und empfänglich für jede heitere Stimmung, war er der beste Kamerad, in dessen Gegenwart Mißmut nie aufkommen konnte.

Krankheit und Tod lassen den Charakter eines Menschen erst recht erkennen.

Alle drei, Wilke, Langen und Reznicek, haben die härteste Prüfung würdig bestanden, und sie sind ohne zweckloses Klagen tapfer gestorben, und die letzten Dinge waren für die Art eines jeden von ihnen bezeichnend.

Wilke lehnte sich mit einer unmutigen Gebärde gegen den Tod auf; als er auf dem Krankenlager in seiner Heimatstadt Braunschweig fühlte, daß es zu Ende gehe, sagte er nur: »Das ist dumm.«

Und es war töricht, daß ein genialer Mensch, als er sein Bestes erst noch zu geben hatte, weg mußte.

Langen traf ruhig Anordnungen über seinen Nachlaß, und von dieser Sorge befreit, dankte er höflich lächelnd dem Anwalte, der das Testament aufgesetzt hatte; keine Klage, kein wehleidiges Wort entschlüpfte ihm.

Reznicek, der sich in einer Klinik operieren lassen wollte, schrieb mir zwei Tage vor seinem Tode, daß er der Sache mit der üblichen Fassung entgegensehe; als dann ein heftiger Blutsturz jede Hoffnung vereitelte, bat er den Arzt, daß er ihm nach dem Ableben das Herz mit einer Nadel durchstechen solle, und bestellte Grüße an uns alle.

Der Tod dieser drei Männer, wie der von J. B. Engl, war ein harter Schlag für den Simplicissimus, und wenn er auch überwunden wurde, so bleibt es doch wahr, daß Künstler wie Wilke und Reznicek unersetzlich waren.

Mit der Erinnerung an sie soll das Buch enden; durch ihr Hinscheiden waren Lücken in den einst so fröhlichen Kreis gerissen, die nichts mehr schließen konnte, und manche Änderung, die eintrat, läßt mich in jenen Ereignissen den Abschluß einer heiteren, erfolgreichen Zeit sehen.

Spätere Erlebnisse haben kaum mehr Einfluß auf mein Schaffen gehabt; was nun kam, war Arbeit und Ernte, kein Kampf mehr ums Werden.

Das Schicksal des Vaterlandes hat fast alle Zusammenhänge zwischen damals und heute zerrissen; es führt keine Entwicklung aus jener nahen Vergangenheit, die uns doch soweit entrückt wurde, herüber.

Ich fühle mich um so mehr vereinsamt, als ich alles, was sich heute in der Literatur, in der Kunst, in der Politik lärmend vordrängt, verabscheue.

In dieser Zeit, in der das Ungeheuerlichste alltäglich wurde, haben unbeschäftigte Gemüter Muße gefunden, dem Simplicissimus wie mir persönlich vorzuwerfen, daß wir im Kriege unsere Ansichten geändert, unsere einmal heftig verfochtenen Grundsätze aufgegeben hätten.

Es ist ein Laster politisierender Spießbürger, im Festhalten an einer Meinung ein Verdienst zu erblicken.

Es liegt im Lernen und im Bekennen.

Und zudem ist der Vorwurf unbegründet.

Im Simplicissimus sind wir alle – ich weder allein, noch vorzugsweise – für die Erhaltung des Friedens eingetreten, wir haben ohne ängstliche Rücksichten das persönliche Regiment mit seinen schädlichsten Begleiterscheinungen, dem aufdringlichen Reden, der Heldenpose, der Gottähnlichkeit, der Operettenpolitik, dem Mangel an Verantwortlichkeitsgefühl angegriffen, wir haben das rückgratlose Philistertum, die verlogene Phrase, wir haben jede Schnoddrigkeit und Selbstgefälligkeit bekämpft, aber als der Krieg da war, gab es nichts mehr als das Schicksal des eigenen Landes.

War es ein Fehler, daß wir ebensowenig blind waren gegen das Heldentum des deutschen Volkes wie gegen den giftigen Haß der Feinde?

Oder war es ein Verbrechen, Vertrauen zu haben, wenn Mißtrauen und Zweifel nur Verwirrung anrichten konnten?

Wer das heute behauptet und alle Meinungen hinterher nach dem endlichen Ausgange korrigiert haben will, ist doch nur ein Schwätzer, und sein Tadel trifft nicht hart. Ich glaube heute, was ich immer geglaubt habe, daß auf dem Boden der alten Gesellschaftsordnung recht wohl die Reformen zu erreichen waren, die das Glück und die Größe Deutschlands sichergestellt hätten.

Der Kampf für sie mußte am 1. August 1914 nicht aufgegeben werden, aber er mußte aussetzen, und Schweigen war Pflicht.

International zu empfinden, gerecht gegen die verderblichsten Feinde zu sein, war nie in meiner Natur gelegen, und es fiel mir wirklich nicht schwer, ihnen den Untergang, Deutschland aber den vollen Sieg zu wünschen.

So mag sich, wer will, über meine Wandlungen und meine Wandlungsfähigkeit aufregen.

Von dem Drucke, den ich wie alle nach dem Zusammenbruche des Vaterlandes auf mir lasten fühle, suchte ich und fand ich zeitweilig Befreiung in der Erinnerung an die Vergangenheit.

Ich habe dem Schicksal für vieles dankbar zu sein, am meisten für eine Jugend, in der ich wie in frischen Quellen Erquickung finde, und die mir durch das Andenken an die Eltern verschönt bleibt.

In dem schlichten Wesen meines redlichen Vaters zeigt mir jeder Zug die staubfreie, aller Engherzigkeit abholde Art des Forstmannes vom alten Schlage.

Ich war noch ein Kind, als er starb, und ich lernte ihn lieben aus der Schilderung, die mir meine Mutter von ihm gab; sie hatte seinen gütigen, alles exaltierte Empfinden ausschließenden Humor um so besser würdigen können, als er in ihrer heiteren Natur den schönsten Widerklang gefunden hatte.

Ihr Leben ist Mühe und Arbeit und Freude daran gewesen. Als ihr nach dem Tode meines Vaters die Sorge für sieben unmündige Kinder überlassen blieb, bei einer Witwenpension von nicht ganz hundert Mark im Monat, griff sie tapfer zu und pachtete den Gasthof »Zur Kampenwand« in Prien.

Zu unserer Erziehung hatte sie kein anderes Mittel, als

ihre Herzensgüte; Schärfe lag nicht in ihrem Wesen, aber ebensowenig blinde Liebe, die sich an Fehlern ergötzt oder darüber wegsieht.

Ihr überlegener, ganz auf Tüchtigkeit gerichteter Verstand ließ sie manches heitere, treffende Wort finden, das einen jungen Menschen, von verstiegenen Ansichten heilen mußte. Wie wertvoll ihr gesundes Urteil war und was es bedeutete, daß sie nie landläufige Meinungen nachsprach und nie Redensarten gebrauchte, das lehrte mich erst das Leben verstehen.

Ich habe späterhin zuweilen gehört, wie dieser und jener Wunsch nach Zerstreuung und Vergnügen berechtigt sei, ich habe erfahren, daß eine gewisse Bildung verschiedene Ansprüche erfüllt sehen müsse, um fortdauern zu können; meine Mutter hat nie Ansprüche gestellt und doch besaß sie eine Herzensbildung, die ihr Leben, wie das ihrer Kinder verschönte. Ich durfte in meiner Jugend das hohe und bleibende Glück genießen, an ihrem Beispiele den Segen eines bescheidenen Sinnes kennen zu lernen.

Den Schatz, der in der Erinnerung an edle Eltern liegt, hat mir ein gütiges Geschick verliehen.

Und auch dafür bin ich ihm dankbar, daß es mich in die engste Heimat zurückgeführt hat.

Aus den Fenstern meines Tegernseer Hauses sehe ich zu den Bergen hinüber, die das Lenggrieser Tal einschließen, und sie tragen vertraute Namen; in den Wäldern, die sich an ihren Hängen hinaufziehen, lief ich neben meinem Vater her, und das stille Forsthaus, in dem ich die Kinderzeit verlebte, liegt nicht allzuweit von hier. Wo ich auch war, und was mir das Leben auch gab, immer hatte ich Heimweh danach, immer regten sich in mir Neigungen, die aus jenen frühesten Eindrücken herstammen.

Viele Wünsche gingen mir in Erfüllung, anders und schöner, als ich erwartet hatte, auch der Wunsch, der am tiefsten in mir wurzelt, hier leben und schaffen zu dürfen.

Je enger sich der Kreis von Ausgang und Ende schließt, desto stärker empfinde ich es, wie darin das beste Glück enthalten ist.

Um mich ist Heimat.
Und ihre Erde kann einmal den, der sie herzlich liebte, nicht drücken.

Leute, die ich kannte

Karl Haider

Als Rechtspraktikant im Jahre 1893 saß ich fast allabendlich in der Nürnberger Wurstküche zum Herzl.

Da sah ich einmal am Nebentisch einen kleinen Herrn in den vierziger Jahren, der mir durch sein von Sonne und Wind rot gebeiztes Gesicht auffiel. Ein Freund sagte mir, das sei ein Schlierseer Maler, und da dieser eben aufstand und einen großen Schlapphut aufstülpte, setzte mein Freund hinzu, der ganze nette Kerl schaue selber aus wie ein Schwammerling im Holz draußen. Ich hörte den Namen und vergaß ihn wieder. Karl Haider.

Zehn Jahre später sagte mir eines Tages Albert Langen in seiner aufgeregten Art, er habe Bilder von Haider gesehen, und es sei sein höchster Wunsch, eines zu erwerben. Leider kam er wieder davon ab. Kurze Zeit darauf sah ich im Kunstverein zum erstenmal einige Landschaften Haiders, »Über allen Wipfeln ist Ruh« und andere.

Ich war gerührt und begeistert und beschämt.

Also das war von dem kleinen »Schlierseer« Maler?

Zum ersten und einzigen Mal sah ich in altmeisterlicher Ausführung den ganzen zum Herzen dringenden Reiz, den die für unmalerisch erklärte Landschaft hat, wiedergegeben. Es mutete mich an wie ein wundervolles Heimatlied.

Das war unser Wald, der uns Kinder anzog und wieder fürchten machte, in dem es Fasanen gab und Riesen und Zwerge, der voll war von Geheimnissen.

Alle stillen Abende, die ich am Waldrande verlebt hatte, waren in diesem Bilde.

Und auch sonst, jede Hütte, jeder Baum, jeder Kirchturm, jede Felsnase mit blauem Himmel und schwimmenden Wolken darüber war mein Altbayern.

Meine törichte Gewohnheit, alle Pläne zu verschieben, ließ es mich versäumen, zu Haider hinauszufahren.

Gewollt habe ich es, und der Wunsch regte sich immer wieder. Ich redete Langen zu, sich einen Haider zu erwerben.

Auch ernahm sich's vor, verschob es und starb, noch ehe er sich den Wunsch erfüllt hatte. 1911 las ich an Plakatsäulen den Anschlag, daß am Königsplatz eine Gesamtausstellung Haiderscher Bilder sei.

Da zögerte ich nun doch nicht, sofort hineinzugehen.

Bild an Bild, das mich erregte und mit stiller Freude erfüllte.

Plötzlich sah ich den kleinen Herrn mitten im Saale, der von Besuchern leer war, stehen.

Er schaute über seine Brille weg aufmerksam zu mir herüber und schien darauf achtzugeben, was seine Werke für einen Eindruck auf mich machten.

Wie er so schlicht und bescheiden dastand, faßte ich mir ein Herz und sprach ihn an. Ich dankte ihm ehrlich für den hohen Genuß, und er ging ohne viel Umschweife frisch und altbayrisch darauf ein.

Im Dialekt waren wir gleich Brüder.

Und ich darf sagen, daß wir herzlichen Gefallen aneinander fanden. Die Unterredung endete damit, daß wir uns zum Weinfrühschoppen beim Strasser am Radlsteg zusammen bestellten.

Dort saßen wir dann am Stammtische einander gegenüber, und im Hin und Wider unserer Reden und Meinungen fanden wir erst recht Freude an unserer Landsmannschaft.

Er lud mich zu sich nach Schliersee ein, und da es Winter und er ein Freund vom Eisschießen war, war die Verabredung, daß ich an einem schönen Vormittag von Tegernsee hinüberkommen und ein Spiel mit ihm machen sollte.

Etliche Wochen später führte ich mein Vorhaben aus.

Ein schöner Wintermorgen in Schliersee; ich fragte mich nicht ohne Mühe zu Haider durch, der am Ende des Dorfes ein kleines Haus hatte. Es war unscheinbar, sehr bürgerlich, weder auf Villa noch Bauernhaus hindeutend. Etwa das Haus eines Dorfschneiders.

Und genau so sah er selbst aus, wie er in der kleinen, schmucklosen Stube saß und eine Provinzzeitung las.

Der kleine, schmächtige Mann mit dem schütteren grauen Vollbart, mit der altväterischen Stahlbrille auf der Nase erinnerte ganz und gar an einen ehrsamen Meister von der Schneiderzunft.

»Z'erscht werd gessen«, sagte er. »Danach gehn mir ins Atelier nüber.«

Bei Tisch redeten wir über manches, was wir damals vor Fremden in der Weinkneipe nicht berührt hatten.

Über seine Kunst, über seine Erfolge, über Kritik.

Von dieser hielt er sehr wenig. Dabei war er sichtlich erbost über einen, der seine Bilder in der Zeitschrift »März« wohlwollend besprochen hatte.

Der junge Herr war zu liebenswürdig herablassend gewesen.

»Was glaubt denn so a Lausbua? Was is er denn? Was kann er denn? Is dös net der größte Unfug, daß der nächstbeste, herg'laufene Kerl so an saudumma Schulaufsatz über mi schreiben darf? Jetzt bin i fünfasechz'g Jahr alt und hob do was g'lernt und aa was g'leist in mei'm Leben. Na geht so a Rotzlöffel her, der net amal woaß, was an Ölfarb is, und klopft mir auf d'Achsel. Er is recht z'frieden; wenn so weiter mach, kunnt sei, daß er ganz z'frieden waar. So was sollt verbot'n sei.«

Ich gab ihm recht, und da ich Mitherausgeber des März war, sagte ich, daß ich den Artikel erst in der fertigen Nummer zu Gesicht bekommen hätte, er sei mir selber recht überheblich vorgekommen.

»Frech, mit oan Wort«, fiel er eifrig ein. »Da is mir glei liaba, wenn oana schimpft. Überhaupts de Kritiker. An oanzigsmal hab i was über mi g'lesen, in a norddeutschen Zeitung, was mir g'fallen hat. Da hat nämli oana g'schrieben, mer kennt's meine Bilder o, daß i a Musiker bin. Der war net dumm, der dös g'schrieben hat. Denn i bin a leidenschaftlicher Musiker, und dös kummt ganz von selber in d' Stimmung nei.«

Er erzählte mir von seinem Leben und seinem mühsamen Ringen um Erfolg. Sein Vater, der bekannte Zeichner der Fliegenden Blätter, Max Haider, war früh gestorben, und so mußte er sich von Jugend auf durchfretten. Die Anerkennung mit Professortitel und Ehrendoktor war spät gekommen, und zu hohen Preisen hatte er es auch damals noch nicht gebracht.

Unter seinen Freunden waren Leibl und Hans Thoma die berühmtesten.

Der feinfühlige, etwas verträumte Haider hatte mehr für den ähnlich gestimmten Süddeutschen übrig als für den derben Kölner.

»Der Leibl hat fei grob sei könna«, sagte er. »Mir san amal viel beinand g'wesen, aber recht z'sammpaßt hamm ma net.«

Nach Tisch führte er mich in sein Atelier, zeigte mir einige Bilder und setzte sich ans Klavier.

»Mögen S' was von Beethoven hör'n?«

Als ich ihn darum bat, spielte er.

Sehr gut und sich ganz der Musik hingebend. Er begleitete Stellen, die ihm besonderen Eindruck machten, mit einem Wiegen des Körpers, mit Heben und Senken der Schultern.

Manchmal drehte er sich nach mir um. »Is dös net schö?« Er sagte mir, daß er gerne zu einem Konzerte in die Stadt fahre, und daß ihm der Nachgenuß in seiner Einsamkeit viele schöne Stunden gewähre.

»Dös is aa so a dummer Spruch: Am Land verbauert ma. I möcht wissen, was oana in der Stadt drin besser's findt als a schöns Konzert und a guats Buach... Da schaun S' her!«

Er führte mich zu dem kleinen Bücherregal. Goethe, Schiller, Storm, Raabe, Keller, das waren die Schätze.

»I les' net viel, aber was i les', von dem hab i was.«

Den »Grünen Heinrich« liebte er besonders, und er erzählte mir, vor Jahren habe er, auf Zureden Trübners, Zolas L'œuvre gelesen, in deutscher Übersetzung.

Trübner habe ganz überschwenglich davon gesprochen, es sei das gescheiteste und belehrendste Buch, das ein Maler lesen könnte, so verblüffend wahr, und viele Fragen, die einer an sich stelle, beantworte es, viele Zweifel löse es.

»No, es war ja ganz interessant«, sagte Haider, »aber gar so großartig hab i's net g'funden. Was is dös gegen den Grünen Heinrich? Da san die Kämpfe, die Zweifel, die Hoffnungen und was oaner halt durchmacht, der was schaffen will, da san s' g'schildert. Dös Suchen, wissen S', dös koan erspart bleibt. Allaweil wieder kann i's lesen. Mir is ja aa net anderst ganga; amal hab i bei dem, amal bei an andern die wahre

Kunst abg'schaugt, hab g'moant, jetzt hab i's, und nix is g'wesen. Denn erst wenn man sich selber entdeckt, wenn ma dös rausbringt, was in oan selber drin is, erst nacha wird's was. Es dauert halt oft lang, und viele, die eigentlich was zum sagen hätten, kommen gar nia darauf. Manche aus Bescheidenheit net, wei' s' glaaben, de andern san de bessern, und also muaß ma's so machen wia de andern. Und sehgn S', wenn ma dös durchgemacht hat, und wenn ma woaß, wia viele Enttäuschungen zum Lernen führ'n, nacha kimmt so a Greaspecht und diktiert oan von oben runter das einzig Wahre und Richtige. Da kunnt ma giftig wer'n...«

»Jetzt werd's aber Zeit zum Eisschiaß'n«, mahnte er, und wir gingen ans Seeufer, wo schon etliche Herren auf uns warteten.

Beim Spiele war Haider sehr eifrig, und er war weitaus der beste von uns.

»Sie san so a mitterner Schütz«, sagte er zu mir. »Net sicher gnua.«

Kam ein entscheidender oder schwieriger Schuß daran, dann drängte er lebhaft seine Mitspieler weg, zielte genau und etwas pedantisch und traf auch fast immer.

Mir war schon in Knabenjahren eine Lithographie des alten Max Haider, die ein Eisschießen auf dem Lande darstellte, als anheimelnde Schilderung lieb geworden.

Ich mußte an diesem Tage daran denken, als ich mit seinem Sohne auf der Eisbahn stand und den kleinen, beweglichen Mann just so spieleifrig sah, wie es der Vater dargestellt hatte.

In allem Großen und Wichtigen hatte sich seit jener Zeit so ziemlich alles geändert, aber im Kleinen war das Leben gleich und echt altbayrisch geblieben.

Am Abend spielten wir einen Haferltarock, den Haider nicht gern versäumte.

Zu seinem Bedauern war der alte geistliche Rat nicht anwesend. Er kam später und sah uns zu.

Als ihm Haider zum Mitspielen zuredete, seufzte er und lehnte offensichtlich mit großem Bedauern ab. »Es geht nicht«, sagte er. »Sie wissen ja, heute ist mein Amtsbruder und Freund in Bayrischzell begraben worden. Da kann ich doch abends nicht tarocken.«

»Warum denn net?« sagte Haider gemütlich. »Deswegen werd er aa nimmer lebendig.«

Der alte Herr Pfarrer, ein hoher Siebziger, stutzte und erwiderte dann ebenso gemütlich: »Dös is eigentlich wahr. Also setzen mir a Markl z'samm.«

Und er spielte mit uns, bis er kurz vor zwölf Uhr aufhören mußte, Bier zu trinken. Haider ging dann mit mir heim, und wir redeten noch einiges von dem stillen, behaglichen Leben auf dem Lande, das einem die rechte Ruhe zum Arbeiten gebe.

»Sagen Sie's aa, gel? Und dös Beste is, wissen S', daß ma von dera ganzen Vereinsmeierei und Bündelei nix sieht und hört. Mit die Kollegen beinandhocken und g'scheit reden über Kunst, und oaner den andern net mögen, und oaner den andern ausricht'n –, i dank schö. Da spiel i scho liaba mit mei'm Pfarra und mei'm Postexpeditor an Tarock und hör nix von Kunstrichtunga und dem ganzen Schmarrn.«

Andern Tags fuhr ich heim nach Tegernsee und nahm das Versprechen meines Gastfreundes Haider mit, daß er den Besuch bald erwidern werde.

Er kam auch und wohnte bei mir, aber leider in meiner Abwesenheit. Er hatte sich nicht angesagt, und ich war nach München gefahren. Er unterhielt sich aber trefflich mit meinem Bruder, lobte mein Haus, beteiligte sich mit Eifer am Eisschießen und stellte den Tegernseern das Zeugnis aus, daß sie leidliche oder mitterne Schützen seien.

Später trafen wir uns öfter beim Strasser oder auch in der Bahn. Ich hatte ihm meinen »Wittiber«, im Oktober 1912 auch meine »Magdalena« zugeschickt. Beide Bücher hatten ihm gefallen, und er erzählte mir auf der Fahrt von Holzkirchen weg mit Lebhaftigkeit, was ihn angesprochen habe.

Einmal, als wir wieder zusammenkamen, klagte er über Magenschmerzen. »I woaß scho, wo's herkimmt«, sagte er. »I hab vor acht Tag an Hering 'gessen, dersell hat ma net guat to. Der druckt mi heut no.«

Er ahnte nicht, daß er an Magenkrebs litt.

Noch etliche Wochen später wiederholte er mir seine Klage.

»Den Malafizharing bring i net los. Es is halt koa Essen für unseroan da herunt...«

Das war 1913.

Ich hörte von ihm, da sich Olaf Gulbransson in Schliersee aufhielt, um bei Haider Studien zu machen.

Bis in seine letzten Lebenstage wußte der Alte nichts von seinem Zustande.

Sein Freund, ein Arzt in Hausham, der ihn operieren wollte, aber bei der Aussichtslosigkeit einer Rettung davon abgestanden war, hatte ihn mit der Versicherung getröstet, daß er nur einen hartnäckigen Magenkatarrh habe.

Haider hatte Verdacht geschöpft, daß es Krebs sein könne, aber die treuherzige Versicherung seines Freundes hatte ihn völlig beruhigt.

Als sich kurz vor seinem Tode die Täuschung nicht mehr aufrecht halten ließ, sagte Haider: »Also is do a Krebs! Da hat mi der Doktor schö ang'log'n...«

Er starb in seinem kleinen Hause in Schliersee.

Friedrich Steub

Wer war Friedrich Steub? Ein fragender Blick antwortet mir, ein Kopfschütteln, ein Achselzucken.

Ich sprach von ihm mit einem berühmten Maler. »Ach ja... Steub, der Schriftsteller... Herbsttage in Tirol...«

»Nein, der feinste Zeichner der Fliegenden Blätter.«

Der Berühmte lächelte. Er war doch mit vielen befreundet gewesen, die das Münchner Witzblatt zu seinen Besten zählt, mit Busch, Oberländer und andern.

Aber Steub?

Ich erinnerte ihn an die prachtvoll gezeichneten Raufereien, an die Bauern, Jäger, Holzknechte, Flößer, an die Ritter und vor allem an die wundervollen arabischen Typen.

Bei denen kam ihm eine Erinnerung.

»Ach ja, natürlich! Die waren allerdings fein, aber ich habe den Namen nie gelesen.«

Das war es.

Steub, der seine besten Sachen auf Holzstöcke gezeichnet hatte, war so bescheiden gewesen, selten seinen Namen beizufügen, und in unserer Zeit, wo man sich daran gewöhnt hat, sich nur das zu merken, was einem immer wieder fett gedruckt und laut hinausgeschrien ins Gedächtnis eingeprägt wird, übersah man den Mann, der nur seine Werke für sich sprechen lassen wollte.

Unter den Künstlern gab es wohl verschiedene, die ihre Freude an den Zeichnungen Steubs hatten und sie rühmten, aber, wie das Beispiel zeigte, es gab andere, denen, trotz ihrer ehrlichen Anerkennung jedes Könnens, der Namen wie das Werk dieses Besten unbekannt geblieben waren.

Die Münchner Presse fand keine Veranlassung, einen Künstler ans Licht zu ziehen, der in seiner Zurückgezogenheit viele Jahre hindurch mit einer Meisterschaft, die unter den Gleichzeitigen wie unter den Nachfolgern keiner erreicht hat, Nahes und Fernes schilderte, der einen Dachauer Bauern mit dem gleichen tiefinnerlichen Humor wie einen Weisen aus dem Morgenlande wiedergab.

Wie hätte das Publikum Notiz von einem Manne nehmen sollen, der nicht in der Zeitung stand? Dem kein Kritikus sein Wohlgefallen aussprach?

Das hätte zur Voraussetzung gehabt, daß ein beträchtlicher Teil der Menge selbständig geurteilt hätte.

So blieb also ganz erklärlicherweise der ungenannte Steub unbekannt und sah still und bescheiden um sich Berühmtheiten wie Spargel aufschießen, kommen und gehen, mit Jahrmarktgeschrei gepriesen und wieder vergessen werden.

Er wurde in seiner Vaterstadt an die siebzig Jahre alt, ohne je von einem Reporter interviewt oder von einem Bürgermeister beglückwünscht zu werden. Er starb in Verborgenheit, und nach seinem Tode konnte man entzückende Handzeichnungen von ihm um Preise erwerben, die hinterm Einer noch nicht mal eine einzige Null aufwiesen. Und doch war er, was ich ohne Hang zu Superlativen wiederhole, der beste und reichste und humorvollste Zeichner der Fliegenden Blätter.

Etliche Jahre nach seinem Tode erzählte man sich in Künstlerkreisen, daß sich ein kluger berliner Verleger an Steub gewandt und ihn gegen hohes Honorar zur Illustrierung des Don Quixote aufgefordert habe.

Wenn es nicht wahr ist, ist es gut und trefflich erfunden, denn es wäre ein klassisches Werk, eine Wiedergeburt des wundervollen Romanes geworden.

Steub soll abgelehnt haben, sagen die einen, die andern erzählen, er sei vor der Ausführung krank geworden und gestorben. Gewiß ist, daß wir um dieses herrliche Werk gekommen sind.

Georg Queri trug sich, wie ich weiß, jahrelang mit dem Gedanken, das Lebenswerk des großen Künstlers zu sammeln und herauszugeben.

Der Verlag von Braun & Schneider verhielt sich reserviert, und der Umstand, daß fast alle Originale Steubs auf Holz gezeichnet sind, mag Schwierigkeiten gemacht haben.

Aber doch, diese nachträgliche Entdeckung des Meisters

soll und wird noch kommen. Ich lernte den alten Herrn im Jahre 1900 kennen.

Schlittgen, Bruno Paul und ich gingen als Deputation zu ihm, um ihn zu bitten, für das von uns vorbereitete Burenalbum eine Zeichnung zu liefern.

Er wohnte damals in der Fürstenstraße, in einem älteren Hause über vier Stiegen.

Die Wohnung war klein und bescheiden, ungefähr wie die eines pensionierten Bezirksamtmannes, der sich nach München zurückgezogen hat.

Wir wurden in ein Zimmer geführt, in den Salon älteren Angedenkens, in dem selten benützte Möbel standen und die guten Bilder hingen.

Steub kam nicht allein. Den kleinen, schmächtigen Herrn, in dessen gutmütigem Gesichte ein Paar helle, freundliche Augen auffielen, begleitete eine hagere, etwas säuerlich blickende Dame, die abseits Platz nahm und uns mißtrauisch musterte.

Wir brachten unser Anliegen vor und sagten ihm, wie wir uns freuten, wenn er sich an unserem Album beteiligen würde.

»Ja, wenn die Herren glauben, daß ich da mittun kann, wo so viele berühmte Leute und solche Namen dabei sind.«

Er sagte es schlicht als seine wirkliche, ehrliche Meinung. Ich weiß nicht, ob es den anderen auch so ging, aber mir stieg es brennheiß herauf, und ich schämte mich über das »Genannt- und Bekanntsein«, das diesem liebenswerten, echten Künstler versagt geblieben war.

Wir beeilten uns, ihn von dieser Ansicht abzubringen. Jeder von uns versicherte ihm, daß wir seinen Namen und seinen Beitrag über alle andern stellten.

»Die Herren sind so freundlich; ja, wenn Sie glauben, sehr gern...«

»Aber der Schneider muß damit einverstanden sein...« klang es von der Ecke herüber. Die sehr viel bestimmter auftretende Frau Steub sagte es, und sie zog dabei einen Schal, den sie um die Schultern trug, straffer an.

»Ja... ja... natürlich, der Schneider, mein Schwager, wissen S', der muß seine Zustimmung geben. Aber ich wüßt' nicht, warum er dagegen sein sollt'. Meinst d' nicht?«

Die Frage klang etwas schüchtern, und Madame zog zur Antwort nur die Achseln in die Höhe.

»Aber was... was meinen die Herren, sollt ich machen, das heißt für den Fall, daß... natürlich..., daß mein Schwager... nicht wahr..., was wär den Herren passend? So was Politisches... wissen Sie... das liegt mir halt gar nicht...«

Schlittgen sagte, am liebsten wäre uns eine Rauferei, wie er deren so viele mit unnachahmlichem Humor gezeichnet habe.

»Ja, wenn's das is!« rief Steub erleichtert. »So was könnt ich Ihnen natürlich sehr gern machen.«

»Zuerst muß aber der Schneider gefragt werden.«

»Freili, freili... Ich red' gleich morgen mit ihm, und nachdem der Herr Schlittgen beteiligt ist, wird's ja keinen Anstand haben.«

Dieser, der ja auch Mitarbeiter der Fliegenden Blätter war, versprach Steub wie uns, daß er seinen Einfluß geltend machen werde.

Es gab noch ein paar technische Fragen zu erledigen, und dann verabschiedeten wir uns von Steub, der uns an die Türe begleitete, jedem die Hand drückte und unsere Freundlichkeit rühmte.

Madame hielt sich im Hintergrunde, blieb aber wachsam und verhinderte, daß der gutmütige Herr uns im Drange seines Herzens etwa eine bindende Zusage erteilte.

Herr Schneider gab übrigens seine Einwilligung, und wir erhielten einen echten, reizenden Steub, eine Keilerei streitender Kleinbürger. Ich besitze das Original und halte es hoch in Ehren.

Ich habe den trefflichen Mann nicht mehr gesehen; er starb etliche Jahre später.

Seine Frau war ihm im Tode vorausgegangen.

Wilhelm von Diez

Spätsommer 1896. Ich war damals Rechtsanwalt in Dachau und fand zwischen den Prozessen Zeit, ein wenig auf die Jagd zu gehen, ein wenig zu fischen und gemütlich zu leben.

Eines Tages schickte mir ein befreundeter Architekt eine Einladung zur Dachauer Bachauskehr. Ich fand mich pünktlich ein und traf etliche münchner Herren an, die mit Netzen die zappelnden, halb aufs Trockene gesetzten Fische herausholten.

Ein mittelgroßer, breitschulteriger Mann mit buschigem Barte, der etwas finster und strenge durch seine Brille blickte und wie ein Landrichter älterer Ordnung aussah, wurde von den andern mit achtungsvoller Höflichkeit behandelt.

Es war der Professor Wilhelm von Diez, den man im alten München, wo alles seinen Titel hatte, den berühmten Schlachtenmaler nannte.

Er verhielt sich wortkarg und zurückhaltend; was er sagte, war in sehr ausgeprägtem Altbayrisch gesprochen.

Abends nach dem Fischfang saßen wir im Freien und brieten stattliche Hechte, die, an abgeschälte Weidenruten gesteckt, ans offene Feuer gebracht wurden. Ein Faß Bier war aufgelegt, und der Abend im Moos am Rande eines kleinen Gehölzes war eindringlich schön.

Nach der zweiten Maß entspann sich ein echtes Münchener Gespräch über Kunst, mit kräftigen Worten gegen aufgeblasene, falsche Größen und modernes Getue.

Der Herr Professor war so weit aufgetaut, daß er auch zuweilen eine derbe Bemerkung dazwischen warf, die ehrerbietig angehört und ausgesponnen wurde.

Die Fische waren vortrefflich gebraten, etwas stark gesalzen, was Durst machte, für den aber gesorgt war.

Bei sinkender Nacht traten wir den Heimweg an und nahmen Abschied voneinander mit dem Bewußtsein, einen ungestörten altbayrischen Tag verlebt zu haben.

Bei mir kam noch das weitere hinzu, daß ich mit einer Berühmtheit zusammen gewesen war, eine Sache, nach der man geizt, und die man sich immer anders vorstellt. Eine gewisse Übereinstimmung von Persönlichkeit und Schaffen war mir aber doch einmal an diesem Tage aufgefallen. Ich hatte den ernsten Herrn Professor einmal recht herzlich und schallend lachen gehört. Das war, als einem jungen Kerl, der im Wasser herumsprang und die Fische zusammentrieb, die Hose über die blanken fünf Buchstaben herunterfiel. Er kümmerte sich in seinem Eifer nicht darum und sprang munter und flink im Bachbett herum. Die derbe Szene hatte etwas vollsaftig Niederländisches und konnte unserm Meister Diez wohl gefallen.

Als die Künstler des Simplicissimus im Verein mit Slevogt und Schlittgen und mit mir im Jahre 1900 daran gingen, ein Burenalbum zusammenzustellen, war gleich die Rede davon, daß Wilhelm von Diez um einen Beitrag angegangen werden müsse.

Sein ehemaliger Schüler Slevogt übernahm es, den knurrigen Herrn Professor zu überreden; er kam aber bald mit der Nachricht zurück, daß er sich umsonst bemüht habe.

Bruno Paul, dem ich erzählt hatte, daß ich den Alten von früher her kenne, redete mir zu, den Versuch zu wiederholen; er meinte, daß die Landsmannschaft vielleicht zu einem Erfolge führen könne. Es wurden damals in München allerlei Anekdoten über die abweisende Art des Herrn Professors erzählt. Neugierige Besucher, Kunstfreunde und Kunstbesprecher gelangten nicht ins Atelier; erreichte es einer nach hartnäckigem Klopfen, daß die verriegelte Tür geöffnet wurde, so fand er einen Mann, der den höflichsten Bewunderer wie einen Hausierer abfertigte.

Der alte Prinzregent soll mehrmals vergeblich den Versuch gemacht haben, bei Diez vorzukommen; wenn der Herr Professor merkte, daß das Staatsoberhaupt im Akademiegebäude war, schob er einen zweiten Riegel vor und hörte auf kein Klopfen. Meine Aussichten waren also nicht sehr günstig.

Ich machte aber eines Vormittags doch den Versuch; die Türe des Ateliers wurde zögernd geöffnet, und eine barsche Stimme fragte: »Was gibt's?«

»Grüaß Good, Herr Professa«, sagte ich herzhaft und frisch.

Da erweiterte sich der Spalt und Meister Diez musterte mich vielleicht mit etwas verringertem Mißtrauen.

»Ich hab schon amal die Ehre g'habt, in Dachau drauß beim Fischen...«

»So? Kommen S' eina...« Ich folgte seiner Einladung und sagte ihm ohne viel Umschweife, was mich hergeführt habe; ich redete von der guten Sache der Buren und von unserm Vorhaben, ihr Heldentum zu feiern.

Da stimmte er ein.

»Dös san feine Kerl. Und Namen hamm s'... Schalk Burger... zum Beischpiel... dös hört si an wie a Stück aus'n Grimmelshausen Simplicissimus...!«

Wir wurden wärmer und rühmten dies und das, und immer wieder kam ich auf unser Vorhaben zurück, wie schön das halt wäre, wenn wir auch eine Zeichnung von Diez bringen könnten.

»Ja, dös is freili was anders; an Slevogt hab i net richtig verstanden. Schad, daß Sie net glei komma san, aber jetz hab ich scho was anders in der Arbeit... Schad...«

Abgeblitzt war ich also doch, und ich wollte ihn nicht plagen und ihm nicht lästig fallen.

»No ja, in Gotts Nama, wenn's halt net geht...«

»Schad... schad... wia g'sagt, wenn i's früher g'wißt hätt...« Ich tat so, als ob ichs glaubte, und ihm war es sichtlich angenehm, daß ich den Angriff einstellte.

»Mögen S' Eahna was anschaug'n? Recht viel hab i net da... Aber zum Beischpiel, da is a Kloanigkeit...«

Er führte mich an die Staffelei, auf der ein kleines fertiges Bild stand.

Es stellte einen Bauern dar, der eben die Retirade, die neben einem Misthaufen stand, verlassen hatte und die Hosenträger einknöpfte. Die Stellung des Bauern, seine Erleichterung und sein Behagen, alles das war prächtig, mit sichtlicher Liebe gemalt; den Misthaufen roch man; greller Sonnenschein lag darauf, und man lebte diese stille Feierstunde mit.

Ich kam aus dem Lachen nicht heraus. »Gel..., g'fallt's

Eahna? Ja, es is mir ganz guat wor'n. Wissen S', der ganze Kerl soll stink'n. Hat man den Eindruck?«

Ich beteuerte, daß ich ihn unbedingt hätte, und rühmte den Vorgang und seine Darstellung mit Worten, die dem Meister gefielen.

Ein größeres Bild, das an der Wand hing, war unvollendet. Panduren, die in ein feindliches Dorf einstürmen. Diez sagte, er habe vor, es fertig zu malen, komme aber immer wieder davon ab.

»Je länger so was um oan rum is, desto fader werd's oan. Es stimmt nix mehr, denn de Stimmung kummt nimma, de ma beim Anfang g'habt hat.«

Ich hatte überhaupt den Eindruck, daß er müde war, ohne die Freude, die Vollenden und neues Schaffen gewähren.

Begonnene Arbeit zurücklegen, erregt Zweifel an der eigenen Kraft, macht nervös; und wiederholt es sich öfter, so beginnt man schon ohne Vertrauen.

Wenn es ein Rezept gibt für künstlerische Produktion, so ist es das: Durchbeißen. Das sagte ich nun freilich nicht zu dem Alten, der, wie mir nähere Bekannte von ihm erzählten, viel an mißmutigen Stimmungen litt.

Wir blieben beim Altbayrischen, und beim Abschied wiederholte er sein Bedauern:

»Schad', daß S' net früher komma san...«

Holger Drachmann

Er kam im Jahre 1905 mit seiner jungen Frau auf etliche Wochen nach München. Von seinem Bohemeleben waren viele Anekdoten im Umlauf, denn in Dänemark oder überhaupt in Skandinavien ist der literarische Gesellschaftstratsch kaum weniger beliebt wie in Berlin, nur scheint er wohlwollender gepflegt zu werden. Wenigstens gegen Drachmann war man gütig, und man sprach mit einem gewissen Nationalstolz von seinen Erlebnissen. Ich hörte Dänen und damit verwandt fühlende Norweger von den Fröhlichkeiten Drachmanns wie von vaterländischen Ereignissen sprechen.

Wir wußten also, daß wir einen ewig Jungen und einen Löwen in ihm zu erblicken hatten.

Gut sah er aus. Sehr hoch gewachsen und schlank, Haupt- und Barthaar weiß, ein scharf geschnittenes Gesicht, dem eine Hakennase ein kühnes Aussehen gegeben hätte, wenn es nicht einen etwas weichen Zug gehabt hätte.

Nach Lebemann oder – seine Manen mögen mir das Wort verzeihen – nach Lebegreis sah er doch nicht aus, dazu waren die Augen zu klug.

Der Ton war in seiner Gesellschaft auf Skaal gestimmt, auf herzhaftes Zutrinken und Anstoßen.

Bei Olaf Gulbransson hielten wir einen Frühschoppen ab; da die Stühle nicht reichten, saß ein Teil der Gesellschaft auf Kisten und Koffern.

Es war wie im Zelt eines Lappländers, und ich war der einzige Deutsche unter lauter Skandinaven.

Es gab damals eine politische Erregung im europäischen Norden; die Norweger hatten sich von den Schweden getrennt, und es lag so was wie nationaler Schwung und grimmige Entschlossenheit in den Gemütern der bechernden Norweger.

Schweden war nicht vertreten. Ein kleiner alter Herr, ein norwegischer Professor, der mir auffiel, weil er seinen langen Rock mit Stecknadeln statt mit Knöpfen geschlossen hatte, war ziemlich entflammt.

Er sprach von feindlichen Absichten der Schweden, und indem er sein Glas fest auf den Tisch stieß, rief er: »Sie sollen nur kommen!«

Drachmann ließ wohlwollend die patriotische Woge an sich heran branden und trank herzlich auf die Freiheit Norwegens.

Er ließ sich Papier und Tinte geben, und indem er das Haupt zurückwarf und nach oben blickte, verfaßte er ziemlich rasch ein Gedicht, das großen Beifall fand.

Es behandelte aber nicht die Auflösung der Union, sondern Freiheit, Freude und Alkohol.

Wir saßen in den folgenden Tagen oft zusammen, meist in der Osteria Bavaria, und trafen einmal die Verabredung, mitsammen zu Fritz August von Kaulbach nach Ohlstadt zu fahren.

Wir nahmen den Schnellzug bis Murnau und wollten von dort mit einem Einspänner weiter.

Da es aber Sonntag war, und da es im Gasthof zur Post frische Weißwürste gab, beschlossen wir erst einmal zu frühstücken. Am Stammtische saßen schon etliche murnauer Bürger, von denen mich einer erkannte und freundlich einlud, bei ihnen Platz zu nehmen. Ich sagte ihnen, daß mein Begleiter der dänische Dichter Drachmann sei, und sie begrüßten ihn respektvoll und jovial.

»Aus Dänemark? So... so? Der Herr Drachmann? No, wie g'fallt's Ihnen denn bei uns herunt? Laßt si scho leben, net wahr?«

Drachmann fühlte sich gleich heimisch und stieß mit jedem an; es kamen immer mehr Gäste, und der wackere Zecher aus Mitternachtsland gefiel allen sehr wohl und war gleich der Mittelpunkt des Interesses.

»Aus Dänemark? Ja, was is dös? Und da san S' jetzt zu uns aba komma? Wie schmeckt Ihnen 's Bier? Gut? Hamm S' droben auch eins? Oder was trinkt ma da?...« Die naive, ungezierte Vertraulichkeit sprach den Dichter immer mehr an; er trank eine Halbe nach der andern und dankte mir, daß ich ihn zu diesen herrlichen Menschen und zu diesem wundervollen Getränk geführt hatte. Einmal monierte ich, daß es Zeit sei, zu fahren. Aber die Murnauer mischten sich ein: »Naa... naa... a Halbe geht scho no. Was war den dös? Da Herr Drachmann bleibt no a weng. Net wahr? Prosit!«

Und er blieb und trank. Als wir endlich wegfuhren, hatte der Dichter einen tüchtigen Zungenschlag. Aber er redete sich ihn weg, denn auf dem ganzen Wege schwärmte er von diesem wunderbaren Naturvolke, das so treuherzig war.

»Thoma, in dieser Gegend muß ich wohnen. Ich werde hieher kommen. Es ist prachtvoll... Noch nie habe ich Menschen getroffen, die so einfach menschlich waren...«

Auf der ausgefahrenen Straße wurden wir ordentlich gerüttelt, und das trug auch zur Ernüchterung bei.

Als wir in Ohlstadt anlangten, war Drachmann noch nicht völlig frei von den Folgen der murnauer Begeisterung, aber es gelang ihm manche ritterliche Verbeugung vor der Gattin Kaulbachs, die Dänin war.

Wir hatten uns verspätet und entschuldigten uns damit, daß wir sehr lange kein Fuhrwerk bekommen hätten.

Es war noch eine befreundete Familie zu Besuch anwesend, und die Mama nahm mich beiseite und fragte mich erschrocken: »Du, um Gottes willen, hat der einen Rausch?« Ich beruhigte sie, mußte aber zugeben, daß von rückwärts gesehen, die Bewegungen des berühmten Dänen, sein Gang, die große Linie, die er beim Bewundern der Aussicht mit den Armen beschrieb, einigermaßen an den Zustand erinnerten.

Aber er hielt sich tapfer, und der vortreffliche Wein, den es bei Tisch gab, verdrängte die Nachwirkungen des murnauer Bieres.

In dem gastlichen Hause fand sich dann ein Zimmer, wo Drachmann ausruhen konnte, und abends war er ein heiter anregender und angeregter Gast.

Und dann kam eine wundervolle Frühlingsnacht mit Mondlicht über Bäumen und Wiesen.

Frau von Kaulbach und Stavenhagen musizierten; wir horchten auf den wundervollen Klang und, wenn er schwieg, auf das Flüstern der Blätter, die der Bergwind bewegte.

Drachmann war verschwunden. Er saß in einem Zimmer nebenan und dichtete.

Nach einer Weile kam er wieder und überreichte der Frau des Hauses sein Poem, das, woran ich mich noch deutlich erinnere, mit dem Verse schloß:
>»In meinem Auge stehen Tränen,
> Ich sehe hier, es gibt noch Dänen.«

Wenn ich von der Sache etwas verstehe, so war ihm sicher dieser Schluß zuerst eingeschossen, und was voraus kam, diente zur Dekoration.

Am anderen Tage verließen wir das gastliche Ohlstadt und kehrten nach München zurück. Drachmann blieb nur mehr kurze Zeit, und als er uns verließ, mußte ich ihm versprechen, im nächsten Jahre seinen sechzigsten Geburtstag in Skagen mitzufeiern.

Es kam Verschiedenes dazwischen, und ich dachte wohl auch, die Einladung sei in einer gehobenen Stimmung gemacht und wieder vergessen worden.

Aber kurz vor seinem Geburtstage schickte er mir telegraphisch die dringende Aufforderung, nach Skagen zu kommen.

Ich mußte leider absagen und schrieb ihm die zwingenden Gründe mit herzlichen Glückwünschen zu seinem Sechzigsten.

In seiner Antwort versicherte er mir, daß er dem herrlichen Tag in Ohlstadt als einem seiner schönsten dankbare Erinnerung bewahre.

Rudolf Wilke

Es ist auch mit überschwenglichen Worten nicht zu sagen, wieviel jeder, der an tiefgründigem Humor Freude empfindet, durch den frühen Tod Rudolf Wilkes verloren hat. – Wer seine Zeichnungen kennt und in ihnen die fortschreitende Entwicklung zu sehen vermag, wer vor seinen nachgelassenen Skizzen erst recht wieder in jedem Strich den Meister fühlt und eine Kunst bewundert, die in ein paar hingeworfenen Linien spaßhaftes Menschentum schildert, ein intimes Milieu wiedergibt und nur mit Andeutungen einer Gebärde das ganze spießbürgerliche oder überhebliche oder auch wurstige Innenleben eines Einzelnen oder einer ganzen Klasse zeichnet, wer dies und noch einiges dazu erkennt, der mag ermessen, was uns Rudolf Wilke noch geworden wäre.

Wer ihn aber persönlich gekannt hat, und weiß, daß alles Beste noch in ihm steckte, daß Tausendfältiges erst noch durch Reife zur köstlichsten Frucht werden sollte, der darf es sagen, daß uns ein brutales Schicksal den größten deutschen Humoristen geraubt hat.

Der Superlativ wird heute auf viele angewandt, auf Rudolf Wilke paßt er.

Der hätte noch dreißig Jahre leben müssen, dann wären alle reicher, die nach uns kommen.

Seinem in die Breite und Tiefe gehenden niederdeutschen Humor fehlte die unangenehme Schärfe. Mit unbeirrbarer Sicherheit sah er jede, auch die kleinste Schwäche seiner Nebenmenschen und liebte sie, vergnügte sich am Ganzen und am Detail und lachte gutmütig darüber.

Am Schlips und Kragen erkannte er den ganzen Kerl und wußte sogleich jedes Exemplar seiner Spezies zuzuteilen.

Vor seinen Augen gab es auch für die nächsten Freunde kein Verstecken, und aus den sorgsamsten Verhüllungen holte er die Schwächen liebevoll heraus; aber wie er das machte, darin lag so gar nichts von Scheelsucht oder Bosheit, daß jeder in sein breites Lachen einstimmen konnte.

Er war kein Verneiner, und er zeigte auch darin das Wesen des echten Humoristen, daß ihm eine Ehrfurcht vor wirklichen Werten innewohnte, so fremd ihm konventioneller Respekt war. So mancher Kunstschriftsteller, der dem früh Verstorbenen mit ein paar wohlwollenden Zeilen Genüge zu tun glaubte, hätte von Rudolf Wilke lernen können, wie positives Wissen über Größe urteilt.

Mit ihm vor guten Bildern zu stehen, war Gewinn und Hochgenuß. Keine Eitelkeit, kein Besserwissen störte die aufrichtige Freude, für die er klare Gründe aus seinem eigenen Können schöpfte.

In guten Büchern wußte er wohl Bescheid, und ich habe sein sicheres Urteil, das sich niemals durch Kunststücke oder Mätzchen täuschen ließ, oft bewundert, und als mir sein Bruder Erich schriftliche Skizzen Wilkes übergeben hatte, sah ich aus hingeworfenen Randbemerkungen, wie vieles er verstanden und wie stilvoll er es für sich behalten hatte.

Aber auch leiseste Selbstgefälligkeit war ja mit seinem Wesen unvereinbar.

Man muß ihn persönlich gekannt haben, wenn man alle Hoffnungen verstehen will, die seine Freunde auf ihn gesetzt hatten.

Sein Äußeres nahm sogleich für ihn ein, erregte Gefallen und Freude beim ersten Begegnen. Hochgewachsen, schlank, von einer Kraft, über die ungezählte Geschichten verbreitet werden, eine rassige, männliche Erscheinung.

In dem schönen Gesichte saßen ein paar Augen, die man nicht wieder vergißt. Aus ihnen lachten einen die Kühnheit, Sorglosigkeit, Gescheitheit dieses prächtigen Menschen an, und sie verrieten ganz und gar, wie genau sie beobachteten und mit welchem Vergnügen sie alle Verstecke durchsuchten.

Für Sport hatte Rudolf Wilke soviel Freude als Anlagen; ein Meister im Radpolo, überaus gewandt im Turnen, Schwimmen, Ringen, zeigte er lebhaftes Interesse für jede Art körperlicher Übungen. Und ein geselliger Freund...!

Von allen vielen Stunden, die ich mit ihm verbracht habe, weiß ich nicht eine, in der Mißstimmung oder trübe Laune geherrscht hätte.

Denn seine Sorglosigkeit war ansteckend.

Ich habe ihn oft einen Boheme nennen hören, und ganz gewiß stand er an heiterer Gelassenheit und souveräner Verachtung bourgeoiser Kümmernisse hinter keiner Figur Murgers zurück, aber mir will der pariser Begriff für den großen, ernsthaften Künstler so wenig passen, wie für den rassigen Niedersachsen, der er war. Von den genialischen Jünglingen, die auf dem Montmartre oder im Quartier Latin ihre Besonderheiten zur Schau tragen, unterschied ihn nicht weniger als alles.

Es steckte in ihm nicht der leiseste Hang zum Theatralischen, und er verlor nie die bodenständige Art, die Fühlung mit der Heimat.

Das bewies dem Fernstehenden seine Kunst, die uns wundervolle Schilderungen der Leute von der Waterkant geschenkt hat, und seine Freunde erkannten es an seinem ruhigen, gefaßten Wesen, dem Übertreibung und Hastigkeit fremd waren; und ich hätte seinen Rat in jeder Sache für wertvoll gehalten.

Daneben hatte er freilich nicht das geringste Verständnis für Zwang und bürgerliche Enge.

Wer seine Vagabunden betrachtet, mag erkennen, daß er ihr Leben für ein sehr behagliches und nachahmenswertes hielt. Wie sie auf Zäunen oder am Feldrain hocken und mit der Ruhe der Weltweisen ihre Faulheit genießen, oder wie sie auf grünen Wiesen liegen, die Arme unter den Köpfen verschränkt, in die blaue Luft schauen, sind sie beneidenswerte Philosophen, die sich ihr Leben frei von törichter Unruhe halten.

Und man kann sich des Eindrucks nicht erwehren, daß sie in Rudolf Wilke wie einen Kenner ihres Wertes so einen Neider ihrer Sonnentage hatten.

Daß er die walzenden Handwerksburschen liebte, weiß ich aus mancher Äußerung, aber man braucht es nicht lange zu beteuern, weil man es bei ihm aus jedem Bleistiftstriche sieht.

Diese Zuneigung steht folgerichtig neben seiner lächelnden Verachtung der im eigenen Fett erstickenden Bourgeoisie, der unwichtige Dinge so wichtig und törichte Vorurteile heilig sind.

Eine ganz besondere Lieblosigkeit beherrschte ihn gegenüber der Philologie. Dem deutschen Oberlehrer hat er in seinem Leben wie in seiner Kunst nachgestellt, hat seine Hilflosigkeit, seine Aufgeblasenheit, seine Tyrannengewohnheiten, seine bücherweise Weltfremdheit aufgespürt und festgenagelt, und ich werde mich immer an sein grimmiges Entzücken erinnern, als uns in Venedig der Zufall einen hochzeitreisenden Gymnasialprofessor in die gleiche Gondel schickte.

Wilke saugte sich mit seinen Blicken an dem Stiefel fest, der denn auch wirklich ein prächtiger Vertreter seiner Gattung war und den schreienden Gondolieren zurief: »Ruhe! Wer lärmt hier?«

Wenn der Mann noch ein Restchen Menschenkenntnis besaß, dann mußte er in Wilkes Mienen begeisterten Dank für diese Kundgebung seines Oberlehrertums lesen und mußte erkennen, daß hier ein Sammler sich unbändig freute über den Käfer, den er an der Nadel aufgespießt vor sich hatte.

Begeisterten Dank, denn Wilke stand im engsten Zusammenhange mit Personen und Dingen, die er schilderte, und wenn er das als Bedingung für ein Kunstwerk in seinem schriftlichen Nachlasse hinstellte, so hätte er hinzufügen dürfen, daß darin auch der hohe Reiz seiner Schöpfungen lag.

Daß er seinen Wert kannte, glaube ich wohl; es ist ihm schon frühzeitig Bewunderung bezeigt worden, und dem Dreiundzwanzigjährigen wurde gerade von Künstlern gesagt, daß er ein Führer und Pfadfinder war.

Aber das höchste Lob hat ihn nie zu Selbstzufriedenheit verführt, und rechte Freude habe ich eigentlich nur bei ihm gesehen, wenn ihm ein beruflicher Alleswisser einfältigen Tadel spendete.

Das war amüsanter als Lob und war gleich bedeutungslos.

Er ging selber seinen Weg und wußte, daß er immer Besseres zu bieten hatte.

Das Herz tut mir weh, wenn ich von den Plänen lese, die zuletzte den Beschaulichen zur rastlosen Arbeit antrieben, wenn ich die reiche Fülle seiner Skizzen sehe, hingeworfene

Gedanken, die seine Unerschöpflichkeit zeigen, keimende Knospen, die an seinem Können zu herrlichen Früchten gereift wären.

Und wieder fühle ich, daß nicht nur unser Kreis den lieben Freund, daß die Kunst einen ihrer Besten mit ihm verloren hat.

Albert Langen

Im Herbste 1897 war mein erstes Buch »Agricola« erschienen, und durch Bruno Paul, der es illustriert hatte, war ich mit den Künstlern des Simplicissimus bekannt geworden. Wir saßen damals fast allabendlich im Café Heck mit den Mitarbeitern der »Jugend« zusammen und glaubten an unsere alles Veraltete verdrängende Bedeutung. Ich hörte öfter von Albert Langen erzählen als von einem smarten, über reiche Mittel verfügenden Verleger. Ihn selber lernte ich erst ein halbes Jahr später kennen, als ich ihn auf seine Einladung hin in der Redaktion des Simplicissimus, zu jener Zeit in der Schackstraße, besuchte.

Wir gefielen einander bei diesem ersten Zusammentreffen nicht.

Er war etliche Jahre jünger, aber viel gewandter wie ich, sehr schick angezogen, ein bißchen absichtlich pariserisch aussehend mit seinem kurz gehaltenen, wohlgepflegten Vollbart.

Er sprach rasch, fragte viel und gab sich gleich selber die Antworten; dabei musterte er mein Äußeres, das bei weitem nicht so pariserisch war und in dem sicherlich allerhand gegen sakrosankte Regeln verstieß.

Ich fürchte, daß er mich sehr bajuvarisch-bürgerlich einschätzte und mir höchstens eine gewisse einseitige für Weltliteratur nicht in Betracht kommende Begabung zutraute. Wenn er mir überhaupt etwas zutraute.

Ich nahm ihn für einen verwöhnten reichen jungen Mann, der Allüren hatte, mit denen ich innerlich auf einem grimmigen Kriegsfuße stand.

Kurz wir befremdeten einander, und das sickerte auch in dem kurzen Gespräche durch.

»Hören Sie mal, Herr Thoma... Sagen Sie mal, Herr Thoma...«

Das klang so von oben herab und verletzte mich.

Ich konnte mich über jeden Bauern freuen, der mich duzte,

aber hier erschien mir das Weglassen des Doktortitels als Absicht, die es keinesfalls war.

Es entsprach einer rheinländischen Gewohnheit, die ich nicht kannte.

Obendrein erregte Langens Vorschlag, ich solle ihm für den Simplicissimus die Reproduktion der Paulschen Illustrationen ohne Entgelt gestatten, auch nicht mein Wohlgefallen.

Er kam mir allzu smart vor. Ich sagte ihm, daß das Sache des Verlegers sei, und daß man es diesem kaum zumuten könne.

Wir nahmen höflich auf ziemlich lange Zeit Abschied voneinander.

Im Simplicissimus erschienen wohl ab und zu Beiträge von mir, über die ich aber nur mit Korfiz Holm als Chefredakteur verhandelte. Und obwohl ich täglich mit Wilke, Paul, Thöny, Reznicek zusammenkam, sah ich Langen, der nicht ausging, fast ein ganzes Jahr nicht mehr. Kurz vor seiner Flucht in die Schweiz, die er nach dem Erscheinen des Wedekindschen Gedichtes über die kaiserliche Palästinafahrt ergriff, traf ich ihn mehrmals und ärgerte mich stets über seine sprunghafte Art, zu denken und zu sprechen. Meine Warnung vor dem Erscheinen der Palästinanummer beachtete er nicht, und er gab mir als kleinem Rechtsanwalt zu verstehen, daß er sich darüber denn doch von einer Autorität – dem alten Rosenthal – Rat erholt hätte.

Die Sache kam, wie sie unschwer vorauszusehen war. Der Simplicissimus wurde damals in Leipzig gedruckt. Die sächsische Staatsanwaltschaft griff mit gewohnter Schärfe ein und zitierte Langen nach Leipzig. Er reiste sehr rasch nach Zürich ab in die Verbannung, die fünf Jahre währte und ihm viele Sorgen bereitete.

Ein Jahr später trat ich in die Redaktion des Simplicissimus ein. Noch im Sommer 1899 hatte mir Langen aus Paris geschrieben, daß ich ihm zu ausgesprochen süddeutsch und auch politisch nicht einwandfrei erschiene. Er halte mich für einen Anti-Dreyfusard. Diese Abwertung eines Deutschen von einem Deutschen war echt und recht bezeichnend für die törichte und kindische Art, Politik zu treiben, an der man in Deutschland krankt.

Bei uns hat jener ekelhafte Prozeß, über den in jeder Zeitung, auf jeder Bierbank und in jedem demokratischen Debattierklub das gleiche dumme Zeug geschwätzt wurde, die Gemüter nur darum erregen können, weil dem Allerweltsmichel Takt und politischer Verstand fehlten.

Es war das gleiche plappernde, sein eigenes Interesse nie verstehende Pack, das sich jahrzehntelang für die Polen begeistert hatte, und das sich nunmehr über die internste französische Schweinerei unglücklich gebärdete.

Ich hatte Langen gegenüber kein Hehl daraus gemacht, wie dumm und verächtlich mir die deutschen Spießbürger vorkämen, die monatelang die Namen Henry, Picquart, Esterhazy, Labori und Worte wie borderau nicht mehr aus den ungewaschenen Mäulern brächten, und ich hatte ihm eröffnet, daß mir jeder Zwetschgenbaum in Deutschland unendlich interessanter sei wie ein Pariser Prozeß.

Die Tatsache, daß der Franzose von Zeit zu Zeit die Bestie spielen müsse, könne man auf jedem Blatte seiner Geschichte finden.

Aber Langen lebte in Paris, lebte im Umgange mit Björnson, der die oberste Revisionsinstanz in Sachen Dreyfuß war, und so wirkte die Erinnerung an meine Ketzerei bei ihm nach.

Im März 1900 brachten es die Verhältnisse mit sich, daß ich mit Geheeb die Leitung der Redaktion übernahm.

Vorher fand große Beratung im »Anker« zu Rorschach statt, wohin Langen von Paris aus gereist war. Sie begann gemessen, ernst und feierlich, nahm aber bald, wie sich's für junge Leute schickte, einen fröhlichen Verlauf.

Dabei gefiel mir Langen gleich besser, als ich ihn sorglos und heiter sah, und gar, als ich erfuhr, daß er ziemlich leichtsinnig seine Sache auf nichts gestellt hatte.

Die Erzählungen von seinem großen Reichtum waren Märchen, über die er herzhaft lachen konnte.

Woher war das eigentlich gekommen, daß ganz München in ihm einen Krösus sah?

Zuletzt doch nur von seiner eleganten Kleidung. Er selber meinte, daß seine »chaussure« viel dazu beigetragen habe. Man sieht den Menschen viel mehr auf die Stiefel, als sich's harmlose Gemüter träumen lassen. Und Langen trieb einen wahren Kultus mit elegantem Schuhwerk.

Kam nun der Kredit davon, oder von was anderem, jedenfalls war er sehr nützlich und half dem jungen Verleger nicht viel weniger als ein großes Vermögen. Mich aber berührte es sympathisch, als ich sah, daß Langen tapfer und sorglos ein Unternehmen, das doch für viele etwas bedeutete, angefangen hatte.

Es kamen gefährliche Momente, bei denen unser gemeinsames Schiff sehr hart an Klippen vorbeigesteuert wurde. Aber es ging.

Bei unsern schweizer Kongressen, die bis 1903 regelmäßig im Frühjahr und im Herbste zu Zürich im Hotel »Baur au Lac« stattfanden, drängten sich zuerst mancherlei Bedenken auf, die aber rasch einem festen Vertrauen und einer unbekümmerten Heiterkeit wichen.

Am Ende war es in diesem Kreise von jungen Künstlern, die Vertrauen auf sich haben durften, nicht anders möglich.

1902, nach der ersten Preiserhöhung, gewannen wir schon hohe See und waren über die schlimmsten Untiefen weg.

Langen feierte den Anbruch einer besseren Zeit durch einen Ausflug an den Vierwaldstätter See. Als wir in Altdorf auf dem Bahnhofe standen, um nach Zürich zurückzukehren, wurde gerade der Gotthard-Expreß gemeldet. Ein fragender Blick? Das wär doch fein, durch den Gotthard an den Lago Maggiore fahren! In der nächsten Minute stand Langen am Schalter und löste die Billette nach Locarno. Ohne Gepäck, ohne Wäsche, so wie wir waren, hinein in den Speisewagen des eleganten Schnellzugs, der eben angelangt war.

Das war reizvoll, so unbekümmert ins Land der Sehnsucht hinein zu fahren! Eine laue Frühlingsnacht in Locarno, ein fröhliches Suchen nach Quartieren, Freude an allem, was man sah, und Freude an uns selber. Am nächsten Morgen fuhren wir über den blauen See; die Sonne brannte herunter, bunte Farben überall, weiße Häuser zwischen immergrünen Büschen. Auf Isola bella blühten die Blumen. Wie war das schön!

In irgendeinem Neste, ich glaube, es hieß Laveno, mußten wir Texte zu einigen Zeichnungen finden, die sofort nach München geschickt wurden.

Es war eine heitere Redaktionssitzung beim Chianti.

Vor der Osteria tanzten Mädchen zu den Klängen eines Orgelklaviers.

Am Abend, als die Sonne auf den Gletschern des Mont Cenis verglühte, stiegen wir in den Zug, der uns am nächsten Morgen nach Zürich zurückbrachte.

Auf dieser Fahrt, der schönsten in meiner Erinnerung, lernte ich Langen als heiteren guten Kameraden kennen. Ich reiste mit ihm nach Paris und war zwei Monate sein Gast.

Im täglichen Verkehr lernte ich ihn erst recht schätzen.

Er war ein kluger Mensch, den allerlei Erlebnisse etwas mißtrauisch oder nervös gemacht hatten.

Dazu bedrückte es ihn schwer, daß er jetzt im Aufblühen und Wachsen seines Unternehmens zuletzt doch untätig oder hilflos in der Fremde weilen mußte.

Wie viele Pläne hatte er geschmiedet, wie viele hatte er als zwecklos wieder aufgeben müssen!

Ingrimmig erfuhr er, daß der Leipziger Staatsanwalt alle sechs Monate die Verjährung der Strafverfolgung durch irgendeine Maßnahme verhinderte, und einmal kam er auf eine groteske, echt Langensche Idee.

Er wollte sich nach Norwegen auf das Gut seines Schwiegervaters Björnson zurückziehen und von dort aus die Meldung von seinem Tode verbreiten lassen. Er ließ sich verunglücken, in einem Fjord ersaufen, von einem Berge abstürzen, die Zeitungen sollten es ausführlich melden, und außerdem hätten Todesanzeigen in Kölner und Münchner Blättern erscheinen sollen.

Gegen den verstorbenen Albert Langen würde dann der eifrige Sachse in drei Teufels Namen die Verfolgung aufgeben. Er lebte sich in die Idee ein, gab den abenteuerlichen Plan aber zu guter Letzt doch auf und verzehrte sich weiter in

Sehnsucht nach der Heimat und nach der schönen anregenden Tätigkeit.

So wie er war, jeden Tag mit einem neuen Vorhaben beschäftigt, litt er immer schwerer unter dem unfreiwilligen Aufenthalte in Paris.

Endlich schlug die erlösende Stunde.

Ein einflußreicher Herr aus Sachsen, der mit der Familie Björnson befreundet war, vermittelte die Einstellung des Verfahrens.

Langen mußte dreißigtausend Mark erlegen und durfte nach Deutschland zurückkehren. Das war im Frühjahre 1903.

Er lebte auf und erschien mir nach kurzer Zeit gänzlich verändert.

Keine Spur mehr von Aufgeregtheit; sein lebhaftes Wesen, das er beibehalten hatte, wirkte erfrischend, und er, der nie Sinn für behagliches Stillsitzen gehabt hatte, war ein ruhiger, jede gute Stunde mit Geschmack genießender Mann geworden.

Etwas Sprunghaftes behielt er in seinen Ideen und Vorschlägen bei, aber niemand konnte darüber herzlicher lachen als er selbst, wenn man ihn mit Humor widerlegte. Auch das Konferenzenabhalten hatte er sich nicht abgewöhnt. Es war ihm nie wohler, als wenn er am Vormittag rasch in sein Büro eintretend alle Mann an Bord rief, Projekte machte, dies, das und jenes zur beschleunigten Ausführung anordnete, oder mit übereinandergeschlagenen Beinen im Klubsessel sitzend die Meinungen der andern anhörte.

Es mußte immer was los sein. Was schon begonnen und in der Ausführung begriffen war, lag sofort hinter ihm, und er mußte wieder Neuem zusteuern. Stets war er auf der Jagd nach aufstrebenden Talenten, wollte anregen, fördern, gründen.

Auch als das Geschäft sehr einträglich geworden war, hat er sich nie eine Sparbüchse angelegt. Sein Geld rollte. Wenn man etwas vorhatte und ihm einen Plan unterbreitete, griff er lebhaft zu, spann die Idee aus, und nie hörte ich ihn kleinliche oder ängstliche Bedenken entgegenhalten.

Auch äußerlich hatte er sich verändert.

Der schöne pariser Bart war weg, und das glattrasierte Gesicht zeigte Energie, Klugheit und einen stark ausgesprochenen Zug von Humor.

Das Beste an ihm war, daß er keine Hinterhältigkeit kannte, daß er nichts nachtrug, immer gerecht, ja großzügig blieb und vieles, was er hätte übelnehmen können, mit wirklicher Heiterkeit hinnahm.

Als er »Hidallah« gelesen hatte, ein Stück, in dem es allerlei Hiebe gegen ihn absetzte, konnte er gerade darüber herzlich lachen, und er blieb gegen meinen Widerspruch bei seiner nach meinem Dafürhalten übertriebenen Wertschätzung Wedekinds.

Daran änderte auch »Oaha« nichts. Im Gegenteil, ich erinnere mich wohl an sein schallendes Gelächter, als er las, wie er und Björnson darin geschildert waren.

Ich bat ihm im stillen manche ungünstige Meinung ab, zuweilen auch offen im behaglichen Zwiegespräch.

Dann schilderte er mir, wie unsicher seine Anfänge in München gewesen seien, wie er mehr als einmal nicht gewußt habe, ob er die nächste Nummer des Simplicissimus noch erscheinen lassen könne.

Daß wir davon nichts gemerkt hatten, ist ein schönes Zeugnis für ihn.

Auch die letzte und schwerste Probe hat er gut bestanden. Er sah dem Tode, der viel zu früh an ihn herantrat, mannhaft entgegen.

Er war erst neununddreißig Jahre alt, als er starb, und hatte noch viel zu geben, viel zu gründen und zu unternehmen.

Ignatius Taschner

Der Korporal Bartholomäus Taschner vom 8. bayrischen Infanterieregiment war in den Schlachten und Gefechten des Jahres 1870 heil und gesund geblieben, war auch in Paris eingezogen und wartete nun mit Ungeduld auf den Heimmarsch. Denn es war ihm die Nachricht zugekommen, daß seine junge Frau in Kissingen den 9. April 1871, am Ostersonntag, früh beim Glockenläuten einen Sohn geboren hatte, der in der Taufe den Namen Ignatius Ludwig erhielt. Drei Wochen später durfte der brave Veteran sein Weib und seinen Erstgeborenen umarmen und sich der Rückkehr zur friedlichen Arbeit freuen.

In der nächsten Zeit hatten die Eltern manchen Kummer um den kleinen Ignatius, der ein schwächliches Kind war und nur langsam gedeihen wollte. Die Sorgen der jungen Frau, die sich erst Mutter fühlte, als ihr Mann schon in Frankreich einmarschiert war, die sich täglich um das Leben des Mannes und wieder um die Erhaltung des Hauswesens ängstigen mußte, waren nicht ohne Rückwirkung auf das Kind geblieben. Allmählich nur erholte es sich, und als die Eltern zu Ende des Jahres 1872 nach Lohr am Main übersiedelten, durften sie auf seine Entwicklung zuversichtlicher hoffen.

Der Vater Bartholomäus war von Beruf Steinmetzmeister und stammte aus einer alten straubinger Familie, in der seit Generationen die Söhne Bräuer und Maurer und Maurermeister gewesen waren. Ein echter Niederbayer vom besten Schlage, unverdrossen, rührig, von einer Arbeitsfreude, die nie erlahmte, und die ihn zu keiner Stunde des Tages müßig sein ließ, klug und sparsam, ein Hausvater, wie er in alten Zeiten als vorbildlich galt, hatte Bartholomäus Taschner neben einer unverwüstlichen altbayrischen Lebensfreude auch künstlerische Begabung von hohen Werten. Daß ihm das Leben ihre Ausbildung verwehrte, mochte ihm leid sein, aber es beugte ihn nicht nieder, und er ging als rechter Handwerksmeister daran, sie in den kleineren Grenzen seines Berufes zu verwerten.

Im Friedhofe zu Lohr stehen von seiner Hand gefertigte Grabsteine, die sein Sohn Ignatius zu einer Zeit, da er schon ein großer Künstler war, als vorbildlich bezeichnete. Das war ein hohes Lob aus dem Munde dieses besten Kenners handwerklicher Tüchtigkeit und zugleich ein Zeugnis für die prachtvolle Bescheidenheit Taschners und für sein ehrfürchtiges Verstehen, das er jedem Können entgegenbrachte.

Nach Lohr waren die Eltern übergesiedelt, weil man dort oben daran ging, die steinerne Brücke über den Main zu erbauen, was unsern Bartholomäus viel Arbeit und guten Lohn erhoffen ließ.

Er ging denn auch mit solchem Eifer ans Werk, daß die Bauleitung ihn bald ersuchte, erst am Mittwoch einer jeden Woche seine Arbeit zu beginnen, damit sein Verdienst von dem der andern nicht zu sehr abstehe. Er baute sich ein kleines Haus, neben dem er einen wohlgepflegten Garten anlegte, erwarb sich einige Steinbrüche und verdiente für sich und seine Familie, die auf fünf Kinder anwuchs, als Steinmetzmeister den auskömmlichen Unterhalt.

An seinem Ignatius erlebte der strenge Hausvater, der auf gute Zucht hielt und karg mit Loben war, von früh auf Freude.

Schon mit fünf Jahren hatte der Kleine sein eigenes Handwerkszeug und bastelte neben dem Vater in der Werkstätte, zeigte sich anstellig und verriet einen Eifer, der mit Tändelei nichts gemein hatte.

In der Schule verriet sich bald seine außerordentliche Begabung für Zeichnen, und so ließ man den Kleinen an dem sonntäglichen Zeichenunterrichte der Älteren teilnehmen. Der Vater aber gab sich gerne der frohen Hoffnung hin, daß sein Sohn erreichen werde, was ihm selber versagt geblieben war, und er sprach oft davon, daß er ihn nach Nürnberg in die Kunstgewerbeschule schicken wolle. Dabei hielt er ihn aber, sobald es sich schicken wollte, zur Arbeit in der Werkstätte an, und Ignatius war noch nicht zwölf Jahre alt, als er dem Vater bei der Herstellung von Grabsteinen behilflich sein mußte.

Von Müßiggang oder Schlendrian war in dem Hause des lohrer Steinmetzen nichts zu spüren. Die Kinder mußten bei Tagesanbruch aus den Betten und wurden an strenge Arbeitseinteilung und Ordnung gewöhnt, sie mußten im Garten helfen und, was ihnen gezeigt wurde, genau ausführen, und sie wußten, daß sie nie auf schwächliche Nachsicht rechnen durften. Oft hat Ignatius die Arbeit seines Vaters gerühmt, und auch aus lustigen Erzählungen klang sein Respekt vor dieser erprobten Tüchtigkeit durch, die er sich selbst zu eigen gemacht hatte, und die einen Grundzug seines redlichen Charakters bildete.

Nur zu bald sollte er noch als Knabe den Beweis ablegen müssen, wie treu und ernst er das Leben aufzufassen gelernt hatte.

In zwei Feldzügen hatte Bartholomäus doch so viel Widerstandskraft eingebüßt, daß sein zäher und in Arbeit gestählter Körper den Anstrengungen, die er ihm unermüdlich auferlegte, nicht mehr gewachsen war.

Der Mann, dem keine Stunde zu früh war, um im Steinbruch nach dem Rechten zu sehen und selbst mit Hand anzulegen, der von dort in die Werkstatt eilte, und dessen Erholung wiederum Arbeit war, mußte im Frühjahr 1885 die fleißigen Hände feiern lassen.

Ein tückisches Lungenleiden hatte ihn erfaßt, und mit seinen Kräften ging es schnell abwärts.

In seinen Sorgen um Arbeit, die er übernommen hatte, um seine Familie, die davon leben mußte, hatte er nur einen Helfer: seinen dreizehnjährigen Ignatius.

Der griff aber tüchtig zu und zeigte dem Vater, wie er unter seiner Leitung Handwerkskunst und Tüchtigkeit und Lebensmut erworben hatte. Er ging daran, schon angefangene Arbeiten zu vollenden und neue anzulegen; wenn er nicht weiterzukommen wußte, eilte er mit der Zeichnung an das Krankenbett des Vaters, ließ sich unterweisen und griff wieder frisch zum Meißel.

Für einen Pfarrherrn von Frammersbach fertigte er seinen ersten Grabstein an, und er erzählte in späteren Jahren gerne davon, wie er, wohlgemut und stolz auf sein Meisterstück, den Transport begleitet und mit einem Maurer den Stein aufgestellt habe.

Der Nachfolger jenes Pfarrherrn sah der Arbeit zuerst mit

zweifelnden Blicken zu, und mehr als ein Frammersbacher wollte nicht daran glauben, daß der halbwüchsige Junge die Sache bewältigen könne. Wie aber dann der Grabstein stand und kein Tadler sich finden durfte, ließ man es nicht an Beifall und Bewunderung fehlen.

So brauchbar und fertig im Handwerk erwies sich der Knabe, daß unser Bartholomäus, als es zum Sterben ging, die weinende Mutter tröstend und voll Zuversicht bei der Hand faßte mit den Worten: »Es braucht dir weiter nicht bang zu sein. Du hast ja unsern Ältesten.«

Am 15. August 1885 starb Bartholomäus Taschner im dreiundvierzigsten Jahre seines Lebens, das Mühe und Arbeit und Treue gewesen war.

Als man ihn zu Grabe trug, ging sein Ältester hinter dem Sarge her; er hatte sich den Hut des Vaters aufgesetzt und trug dessen Uhr in der Westentasche und am Finger den großen Amethystring.

Es war ihm, wie er später sagte, als müsse das so sein, daß er sich als Nachfolger des Vaters in Ehren zeigte.

Einen Tag nach der Beerdigung machte sich Ignatius nach Schweinfurt auf, wo er im Maler- und Bildhauergeschäft des Herrn Kämpf als Lehrling eintreten mußte.

Was wir aus früheren Zeiten hören vom Lehrbuben und seiner Abhängigkeit von Meister und Gesellen, von großer und kleiner Arbeit, die ihm von allen Seiten, auch von der Frau Meisterin, aufgetragen wird, wie er von morgens bis abends im Hause und in der Werkstätte als Bote, Ausläufer und Diener herumgejagt wird, Mitwisser aller Spitzbübereien der Gesellen und Werkzeug dazu, der Gegenstand, an dem jede Autorität handgreiflich erwiesen und jeder Ärger ausgelassen wird, all das mußte nun Ignatius kennenlernen und auskosten.

Er tat es unverdrossen und mit der unverwüstlichen Lustigkeit, die er vom Vater geerbt hatte. Er fühlte sich über keine Arbeit erhaben, und obwohl er sich daheim mehr Kunstfertigkeit erworben hatte, als die Herren Altgesellen besaßen, ließ er sich willig zu jeder Handreichung brauchen und lernte dem Geringsten noch etwas ab. Der Meister Kämpf war ein gutmütiger Mann, der die Werkstätten geschäftlich betrieb, ohne selber vom Handwerk zu sein, und den gerade die innerliche Unsicherheit veranlaßte, in kleinstädtischen Maßen als universeller Künstler aufzutreten, mit einer Mischung von Bonhommie und Eitelkeit, deren schwaches Fundament der aufgeweckte Lehrbub schnell und gründlich erkannte. Schon damals mag in ihm das Talent, die Unarten seiner Nebenmenschen zu kopieren, wach gewesen sein, jedenfalls spielte er den Gesellen die Großspurigkeit des braven Papa Kämpf so eindringlich vor, daß sie ihre helle Freude daran hatten. Seinen Dienst aber versah er ohne Murren und hatte nichts dawider, wenn er am frühesten Morgen herausgetrommelt wurde, um den Bürgersteig vor dem Hause zu kehren, alle Öfen anzuheizen, Milch und Semmeln zu holen, der Frau Meisterin aufzuwarten und dann erst recht an die strenge Handwerksarbeit zu gehen.

Da mußte er den Malern die Farbe mischen, den Steinmetzen beim Tragen und Behauen helfen, hier wieder mit Pinsel und Schablone und dort mit Meißel und Schlegel tätig sein; und war erst abends aufgeräumt, dann traf ihn die Pflicht, die Farben zu reiben. Da aber Herr Kämpf als eifriges Mitglied der bürgerlichen Harmonie seine Hingabe gerne bezeigte, mußte unser Ignatius nicht selten den Tanzboden im Vereinssaale wichsen und konnte sich dabei die Freuden dieser vornehmen Welt ausmalen, an denen er nicht teilhaben durfte.

Die Frau Meisterin ließ sich wohl herbei, sie hinterdrein zu schildern oder mit ihrem Manne Benehmen und Aussehen der besseren Persönlichkeiten zu besprechen, und was Ignatius so von dem Gehabe und Getue der feinen schweinfurter Welt aufgriff, das hat er später, als er schon lange über diese Vornehmheit hinausgewachsen war, mit seinem lieben Humor wiedergegeben.

Der Lehrling, dem die Pforten der Harmonie nicht aufgetan wurden, wußte seine Freude fern von geschniegelten Herren und gelockten Damen zu finden.

Rings um Schweinfurt lagen behäbige fränkische Dörfer, deren jedes seine Kirmes zu besonderer Zeit feierte.

Wenn Ignatius vom Fenster seiner Dachstube aus die

Straße abgespäht und die Luft für rein befunden hatte, schlich er über die Treppen hinunter und hinaus ins Freie, und dann konnte er mit den Bauernmädeln eine halbe Nacht lang Walzer schleifen. Er dachte immer gerne an die Zeit und hatte nie ein vergrämtes Wort über Entbehrungen oder Härten, er war voll von heiteren Erinnerungen daran, und in vielen seiner köstlichen Zeichnungen zeigt sich der Eindruck, den dieses kleine Leben auf den klugen, mit hellen Sinnen begabten Jungen gemacht hatte.

Wie ernsthaft er der Pflichten gegen seine Familie eingedenk blieb, bewies er, indem er der Mutter nach zwei Jahren seine ersparten sechzig Mark in Nickel- und Kupferstücken gab und seinen kurzen Urlaub sogleich wieder in der väterlichen Werkstatt zubrachte. Im Herbste 1889, da er schon über ein Jahr Geselle war, faßte er den Entschluß, den Weg zu gehen, den ihm einstmals der Vater gewiesen hatte. Er fühlte Drang und Kraft in sich, ein Künstler zu werden, und er ließ sich durch keine Aussicht auf drohende Entbehrungen davon abschrecken. Meister Kämpf malte sie ihm mit lebhaften Farben aus, denn er wollte seinen besten Gesellen nicht verlieren; die Mutter war aufrichtig bekümmert, weil sie längst gehegte Pläne, deren Erfüllung nahe schien, aufgeben mußte; und wer sonst in Schweinfurt und Lohr sich um das Wohlergehen des jungen Mannes besorgt zeigte, warnte ihn eindringlich.

Aber Ignatius wußte, daß er diese Pflicht gegen sich selber zu erfüllen hatte, und blieb fest. Er führte daheim einige Arbeiten aus, ließ der Mutter Geld zurück und machte sich mit wenigen ersparten Kreuzern auf den Weg nach München, wo er in der Akademie der Künste bei Professor Syrius Eberle eintrat.

Im ersten Semester mußte er Porträtbüsten kopieren, und als er darin große Fertigkeit zeigte, kam er schon im zweiten Semester in die Naturklasse.

Mit zwei Arbeiten, einem sich gürtenden Krieger und einer büßenden Magdalena, errang er sich bald die silberne Medaille und galt als einer, auf den man große Hoffnungen setzen durfte.

Seine Freude am Lernen und am Erfolg wurde nie getrübt durch die Entbehrungen, die sich nun freilig vom Anfang an einstellten.

Der junge Akademiker lebte in der ersten Zeit im katholischen Gesellenhause, wo er sich neben alten Kunden und Walzbrüdern in die enge Ordnung zu fügen hatte, und wo er mit zwanzig Pfennigen für den Tag kärglich genug auskommen konnte. Da er von Schweinfurt her noch im Besitze einer Samtjacke war, warf die Leitung des Hauses ein Auge auf ihn und verlangte, daß er die Rollen der Künstler in den Theateraufführungen des katholischen Gesellenvereins übernehmen solle. Ignatius spielte sie schlecht und recht, und jedenfalls lernte er seine Rollen so gut, daß er sie noch viele Jahre später vorzutragen wußte...

Er fand solchen Geschmack an der Bühne, daß er in einen Theaterklub eintrat, der im Goldenen Stern in der Herzogspitalgasse seine Vorführungen veranstaltete.

Hier wurde er nun gleich degradiert und mußte sich mit den Rollen von Hausdienern und Packträgern begnügen.

In dem Stücke »Ich heirate meine Tochter« trug er einer jungen Dame, welche als erste Liebhaberin agierte, den Koffer nach, und ihr Spiel scheint starken Eindruck auf ihn gemacht zu haben, denn acht Jahre später führte er sie zum Altar.

Die Vorschriften im Gesellenhaus, die auf erzieherische Wirkungen berechnet waren, fielen dem jungen Künstler, in dem viel Übermut und Frohsinn steckte, lästig, und er bezog in der Nähe der Frauenkirche eine enge Dachstube; und weil die Sparpfennige auf die Neige gegangen waren, suchte und fand er Verdienst bei Steinmetzmeistern, in deren Werkstätten er am frühesten Morgen, bevor er in die Akademie ging, arbeitete.

Nun traf es sich, daß die Stadt Schweinfurt ein Kriegerdenkmal errichten wollte und ein Preisausschreiben ausgehen ließ. Ignatius Taschner beteiligte sich an der Konkurrenz, und sein Entwurf wurde von den Preisrichtern, die in Nürnberg zusammengekommen waren, mit dem ersten Preise gekrönt.

Er stellte einen bayrischen Soldaten in der Uniform des Jahres 1870 dar, der kräftig ausschreitend eine Fahne in der erhobenen Rechten hielt.

Ignatius war am Entscheidungstage in Nürnberg eingetroffen, und als nun die Preisrichter seinen Namen lasen und den jungen Mann vor sich sahen, regten sich nachträglich alle möglichen Bedenken in ihnen.

Auch in Schweinfurt, wo die preisgekrönten Modelle ausgestellt wurden, fanden sich viele Zweifler, und einige hochmögende Herren erinnerten sich daran, daß sie den Künstler ja noch vor wenigen Jahren als bescheidenen Handwerksgesellen gesehen hatten.

Sie redeten hin und her und wollten einen anderen Entwurf zur Ausführung vorschlagen. Da machte ein biederer Schreinermeister, dem diese Bänglickeiten wider den Strich gingen, den Vorschlag, man solle einmal die Schuljugend, die als kommende Generation auch ihre Freude an dem Denkmal haben müsse, rufen. Die Kinder drängten sich in den Saal und riefen einstimmig, daß ihnen »der Soldat« am besten gefalle. Die Stadtväter ließen sich von dieser Begeisterung anstecken und beschlossen, Ignatius Taschner die Ausführung zu übertragen, wenn die Denkmalskommission sich einverstanden erkläre.

Die hielt lange Sitzungen ab, und immer wieder gab es Redner, die den Propheten im Vaterlande nicht gelten lassen wollten.

Mit wohlgesetzten Worten führte der Präsident aus, das sei ja nun alles recht und schön, und gewiß sei der Künstler ein tüchtiger junger Mann, und sicherlich könne sein Entwurf Beifall finden – »aber«, sagte er, »wer gibt uns die Garantie, daß dieser junge Mann das schwierige Werk auch auszuführen vermag?«

»Hier«, rief der brave Schreinermeister, »hier ist die Garantie.« Und triumphierend hielt er die silberne Medaille empor, welche die Akademie dem Schüler Eberles verliehen hatte.

Der Beweis war schlagend für die besorgten Stadtväter, und sie waren nun damit einverstanden, daß der ehemalige Geselle ihres Mitbürgers das Denkmal fertigstellen sollte.

Heute werden sich die Schweinfurter freudig daran erinnern, daß sie einstmals als Kinder den Ausschlag gegeben haben. –

Das Denkmal wurde am 1. September 1895 enthüllt, und im Festzuge schritt Meister Kämpf neben Ignatius Taschner einher und war bemüht, seine Bedeutung wie auch sein Verdienst an diesem Werke seines Lehrlings und Gesellen zur Geltung zu bringen.

Als die Hülle fallen sollte und unser Ignatius das Podium betrat, wollte Kämpf nicht zurückbleiben und schickte sich an, den erhöhten Standpunkt einzunehmen, allein eine harte Faust faßte ihn am Schoße des Bratenrockes und ließ den zornig sich Sträubenden nicht mehr los.

Es war wiederum jener wackere Schreinermeister, der nur das wirkliche Verdienst zu Ehren kommen lassen wollte, und der unbarmherzig seinen Mitbürger um einen großen Moment brachte.

Die Enthüllungsfeier, die in ihrer Vorbereitung und Durchführung zu manchem erheiternden kleinstädtischen Vorkommnis führte, beschloß für Ignatius Taschner die Reihe froher Tage. Es kam nun eine harte Zeit, so voll an Entbehrungen und Enttäuschungen, daß der an ein karges Leben Gewöhnte zu erliegen drohte und durch bitterste Not, durch Sorgen und Mangel in Krankheit verfiel, die seinen Körper schwächte, und deren nachwirkende Folgen sicherlich sein frühes Ende verursachten. Von dem Honorare für das Schweinfurter Denkmal hatte er bei aller Sparsamkeit so gut wie nichts zurücklegen können; Kosten und Auslagen hatten mehr betragen, als der geschäftsfremde Künstler berechnet hatte, jedenfalls konnte er, als er nun wieder im Atelier des Professors Eberle an dessen Grimmdenkmal (Hanau) mitarbeitete, nicht von Ersparnissen leben. Er ließ sich das zu Anfang wenig kümmern, da ihm der Rompreis in sichere Aussicht gestellt, ja fest versprochen war. Allein da kam die erste Enttäuschung. Den Rompreis erhielt ein anderer. Bei der Konkurrenz für das münchener Friedensdenkmal hatte Taschner keinen Erfolg, andere Hoffnungen erwiesen sich als trügerisch, und bald befand er sich in bitterster Not.

Es war ihm nicht gegeben, sich an Bekannte oder gar an Freunde zu wenden; schweigend sah er andere billige Erfolge erringen, und schweigend duldete er Entbehrungen, fror in seiner ungeheizten Dachstube und litt Hunger. In einer Zeit, die vielen jungen Künstlern Gelegenheit zur Entfaltung ihrer Kräfte bot, von allen verkannt, von Leuten, denen er Vertrauen schenkte, preisgegeben, wurde er verschlossen und menschenscheu.

Trotz allem arbeitete er weiter und legte gerade damals den Grund zu seinem großen zeichnerischen Können.

Aber es war, als ob ihn ein Fluch verfolgte. Nicht eines von den Blättern, die wenige Jahre später die Kenner entzückten, konnte er damals verkaufen; wo er sie anbot, fand er kühle Ablehnung, und er mochte wahrhaftig glauben, daß ihm unter allen allein das Schicksal den bescheidensten Erfolg verwehre. Treue Hände haben seine Zeichnungen, die in jenen Tagen entstanden, sorgfältig gesammelt und aufbewahrt. Wir mögen sie mit Rührung betrachten und daran denken, daß der Künstler, der sie geschaffen hat, an manchem Tage hungernd vor einer Kaserne stand und froh war, wenn ihm ein Soldat ein Stück Kommißbrot schenkte. Vieles wirkte zusammen, um den lebensfrohen, vom Glauben an sein Können erfüllten Mann niederzubeugen und ihn fast verzweifeln zu lassen.

Da brachten zwei Ereignisse die Wendung. Im November 1896 kam es zwischen ihm und seiner nachherigen Frau Helene zur Aussprache, und wie sie Vertrauen auf ihn und seine Zukunft zeigte, stärkte sie ihm die Kraft zum Ausharren. Deren bedurfte es freilich in den nächsten Monaten, denn immer noch fand er in der Heimat nichts als Mißgeschick, und der Gedanke, in der Fremde sein Glück zu versuchen, setzte sich in ihm fest. Da – es war zu Anfang des Jahres 1897 – fand er eines Tages in seinem Briefkasten die Visitenkarte des Professors Marr, der für den nächsten Tag seinen Besuch ansagte. Als Marr kam, teilte er dem freudig überraschten Künstler, der kaum an diesen Glücksfall glauben wollte, mit, daß ein Herr Bennewitz von Loefen bei ihm einen Grabstein für seinen Vater bestellen wollte. Herr von Loefen fand sich selbst ein, und Taschner erklärte sich bereit, in drei Tagen eine Skizze für das Grabmal zu entwerfen.

Mit einem Male waren alle Sorgen weg. Der freundliche Zuspruch Marrs, die Gewißheit, nicht ganz vergessen und verlassen zu sein, versetzten Taschner in eine solche Aufregung, daß er zwei Tage lang in den Straßen Münchens herumirrte. Erst am dritten Tage begann er mit dem Entwurfe, und der fiel so aus, daß Herr von Loefen sogleich das Grabmal bestellte und den vom Künstler genannten sehr bescheidenen Preis aus freien Stücken verdoppelte.

Ignatius war glücklich.

Er hatte den Glauben an sich wiedergefunden, und das wog schwerer als die Unterstützung, die wohl im rechten Augenblicke kam. Sein Leben lang hat er dem von ihm hochgeschätzten Professor Marr und dem Auftraggeber herzliche Dankbarkeit bewahrt, und in späteren Jahren, als ihm Anerkennung von allen Seiten zuteil wurde, hat er gerne bei der Erinnerung an diesen Auftrag verweilt, der die Wendung zu einem glücklichen, von reichstem Schaffen erfüllten Leben brachte.

Sein Frohsinn erwachte wieder, und Herr von Loefen, der Taschner oft als Gast bei sich sah, erfreute sich nicht minder wie seine Gattin, eine feinsinnige Rheinländerin, an der Eigenart des Künstlers, den heitere Laune zum besten Erzähler machte. Neben Arbeiten für Freiherrn Kessel Zeutsch, Schloß Raake, dann für einen Altar fertigte Taschner damals Entwürfe für Glasmalerei an, zeichnete für die »Jugend« und ging im Sommer 1897 zu Studienzwecken wiederum nach seinem geliebten Altomünster, das für sein Schaffen eine hervorragende Bedeutung gewann.

Der kleine Markt – er hat etwa zwölfhundert Einwohner – baut sich an dem Abhange eines mäßig hohen Hügels empor und bildet den Mittelpunkt des fruchtbaren Landes zwischen Glonn und Ilm. Weithin sichtbar ragen der stattliche Turm der Kirche und die Mauern eines uralten Klosters des hl. Alto empor. Hier war in den neunziger Jahren und noch später ein von der Außenwelt und von allen neuzeitlichen Verunstaltungen gänzlich unberührtes Altbayerntum zu finden und eine Fülle von Dingen, die gerade unserem Ignatius Taschner Freude bereiten mußten. Rund um Altomünster liegen eingebettet zwischen Wäldern und Äckern kleine Dörfer, deren Häuser die kunstverständige Art der alten Baumeister, wie auch die altbayrische Freude an bunten Farben zeigen; Haustüren, Fenstergesimse, auch der Zierat an der Außenwand stammen aus guter Zeit. Im Hause, auf dem Flöz und in der Stube stehen Kästen und Truhen, die handwerkliche Kunstfertigkeit von ansehnlicher Bedeutung zeigen. Im Wurzgartl, das die Bäuerin sorgfältig pflegt, blühen Pfingstrosen, Georginen und sonst allerhand Blumen mit alten Namen, daneben wachsen Kräuter und Gemüsearten, die in dieser Gegend schon zu Lebzeiten des Kaisers Carolus auf dessen Geheiß angebaut werden mußten.

Ein braves, fleißiges, mit uralter Sitte fest verwurzeltes Volk lebt und schafft hier; die hochgewachsenen Männer, ihre drallen Weiber und die flachsblonden Kinder sind von gut erhaltener deutscher Art; ihre Weise, das Leben derb und fröhlich zu führen, sich nie von der harten Arbeit oder vom Ungemach das Gemüt beschweren zu lassen, ihre laute Freude an Feiertagen, und neben der Gutmütigkeit auch wieder unbändiger Trotz, das alles weist hin auf unverfälschte altbayrische Abstammung.

Nichts Schöneres als das Gewühl der festlich gekleideten Weiber und Mädchen an einem Markttag in Altomünster.

Mit schutzenden Röcken schreitet das Weibervolk auf den zierlichen, hübsch ausgenähten Schuhen einher; das nach bestimmten Regeln gebundene Kopftüchel, das bunte Brusttuch weisen auf die Herkunft hin, und eine Holzländerin läßt sich auf den ersten Blick von einer Glonntalerin unterscheiden.

Mehr abseits von den Weibern halten sich die Männer, die in den mit Silberknöpfen geschmückten Röcken, in Lederhosen und langen Stiefeln würdig aussehen; eine schmückende Zutat bilden die in schönen abgetönten Farben gehaltenen, auch wieder mit Vierundzwanzigern versehenen Westen.

Wenn nun Ignatius Taschner unterm Tore des seinem Vetter Stanglmayr gehörigen Bräuhauses stand und das bunte Leben um sich betrachtete, hatte er alles, was sein Herz begehrte, und er konnte in kleinsten Dingen mehr Zusammenhänge mit der uralten Kultur der Heimat finden als ein gelehrter Kunsthistoriker in den Schätzen eines Museums.

Was ihm dieser versteckte Erdenwinkel gab, wie er mit diesem Stück Heimat verwachsen war, so daß in allem, was er hier schuf, jenes tiefste Verstehen, das nur die Zusammengehörigkeit gibt, dem Werke seinen eigentlichen Reiz verlieh, das erkennen wir in den vielen Holzschnitten und Zeichnungen, die auf Altomünster hinweisen.

Ich nenne aus vielen die Tonibäuerin, das Botenfuhrwerk, die Holzländerin, Zeichnungen für einen Kalender, das wunderschöne Blatt mit dem Kirchturme, und neben vielem anderen auch die Illustrationen zum »Heiligen Hies« und zum »Wittiber«.

Im äußeren Habit hat Taschner zeitlebens seine Vorliebe für die Tracht gezeigt. Als königlich preußischer Professor in Breslau und in Berlin trug er zum Frack eine geblümte Weste, die nicht nach der heiligen Mode geschnitten, sondern nach altem Vorbilde aus alten Stoffen vom Herrn Schneidermeister in Altomünster angefertigt war; im dachauer Bauernmantel aus schönstem dunkelblauem Tuche, dessen Persianerkragen eine alte silberne Schließe hatte, schritt er durch die Straßen der Reichshauptstadt, und manche Krawatte, darunter eine hellgrüne, die ein Journalist einmal als übermodern schilderte, war aus einem seidenem Bande, das eine dachauer Bäuerin ehemals unter der Florhaube trug.

Immer wieder kehrte Taschner nach Altomünster, das er zuerst als blutarmer Anfänger besucht hatte, zurück, und es erregte ihm Sorge und Ärger, wenn irgendeine neuzeitliche Unart das Bild des alten Marktes störte. Die Bürger dort erzählen aber noch heute mit Verwunderung, wie der Herr Professor seinerzeit als junger Künstler ein Roß, nicht ein schönes, stattliches Pferd, sondern ein altes Roß, modelliert habe; sie waren und sind nicht ganz einverstanden damit und haben noch immer Bedenken, auch wenn man ihnen erzählt, daß das Roß in der schönen Holzskulptur des Rauhbeins verewigt worden sei.

Als Taschner im Jahre 1907 daran ging, sich selber ein

Haus zu bauen, trug er sich lange mit dem Gedanken, es in Altomünster zu errichten, und so sehr ihm der Platz auf der Mitterndorfer Höhe gefiel, leicht gab er doch nicht jenen Plan auf. In dem Hause aber, das er sich dann auf dem am Rande des Dachauer Mooses aufragenden Hügel erbaut hat, zeigte er, wie völlig seine vom reichsten Können getragene Neigung den alten Handwerksmeistern gehörte. So, wie es nun dasteht und weit in die bayrische Hochebene hinausschaut, ist es keineswegs ein im alten Stile empfundener Neubau, es ist, frei den eigenen Bedürfnissen und Wünschen angepaßt, aus dem gleichen Geiste geschaffen, so zwar, daß es wie selbstverständlich diesem Boden entwachsen wirkt.

Es war vielleicht ein Glück für unsern Ignatius und seine Entwicklung, daß er nicht in jungen Jahren nach Rom kam und sich später nicht erst von den recht überschätzten mächtigen Eindrücken befreien mußte, um sich rasseecht entwickeln zu können. Er hat in der Heimat unendlich stärkere Anregungen empfangen und hat unbeabsichtigt den Weg zum deutschen Altmeistertum gefunden, mit dem ihn tausend Fäden verbanden.

Damals also, im Sommer 1897, konnte Taschner mit sorgloserem Gemüte in Altomünster verweilen, und seine Hoffnung, daß der Weg aufwärts führe, erfüllte sich.

Nach München zurückgekehrt, fand er bald wieder kleinere Aufträge zur Ausschmückung von Räumen im Kunstgewerbehaus, im Glaspalaste, er bemalte Gläser und Porzellan und ging daran, seinen ersten Strauchdieb in Holz auszuführen. Die Holzskulptur erregte in der Ausstellung der Sezession Aufsehen und wurde sogleich nach Köln verkauft, ein zweiter Strauchdieb in anderer Auffassung, ebenfalls 1898 fertiggestellt, kam nach Berlin.

Das waren beträchtliche Fortschritte, die es ihm ermöglichten, ein größeres Atelier zu mieten, in dem er als erstes Werk die Cäcilia, wiederum in Holz, vollendete. Der Verlag Gerlach und Schenk in Wien trat mit ihm in Verbindung und erwarb von ihm die drei Blätter »Jurisprudenz«, »Elektrizität«, »Tod und Leben«; von da und dort waren Aufträge in Aussicht gestellt, an Arbeit schien es nun nie mehr zu fehlen, und in sich fühlte Taschner die Kraft zu Größerem. So ließ es sich wagen, den eigenen Herd zu gründen.

Am 27. April 1899 schloß er mit Helene Felber, die ihm in der Zeit des Wartens ein treuer Kamerad gewesen war, den Bund fürs Leben. Es ist eine glückliche Ehe geworden. Ignatius fand in ihr Halt und Pflege in schlimmen Tagen, Behagen und Ruhe in arbeitsreicher Zeit.

Manches ließ sich in den ersten Jahren der jungen Ehe glückverheißend an. Die Arbeit gedieh.

Neben den meisterhaften Holzskulpturen, der Gruppe des hl. Martinus und dem Rauhbein, neben Arbeiten für Konkurrenzen, darunter der für das Goethedenkmal in Straßburg, bei der er den zweiten Preis erwarb, neben der Ausführung ansehnlicher Aufträge zeichnete Taschner die reizvollen Illustrationen zu Grimms Märchen für Gerlach in Wien, trat mit seinen ersten Radierungen »Fechtbruder« und »Spaziergang der Alten« hervor und brachte von Burghausen, von Pößnach, Neubeuern und wieder von Altomünster köstliche Studien heim.

Im Dezember 1900 schenkte ihm Frau Helene ein Töchterchen, und Ignatius hätte als glücklicher Ehemann und Vater keinen andern Wunsch an das Schicksal richten dürfen, als daß ihm Gesundheit und Kraft zu der stetig sich mehrenden Arbeit erhalten bleiben möchten.

Das war ihm nicht beschieden.

Im Frühjahr 1901 stellten sich bei ihm schwere Kopfschmerzen und Magenstörungen ein, die sich im Verlaufe des Jahres bis zur Unerträglichkeit steigerten und ihm wochenlang den Schlaf raubten. Er suchte vergeblich Heilung in St. Moritz, versuchte diese und jene Kur, aber erst Ende 1902 konnte er bei sorgsamster Pflege langsam genesen.

Auch in dieser schlimmsten Zeit gönnte er sich keine Ruhe; und mußte er sich auch nach kurzer Arbeit zur Linderung der quälendsten Schmerzen wieder legen, immer wieder raffte er sich auf, modellierte, zeichnete, und manches schöne Werk ist in dieser Leidenszeit entstanden. Vor allem der Parcival, den der bayrische Staat für die Glyptothek erwarb, Entwürfe zu Brunnenkonkurrenzen, Zeichnungen für Glasfenster, darunter der rührend schöne Christus, und Entwürfe zu »Nixe des Brunnens« für den Verlag Gerlach. Wie ernst er allezeit die Pflicht zur Fortbildung aufgefaßt hat, das mag die Tatsache beweisen, daß er selbst in seiner Krankheit, wie alle die Jahre vorher, an den Winterabenden Aktstudien zeichnete.

Heute, wo unreife Halbheit so oft das Wort führt, mag das besonders hervorgehoben werden.

Anfangs Februar 1903 kam der damalige Direktor der breslauer Kunstschule, Poelzig, nach München, lernte bei einer Feier im Kunstgewerbeverein Taschner kennen und bot ihm wenige Tage später eine Professur in Breslau an.

Ignatius konnte sich nicht entschließen, den günstigen Auftrag anzunehmen. Er hing sehr an München, und schon 1901 hatte er einen Ruf nach Wien, der ihm in Aussicht gestellt worden war, abgelehnt. Allein Poelzig, der in seinem Vorhaben vom Kultusminister Studt eifrig bestärkt wurde, kam im April nochmals nach München und stellte so günstige Bedingungen, daß Taschner sich nicht länger weigern konnte.

Er nahm den Ruf an, und dieser Entschluß eröffnete ihm mit einem Schlage die große Laufbahn.

Am 1. Juni 1903 siedelte Taschner nach Breslau über; vom ersten Tage an fand er Anerkennung und verständnisvolles Entgegenkommen, und alles wirkte zusammen, um seine Wahl als eine glückliche erscheinen zu lassen.

Durfte ihn sein Entschluß nicht reuen, so drängt sich doch uns die Frage auf, warum man in München den Künstler nicht zu halten wußte.

Was er, der jedes Handwerk zur altmeisterlichen Kunstfertigkeit hätte führen können, für unsere engere Heimat bedeutet hätte, das läßt sich kaum abschätzen; und wenn es für ihn, den Messel und Hoffmann bald als wertvollste Kraft erkannten, ein Glück war, in große Verhältnisse zu kommen, so bedeutet für uns sein Wegzug einen unwiederbringlichen Verlust.

In Breslau fand er sich gleich in die regste und fruchtbarste Tätigkeit versetzt. Als Lehrer brachte er nicht minder wie als Künstler seine Überzeugung zur Geltung, daß es ohne tüchtiges handwerkliches Können keine rechte Kunst gebe, und den strengen Ernst, zu dem er sich selbst erzogen hatte, verlangte er von andern; gegen die gewisse talentvolle Flüchtigkeit hegte er nicht die geringste Nachsicht. Dergleichen lehnte er schroff ab, denn er war wie die Alten und wußte, daß man von unten aufzubauen beginnt.

Während seines nur zwei Jahre dauernden Aufenthaltes in Breslau hat Taschner neben vielen kunstgewerblichen Arbeiten die Steinbüste eines alten Mannes, die schöne Porträtbüste seines Töchterchens Maja geschaffen, dazu das Schleidendenkmal für Jena, ein Denkmal für Lehrer Kranz in Wüstegiersdorf, Entwürfe für den Gustav-Freytag-Brunnen in Breslau, für einen Brunnen im Posener Regierungsgebäude; er beteiligte sich an der Konkurrenz für das Berner Westpostdenkmal, bei der er den zweiten Preis errang, begann für Gerlach in Wien Zeichnungen zu einem Bauernkalender und fertigte während eines Sommeraufenthaltes am Tegernsee die Illustrationen zum »Heiligen Hies« an.

Im Juni 1904 trat Professor Messel-Berlin zum ersten Male mit ihm in Verbindung und gab ihm Aufträge für die Tonne des Wertheimhauses; wenige Monate später wandte sich auch Baurat Hoffmann an Taschner und erteilte ihm gemeinsam mit Messel Aufträge für einen Tafelschmuck, den die Städte Preußens dem Kronprinzen zu widmen beschlossen hatten.

Hoffmann schlug dem Künstler vor, nach Berlin zu übersiedeln und die plastische Ausschmückung seiner Bauten zu übernehmen; und da ihn die Arbeit lockte und er seine Zukunft sich ins Weite dehnen sah, schlug Taschner ein: schon im April 1905 hatte er ein Atelier in Berlin gemietet, im Oktober schied er von Breslau.

Hier sei zurückgreifend eines Ereignisses gedacht, das allgemeinere Bedeutung hat.

Im Februar 1905 hatte Taschner Florenz und Rom besucht und damit einen Plan verwirklicht, dessen Fehlschlagen ihn acht Jahre vorher so sehr niedergedrückt hatte. Nun stand er als reifer, in sich gefestigter Künstler den Werken gegenüber, an denen sich altem Herkommen gemäß ein talentvoller Anfänger bilden soll.

Vieles ist dafür, manches Gewichtige aber auch dagegen gesagt worden; und Taschner, der sich durch keine sakrosankte Meinung beirren ließ, hat starke Zweifel an dem Segen geäußert, der sich bei einem immerhin kurzen Aufenthalte für Anfänger, die nicht zu scheiden und zu wählen wissen, aus den starken Eindrücken ergeben soll. Wie lange Zeit, welche gründlichen Kenntnisse und welche Reife des Urteils dazugehören, um sich zurecht zu finden, hat er klar erkannt, und bei einem wiederholten Besuche (1913), der ihn in Neapel und Pompeji die reinsten Freuden finden ließ, sah er seinen Glauben bestätigt, daß ein Künstler erst, wenn er sich zur Klarheit durchgerungen hat, an einem Werke lernt, in dem er die Vollendung des von ihm selbst Erstrebten erkennt.

Mit dem Herbste 1905, in dem er in Berlin seinen Wohnsitz nahm, begann für Taschner die letzte, fruchtbarste Schaffenszeit, die sein früher Tod so jäh beendete. Was er in diesen acht Jahren bis zum November 1913 an Arbeiten vollendete, erregt bei bloßer Aufzählung Staunen; wer aber klar genug sieht, um in jedem Werke die fortschreitende Meisterschaft zu erkennen, und wer vollends weiß, wie strenge er gegen sich verfuhr, wie hart er um die bedingungslose Zufriedenheit mit dem eigenen Werke rang, wie er neben seiner Arbeit hundertfache Anregung gab, über die Gegenwart hinaus immer reichere Pläne in sich trug, ja wie er mit heimlicher Sehnsucht an ein stilles Schaffen in der Zukunft dachte, der mag verstehen, was wir an ihm verloren haben.

Im Mai 1905 hatte Baurat Hoffmann Aufträge für das Märkische Museum und einige Schulhäuser erteilt, im Januar 1906 übernahm er den plastischen Schmuck des Altersheims in Buch und Arbeiten für das neue berliner Rathaus, darunter sechs große Figuren, die heute die Balustrade des schönen Gebäudes schmücken. Auch die große Fortuna, welche die Kuppel krönt, ist von ihm. Im März 1906 übernahm er ferner einen Auftrag der nordamerikanischen Stadt St. Paul für ein Schillerdenkmal; im Februar 1907 vollendete er das ergreifend-schöne Werk.

Es folgten 1906 weitere Aufträge Hoffmanns für das Märkische Museum, für Schulhäuser in der Pappel-Allee und in der Pasteur-Straße, für das Virchow-Krankenhaus, für das Waisenhaus in der Alten Jakobstraße, für die Irrenanstalt in Buch. Im gleichen Jahre begann er die Arbeiten für den Tafelschmuck des Kronprinzen, für den Breslauer Gustav-Freytag-Brunnen und den posener Brunnen. Daneben fertigte er die bekannten Figuren für das Brannsche Marionettentheater an und die goldtauschierte eiserne Statuette, welche die berliner Sezession Herrn Professor Max Liebermann als Geschenk überreichte. Auch den Terrakottabrunnen für Kadinen begann er im September 1907, und im Dezember des gleichen Jahres vollendete er den Schildkrötenbrunnen für den Park Wertheim.

1908 stellte er Arbeiten für das berliner Rathaus und die Anstalt in Buch fertig, vollendete vier große Reliefs für die neue Brücke in Lübeck und plastischen Schmuck für die Bromybrücke in Berlin. Ununterbrochen arbeitete er daneben an den Gruppen für den Tafelschmuck, zu dem er Tierstudien in Ostin am Tegernsee, später im Gestüt Erding machte; und wer sich ein Bild von seiner strengen Selbstzucht machen will, mag hören, daß er neben seiner alle Kräfte in Anspruch nehmenden Arbeit ganze Winter hindurch Abendakt zeichnete.

Die nächsten Jahre brachten neben der Vollendung der übernommenen Aufträge, so des kadiner Brunnens, der Figuren für das Rathaus, weitere Arbeiten für den Neubau eines Gymnasiums, für Schulhäuser und für das Vestibül des Rathauses, daneben zeichnete er die Illustrationen zum »Wittiber«, entwarf die Modelle zu den zwanzig prachtvollen Silberfiguren für das Kronprinzengeschenk und begann im Sommer 1912 mit den Gruppen für den Märchenbrunnen. Im Februar 1907 hatte er diesen Auftrag übernommen, war aber über all den andern Arbeiten nicht dazugekommen, sie in Angriff zu nehmen. Nunmehr drängte die Stadt Berlin, die zum Regierungsjubiläum des Kaisers den Brunnen fertig haben wollte, und Taschner machte sich im Sommer 1912 daran, als erste Gruppe den »Gestiefelten Kater«, »Hansl«, »Hans im Glück« zu entwerfen.

Im Februar 1913 hatte er alle Modelle vollendet, noch im Mai 1913 arbeitete er an der Ausführung in Stein mit, und am

15. Juni konnte der vollendete Märchenbrunnen mit den Alt und Jung entzückenden Gruppen der Stadt übergeben werden.

In all den Jahren, von 1907 bis 1913, hatte sich Ignatius aber noch einer anderen Arbeit, an der sein Herz hing, gewidmet: dem Entwurfe, dem Baue und der Ausschmückung seines Hauses und Anwesens in Mitterndorf bei Dachau.

Auf dem unvermittelt aus dem Moose sich erhebenden Hügelrücken steht heute, von weither sichtbar, inmitten von sich übereinander aufbauenden Gärten, das behagliche Herrenhaus, in jeder Einzelheit gute alte Art zeigend. Angelehnt an die letzte Erhebung, so daß der Hügel das Haus gegen Nordwesten schützt, umgeben von einer mit Ziegeln gedeckten Mauer, mit Nebengebäuden, die wie die allerschönsten Dorfhäuser dieser Gegend aussehen, mit einem Vorgarten, der mit alten Blumen geziert und in strengen Linien wie ein Klostergarten gehalten ist, wirkt dieses Haus so, als stünde es seit zweihundert Jahren hier oben als Sitz eines Herrn, der es in guter Zeit von einem kunstreichen Meister hätte errichten lassen.

Ein terrassenförmig angelegter Obstgarten mit Pyramidenbäumen und Spalieren, von Taschner sorgfältig gepflegt, der Laubengang mit künstlich gezogener Buchenhecke, Bögen mit rankendem Formobst, Blumenbeete, mit Buchs eingefaßt, alle Wege peinlich sauber gehalten, nirgends Zufall oder Unordnung, überall kluge Absicht erkennbar, so bietet sich uns das Bild einer alten köstlichen Gartenkultur, wie wir sie aus den Stichen Merians kennen.

Der Brunnen im Hofe, die mächtige Haustür mit Reliefschnitzerei, Holzskulpturen auf Treppensäulen, Schmuck an den Wandkästen, das Zifferblatt der Uhr mit dem Auge Gottes, der herrliche Ofen in der Stube, alles ist liebevollste Arbeit des Künstlers.

Aber auch jede Türklinke, jedes Schloß, jedes Brett in einer Vertäfelung, jeder Holznagel im Fußboden, jedes Einzelne und das Ganze ist von Taschner nicht entworfen, wie man das heute von manchem sagt, sondern harmonisch in das schöne Haus hineingepaßt mit genauer Kenntnis des Notwendigen und Nützlichen. Nirgends ist Zeitvertreib, Spiel mit Formen, überall ist strenge Einordnung in die Zweckmäßigkeit, respektvolle Beachtung der Tradition und volle Beherrschung des Materials zu sehen.

Jeder Handwerker, der hier mitwirkte, der Maurer, der Spengler, der Schreiner, der Zimmermann und der Schlosser, lernte vom Professor alte, längst vergessene oder nicht mehr beachtete Kunstgriffe und manches seine Arbeit schmückende, von Gedankenlosigkeit befreiende Beiwerk kennen.

Sie haben das richtig zu werten verstanden, und mancher sagt noch heute, da habe er freilich gelernt, wieviel Sinn und Verstand im Kleinsten sei, und auch, wie und warum es die Alten besser machten.

So hat Ignatius vom Weißen Sonntage 1907 an, da er den ersten Pfahl in den Boden schlug und damit den Platz für das Wohnhaus bestimmte, bis zu seinem Tode an seinem Heim ergänzend, ändernd und bessernd gearbeitet; wenn er sich eine Stunde frei zu machen wußte, fand er seine Erholung im Entwerfen von neuen Plänen, sowie er aber nach rastlosen Mühen Tage oder Wochen zu seiner Verfügung hatte, eilte er nach Mitterndorf. Die hohen Festtage, Weihnachten, Ostern und Pfingsten, feierte er immer den Kindern zuliebe – im August 1906 war ihm sein zweites Töchterchen Antoinette geboren worden – im Hause daheim, und so drängend war ihm kein Auftrag, daß er nicht doch Zeit gefunden hätte, den Kleinen diese Feste zu schmücken. Er arbeitete an der Krippe und schnitzte ihnen Puppen, er legte ihnen einen eigenen Garten an und lehrte sie, spielend den Ernst zu verstehen, er hielt fest an alter Sitte und war selber ein Kind, wenn er mit den Kleinen unter Busch und Strauch nach Ostereiern suchte; er wußte, welcher Segen in der Erinnerung an eine glückliche Jugend liegt.

Zum Dorfe, das unter seinem Anwesen versteckt zwischen den Hügeln liegt, hatte er vielerlei Beziehungen. Er kannte die Leute, ihr Leben, ihre Arbeit und freute sich, wo immer ihm alte Art begegnete; als die Kirche neu hergerichtet wurde, war er mit Rat und Tat behilflich, und als der Vater des Pfarrherrn starb, fertigte er für ihn ein Grabrelief, das den alten

Lehrer darstellt, wie er Kinder im Lesen unterweist. Für den benachbarten Markt Dachau modellierte er, so überhäuft er mit Arbeit war, das Modell zu einem Brunnen, und manchen Plan zur Ausschmückung der engeren Heimat trug der herzliche Mann noch in sich.

Immer stärker wurde in ihm die Sehnsucht nach stillem Schaffen in seinem Heim. Im Jahre 1912 blieb er das Frühjahr und den Sommer in Mitterndorf, wo er denn auch die ersten Gruppen für den Märchenbrunnen entwarf; er wollte noch die Silberfiguren für den Tafelschmuck vollenden und dann frei sein von Verträgen und Aufträgen. Gerastet hätten freilich seine fleißigen Hände nie; immer fand er im Schaffen Lust und Kraft zu neuen Werken, aber er dachte es sich als das Schönste, restlos und ganz mit seiner Kunst, mit selbstgewählter Arbeit der Heimat zu dienen.

Sie regte ihn hundertfältig an; und alles, was er hier sah, bot ihm Anlaß zu neuen Plänen. In beschaulichem Wirken, nicht bedrückt und bedrängt von Terminen, wollte er sein Bestes geben, und es stimmte ihn froh, von dieser, wie er glaubte nahen Zukunft zu reden.

Dieses zu malen, in Farben, die er sich nach dem Beispiele der alten Meister selber bereiten wollte, jenes zu zeichnen, sich im Holzschnitte zu vervollkommnen, und wiederum so manches in Stein und in Holz zu modellieren, nahm er sich vor, und oft sagte er, wie schön das werden sollte, wenn er daheim unbekümmert schaffen dürfe. Wie vieles hätte er uns geschenkt, wie vieles angeregt, wie vieles daheim auf gute Bahnen geführt!

Das Schicksal hat es anders gewollt.

Als er im Juni 1913 nach der Übergabe des Märchenbrunnens nach Rom und Neapel reiste, schien er sich völlig zu erholen von Schwächezuständen, an denen er schon im Herbste 1912 gelitten hatte.

Auch während der folgenden Monate, die er in Mitterndorf zubrachte, fühlte er sich wohl genug, um rastlos an der Vollendung der Silberfiguren zu arbeiten, und als ihn Ende Oktober eine heftige Influenza befiel, gönnte er sich trotzdem keine Ruhe.

Noch am 23. November stellte er die Figur der Eva fertig und vollendete die Gruppe des Reiters, an der er immer wieder geändert und gebessert hatte.

Am 25. November früh stellten sich schwere Herzkrämpfe ein, und gegen Mittag starb er im dreiundvierzigsten Jahre seines Lebens.

Wer ihn kannte, verehrte ihn; wer ihm näherstand, liebte ihn.

Ich habe seine Freundschaft erworben, die mir auch jetzt noch in der Erinnerung als der köstlichste Besitz gilt. Er hat mich mit manchem gescheiten Worte, nicht weniger aber mit seinem ganzen Wesen wahrhafte, von allen Phrasen losgelöste Kunst verstehen gelehrt; Bedingungen und Zusammenhänge, die wie heimliche Kräfte, die im Erdreiche wirken, nie vor aller Augen ausgebreitet und bloßgelegt werden können.

Ein Wort von ihm hat mir mehr gegeben als gelehrte Abhandlungen, die Unerklärliches erklären und Organisches zerfasern.

Auch was ich schätzte und zu kennen glaubte, gewann für mich häufig neue, stets aber tiefere Bedeutung, wenn er mich in seiner schlichten Art darauf hinwies.

Eine Sicherheit ruhte in ihm, die ihn vor Eitelkeit, vor jedem durch sie ermöglichten Mißgriff schützte, die ihn gegen alles, was Manier werden konnte, unempfänglich und die ihn völlig unabhängig von Tagesmeinung, Mode und Kritik machte.

Daß Phantasie und Willen in der Kunst nichts bedeuten, wenn sie nicht, aus dem Können herausgewachsen, wiederum im Können weise Grenzen und Ordnung finden, daß es außerhalb des Könnens keine Werte gibt, das ist mir durch ihn erlebte Gewißheit.

Anerkennung oder Mißbilligung, Lob oder Tadel konnten ihm nichts gelten; sie erregten ihm weder quälende Zweifel, noch ersetzten sie ihm die eigene Zufriedenheit. Die war ihm Richterin. Eine strenge, aber auch unbeirrbare.

Zu Taschner konnte man sich aus Modenarrheiten und törichtem Feuilletongeschwätz flüchten, und man wußte gleich mit froher Zuversicht, daß in seinem Können, in seinem tiefen Ernste und in seinem rechtschaffenen Sinne deutsche Kunst sicher geborgen war.

Überquellend an Erfindung, empfänglich für alle Eindrücke und wiederum »erkennend jedes Dings Gestalt«, war er in allem, was er schuf sinnreich.

Nichts war willkürlich, nichts müßig erfunden, alles diente einem bestimmten Zwecke auf die beste und einfachste Art, und im Kleinen wie im Großen lag liebevolles Verständnis für altes Herkommen, Sitte und Gebrauch.

Man spricht und schreibt viel von Tradition und Kultur, Heimatkunde und Heimatkunst, man gründet Vereine zu ihrer Pflege; mehr und Besseres als alle Schriften, Bücher und Reden schenkte uns davon Ignatius Taschner.

Es war nichts Nachempfundenes oder Wiedergegebenes, es war lebendig geworden, ungesucht; ungewollt, als Gleiches aus Gleichem entstanden.

Zwischen den Großen einer vergangenen Zeit und ihm bestanden Zusammenhänge, die sich aus Art, Rasse und Volkstum wohl ahnen, aber nicht zergliedern lassen.

Und wenn er seine Freude an einem alten Meisterwerk äußerte, nie mit geprägten und gangbaren Worten, immer auf seine eigene Weise, dann fehlte alles lehrhafte Danebenstehen des Kunsthistorikers; er schuf es neu, indem er Heimlichkeit und Notwendigkeit dieses Werdens klarlegte.

In seinem Wesen war Taschner schlicht, voll Verständnis für den Sinn alter Ordnung und Zucht, abhold jeder Pose und ganz besonders der sich genialisch gebärdenden Schlampigkeit, fest, ehrbar, kerndeutsch. Neugierde und Aufdringlichkeit, auch wenn sie sich als Bewunderung einführen wollten, kamen nicht an ihn heran. Gegen fremdes Wesen blieb er verschlossen, und er hatte darin einen sicheren Blick. Eine wohltuende, festgefügte Einheitlichkeit war in allem, womit er sich umgab.

Dabei war er herzensgut und von einer Heiterkeit, die harte Prüfungen siegreich bestanden hatte.

Ich glaube, daß echte Künstler immer etwas den Kindern Verwandtes zeigen.

Bei Taschner lag das gerade in dieser Heiterkeit, die sich zum harmlosen Übermute steigern konnte.

Auch in der Art, wie er sich scheu vor häßlichen und gemeinen Dingen zurückzog. So fest und unbeirrbar er in allem, was er für recht erkannt hatte, war, dabei gerade und derb, nicht frei von der niederbayrischen Anlage zum Jähzorn, war er doch wehrlos gegen giftige und hinterhältige Feindseligkeit.

Sie ist auch ihm begegnet, so ferne es ihm selber lag, anderen zu nahe zu treten.

Glück, Behagen und alles Genügen fand er in seinem Hause. Das war auch wie ein Bild aus alter Zeit, wenn er am Feierabend oder an den Sonntagen neben seinen Kindern saß und sie anhielt, mit ihm wetteifernd eine Blume oder ein Blatt getreu nachzuzeichnen, oder wenn er die Gitarre nahm und ihnen ein Lied vorsang. Saßen wir beisammen, dann machte er mir wohl die Freude und erzählte was aus Lehrlings- und Gesellenjahren. Harmlose Geschichten, aber wie waren sie durchsonnt von seinem Humor, und wie konnte er die Welt behäbiger Spießbürger, hoffärtiger Weiber oder ruppiger Handwerksgesellen sprechend einführen, und wie lachte ihm der Spaß daran aus den Augen!

Diese ausdrucksvollen, alles so treu erfassenden und sein Wesen so treu widerspiegelnden Augen waren das Auffallendste an seiner auch äußerlich ungewöhnlichen Erscheinung. Sie machten, daß man gleich auf ihn aufmerksam wurde und sich zu ihm hingezogen fühlte.

Wer dann das Glück hatte, ihn näher kennen zu lernen, der mußte ihn immer mehr zugleich verehren und lieben.

Ihn, den Nachkommen und Erben der großen fränkischen Meister und den festen Hort in dieser Zeit haltloser Erscheinungen. Wer sich von dem mißtönenden Lärm des Kunstmarktes angeekelt nach der Wiedergeburt deutscher Kunst sehnte, mußte auf ihn seine Hoffnungen richten.

Nun ruht er neben der kleinen Dorfkirche in Mitterndorf, ein echter Sohn und eine Zierde der bayrischen Heimat.

Torggelstube

Eine Weinwirtschaft am Platzl, in der die Zunftstube der bedeutenden Literaten war. Wer aus der Fremde kam und dort das Handwerk grüßte, durfte sich an den Tisch setzen, an dem Meister Wedekind Tag um Tag, im frostigen Winter, im jungen Frühling, im heißen Sommer und im hinsterbenden Herbste saß und Rotwein trank. Manchmal warf er ein bedeutendes Wort unter die gierig Horchenden, die es sich merkten und weitertrugen und auch niederschrieben.

Keines seiner Worte verwehte, denn die ungeheuren Schalltrichter des Jüngers Joachim fingen das Leiseste auf, und ein nie fehlender, stets dabei sitzender Literaturprofessor reihte es sogleich ein ins Bedeutende, Faustische oder anekdotischem Wesen sich Nähernde.

Hier war es, wo das auserwählte Volk der Geistigen auf das Erscheinen der »Franziska« harrte und dieses neue, zwischen den Torggelstubennächten entstehende Werk des Meisters als Offenbarung ersehnte.

Ein Zufall fügte es, daß ich an jenem bedeutsamsten Tage der Erstaufführung, an einem Nebentische sitzend, Zeuge des Ereignisses ward.

Der Platz des Meisters war leer, als ich das Gastzimmer betrat, einige Stühle lehnten umgeklappt an dem geweihten Tische. Eine einzige elektrische Lampe war aufgedreht und beleuchtete spärlich die kulturhistorische Ecke.

Lag die Vorahnung großer Ereignisse darüber?

Das Servierfräulein, das immer so verzeihend lächelte, wenn sich ein geistiger Führer der Nation über die bourgeoise Gewohnheit des Bezahlens hinwegsetzte, war sichtlich aufgeregt.

Da und dort flüsterte sie Gästen zu: »Heut is d' Franziska.«

»Was is heut?« fragte ein gewöhnlich aussehender Herr zurück. Ein Münchner Rentner, ein Privatier sozusagen.

Man warf ihm von rechts und links unwillige Blicke zu: das Servierfräulein zog die Achseln in die Höhe.

Wie kam der Mensch eigentlich da herein?

Eine bleischwere Stunde verstrich langsam.

Draußen vor der Torggelstube stand die lange Reihe der Droschken; die Kutscher standen in einem Kreise zusammen, und jeder trank seine Maß Hofbräuhausbier.

Seltsam, wie in großen Momenten das kleine Leben unbeirrt und ewig gleich weiter geht.

Ein paar Straßen weiter wurde eben Franziska aufgeführt, und hier war alles wie sonst. Leute gingen ins Hofbräuhaus, setzten sich in die qualmende Halle, Leute kamen heraus, es roch nach Bier, nach Käse, nach Gebratenem.

Es war eine Nacht wie sonst.

Komisch eigentlich!

Ich saß an meinem Nebentische und las in einer Zeitung. Zuweilen blickte ich auf das Servierfräulein, das immer unruhiger wurde. Man kennt ja die Stimmung, wenn man auf ferne Schritte horcht... »Jetzt... jetzt... jetzt bringen s' ihn...«

Endlich!

Die Glastüre wurde aufgestoßen. Der Literaturprofessor stürmte mit wehendem Mantel herein, hinter ihm kamen gewöhnliche Menschen, bedeutende Menschen und wieder gewöhnliche.

Der Jünger Joachim kam; er war blaß und sah angegriffen aus wie eine Wöchnerin. Er hatte eben ein Telegramm zur Welt gebracht.

Immer wieder klappte die Türe auf und zu; geräuschvolle Theaterbesucher kamen und füllten die Stube mit schwirrenden Gesprächen.

Am Tische der Bedeutenden war es totenstill. Der Literaturprofessor hatte das erlösende Wort noch nicht gefunden. Er rang sichtlich darnach. Der Jünger Joachim saß verängstigt auf seinem Stuhle; es war ein Wagnis gewesen, zu telegraphieren, noch vor das maßgebende Urteil gesprochen war.

Sollte...?

Und wirklich schlug in diesem Augenblicke der Professor auf den Tisch und rief: »Nein! Nein! Da kann ich nicht mehr mitgehen. Das verstehe ich einfach nicht mehr...«

In der Stube wurde es still, die Gespräche verstummten.

War man an einem Wendepunkte angelangt?

Das Servierfräulein stellte sich an den Tisch der geistigen Führer.

»Und?? –? –«

Niemand antwortete ihr.

Der Professor suchte fieberhaft nach einer Spalte in der Wand, die sich vor seinen Geist geschoben hatte.

Der Jünger Joachim war bleich und tief erschüttert.

Wer wird auch so schnell telegraphieren! Dieses verfluchte Gesetz der Fixigkeit!

Stühle rückten, eine Bewegung ging durch den Raum.

Der Meister kam. Ein paar Getreueste folgten ihm.

Als er auf seinem Platze saß, löste sich die Spannung der Tafelrunde.

Bewundernde Worte erklangen.

Der Literaturprofessor brachte seine Zweifel vor, nicht als Zweifel, sondern als ehrerbietige Fragen.

Und es wurde ihm Erleuchtung zuteil.

Mit knappen, hingeworfenen Randbemerkungen goß Wedekind eine Flut von Licht über alles Dunkle aus.

Faust zweiter Teil war es, an den man analog zu denken hatte.

Verständnis huschte über die verängstigten Gesichter und legte sich breit und sonnig auf die Miene des Literaturprofessors.

Die Einreihung ins ganz Große, ins Symbolische, ins Faustische vollzog sich.

Der Jünger Joachim glänzte; er brauchte seine Bewunderung nicht umzuparkieren, und sein Telegramm stempelte ihn zum Erkennenden, Vorausschauenden.

So vollzogen sich in München die großen literarischen Ereignisse.

Der Goethebund

Er war echt deutsch als Stoß ins Leere, ein Zeugnis unseres kindlichen Sinnes, der sich vom Wesentlichen abgewandt am Aufbauschen und an klingenden Worten erfreute. Er war bezeichnend dafür, wie der erwachsene Deutsche um 1900 herum Politik trieb mit Schlagworten und Nichtigkeiten. Ein schöner Name: »Goethebund«. Er gab einem gleich das Bewußtsein, für allernobelste Kultur, für wertvollstes geistiges Besitztum einzutreten gegen – ja gegen was?

Wir wußten am Ende, gegen was wir am Gründungsabende des »Goethebundes« protestierten. Gegen die sogenannte lex Heinze, gegen den Versuch der Regierung, in berechtigte Sicherheitsmaßregeln einen dehnbaren Paragraphen gegen Pressefreiheit einzuschmuggeln.

Es war ein Akt äußerster Hilflosigkeit. Ein berliner Zuhälterprozeß hatte ein grelles Licht auf großstädtisches Unwesen geworfen, dem man zu Leibe gehen wollte. Mit scharfen polizeilichen Maßregeln hätte viel erreicht werden können, aber man wollte einen neuen Paragraphen ins Strafgesetzbuch haben, mit dem die viel beschriene Zügellosigkeit in Wort und Bild getroffen worden wäre.

Diese Verquickung war kläglich, und der Protest gegen die Vorlage war nützlich und notwendig. Die lex Heinze fiel durch.

Aber jener feierliche Abend im Münchner Kindlkeller hatte noch ein positives Ergebnis gehabt: Die Anregung zur Gründung eines Goethebundes.

Max Halbe hatte das Wort in die Versammlung geschleudert. Es zündete. Tausend stimmten begeistert zu, und Tausende dachten sich nichts dabei.

Auch die Dutzende nicht, die hinterher den Einfall eines Augenblickes in einem breiigen Programme auseinandertraten und den neuen Bund gründeten.

Er schwor mannhaftes Eintreten gegen etwa sich erneuernde Versuche der Regierung oder der reaktionären Parteien, die Freiheit zu knebeln. Also gegen nichts, wenn diese Versuche nicht gemacht wurden. Eine Maschine war wieder einmal zum Leerlaufen überheizt worden.

Es war etwas geschehen für Freiheit, Manneswürde, und der deutsche Spießbürger konnte sich im stolzen Selbstgefühle die Zipfelhaube über die Augen ziehen und blind sein gegen wirkliches Unheil.

Als München seinen Goethebund hatte, durften die andern deutschen Kulturzentren nicht zurückstehen. Allüberall flammte es auf, allüberall tat man sich zusammen zum Goethebund.

Ich glaube, es gab Präsidenten, Ausschüsse, Mitglieder, Statuten; aber daß es am rechten Ernste und tätiger Arbeit fehlte, erkannte man schon daran, daß es keine Vereinsdiener gab. Ich wenigstens habe nie einen Goethebundesdiener mit dieser Inschrift auf der Mütze gesehen.

Von Zeit zu Zeit las man, daß ein Goethebund über uns lebe, sein Walten blieb uns unerforschlich.

Er hat sich nie mit irgendeiner Kundgebung, einer Entrüstung, einem Lebenszeichen bemerklich gemacht.

Er existierte.

Nie hat ein Mensch zu mir gesagt, daß er Mitglied des großen Bundes sei, nie sah ich einen, der zu einer Sitzung des Bundes ging oder aus ihr kam.

Von dem einen und andern ältern Herrn, der lange genug im Geruche freiheitlicher Gesinnung stand, nahm man an, daß er bei diesem wie bei allen andern Vereinen sei.

Nie war ein Bund geheimer. Es war spaßhaft und war doch ernst.

Wir spielten mit Nichtigkeiten und ließen mit unserer Sicherheit und unserer Existenz spielen.

Pernerstorfer

Er war sozialdemokratischer Führer, aber kein Sozialdemokrat, weder in seinem Wesen, noch in seinen Neigungen, noch in seinem Äußern.

Das ist nämlich auch wesentlich.

Ich sehe es einem an, ob er Sozialdemokrat sein kann, und Pernerstorfer hatte nicht ein einziges Merkmal. Seine Augen blickten altösterreichisch, gutmütig, klar, ein bißchen alldeutsch schwärmerisch. Ich hätte auf Schönerianer geraten. Auch das andere stimmte damit überein; es war gar nichts Unruhiges, Parteisüchtiges, Bohrendes, Hassendes, Arbeitersekretärisches in seinem Gesicht. Wenn man so aussieht, liest man den ledernen Marx nicht, noch keine zwanzig Seiten davon.

Ich weiß, daß ihn die wirklichen Sozialdemokraten auch nicht lesen, aber sie tun so, und man kann ihnen glauben, daß sie markante Marxianische Lehrsätze auswendig lernen. Die Neigungen Pernerstorfers waren Deutschland zugewandt und erreichten merkliche Wärmegrade.

Der Mann war stolz auf sein Deutschtum und trug diese Ketzerei ganz offen zur Schau; er sprach davon, er sprach sogar gleich, bei der ersten Begegnung, davon und kam immer wieder darauf zurück.

Eine sozialdemokratische Größe in München, mit der ich von Pernerstorfer redete, tadelte sofort diese unbegreifliche, ich glaube, er sagte »senile«, Marotte des wiener Genossen, und dabei hatte sein Ton gleich das richtig Giftige und seine Augen das typische, etwas schielende Arbeitsekretärische.

Wie ganz anders und wie so gar nicht senil wirkte der alte Pernerstorfer, als er mich beim ersten Schoppen Klosterneuburger darauf hinwies, daß von zwölf Millionen Bayern etwa neun herüben in Österreich säßen, und daß wir uns nur ja nicht einbilden sollten, die allein echten Bajuvaren zu sein. Ein Sozialdemokrat, der in seiner Liebe zu Stamm und Rasse eifersüchtig ist? Die Abart gibt es nicht.

Das Wesen Pernerstorfers war behaglich, taktvoll, gutes Altwien, und nun habe ich alles gesagt, was mir die Gewißheit gab, daß der Führer der österreichischen Partei kein Sozialdemokrat war, oder was noch schwerer wiegt, keiner sein konnte.

Ich lernte ihn in Wien im Januar 1903 kennen, als ich zu einer Erstaufführung in der Burg dort war. Er war im Theater gewesen, denn dafür hatte er ein starkes Interesse. Nach der Vorstellung saßen wir mit Schlenther beim Pilsner zusammen, und Pernerstorfer lud mich ein, den andern Vormittag in das Parlamentgebäude zu kommen, wo er mich erwarten wollte.

Ich traf pünktlich ein, und da gerade eine Reichsratssitzung war, konnte ich die klassische Stätte des »Bahölls« zusamt ihren Akteuren kennen lernen. Wir standen auf der Galerie und blickten in den Saal hinunter.

Eine laut durcheinander schwatzende, lachende, hin und her sich bewegende Menge; nur wenige Abgeordnete saßen auf ihren Stühlen, die meisten standen oder gingen herum. Der Lärm war so stark, daß Pernerstorfer ziemlich laut sprechen mußte, um sich verständlich zu machen.

Ich fragte ihn, wann die Sitzung beginne.

»Die is doch schon...«

»Die ist schon? Spricht jemand oder...?«

»Aber natürlich spricht jemand. Dort links, schauen Sie nur hin, steht der Redner.«

Ich mußte längere Zeit suchen, bis ich einen kleinen Herrn entdeckte, dessen regelmäßige Armbewegungen darauf schließen ließen, daß er eben das Wort hatte.

Niemand hörte ihm zu, einige standen vor seinem Platze und hatten ihm den Rücken zugekehrt.

Nicht einmal diese Nächststehenden schenkten ihm die geringste Aufmerksamkeit. Ein Verständnis für Österreichs Parlamentarismus dämmerte in mir auf.

Pernerstorfer wies auf die eigentliche Rednertribüne hin, auf der niemand zu sehen war, und erzählte mir einiges von jenem berühmten Skandal, der unter Badeni hier getobt hatte.

Er muß ungeheuerlich gewesen sein, wenn er sich vom üblichen so sehr unterschieden hatte.

Von dort herunter hatten die Saaldiener die sich sträubenden Redner getragen. Der widerhaarige Abgeordnete wurde an Kopf und Füßen gepackt und wie ein Kartoffelsack herunter und zum Saale hinaus befördert.

Ja, es war eine gewaltige Zeit. Sicherlich erschien es Pernerstorfer als etwas sogar die Würde dieses Hauses Entweihendes, aber er erzählte es doch mit einer gewissen Befriedigung, die man hat, wenn man Augenzeuge eines welthistorischen Ereignisses hatte sein dürfen. Ich sah die Tribüne an und warf auch ehrfurchtsvolle Blicke auf die historischen Pultdeckel, mit denen so oft und so laut geklappert worden war.

Wir schieden von der weihevollen Stätte und schritten durchs Haus. In den Gängen kamen uns Abgeordnete entgegen; einige grüßten, andere warfen herausfordernde Kontrahage-Blicke auf den guten Pernerstorfer, der ihnen jedoch keinen dummen Jungen aufbrummte, sondern mit mir ein Weinbeißel in den Tuchlauben aufsuchte.

Wir trafen dort eine Gesellschaft an, die in mir das freundlichste Bild vom alten, liebenswerten Wien wachrief.

Der Lyriker David, einige Beamte, ein Universitätsprofessor Müller, der als beurlaubter Benediktiner in Wien lebte und lehrte.

Diese Unterhaltung in ihrer taktvollen, milden Heiterkeit, in die sich ein bißchen Resignation und Raunzen mengte, war für mich ein altösterreichisches Erlebnis. Und wie die Herren bald mit Stolz, bald mit der leisen Wehmut für ihr Österreichertum sprachen und seine Geltung in Deutschland verlangten, aber auch wieder vermißten, gab der Unterhaltung den besonderen Reiz. Bei Pernerstorfer war das Lieblingsthema angeschlagen, und wenn Professor Müller das Beste sagte, so gab er ganz gewiß das Kräftigste dazu. Wir haben uns zuweilen geschrieben, gesehen habe ich ihn leider nicht mehr.

Und daß er kein Sozialdemokrat geworden ist, dessen bin ich sicher.

Joseph Ruederer

Wir mochten einander nicht, obwohl wir uns persönlich bloß flüchtig kannten und uns eigentlich nur zweimal – im Gerichtssaale als Gegenzeugen und Gegensachverständige – trafen.

Er wurde mir, ich wurde ihm als Widerpart vor Augen gestellt von Leuten, die uns zwei altbayrische Schriftsteller gegen einander abwägen mußten.

Das hat mir nichts ausgemacht, und ihm wohl auch nicht. Eine kleine Zeitungsfehde, die wir einmal gegen einander ausfochten, hat bei mir keinen Groll hinterlassen. Er trat, wie es sein gutes Recht war, für den ihm befreundeten Karl Peters ein, und ich konnte ihm das schon darum nicht verübeln, weil mir ein Angriff auf den verdienten Afrikaforscher hinterdrein selber nicht mehr gefiel. Ich hatte einer Aufwallung nachgegeben und mich über die Hinrichtung einer Negerin entrüstet. Viele Jahre, nachdem sie geschehen war und gelegentlich eines Prozesses, in dem die alte Geschichte aufgewärmt wurde. Später sah ich ein, daß sich in der Stube kein Urteil fällen ließ über eine Tat, zu der sich ein Mann inmitten von Gefahren veranlaßt gesehen hatte. Ruederer schob mir sehr wenig nette Motive unter, die ich nicht gehabt hatte, indes den Ärger darüber hatte ich mir schnell weggeschrieben.

Also davon kam's sicher nicht.

Dagegen war mir seine ganze Art, Land und Leute daheim zu schildern, unsympathisch.

Ich will – um mit dem Weltenrichter Gothein zu sprechen – kein Werturteil abgeben, ich sage nur, daß ich mich dagegen auflehnte, wenn seine mißgünstige und verärgerte Darstellung als scharfe, aber treue Beobachtung hingestellt wurde.

Er hatte die Ansichten eines allem Ländlichen ferne stehenden Städters, und er war in der Art zu urteilen und sein Urteil zu äußern ein waschechter Münchner, so wenig er auch dafür gelten wollte.

In einer kurzen selbstbiographischen Skizze sagt er bündig, was aus seinen Büchern mehr als Stimmung herausklingt.

Er spricht von dem Schnackerlhaften, Spielerischen, das die Oberbayern an sich haben, von ihrer Renommiererei, die Taten ersetzen soll, von der ewigen Holdriogaudi.

Da ist kaum über die Theresienwiese hinausgesehen.

Schon daß er die Oberbayern als Leute für sich bewertet, daß er sie von Stamm und Art trennt, ist bezeichnend falsch.

Auf die Altbayern aber rechts und links von Isar und Inn trifft sein Urteil nicht zu, und es gibt gar nichts zu ihrer Kennzeichnung.

Die betriebsamen Groß- und Kleinstadt- und Marktbürger, die sich getroffen fühlen könnten, bedeuten nichts für die Volksart, der Eindruck, den man von ihnen in München oder in Sommerfrischen gewinnt, kann unangenehm sein, aber er gibt einem kein Recht, über ein großes, tüchtiges Volk absprechend zu urteilen.

Schon in der nächsten Nähe der Hauptstadt sitzt eine arbeitsame Bevölkerung, die sich Eigenart bewahrt hat und von Fremdenindustrie und Holdriogaudi gänzlich unberührt geblieben ist.

Ruederer kannte sie nicht, und das war echt münchnerisch.

In der gleichen selbstbiographischen Skizze erzählt er, daß sein Großvater aus »Odelzhausen im Dachauer Moor« nach München übersiedelt sei. Der Satz ist fürchterlich. »Moos« heißt es, beim Worte »Moor« sträuben sich einem alle altbayrischen Haare.

Zudem liegt Odelzhausen mitten im Getreidelande, der schwäbischen Grenzscheide viel näher als dem Dachauer Moos.

Hätte Ruederer einmal die Heimat seines Vaters aufgesucht und Dorf um Dorf dieses nur seiner Arbeit lebende, ernsthafte, allem Fremden unzugängliche Volk gesehen, er hätte die Oberbayern nicht mehr für schnackerlhaft gehalten und sie nicht aus einer partenkirchner Stimmung heraus beurteilt.

Riezler sagt in seiner Geschichte Bayerns: »Dichter und

Maler entzückt das naturwüchsige und eigenartige, sinnliche und bis zum Übermut selbstbewußte Volk, unter dessen äußerem Phlegma so viel starke Leidenschaft gärt, und dessen derbe Kraft Züge der Gutmütigkeit und des schalkhaften Humors wie die blauen Seen seiner dunklen Waldberge durchschimmern.«

Das ist nicht bloß ein liebevolles, es ist ein wahres Urteil und gibt in einem Satze zusammengefaßt das Beste, was sich über unser Volk sagen läßt.

Es ist überall, im Flachland wie in den Bergen, prachtvoll, und ich mache mich keiner »krachledernen Sentimentalität« schuldig, wenn ich das sage. Nimmt man eine Sammlung altbayrischer und – was erst recht dazu gehört – steyrischer, kärntnerischer Volkslieder zur Hand, was für eine Fülle von unbändiger Lebenslust, von Kraft, Gescheitheit, Humor und von Talent!

Ein Leben reicht nicht hin, um sich die farbenreiche Mannigfaltigkeit ganz zu eigen zu machen, und der Maler und Dichter kann nicht bloß davon entzückt sein, er kann auch heißhungrig darnach werden, unser Volk und seine wundervolle Tradition immer mehr kennen zu lernen.

Ruederer aber schrieb, er betrachte die schonungslose Bloßstellung unserer ewigen Holdriogaudi »als seine ganz besondere Aufgabe«.

Wenn er sich die freudlose Pflicht aufbürdete, die lächerlichen Auswüchse des Fremdenverkehrs zu bekämpfen, so war es seine Sache, aber daß er sie griesgrämig als Entartung des Volkes, als typische Eigenschaften des Stammes hinstellte, verdroß mich und stieß mich ab.

Die Fahnenweihe ist eine gut gefügte, heitere Komödie, der eine Partenkirchner Skandalgeschichte zugrunde liegt.

Und doch, wie sind die Typen verzeichnet, gerade weil sie Ruederer in das bäuerliche Milieu stellt! Dem Kundigen drängt sich die Unmöglichkeit der Handlung, der Motive, der Figuren unangenehm auf. Die Übertreibung wirkt nur echt und komisch, wenn sie die auf die Spitze getriebene Möglichkeit darstellt.

Aber die Figuren sind falsch, kostümierte Bauern, die –

gleichgültig, ob edler, anständiger, vornehmer oder nicht – einfach ganz anders denken, reden, handeln.

Ruederer verkannte das Milieu, in dem sich die Geschichte abspielte; er blieb am wirklichen Geschehen hängen und machte Bauern zu handelnden Personen, wo nur geschäftstüchtige Kleinbürger eines Kurortes die Motivierung hätten echt erscheinen lassen.

Nun klingt es doch wie Werturteil oder Kritik; ich erwähne es aber nur zur Kennzeichnung von Ruederers Ansichten über die Bauern, über Land und Volk. Diese Ansichten sind keineswegs eigenartig und aus einer treuen Beobachtung genommen, sie sind im Kerne gang und gäbe in München, wo man vom Leben des Bauern sehr wenig oder nichts weiß und ihn für einen dumm pfiffigen Egoisten hält.

Seit Jahrzehnten spielt in den zahlreichen Komikergesellschaften unserer Hauptstadt der »Gescheerte« die ewig gleiche Rolle mit ewig gleichem Beifall.

Der Steckerlbauer pappt sich eine Stülpnase ins Gesicht, verzieht es zur dummen Grimasse und erregt mit seiner Unkenntnis der feinen städtischen Kultur stürmisches Lachen.

Noch nicht einmal das Aussehen der vor den Toren der Stadt hausenden Bauern ist dem Münchner so vertraut, daß er sich gegen die unechte Maske auflehnt.

»Der Bauer is a Spitzbua...« Das ist die Summe stadtbürgerlicher Meinungen von einem Stand, über den man sich durch Bildung, Zeitungswissen und verfeinerte Kultur erhaben fühlt.

Über die ländliche Treuherzigkeit und Biederkeit kann man doch wirklich nur in ironischem Tone sprechen; sie ernst zu nehmen, steht einem klugen Manne nicht an.

Ich will nicht sagen, daß dies ganz und gar der Standpunkt Ruederers ist, wenn er vom Bauerntheater, von der »Komödie der krachledernen Hosen« auf Bauern, von Kurortunsitten auf ländliche Sitten schließt. Aber es hat sehr viel davon, und sein Grimm ist auch von der Erkenntnis getragen: »Der Bauer is a Spitzbua...«

Otto Erich Hartleben

Er selbst hat kein Aufsehen aus seiner Neigung für ausgedehnte Kneipenabende gemacht, das besorgten die andern, die sich was darauf zu gut taten, daß sie mit Otto Erich – Donnerwetter, und wie! – gebechert hatten.

In München gab es einen Mann, der einen wahren Kultus aus diesen Abenden machte; er war Direktor einer Verlagsanstalt, bekannt in allen Kreisen, in denen man sich amüsierte. Seine ganz großen Tage hatte er, wenn Otto Erich in München war, selbstverständlich bei ihm wohnte, selbstverständlich kolossale Sitzungen bei ihm und mit ihm abhielt.

Wenn der Direktor davon sprach, machte er erschrockene Augen, entsetzt über die ungeheure Menge, die man wieder mal hinter die Binde gegossen hatte.

Und um Hartleben war's schad. Er hat sich mit dieser Neigung Gesundheit und Arbeitskraft zerstört.

Als er, kaum über vierzig Jahre alt, gestorben war, hob Bierbaum in einem Nachrufe rühmend hervor, daß es der kluge, feinsinnige Otto Erich absichtlich vermieden habe, einen Roman zu schreiben; daran dürfe man erst als abgeklärter Fünfziger gehen.

Das war ein versteckter Angriff gegen andre, und eine versteckte Verteidigung der eigenen Unfruchtbarkeit.

Die Wahrheit war, daß Hartleben Jahre vor seinem Tode, von nervöser Unruhe erfüllt und von Schmerzen geplagt, nicht mehr die Fähigkeit zu angestrengter Arbeit hatte.

Und das konnte am meisten bedauern, wer aus seinen Anfängen das Versprechen einer reichen Zukunft herausfühlte.

Als die Jugend gegründet wurde, war er längst so anerkannt, daß seine kleinen Beiträge, die er als Halkyonier zeichnete, für begehrte Delikatessen galten.

Zu größerer, alle Kräfte anspannender Arbeit kam er schon damals nicht mehr.

Ich lernte ihn ein paar Jahre später in einer Gesellschaft

kennen; er war zuerst zurückhaltend und wortkarg, nach ein paar Stunden harmlos fröhlich wie ein Student.

Einige Tage später fand im Residenz-Theater ein Stück von ihm kühle Ablehnung, und er kam nach der Aufführung zum Kegelabend. Da er einen seiner Freunde und Mitbrüder in Apoll in unserer Gesellschaft antraf, ahnte er, daß wir von dem Unfalle unterrichtet waren.

»Euer schonendes Schweigen ist gutgemeint, aber schauderhaft«, sagte er. »Wir wollen einfach konstatieren, daß ich durchgerasselt bin. So, und jetzt reden wir von was anderem.«

Es war übrigens nicht schwer, zu merken, daß er, wie noch einige andere literarische Berühmtheiten, sich unter den Künstlern des Simplicissimus nicht sehr sicher und heimisch fühlte.

Lieber war ihm eine lang ausgedehnte Plauderstunde mit Zunftgenossen, wenn Anekdoten erzählt und Persönlichkeiten durchgehechelt wurden. Bei ihm klang aber kein mißgünstiger Unterton durch.

Nicht lange nach seinem Durchfalle hatte er mit seinem Rosenmontag einen durchschlagenden Erfolg, der ihm sehr zustatten kam. Er kaufte ein Haus am Gardasee, wo er sich, wie mir erzählt wurde, nur wohl fühlte, wenn er seine alten Freunde als Gäste bei sich sah.

Er selbst sagte mir in Florenz, wo ich ihn im Frühjahre 1903 traf, daß es ein Fehler von ihm gewesen sei, sich in Italien niederzulassen. Die ganz ungetrübte Freude an diesem sonnigen Lande habe man nur, wenn man auf der Rückreise in Bozen sitze und bestimmt wisse, daß man sich hinreichend gebildet habe. »Der alte Heyse war klüger. Er hat die bella Italia geliebt, aber er hat sich nicht mit ihr verheiratet«, fügte er mit einem Seufzer hinzu.

Zwischen Ansätzen zur Fröhlichkeit klang immer ein resignierter Ton durch.

Langen hatte mir nach Florenz telegraphiert, ich solle Hartleben nach einem Buche fragen, das er schon vor zwanzig Jahren versprochen hatte. Als ich davon anfing, verzog der Halkyonier sein Gesicht zu einer wehrlosen Müdigkeit, zur Hinnahme von etwas Furchtbarem, aber Unvermeidlichem. Ich brach sofort ab und sagte, das sei eigentlich Sache des Verlags und ginge mich nichts an.

»Gott sei Dank!« rief er. »Ich glaubte schon an ein Attentat.«

Er war sichtlich erleichtert und wurde gesprächig.

»Verleger sind schrecklich, wie Zahnärzte«, sagte er, »aber nicht so vernünftig. Ein Zahnarzt versteht, daß man nichts mehr von ihm wissen will, wenn man seine Goldplombe hat. Ein Zahnarzt wartet, bis man zu ihm kommt, er reist einem nicht nach, er fängt einen nicht im Hotel ab...«

Er spann den Vergleich noch weiter aus, und ich sah, daß ihm alles Geschäftliche schwer auf die Nerven fiel. Das Pekuniäre weniger als drängende Frage nach Arbeiten, zu denen er sich zwingen wollte, aber nicht konnte.

Und das war das Ernste, das hinter einem zur Schau getragenen Leichtsinne steckte.

Zwei Jahre später starb er, und ich hörte in Gardone von einem seiner Freunde die groteske Geschichte von den Schicksalen seines Schädels erzählen.

Er hatte in einer Laune einmal seinen Kopf einem weimarer Museum vermacht, weil sein Gebiß, wie mir gesagt wurde, irgendeine Abnormität aufwies.

Nach seinem Tode fand sich diese Verfügung in seinen hinterlassenen Papieren, und man wollte dem Willen des verstorbenen Dichters nachkommen. Der Kopf wurde abgetrennt, und ein Lazarettgehilfe in Gardone übernahm es, den Schädel zu verpacken und nach Deutschland zu schicken.

Der Mann war abgehärtet genug, daß er mit dem in Zeitungspapier eingewickelten Kopfe in ein Kaffeehaus ging und ihn neben sich auf den Tisch legte.

Er fiel herunter und rollte auf dem Boden weiter, wobei sich das Papier ablöste, so daß die entsetzten Gäste den Schädel des toten Dichters erblickten.

Das Begebnis sprach sich herum und wurde in den Kreisen deutscher Literaten als charakteristische und amüsante Anekdote besprochen.

Ich finde sie weder unterhaltend noch bezeichnend für

Hartleben. Es lag nichts Laszives in seinem Wesen, im Gegenteil, er war ein sehr feinfühliger, zarter Mensch. In ihm hätte sich alles dagegen gesträubt, mit etwas Grausigem, Ehrfurchtverletzendem nach seinem Tode noch Aufsehen zu erregen. Ebenso, wie es ihm ferne gelegen war, mit seiner Freude am Bechern den Anekdotenerzählern Stoff zu geben.

Er hat sich gehen lassen und hat darunter gelitten.

Überbrettl

Es machte einen Winter lang ziemlich viel von sich reden; aber was es eigentlich sein sollte und was es war, läßt sich nicht so genau sagen.

Ein Unternehmen, bei dem Leute mitwirkten, die eigentlich nicht zur Bühne gehörten, und deren öffentliches Auftreten eine Sensation bedeutete.

Mit Anlehnung an pariser Vorbilder, an Kneipen des Quartier Latin, wo Künstler und Literaten die Bourgeois, auf deren Kosten es ging, an ihrer geistreichen Fröhlichkeit teilnehmen ließen. Vielleicht so ähnlich war's gedacht.

Die Ausführung der Idee war dann, daß ein im braunen Biedermeierfrack und in Eskarpins steckender Herr auftrat und das Berliner Publikum in übermäßig leichtsinnige, kurz in eine Quartier-Latäng-Stimmung versetzen sollte.

Man gebrauchte dazu lockere Liedchen mit Hopsasa- und Trullala-Refrains, mit der Tendenz, den wackeren Proletarier, die sich edel hingebende Tochter des Volkes, die naiv fröhliche Probiermamsell, den Lude oder Apachen im Kampfe gegen die Bourgeoisie und gegen soziale Unterdrückung herauszustreichen.

Wehmut à la Baudelaire, klingender Übermut à la Bierbaum und Satanismus à la Wedekind, das ungefähr war das feinste Gericht, das einem kunstliebenden Publikum aus Berlin W vorgesetzt werden sollte.

Der erste Versuch Wolzogens am Alexanderplatz gelang; das Überbrettl war Saisonereignis; man mußte es kennen, man mußte es gesehen haben. Das Publikum witterte Quartier-Latäng-Luft und kam sich pariserisch auflackiert vor, wenn es sich der sorglos-kecken Kleinkunst hingab.

Dann machte Wolzogen den Fehler, mitten im Erfolge mit seinen Leuten auf Gastreisen zu gehen und das Theaterchen einem Konkurrenten zu überlassen. Er überschätzte Berlin W und glaubte, es mache Unterschiede und sehe auf Persönlichkeit und Leistung.

Für Berlin W blieb die Quartier-Latäng-Stimmung im Etablissement, und da sich der Nachfolger Lautenburg ehrlich Mühe gab, da er den Dichter Liliencron engagierte und auch den Tolstoa, wie er sagte, auch noch engagieren wollte, blieb tout Berläng dabei, seinen Bedarf an Bohemehumor auf dem Alexanderplatze zu decken.

Wolzogen konnte auch mit dem Beginn der Herbstsaison 1901 nicht sofort an den Wettstreit gehen. Der Bau seines neuen Theaters in der Köpenicker Straße war noch nicht fertig; erst im November war es soweit, daß die Eröffnungsvorstellung vor sich gehen konnte.

Der erste und letzte große Abend im Berliner Norden.

Equipagen fuhren vor, die wohl nie mehr durch die Straßen des Armenviertels kamen; geschmückte Damen stiegen aus und schritten als Vertreterinnen des gehaßten Kapitalismus an finster blickenden Gaffern vorbei; Herren, die ihre Zylinderhüte pariserisch in die Genicke zurückgeschoben hatten, folgten ihnen.

Es hätte schon etwas sehr Starkes, vielleicht Nackttänzerisches sein müssen, was dieses Publikum wiederholt in diese Gegend gelockt hätte.

Aber vor dem Theater war mehr pariser Stimmung, Anklang an Apachenvorstadt, als drinnen.

Drinnen war dezente Harmlosigkeit.

Die Kenner gaben nach diesem Abende alle Hoffnung auf; ein paar hellseherische Mitstreiter Wolzogens liefen zu Lautenburg über.

Es begann ein zäher, aussichtsloser Kampf um die Gunst Berlins, eine Jagd nach Sensationen. Aber sogar die Sada-Yacco, die in der Köpenicker Straße gastierte, zog nicht.

Das Lächeln der Pierrots, die Madame la lune ansangen, verzerrte sich zu einem verlegenen Grinsen, der Herr im braunen Frack steckte das Haupt tiefer zwischen die Vatermörder und blickte düster bei Humor sprühenden Vorträgen.

Noch vor sich die Bäume mit neuem Laube schmückten, starb das arme Überbrettl. Denn auch am Alexanderplatz gähnte die Leere noch auffallender als das bißchen Publikum. Tolstoa hatte das lockende Anerbieten abgeschlagen.

Frank Wedekind

Ich kann nicht sagen, daß ich ihn gut kannte, und eigentlich habe ich mehr über ihn als von ihm gehört. Die Künstler des Simplicissimus nahmen ihn nicht so ernst wie die Literaten, mit denen ich sprach, wenn sie in die Redaktion kamen. Ich konnte bemerken, daß sie seine Genialität mit besonderer Schärfe hervorhoben, wenn ihre Beiträge abgelehnt wurden. Es war eben manches sonst Unfaßliche begreiflich, wenn statt eines kosmischen Genies ein altbayrischer Grobianus über Feingeistiges zu urteilen hatte.

Da sie es nicht gerade heraussagen wollten, straften sie mich mit dem Lobe Wedekinds, der als Hieronymus Jobs denn doch anders geboten hatte als Peter Schlemihl.

Wurden ihre Gedichte angenommen, so führte die Kurve von Jobs zu Schlemihl nicht so tief abwärts.

Es gab viele literarhistorische Anekdoten über den damals noch im kleinen Kreise gefeierten Satanisten, der mit steinerner Ruhe das Bizarrste sagte und über sexuelle Dinge mit einer souveränen Sachlichkeit sprach, als habe er sie erfunden und ihre richtige Anwendung zu überwachen.

Ich sah ihn vor seiner Flucht in die Schweiz, also vor 1898, einige Male in der Ludwigstraße; er saß auf dem Rade und hatte eine blendendweiße Kniehose, dazu lange, schwarze Strümpfe an. Dabei trug er die sieben Bärte, von denen seine Jünger zu sprechen liebten; neben einem Schnurr- und Knebelbarte hingen noch auf jeder Seite des Kinnes je zwei Haarbüschel herunter.

Es war sicherlich eigenartig.

Im November 1898 sah ich ihn auf der Bühne; sein Erdgeist wurde zum ersten Male im Münchner Schauspielhause, damals in den Zentralsälen, gegeben.

Er sprach den Prolog mit feierlich schnarrender Stimme, und ich habe den seltsamen Eindruck, den es auf mich machte, noch wohl in Erinnerung.

Das Publikum war von seinem Spiele wie von seinem Stücke befremdet, und es gab herzhaften Widerspruch.

Niemand ahnte, daß es eine Abschiedsvorstellung des Dichters war.

Noch während der Aufführung war Holm hinter die Kulissen geeilt und hatte Wedekind eindringlich ermahnt, sofort abzureisen, da die Polizei ihn als Autor des Gedichtes auf die kaiserliche Palästinafahrt eruiert habe. Der Dichter hörte den letzten Pfiff aus dem Parterre nicht mehr; er saß schon in einer Droschke, die ihn zum Bahnhofe brachte. Wedekind blieb nicht lange in Paris; er stellte sich dem leipziger Gerichte und wurde für ein übermütiges, geistreiches Gedicht zu sieben Monaten Gefängnis verurteilt; man wandelte die Strafe in Festungshaft um, und er traf auf dem Königstein noch mit Heine zusammen, der dort oben sechs Monate eingesperrt war wegen einer Zeichnung, die in der gleichen Palästina-Nummer erschienen war.

Ganz gewiß hatte Wedekind Ursache, über die barbarische Strafe erbittert zu sein; er warf seinen Groll aber weder auf die Behörde, die seine Autorschaft durch eine ungesetzliche Handlung ausgeschnüffelt hatte, noch auf die Richter, die einen heiteren Spott mit verständnisloser Strenge beurteilt hatten, sondern auf Albert Langen.

Er glaubte steif und fest daran, daß die Majestätsbeleidigung, die er doch selbst begangen hatte, ein Geschäftskniff des Verlegers zur Hebung der Auflage gewesen sei, daß man seinen Namen dem Gerichte preisgegeben habe usw. Davon ließ er sich nicht abbringen.

In der Unterredung, die ich auf Ersuchen Langens mit ihm darüber pflog, versuchte ich ihn zu überzeugen, daß ein Verleger, der eine gerichtliche Verfolgung als gute Reklame erzwingen wolle, doch nicht so hirnverbrannt sein könne, als verantwortlicher Redakteur zu zeichnen. Er antwortete, ohne eine Miene zu verziehen: »Es gibt Hirnverbranntheiten, die sich besser rentieren als Klugheiten.«

Ich erinnerte ihn daran, daß das Gedicht doch seine eigene Ansicht zum Ausdruck gebracht habe. Wie hätte sie denn Langen erzwingen können? Und wieder kam wie auf der

Bühne die Antwort zurück: »Mit der Hungerpeitsche kann man seine Dichter zu jeder Ansicht dressieren...«

Es war keine Unterredung und es war kein Streit, bei dem Behauptungen aufgestellt und widerlegt wurden, es war ein Dialog, bei dem ich lediglich die Stichworte zu fertigen Sentenzen gab. Es war mir unangenehm, einem Manne wie Wedekind gegenüber schlicht bürgerliche Rechtsbegriffe zu erläutern oder als Vertreter der Verlagsinteressen zu erscheinen, und wir brachen das Gespräch ab.

Er behielt, wie mir scheint, einen unangenehmeren Eindruck davon als ich.

In seinem »Oaha« hat er mich nicht bloß als Kirchweihlader, sondern auch als dozierenden Vertreter spießbürgerlicher Prinzipien gezeichnet.

Viele Jahre später saß ich nach der Aufführung meines Lustspiels »Moral« mit Freunden in der Torggelstube, als Wedekind auf mich zukam.

Wir hatten seit jenem geschäftlichen Diskurse nie mehr miteinander gesprochen, und Oaha hatte die Beziehungen auch nicht herzlicher gestaltet, und so war ich sehr überrascht, als der satanische Dichter den Mund auftat und wiederum einen durchaus druckreifen Satz von sich gab.

»Herr Doktorr, ich gratuliere Ihnen zu Ihrem Stücke. Wohlgemerkt zu Ihrem Stücke, nicht zu Ihrem Erfolge...«

Schön. Ich merkte es mir wohl und dankte ihm.

Ich glaube aber, daß sein Entgegenkommen weder durch mein Stück noch durch meinen Erfolg verursacht war, sondern durch mein lobenswertes Benehmen in der Premiere seines Stückes: »Frühlingserwachen«.

Ich hatte in der Direktionsloge fest Beifall geklatscht, und ich vermute, daß es Wedekind erzählt worden war.

Da hatte er gesehen, daß ich löbliche Ansätze zum Verständnis des Höheren machte, und er kam mir aufmunternd entgegen.

Er sprach mich späterhin noch einige Male an; ja, einmal sagte er zu mir, er bedaure, daß er Langen, Wilke und Reznicek vor ihrem frühen Tode gekränkt habe.

Meine Erwiderung, daß alle drei die Sache nicht so tragisch genommen hätten, war nicht geeignet, ihm zu gefallen.

Jedoch entzog er mir sein Wohlwollen nicht mehr.

Ich hätte ihm mit Wahrheit sagen können, daß ich sein Schaffen hochschätzte, und daß es mir immer gefallen hatte, wie unbeirrt er seinen Weg gegangen war. Unbeirrt durch kühle oder feindselige Ablehnung und auch durch die spontan einsetzende Bewunderung.

Er hat an sich geglaubt.

Das nahm zuweilen Formen an, die komisch wirkten, aber es hat ihn doch auch davor bewahrt, dem Publikum entgegenzukommen, dem er kaum mehr satanisch genug sein konnte, als er Mode geworden war.

Er starb in einer Klinik, die gerade gegenüber der Redaktion des Simplicissimus lag.

Wenn er in seinen letzten Tagen am Fenster saß, sah er vor sich die Büroräume des Blattes, dessen erste Nummer mit seiner »Fürstin Russalka« begonnen hatte.

Der alte Reder

Eigentlich Heinrich von Reder, Oberst und Ritter des Max Josefordens, den er 1870 bei Orleans erworben hatte.

Am Ende seines Lebens, als Achtziger, wurde er – ich glaube beim Jubiläum des Ordens – zum Generalmajor ernannt. Aber der Titel paßte nicht zu ihm; der deutsche oder der altbayrische Oberst saß ihm wie angegossen, denn so sah er aus, wie ein Obrister, der ein Regiment Pappenheimer Kürassiere bei Lützen ins Feuer geführt hatte.

Und ungefähr so sprach er auch, sehr ungeschminkt und derb, ohne Ängstlichkeiten und Rücksichten.

In seinen jungen Jahren hatte er die Aschaffenburger Forstschule besucht und mit ein paar Freunden das Korps »Hubertia« gegründet.

Nach 48 war er Soldat geworden und ein tapferer Offizier.

Und daneben steckte ein vollblütiger Künstler in ihm. Als pensionierter Oberst lebte er noch manches Jahrzehnt in München, dichtete Landsknechtlieder und verfaßte rassige Geschichten, die im bayrischen Walde spielten, und die viel zu wenig gekannt sind.

Wer den hochgewachsenen, schlanken Mann mit dem feingemeißelten Kopfe sah, der riet nach den feurigen, kühn blickenden Augen, dem weißen, altbayrischen Knebelbart und nach dem sicheren, bestimmten Auftreten gleich auf den Offizier.

Es war etwas Ritterliches an ihm, etwas Chevalereskes; das Fremdwort paßt, denn so wie ihn stelle ich mir einen »Soldaten von fortune« vor, etwa den kühnen bayrischen Reiterführer Hans von Werth, qui fit pleurer le Roy de France.

Sein derber Freimut, der so ursprünglich und ungewollt, so männlich und selbstsicher war, gab mit diesem Aussehen eine prächtige Mischung.

Er wirkte nirgends eigenartiger als etwa in einem Kreise von jüngeren Kameraden, die auch schon im Ruhestande waren, oder von Beamten.

Da war er der Vertreter nicht bloß einer älteren, sondern einer ganz anderen Zeit, in der Persönlichkeiten gedeihen konnten, ohne von Schablone und Korrektheit im Wachstum behindert zu werden.

Ich sah ihn zum ersten Male in Gesellschaft einiger Forstmänner auf einem münchner Sommerkeller.

Sie waren Hubertenphilister, die sich alle auf den alten Herrn freuten, der sein Erscheinen zugesagt hatte.

Vor Reder kam, wurden die schlechten Aussichten, die von der neuen Organisation des Forstwesens herrührten, in gedämpft mißmutigem Tone besprochen.

Ein Forstrat ließ die Beschwerden und Klagen nicht ungestüm werden und trat für die Einsicht der hohen Regierung ein.

Da kam Reder.

Wie er an den Tisch trat, mit wehendem Mantel, den großen Schlapphut tief in die Stirne gedrückt, verstand man den Namen »Wotan«, den ihm die jüngeren Korpsbrüder beigelegt hatten. Gleich griff er ins Gespräch ein und schob die milden Beschwichtigungen des Forstrates beiseite.

»Ihr jungen Leut«, sagte er, »wißt Ihr, wie Ihr am besten im Staatsdienst vorwärts kommt? Macht Euch an die richtigen Frauenzimmer und poussiert sie, hernach bringt Ihr's zu was...« Er sagte es noch viel derber und deutlicher, als es sich wiedergeben läßt.

Alle lachten; bloß der Forstrat wollte korrigieren: »No... no, gar so einfach...«

»Red net, Mensch! Was wahr is, is allaweil einfach...«

Gleich war der trockene Ton weg, und wir saßen nun um den Alten, der aus seinem Leben erzählte, und der eigentlich der jüngste von uns allen war.

Ich sah ihn erst nach Jahren wieder, als ein literarischer Verein seinen achtzigsten Geburtstag mit einem Frühschoppen feierte.

Ruederer hielt die Festrede und sprach mehr von zu spät anerkannten Dichtern im allgemeinen als von unserm Reder im besonderen.

Georg Hirth folgte. Als er begann, drangen Sonnenstrahlen

durch das Fenster und umspielten den feinen Kopf des Gefeierten.

Dran knüpfte Hirth an und fand herzliche Worte.

Nach ein paar Musikstücken und humoristischen Vorträgen klopfte Heinrich von Reder ans Glas.

Er dankte kurz und schlicht für die Glückwünsche und sagte dann:

»Vor zehn Jahren, wie man meinen Siebzigsten feierte, da gab es einen Herrenabend, bei dem wir ziemlich laut und lustig waren.

»Ein Mistgabelkooperator hat sich hinterdrein über die Unterhaltung aufg'regt und in einem schwarzen Blatt Zeter und Mordio g'schrien. Heut ist das nicht möglich; heut müssen wir uns so zahm benehmen, daß der schönste Heilige mit uns zufrieden sein kann. Woher kommt das? Weil heute Damen unter uns sind; ihnen allein ist dieses Verdienst zuzuschreiben. Darum fordere ich Sie auf, Ihre Gläser zu erheben und mit mir zu rufen: Die Damen, die unsere Sitten mildern, sie leben hoch!«

Kein geschmerztes Wort von Verkennung kam über seine Lippen, und doch hätte er Ursache gehabt, sich darüber zu beklagen. Denn am Ende war schon das unwürdig, daß man den Nestor der bayrischen Dichter und des Münchner Schrifttums gerade noch durch einen Bockfrühschoppen feierte.

Es gab viele, die nicht da waren, und die sich doch sonst bei jeder Gelegenheit sehen und hören ließen.

Doch weder davon noch vom Ausbleiben jedes offiziellen Glückwunsches sprach der alte Herr.

Auch sein langes tatenreiches Leben hielt er den jungen Leuten nicht vor Augen; sie waren gekommen, um fröhlich zu sein, und er wollte sie nicht stören mit einer Resignation, die leicht zur Pose führt.

Er war ihnen dankbar für den guten Willen, den sie beim Vortragen ihrer Späße bewiesen, und er ging auf ihren Ton ein.

Ich begegnete ihm noch einmal nach jenem Feste.

Er schritt gebückt über den Maximiliansplatz; die hohe

Gestalt war zusammengesunken, und seine Augen waren müde und verschleiert. Bald darauf starb er. Lange, vor das Reich, das er mit erstritten hatte, in Scherben ging.

Georg Queri

Gulbransson sagte einmal, er habe noch nie einen so echten gotischen Bauernschädel gesehen, wie den Queris. Und mir erschien er immer wie aus einem Breughelbilde herausgeschnitten, mit seinem kugelrunden Kopfe, in dem ein paar schlaue, lustige Augen saßen.

Er stammte aus einer alten Bauernfamilie, die am Starnberger See ansässig war, und er sprach rühmend davon, daß die Queris vom heruntern Seezipfel bis Ammerland hinauf einen Ruf als gefürchtete Raufer gehabt hätten.

Ihm selber hat es ein Unfall, den er als frischer Schulbube erlitten hatte, unmöglich gemacht, diese Eigenschaft der Familie weiterzubilden, aber ihren urwüchsigen Humor erbte er, und der hat viele schwere Proben siegreich bestanden.

Als Bub lag er fast ein Jahr lang im Streckverband, nachdem er sich durch einen schweren Sturz beim Turnen den linken Hüftknochen zerschmettert hatte.

Das Bein blieb verkürzt, und zeitlebens machten sich bei ihm die Folgen des Unfalls geltend, da sich immer wieder Knochensplitter ablösten und Eiterungen herbeiführten; mehrmals wurde er operiert, vernäht und wieder operiert, aber die langen Wochen im Krankenhause konnten sein Gemüt so wenig vergrämen wie dürftige Verhältnisse, mit denen er zu kämpfen hatte. Er wurde der lustige Queri, an dem der Alt-Münchner seine helle Freude hatte, ein liebevoller Beobachter und Schilderer seiner Landsleute und ihrer Lebensfreude.

Wo Queri war, saß Altbayern mit seinem breiten Lachen und seinem schlagfertigen Witze am Tische, und er war nicht bloß der Lobredner, er war vor allem selber das Beispiel der Unverwüstlichkeit unseres Stammes.

Seine Begabung reichte aber weit über die Fidelität hinaus, in der sie manchen Kritikern zu stecken schien.

Sie war von guter Bauernart, tüchtig und derb und in der Derbheit gutmütig und heimatfroh.

Ich lernte ihn näher kennen, als er 1910 während der ammergauer Passionsspiele bei meinen Verwandten wohnte.

Was er mir von seinem Leben erzählte, seine Art, den Himmel immer voller Baßgeigen zu sehen und, was fehl schlug, leicht zu verschmerzen, auch in bescheidensten Verhältnissen nie ängstlich und nie kleinlich zu sein, jede Behaglichkeit ausgenießend an allem Genüge zu finden, machte ihn mir lieb.

An Ernst fehlte es ihm keineswegs, und er hat sich ohne Hilfe, ganz aus Eigenem vom kleinen Reporter münchner Blätter zum geachteten Schriftsteller durchgearbeitet.

Als Altbayer trug er das Seriöse nicht zur Schau, sondern versteckte es hinter einem fröhlichen Leichtsinn, den manche, die ihn nicht genauer kannten, sehr irrtümlich für den Grundzug seines Charakters nahmen.

Er hat viel gearbeitet, freilich auch einiges flüchtig herausgebracht, nach dem alten süddeutschen Rezept: »Es tuat's scho…«

Aber er schritt vorwärts und ließ sich vor allem nicht durch Selbstgefälligkeit darin beirren.

Im Sommer 1919 kam er auf etliche Wochen zu mir nach Tegernsee, und der Umgang mit ihm wirkte in der gedrückten Stimmung befreiend. Von den miserablen Zeitläuften ließ sich der Queri Girgl nicht unterkriegen, und er sah durchs schwärzeste Gewölk den blauen Himmel durchschimmern. Alles mußte wieder besser und gut werden, denn alleweil hängt es nicht auf eine Seite, und hinterm Schlechten kommt das Gute. Er schmiedete Pläne, hatte dies vor und hatte jenes vor, und wer ihn so unbekümmert von der Zukunft reden hörte, konnte die Gegenwart vergessen.

In Tegernsee wurde sein Singspiel: »Matheis bricht's Eis« mit starkem Beifall gegeben, und er setzte mir auf der Heimfahrt vom Theater auseinander, wie er selber in dem Singspiel nur einen ersten Schritt zur heitern Volksoper erblicke.

Andern Tags kehrte er nach Starnberg zurück, um sich ins Bett zu legen und die Ausheilung einer immer wiederkehrenden Eiterung abzuwarten.

Er stand vom Krankenlager nicht mehr auf; nach etlichen Wochen wurde er nach München in die chirurgische Klinik verbracht und starb nach einer Operation Ende November.

Schwäbische Eindrücke

Meine schwäbischen Eindrücke sind nicht rein rechtlicher, aber doch stark rechtlicher Natur; denn die meisten meiner Reisen ins Württembergerland führten mich vor die Stuttgarter Strafkammer.

Einige auch ins Stuttgarter Hoftheater, und wieder andere waren dem reinsten Vergnügen gewidmet. So, wenn ich mit Conrad Haußmann und dem unvergeßlichen Ignatius Taschner ins schöne Remstal fuhr und in Strümpfelbach alle guten Gaben des Landes versuchte, die Rechtsanwalt Heusel begeistert anpries.

Ein Vormittag in Marbach mit Taschner und eine Radfahrt mit Thöny und Wilke von Stuttgart nach Heilbronn und Heidelberg sind mir in liebster Erinnerung.

Das erste Mal kam ich nach Stuttgart im Herbste 1902 zur Erstaufführung meiner »Lokalbahn«, bei der von kritischer Premierenstimmung ganz und gar nichts zu merken war; die Aufführung war vortrefflich, der Erfolg gut, und ich fühlte mich der süddeutschen Herzlichkeit gegenüber pudelwohl.

Nach einer kleinen Feier im Marquardt nahm mich Baron Putlitz unter seine Fittiche und lehrte mich einige Orte kennen, wo man einen Guten schenkt.

Das hat sich seitdem öfter wiederholt, immer heiter und ungezwungen, ohne jeden offiziellen Beigeschmack, und wenn ich an die vergnügten Abende denke, komme ich zu dem gerechten Schlusse, daß für mich Stuttgart die freudenreichste Theaterstadt geworden ist.

Am Tage vor der Aufführung meiner »Lokalbahn« lernte ich Friedrich und Conrad Haußmann kennen, und ich denke gerne daran, wie ich mit den beiden Männern, deren Wirken ich schon lange verehrt hatte, das erste Mal zusammen war. Friedrich, stiller und in sich gekehrt, mit einem sympathischen Lächeln um den Mund, hörte meinen etwas apodiktischen Äußerungen zu, während der lebhaftere Conrad mit einer leisen Neigung zum Lehrhaften bald widersprach, bald zustimmte. Was sogleich in die Augen fiel, war die auf einer herzlichen, unausgesprochenen und doch aus jedem Worte hörbaren Liebe beruhende volle Übereinstimmung der beiden Männer.

So wie sie war, konnte sie nur aus der schönen freiheitlichen Tradition ihrer Familie, die zu Uhland, Kerner, Freiligrath, Pfau, Vogt und Herwegh herzliche Beziehungen hatte, herauswachsen. Dieses völlig gleich gerichtete Streben war von Jugend auf harmonisch gepflegt und war für beide mit den frühesten Erinnerungen verbunden, die ja immer das Stärkste bleiben.

Jedenfalls machte auf mich die Seelengemeinschaft zweier Männer, die so ganz und gar nicht leidsam waren, sondern mit starken Impulsen sich in leidenschaftlichen Kämpfen tummelten, einen tiefen Eindruck.

Ich will dem Lebenden hier keine Kränze winden, wohl aber des leider so früh verstorbenen Friedrich Haußmann gedenken.

Er wirkte auf mich, wie der rechte Erbe jener freiheitlichen Volksmänner, die in der Paulskirche für eine schönere Zukunft stritten. Nicht bloß seine klaren und gefestigten politischen Ansichten nahmen mich für ihn ein, es lag in seiner ganzen Art etwas, das mich sicherer machte, meine Zuversicht stärkte und mich mancher Gleichgültigkeit schämen ließ.

Man konnte in unserem Bayern leicht dazu kommen, den Glauben an die Kraft der liberalen Ideen zu verlieren und sich einer gewissen Wurstigkeit hinzugeben.

Aber im Gespräche mit Friedrich Haußmann wurde man aufgerüttelt; sein frohsinniger Optimismus steckte an, und wenn ich sah, wie ihm das Geringste wertvoll war, und wie sich seine Liebe zum Volkstum immer wieder in tätige und kluge Sorge auf Entwicklung guter Kräfte umsetzte, dann wandte ich mich ab von unserem altbayerischen Gehen- und Geschehenlassen.

Er war ein ganzer Mann.

Ein Führer wie er wäre ein Segen für Bayern gewesen; er hätte der liberalen Partei Ideen und Ideale, Festigkeit und vor allem Würde gegeben, und ganz gewiß wäre unter ihm die traurige Versandung unseres öffentlichen Lebens unmöglich gewesen.

Den stärksten und nachhaltigsten Eindruck im Schwabenlande hat dieser gütige, hochgebildete und feurige Volksmann auf mich gemacht. Durch ihn und seinen Bruder Conrad lernte ich die Herren Payer, Liesching, Gauß, Elsas kennen, und es wird mir froh zumute, wenn ich mich der Wechselreden erinnere, die in diesem Kreise über Tisch geführt wurden.

Wenn ich hierzulande sehe, wie ein seniler Liberalismus zwischen der Angst vor Oben und der Angst vor Unten hilflos pendelt und sich im Kampfe gegen die Dummheit lähmen läßt, dann denke ich an die zielbewußte Art der Schwaben und glaube wieder, daß am süddeutschen Wesen noch einmal die Welt, die uns etwas angeht, genesen wird.

Nicht ganz so freundliche Eindrücke habe ich von der württembergischen Strafrechtspflege erhalten.

Ich denke dabei nicht etwa verbittert an die sechs Wochen Gefängnis, die mir die Stuttgarter Strafkammer aufbrummte; die sind lange verschmerzt oder, richtiger gesagt, sie bilden eine Erinnerung, die ich nicht gerne missen möchte.

Aber ich fand in der Art der Prozeßführung zu viel Ähnlichkeit mit jener, die ich im Bayrischen schon als Rechtspraktikant mit Widerwillen erlebte.

Ich kritisiere hier kein Urteil, ich sage nur, es hätte mich gefreut, wenn ich in Württemberg, das ich mir gerne als frank und frei vorstelle, Richter gefunden hätte, denen eine Formel weniger und eine Idee mehr gegolten hätte.

Das Volkstum dringt offenbar im Gerichtssaale nicht durch, und in Talaren gibt es keine Stammeseigenarten.

Immerhin boten mir die Prozesse willkommene Gelegenheiten, ins Schwabenland zu reisen, und Jahr um Jahr die bayrische Strecke mit der württembergischen zu vergleichen. Was lehrreich ist.

Die Fahrt von München nach Ulm führt durch ein Land, in dem ich seit vierzehn Jahren keinerlei Änderung wahrnahm. Mein Großvater würde vermutlich das gleiche feststellen, wenn er noch am Leben wäre.

In Württemberg dagegen beobachtete ich im Fils- und Neckartale ein Vorwärtsschreiten und Vorwärtsdrängen, ein Aufblühen und eine Entwicklung, von der Worte kaum eine Vorstellung geben können. Vom Fuße der Geislinger Höhe an bis Stuttgart wachsen Häuser, Fabriken, Dörfer, Städte aus dem Boden, und rings herum ist blühendes, wohlbebautes Land.

Überall spricht einen Behäbigkeit, Wohlstand, Tätigkeit an, und der Blick, der freudig über gepflegte Gärten, Weinberge, Obstbaumpflanzungen hingeglitten ist, bleibt wieder erstaunt haften an riesigen Etablissements, in denen für den großen Weltmarkt gearbeitet wird und deren Erzeugnisse in allen Teilen der Erde gerühmt werden.

Man müßte alle Halbjahre unsere klerikalen Landboten zwangsweise die Strecke fahren lassen, damit sie sähen, was aus einem Lande werden kann, das nicht von ihnen regiert wird.

Ich glaube, daß ich im Verkehre mit meinen schwäbischen Freunden auch die Gründe verstehen lernte, warum Württemberg, dessen Wachstum zum Kupeefenster herein sich so bemerklich macht, vorwärts kommt.

Und diese Gründe liegen tief genug in der schwäbischen Art, daß sie nie ihre segensreiche Wirkung verlieren werden. So möge das schwäbische Land blühen und gedeihen und so frei sein, wie es seine Besten wünschen!

Salzburg

Die Stadt war für mich Österreich. Nicht als bestimmter, festumrissener Begriff von Land, Staat, Volk, sondern als etwas Unklares, sehr Schönes, das mir aus Vorstellungen, die irgendwoher stammten, vertraut war. Etwas, was ich suchte und nie ganz fand, was mir Verheißungen gab, die sich nie ganz erfüllten, und nach denen ich gerade darum immer Sehnsucht behielt. Alt-Österreich. Vielleicht war es zerrüttet, morsch, ganz so, wie man es in recht ernsthaften Büchern liest, ich sah es nur als Heimat einer freundlichen, abgeklärten Kultur, und mir kam es vor, als könnten Dinge und Zustände, die mir daheim hart und unerträglich schienen, dort drüben lange nicht so drückend, ja nicht einmal so ernsthaft sein...

Für mich klangen heitere, graziöse Melodien um den Namen Österreich, und es roch nach reifem Obst, nach Virginiazigarren und wundervollem Kaffee.

Man kann eine Stimmung nicht erklären und zergliedern; sie ist da und ist viel eindringlicher als klares Wissen. Ich hatte sie von früher Kindheit her.

Irgendwie hingen Gedanken und Träume mit dem freundlichen Österreich zusammen, wuchsen mit mir auf und wurden Wünsche und Erwartungen, die sehr stark und sehr unklar blieben.

Ich war Gymnasiast, als ich zum erstenmal nach Salzburg und also nach Österreich kam; in tiroler Grenzorten war ich freilich schon gewesen, aber das war etwas ganz anderes, nicht einmal sehr Eigenartiges.

Aber Salzburg!

Nahe der Stadt fuhr der Zug an langen Parkmauern vorüber, die von kleinen Türmen unterbrochen waren, dann kam eine Biegung, und mit einem Mal lagen Strom, Stadt und Festung vor dem entzückten Blicke.

Ein blauer Himmel wölbte sich darüber, die tiefen und hohen Töne vieler Glocken klangen bald mächtig anschwellend, bald leise verhallend aus der Altstadt, als ich durch zierlich verschnittene Laubgänge des Mirabellgartens schritt.

Oder bummelte.

Denn hier ging und schritt man nicht; eine selige Faulheit überkam einen sogleich, und man mußte sich nicht erst vorhalten, daß Hast und Eile nicht hieher paßten.

Ein schönes altes Bürgerhaus legte sich quer über den Platz, auf den man hinauskam, und riesige, vergoldete Buchstaben, die darauf angebracht waren, verkündeten: Mozarts Geburtshaus.

Da war nun gleich die Stimmung.

Hier war der Urquell einer von aller Erdenlast befreienden Musik, und Sonne, Himmel und weiche Luft gaben einem die fröhliche Bestätigung.

Wie war es warm und behaglich süddeutsch, und wie war es wieder italienisch in den engen Gassen, wo hinter den flachen Dächern der Häuser steile Felswände aufragten!

Und wie katholisch nach alter, nicht neuer, händelsuchender Art; fröhlich, barock und zopfig mit Posaunen blasenden jubilierenden Engeln über den Portalen der Kirchen, in denen es still und einladend kühl war, wenn die Plätze draußen unter greller Sonne lagen.

Das Rauschen der Bäume tönte herein, und dem Besucher, dem hier der farbenfrohe Wunderglaube ans Herz rührte, fielen die Augen zu. Trat man wieder hinaus ins grelle Licht, dann tummelten sich Putten und Götter und Rosse noch einmal so lebhaft im frischen Quellwasser, und von den bronzenen Leibern rannen die funkelnden Tropfen.

Und wirklich, vor dem Dome standen in langer Reihe rotbemalte Sänften, Symbole der Zeit, die sich hier erhalten hatten, Symbole einer Faulheit, die hier berechtigt schien.

Erst Jahre später verdrängte sie ein neumodischer Lift, der die Passagiere zum Festungsberge hinaufbeförderte, aber damals standen die zierlichen Dinger, die man sonst nur in Museen sah, auf dem Domplatze.

Ganz so wie anno Mozart, als sich Ihro Liebden zum Konzerte tragen ließen.

Nun suchte und fand ich aber in Salzburg keine Sehenswürdigkeiten, von denen man sich abwendet, um zu anderen zu gelangen, ich befriedigte keine Schaulust und Neugierde, ich stillte eine Sehnsucht und fand nicht mancherlei, sondern ein Einheitliches: mein selbst geschaffenes oder erträumtes Bild vom alten Österreich.

Dort gewährten mir auch materielle Genüsse eine besondere Freude. Mir hat allezeit eine derbe Knackwurst so viel und zuweilen auch mehr gegolten wie eine Delikatesse, von der ein Hamburger mit Augenaufschlag sprechen kann, aber für den Stil, den Essen und Trinken haben können, hatte ich Sinn.

Eine Flasche Champagner in einer aufgeputzten Bar bot mir nichts, jedoch der goldgelbe Kloster-Neuburger im Peterskeller in Salzburg war ein Genuß, der in der Erinnerung nachhielt. Man mußte über einen weiten Klosterhof gehen, um das kleine, viereckige Loch aufzusuchen, das auf drei Seiten von Klostergebäuden, auf der vierten von einem hohen Felsen eingeschlossen wurde.

Darin standen etwa ein Dutzend Tische mit Bänken davor, und man saß gemütlich eng beieinander, ein kleines Stück blauen Himmels über sich, zu dem die duftenden Wölklein der Virginias emporkräuselten.

Geistliche, Bürger, Offiziere bildeten die Gesellschaft, in der man sich flüchtig fand und doch gleich zusammengehörte. Wer kam, suchte sich nicht einen leeren Tisch, sondern setzte sich neben die anwesenden Gäste und tat nicht vornehm reserviert.

Mir hat dabei einmal ein alter Salzburger Schlossermeister Erinnerungen an seine Münchner Gesellenzeit zum besten gegeben, die sich wie Kulturbilder aus längst vergangenen Tagen anhörten. Seine Schilderung der Kürassiere, die von ihren Übungen mit schmetternder Musik so frühzeitig heimkehrten, daß die Herren Wachtmeister immer rechtzeitig zum Frühschoppen eintrafen, klang auch als Urteil über die verflossene Bundestagszeit anregend und reizvoll.

Ein anderes Mal flüsterte uns der Kellner zu, der alte Herr mit den ehrwürdigen weißen Haaren am Tische neben uns sei der berühmte Wiener Professor Hyrtl, der große Anatom und beste Kenner der lateinischen Sprache.

Alle Anwesenden, unter denen es wie ein Lauffeuer herumging, bezeigten in unaufdringlicher Weise ihren Respekt, raunten sich zwischen Gulasch und Zigarre verständnisinnig zu, daß ihr Hyrtl der größte lebende Lateiner sei, und die Hausierer gingen mit tiefen Verbeugungen um den Tisch herum, an dem der Alte saß. Ich kannte ihn zufällig und wußte, daß er Maler und Tapezierer – ich glaube in Altenmarkt bei Trostberg – war. Ich gab aber mein Geheimnis nicht preis, um die netten Leute nicht um ihre landsmannschaftliche Freude zu bringen. Der Herr Tapezierer, dessen lange, schneeweiße Locken wirklich Irrtümer erregen konnten, trat umstrahlt von einer ihn angenehm berührenden Gloriole ab, und mancher der Zurückbleibenden trank noch einen Schoppen Nußberger oder Kloster-Neuburger zu Ehren dieses denkwürdigen Zusammentreffens.

Unweit vom Peterskeller war eine andere Heimstätte echten Österreichertums: das Café Tomaselli.

Hier gab es alle Nuancen des braunen, herrlich duftenden Getränkes, und sein durchdringender, alle Räume erfüllender Wohlgeruch vermengte sich mit dem guter türkischer Zigaretten.

Man saß an schönen Tagen im Freien und sah das elegante Salzburg vorbeiflanieren, kokettierende Leutnants von unwahrscheinlicher Schlankheit, und Damen, denen die gütige Natur zu engen Taillen entsprechende Molligkeiten verliehen hatte.

Typisch war die ruhige, vornehme Heiterkeit, die von ihnen wie von allen Menschen und Dingen dieser Stadt ausstrahlte. Wenn nach einem wohlig verfaulenzten Tage die vielen Turmuhren melodisch zusammenklingend die Feierabendstunde schlugen und die Strahlen der Sonne an den Mauern der Festung verglühten, ging ich dem Bahnhofe zu.

Wo ich an Kasernen vorbeikam, saßen Soldaten in weißen Waffenröcken vor den Toren und schmauchten aus Schwanenhälsen den k. k. Kommißtabak. Auch sie Sinnbilder des Behagens und einer alten Zeit. Kirchen, Häuser und wieder Kirchen spiegelten sich im Strome, wenn ich über die Brücke schritt, und dann führte mich der Zug zurück in die derbe Nüchternheit einer altbayrischen Kleinstadt.

Der alte Landrichter

Ich kannte noch etliche, und sie waren sich alle darin ähnlich, daß sie auf die Bauern dressiert waren.

Zu der Zeit, wo ihre Rasse rein gezüchtet wurde, hat man die Gerichtsgebäude gegen prozessierende Hintersassen wie gegen Friedensstörer und Eindringlinge verteidigt. Der Gerichtsdiener fuhr ihnen an die Lederhosen, der Aktuarius fletschte gegen sie die Zähne, und Gnaden der Herr Landrichter biß sie.

Ich habe als Heranwachsender zwei wohl erhaltene Exemplare dieser ausgestorbenen Gattung gesehen; sie waren angehende Siebziger und lebten in München in Pension. Der eine hatte in Niederbayern, der andere in der Gegend von Wasserburg amtiert.

An sich waren sie gutmütige alte Herren, die sogar sentimental werden konnten, wenn sie mit meinem Onkel von ihrer Studentenzeit sprachen.

Ich erinnere mich, daß sich der eine von ihnen, der Niederbayer, auf dem Bavariakeller in München mit dem Liede:
»Es hatten drei Gesellen
Ein fein Kollegium«
in eine tiefe Melancholie sang.

Zuweilen erzählten sie von ihrer Amtszeit, und da war es sonderbar, was die zwei unscheinbaren Männlein für harte, schier grausame Blicke hinter ihren Brillengläsern hervorschießen konnten. Und ein Lächeln, aber kein verzeihendes, sondern ein grimmiges, spielte dem Niederbayern um die Mundwinkel, wenn er von den Fünfundzwanzig sprach, die er nach Markttagen und Kirchweihen seinen Pflegebefohlenen hatte aufmessen lassen.

Der andere redete in mehr getragenem Tone, so wie von guten, alten Mären, von ruhmwürdigen Zeiten, in denen der weidliche Haslinger heilsamen Schrecken verbreitet hatte.

Später als ich Praktikant an einem Amte war, kamen mir alte, verstaubte Akten unter, in denen ich lieber blätterte als in neuzeitlichen. Da fand ich ein Blatt, aus dem mich das Leben von ehedem unmittelbar ansprach, und das einen solchen Eindruck auf mich machte, daß ich mir den Namen des Angeklagten merkte.

Johann Nepomuk Dostler hieß er und war Landstreicher, der bei wiederholtem Bettel aufgegriffen und dem hohen Landgerichte eingeliefert wurde. Man eröffnet ihm kurzer Hand – so lautete es wörtlich –, daß er fünfundzwanzig Hiebe erhalten würde, und ließ ihn diese Mitteilung unterschriftlich bestätigen.

Johann Nepomuk Dostler, der eine gute Schulbildung genossen zu haben schien, schrieb seinen Namen mit deutlicher schöner Schrift und hing an den letzten Buchstaben einen zierlichen Schnörkel, fast wie ein bedeutender Mensch, ein Machthaber, eine Autorität. Dann kam auf dem Blatte eine leere Stelle, die eine Pause deutlich machte.

Während dieser Pause spielte sich vermutlich die Amtshandlung im Hofe ab; Johann Nepomuk Dostler lag wohl auf einer hölzernen Bank, und der Gerichtsdiener, ein gedienter Feldwebel, beschrieb mit dem Haslinger Kreise und Schleifen in der Luft, die den Hieb schmerzhafter machten. Es gab darin mancherlei Kunstgriffe. Vielleicht sah der Herr Landrichter Pfeife rauchend aus dem offenen Fenster zu. Ich stelle ihn mir vor wie jenen Niederbayern, klein, mager, mit verkniffenem Gesichte.

Nachher wurde das Protokoll weiter geführt.

Der Rubrikat hatte zu bestätigen, daß er die obig zudiktierten Fünfundzwanzig richtig und vollzählig erhalten habe. Aber wie war die Schrift verändert!

Kein Buchstabe hing mehr mit dem andern zusammen; jeder stand für sich und drückte, bald weit über die Zeile hinausfahrend, bald weit herunterfallend, in zitterigen Krümmungen eine Fülle von Schmerz und Schrecken aus.

Der Schnörkel war ganz weggefallen.

Diese Unterschrift des Geprügelten war eine Anklage, die lebendig blieb, wenn auch der Herr Landrichter und sein Profoß und der Protokollführer und der Rubrikat Johann Nepomuk Dostler und der Haslinger längst zu Staub zerfallen waren. Diese zitternde Schrift stand da und entriß Dinge, die nicht vergessen werden sollten, der Vergessenheit.

Man hört auch darüber verschiedene Ansichten, und die »andern« sind darum nicht unbegreiflich roh.

Aber sie sind nach meinem Dafürhalten irrig, wenn sie die Prügelstrafe als wirksames Erziehungsmittel empfehlen.

Denn über das Bestehen von Tatsachen kann man keine verschiedenen Meinungen haben, und das ist nun einmal nicht abzuleugnen, daß ehedem die Roheitsvergehen häufiger und die Leute ungebärdiger waren, trotz der Prügelstrafe! Und ob sich durch sie die Landstreicher bessern ließen? Ich glaube es nicht.

Arbeiten ist nichts Äußerliches, das man nach Belieben tun oder lassen kann, und es ist eine Eigenschaft des Charakters. Man kann Arbeitsfreude ererben; sie kann anerzogen und erworben, aber nicht alten Faulenzern eingeprügelt werden.

Ich fürchte, daß mein Johann Nepomuk Dostler nach jenem schmerzlichen Vorfalle noch manchen Ortes die Zuweisung von fünfundzwanzig unterschriftlich bestätigt hat. Mit dem schwungvollen Schnörkel, der ihn als großangelegten Menschen kennzeichnete.

Anhang

Anmerkungen

S. 9 *Urgroßvater:* Joseph Ritter von Thoma (1767–1849), Geheimer Oberforstrat und Chef der bayerischen Forstverwaltung (seit 1817), wurde in Amberg, nicht in Waldsassen (s. S. 9) geboren; mit Gesuch vom 7.8.1849 ließ er sich in den Ruhestand versetzen und ist bald darauf am 22.8. in München gestorben. Seine Gattin, Sabine Freiin von Heppenstein auf Kornburg, starb bereits 1816.
Waldsassen: Die 1133 gegründete Zisterzienserabtei wurde in der Reformationszeit (1560) aufgehoben, 1661 dem Orden zurückgegeben, 1803 säkularisiert und 1863 von Zisterzienserinnen wiederbesiedelt. Die Abtei ist heute berühmt wegen ihrer reich ausgestatteten Bibliothek (1724/26).
Venator regius kann sich schwerlich auf den Winterkönig, Friedrich V., Kurfürst von der Pfalz, beziehen. Dieser wurde erst am 27. August 1619 zum König von Böhmen gewählt und ließ sich am 4. Nov. in Prag krönen; schon ein Jahr später, 1620, verlor er sein Königtum nach der Schlacht am Weißen Berg am 8. Nov. – Thomas Vorfahren waren nicht Jäger, wie er sie gerne gesehen hätte, sondern Beamte des Klosters. Vgl. ADOLF ROTH, »Ludwig Thomas Vorfahren«. In: Familie und Volk 2 (1953), S. 369 bis 374; AUGUST SIEGHARDT, »Ludwig Thomas oberpfälzische Abstammung«. In: Oberpfalz 44 (1956), S. 179–180. – In der ersten Fassung der »Erinnerungen«, die im »Sammler« (s. S. 116) erschienen ist, hatte Thoma kühne Behauptungen über seine »jagerischen« Vorfahren väterlicherseits aufgestellt, die aber der Liebhabergenealoge Josef Zierer aus Deggendorf korrigierte. Thoma selbst machte keine Archivstudien, ließ sich vielmehr von Zierer belehren und übernahm dessen Ergebnisse. Vgl. LEMP S. 32.
Goethe war verschiedentlich in Waldsassen, das erstemal tatsächlich am 3. (oder 4.?) September 1786.
Heß: RICHARD ALEXANDER HESS, »Lebensbilder hervorragender Forstmänner«. Berlin 1885.

S. 10 *Lithographie,* s. LEMP, S. 38.

S. 11 *Franz Seraph Thoma* (1798–1862) wurde in Waldsassen geboren und starb in Kaufbeuren.

Latein: Das sog. Jägerlatein, weidmännische Sondersprache und weidmännische Aufschneiderei.

Fliegende Blätter: Humoristische Zeitschrift, 1844 von Kaspar Braun und Friedrich Schneider, zwei ausgezeichneten Holzschneidern, gegründet; zur Zeit von Braun und Schneider das beliebteste Witzblatt in Deutschland, mit Wilhelm Busch, Moritz von Schwind, Karl Spitzweg, Adolf Oberländer, Franz Graf Pocci, Friedrich Steub (s. S. 72, 204), Viktor von Scheffel u. a. als Mitarbeiter. 160 Zeichnungen von 38 Künstlern, die in dieser Zeitschrift erschienen sind, zeigt der Katalog einer Verkaufsausstellung von E. + R. Kistner, Nürnberg, Nov. 1987; vgl. auch H. Dangl, »Die Münchner Fliegenden Blätter als Spiegel ihrer Zeit«. Würzburg 1938.

Ludwig Ganghofer (1855–1920), als Romancier sehr erfolgreich, war lange Jahre mit Thoma befreundet; das Verbindende war weniger das Schreiben, als vielmehr die gemeinsame Liebe zu Jagd und geselligem Beisammensein. Ganghofer ließ sich nach dem Krieg in Tegernsee ein Haus bauen, bewohnte es aber nur drei Monate; in einem Brief an Ricca Lang (1.6.20) schreibt Thoma: »Maidi wohnte bei Ganghofer, der reizend eingerichtet ist und mit dem ich lebhafte Nachbarschaft halte.« Ganghofer, der ein Jahr vor Thoma, am 24. Juli 1920, starb, war längst zum Vertrauten Thomas, auch in sehr persönlichen Angelegenheiten, geworden. Nach dem Tod des Freundes schreibt er am 5.9.1920 an Frau von Liebermann: »...Ich bin um 2 Jahre älter geworden, ernster, müder... Und solche Eingriffe ins Leben, wie Ludwigs Tod für mich war, graben sich ein. Man kriegt ein anderes Augenmaß für das, was wichtig ist.« (LB S. 434); und zwei Tage später: »...Geh ich zu Ganghofer, wirds mir noch schwerer. Auch *der* Trost ist mir genommen.« (LB S. 435) – Thoma hat nach Ganghofers Tod neben dem Grab des Freundes für sich ein Grab gekauft, so daß die beiden Freunde auf dem Friedhof von Egern nebeneinander liegen. – Über den Tod Ganghofers schreibt Thoma am 31.7.20 an Josef Hofmiller: »...Um den Mann ist schade« (Lemp S. 159). Thoma plante für »Leute, die ich kannte« ein Porträt Ganghofers; dazu ist es leider nicht mehr gekommen (Brief an Frau von Liebermann vom 7.9.1920, LB S. 435). – Im August 1995 wurden zum 75. Jahrestag von Ganghofers Tod im Kurpark

von Rottach-Egern Denkmäler für Ganghofer und Thoma enthüllt.
Aktuar: Beamter, Jurist. Im handschriftlichen Entwurf (in der Monacensia-Abteilung der Stadtbibliothek München) steht *Mitarbeiter*.
Tante Friederike Josepha (1837–1916) verewigte Thoma in »Tante Frieda. Neue Lausbubengeschichten«. München 1907; vgl. dazu BERNHARD GAJEK, Nachwort zu »Tante Frieda. Neue Lausbubengeschichten«. München 1985, S. 14

S. 12 *Schläger*: Mitglied einer schlagenden Studentenverbindung.
Dr. Döllinger: Johann Joseph Ignaz von (1799–1890), angesehener Kirchenhistoriker und Professor an der Univ. München.
Wies: Weiler bei Steingaden mit der berühmten Wallfahrtskirche. Es überrascht, daß Thoma kein Wort über die Wallfahrt verliert. – Die Familie von Thomas Mutter war übrigens mit der Wies-Bäuerin Maria Lori sowie auch mit Johann Georg Lori, dem Mitbegründer der Bayerischen Akademie der Wissenschaften (1759), verwandt. Wahrscheinlich war dies Thoma nicht bekannt. Vgl. dazu ADOLF ROTH »Ludwig Thomas Vorfahren« (s. Anm. zu S. 9).

S. 13 *Max Haider* (1807–1873): erst Leibjäger, dann Forstbeamter und schließlich Künstler, ist der Vater von Karl Michael Haider (1846–1912), einem Freund Thomas. Vgl. S. 197 ff.
Fliegende Blätter s. S. 11.
Lola Montez (1818–1861): Geliebte König Ludwig I.
Katharina Pfeiffer (1831–1894), die Mutter Ludwig Thomas. Zur Familie der Mutter und ihrer Oberammergauer Verwandtschaft BERNHARD GAJEK, »Oberammergau und Ludwig Thoma. Überlegungen zur Bedeutung eines Geburtsortes«. In: Dieter Albrecht und Dirk Götschmann, Forschungen zur bayerischen Geschichte. FS für W. VOLKERT. Frankfurt 1993, S. 293–319.
Schwabenwirt: heute Gasthof und Hotel zur Post.
Fremdenverkehrs: in einer handschriftlichen Fassung (L 2300) steht: »um des Sankt Fremdemverkehrs willen«.

S. 14 *Grodemange*: Anton Grodemange war bis zu seinem Tod 1866 Weinwirt in München, Residenzstraße Nr. 19, dann führte seine Witwe die Wirtschaft bis 1871 weiter.

Marie Pfeiffer (1827–1876): Thomas Tante, Schwester seiner Mutter.
Eduard Lang (1828–1859): Verleger (s. S. 15 und 18) in Oberammergau, heute Firma Lang sel. Erben.

S. 15 *Oberammergau* war damals längst ein lebendiger Ort, nicht nur durch das alles dominierende Passionsspiel, von dem Thoma schreibt, sondern auch wegen seiner Schnitzereien, der Hinterglasmalerei und den Handelsunternehmungen, den sog. »Verlagen«. – Zum Dorf *Oberammergau* vgl. H. P., »Oberammergau. Herz des Ammertales«. München 1988.
Kofel: beherrschender und markanter Berg oberhalb von Oberammergau, ein keltischer Name, der ›Kegel‹ bedeutet.

S. 16 *Joseph Aloys Daisenberger* (1799–1883): Seit 1845 Pfarrer in Oberammergau, war eine imponierende Persönlichkeit und ein vielseitiger Schriftsteller (Predigten, Theaterstücke, Lieder, wiss. fundierte Dorfchronik etc.). Vgl. »J. A. Daisenberger zum 100. Todestag«. Oberammergau 1983. – Die von Thoma erwähnte Geschichte des Dorfes wurde 1988 nachgedruckt.

S. 16 *Hans* (Joh. Ev.) *Lang* (1835–1900): Bruder von Eduard Lang, der sich als Bügermeister für Daisenbergers Bewerbung nach Oberammergau einsetzte, war Besitzer des sog. Pilatushauses, das heute, vorbildlich renoviert, im Besitz der Gemeinde ist. 1880 war er Leiter der Passionsspiele.
weltklug: In einer handschriftlichen Fassung (L 2301, S. 17) schreibt Thoma, die Ammergauer Mundart karikierend, »*weltklug und beharrlich im* ›*Hirta-Bachla-Globa*‹ *Dialekt*«.

S. 17 *Otto Lang* (1855–1919): aus Oberammergau, Verwandter von Eduard und Hans Lang (Mühlbartllinie), Bildhauer in München.

S. 18 *Verlegerhaus*: Der Verleger läßt auf seine Kosten Spielwaren, Schnitzereien, Hinterglasbilder etc. herstellen, kauft diese auf und vertreibt sie in aller Welt.
Georg Lang (1749–1821): Verleger in Oberammergau, heute Firma Lang sel. Erben.
Johann Lang (1798–1847): Er führte die Geschäfte der Firma Lang sel. Erben nach 1815, d. h. nach den Napoleonischen Kriegen, weiter.

S. 19 *Eduard Lang* s. o. zu S. 14.

S. 20 *Holzfuchs*: unfertiger, junger Bursche.
König Max II. von Bayern (1811–1864) hatte verschiedene Jagdhäuser in der Nähe des Dorfes (Linderhof, Pürschlingshaus).
Wilhelm Heinrich Riehl (1823–1897) war von König Max II. nach München berufen worden und hatte seit 1883 eine Professur für Kulturgeschichte. Über den König berichtet er u. a. in seiner »Beschreibung der Fußreise König Max II. von Lindau bis Berchtesgaden«, vor allem aber in »Kulturgeschichtliche Charakterköpfe«. 3. Aufl. Stuttgart 1899, S. 175–244.
Pfarrer von Grassau: Joseph Reisenberger aus Traunstein, in Grassau 1841–1884, zuletzt Geistlicher Rat und Kammerer des Dekanats. Wie sich die *»schärfere Richtung«* in Grassau auswirkte, war nicht festzustellen. Gemeint ist damit wohl die Zeit nach dem 1. Vatikanischen Konzil 1870. – Im Manuskript schildert Thoma den »passionierten Jäger« ausführlicher; als Quelle für die »schärfere Richtung« nennt er dort die Nichte des Geistlichen Rats.

S. 21 Der große *Brand von Partenkirchen* war 1865.
Die Bärenjagd im Wetterstein wurde u. a. im »Sammler«, einer Beilage der Augsburger Zeitung (s. zu S. 116), und in den »Propyläen« beschrieben.

S. 22 *Julius Noerr* (1827–1897): Vertreter der Münchner Landschaftsmalerei.
Franz Graf Pocci (1807–1876): Zeremonienmeister am Hof, Dichter der kleinen Form (u. a. Kasperlspiele) und hervorragender Zeichner.
Moritz von Schwind (1804–1871): Berühmter Maler, seit 1828 mit kurzen Unterbrechungen in München.
Karl Spitzweg (1808–1885): Apotheker und Maler des sog. Biedermeier.
Eduard Schleich d. Ä. (1812–1874): Schulebildender Münchner Landschaftsmaler und Lehrer Noerrs (s. o.).
Adolf Lier (1826–1882): Neben Schleich führender Vertreter der Münchner Landschaftsmalerei.
Riehl s. o. zu S. 20.
Franz von Kobell (1803–1882): Mineraloge und erfolgreicher Mundartdichter.
Franz Lachner (1903–1890): Komponist und Dirigent, Großva-

ter von Johann Lachner [Pseudonym für Hans Mollier], dem Hg. der Thoma-Ausgabe in acht Bänden, München, Piper 1956.

S. 23 *»Über Land und Meer«*: Illustrierte Wochenschrift, 1858 von Friedrich W. Hackländer (1816–1877) und E. Zoller gegründet, 1923 eingegangen. Siehe auch zu S. 82.

Vorder Riß: Forsthaus bei Lenggries (809 m), »königliches Jagdhaus liegt hart an der Stelle, wo das im tiefen, steinigen Rinnsal wirklich reißend einherströmende Wasser der wilden Riß in die Isar stürzt«, schreibt Friedrich von Bodenstedt 1858; die kreuzförmige, neugotische Kapelle hat König Ludwig II. 1866 erbauen lassen.

Ökonomie und Wirtschaft: Zu den Einkünften des Oberförsters in Vorderriß vgl. S. 31.

Granter: Trog.

S. 24 *Hausflöz*: Fletz, Hausgang.

Thomas Bauer: Die Gestalt des Thomas Bauer schildert Thoma mit besonderer Zuneigung, vgl. vor allem S. 68 ff.; von Bauer sind u.a. noch 28 Briefe an Viktor Pröbstl (s.u.) erhalten.

Viktor: Viktoria Pröbstl (1834–1902) aus Schongau, Hausgehilfin in der Familie Thoma, die eine Art Mutterstelle bei den Kindern vertrat. – Photos bei LEMP, S. 42, 62 u. 80.

S. 25 *Scharfreiter*: Aussichtsberg (2100 m) unweit von Vorderriß
blädern: Blöcken (engl. bleat)
»Über Land und Meer« s. zu S. 23.
»Gartenlaube«: Musterbeispiel einer bürgerlichen Familienzeitschrift mit belehrenden Beiträgen, leichter Unterhaltung, so von E. Marlitt oder später von Courths-Mahler; die von Ernst Keil (1816–1878) im Jahre 1853 begründete Zeitschrift existierte bis 1938 und als »Neue Gartenlaube« noch bis 1944.

S. 27 *»Münchner Bilderbogen«*: Einzelblätter, einseitig bedruckt mit Text und Bild von 1849–1897 und von 1900–1919 in München erschienen; insgesamt 1216 Blätter in 50 Bänden.
»Max und Moritz«: von Wilhelm Busch, wurde 1865 erstmals in den »Münchner Bilderbogen« gedruckt.

S. 28 *Ochsensitzer*: Bauernhof an der Isar, Eigentümer war der sog. Danner Toni. Vgl. auch S. 32.

S. 29 *Werderstutzen*: Gewehr mit Fallblock-Hinterladeverschluß, eine Erfindung von Ludwig Werder (1808–1885).

König Ludwig II. von Bayern, geb. 1825, König von 1864–1886.
S. 30 *Graf Holnstein*: Max Graf von Holnstein (1835–1895), Oberststallmeister des Königs; vgl. KARIN UND HANNES HEINDL, »Ludwigs heimliche Residenzen am Walchensee: Hochkopf, Herzogstand, Vorderriß«. München o. J., S. 59 f.
Höflinge: im Manuskript S. 37 »Kämmerlinge«.
deutlich: im Manuskript S. 37 »konnte grob werden«.
Herzog Adolf von Nassau: Regierender Fürst von 1839–1866, dann wurde das Herzogtum Preußen einverleibt; 1890–1905 Großherzog von Luxemburg.
S. 31 *Fall*: Der ehemalige Ort, einst berühmt wegen seiner Wasserfälle, ist heute vom Sylvenstein-Stausee überflutet; bekannt wurde *Fall* durch GANGHOFERS Roman »Der Jäger von Fall«, 1883.
Freskomalereien: Ausgeführt 1794 von Franz Karner, Mittenwald. Vgl. MARGARETE BAUR-HEINHOLD, »Südd. Fassadenmalerei vom Mittelalter bis zur Gegenwart«. München 1952, S. 109.
S. 32 *Wilderer*: Vgl. L. THOMA, »Der Wilderer und andere Jägergeschichten«. Hg. von BERNHARD GAJEK. München 1984.
Dammei: Trotz aller Bemühungen ist es nicht gelungen, etwas über diesen Volkssänger in Erfahrung zu bringen.
S. 33 *Floßfahrt*: Vgl. »Die Halsenbuben« in L. THOMA, Der Wilderer (s. o. zu S. 32), S. 58–65.
S. 34 *Namenstag*: 25. August, Fest des hl. Ludwig, König von Frankreich (gest. 1270).
S. 35 *König Ludwig II.* von Bayern, geb. 1825, König von 1864–1886. Über seine Aufenthalte in Vorderriß vgl. FRANZ MERTA, »Die Aufenthalte des Königs in den Residenzen, Schlössern und Berghäusern«. In: HANS RALL u. MICHAEL PETZET, König Ludwig II. Wirklichkeit und Rätsel. München 1986, S. 141–178.
S. 36 *Hohenlohe*: Prinz Chlodwig zu Hohenlohe-Schillingsfürst (1819–1901), Reichskanzler und bayerischer Ministerpräsident; seine »Denkwürdigkeiten« in 3 Bänden wurden von F. CURTIUS und K. A. v. MÜLLER 1907 und 1931 hg. – Hohenlohe suchte in seiner Politik Anpassung an Preußen.
S. 38 *Karl Wenzeslaus von Rotteck* (1775–1840): Prof. für

Staatswissenschaften in Freiburg und sehr populärer Verfechter demokratischer Rechte; von seiner »Allgemeinen Geschichte« erschien 1866–68 die 25. Auflage!

S. 39 Otto Frhr. *von Völderndorff* und Waradein (1825–1899): Jurist, seit 1867 im Ministerium des Kgl. Hauses, Anhänger der Politik Hohenlohes (s. zu S. 36).

Fürst Otto von *Bismarck* (1815–1898): Reichskanzler von 1871–1890; wurde am 20. März 1890 von Kaiser Wilhelm II. entlassen.

Graf Tattenbach: Heinrich Johann Nepomuk Graf von Tattenbach (geb. 1819 in Salzburg, gest. 6.12.1891 in München) gehörte bis 1876 zur Direktion der Gewehrfabrik Amberg.

S. 40 *Carl Theodor*: Herzog in Bayern (1839–1909), Bruder der Kaiserin Elisabeth von Österreich. Vgl. RICHARD SEXAU, »Fürst und Arzt«. Graz 1963.

Friedrich Gottlob Karl *Baron* von *Varnbüler* (1809–1889): 1864–1870 Minister des Auswärtigen und des Kgl. Hauses in Württemberg, betonter Partikularist.

am Nesenbach: In Stuttgart.

S. 41 *Gustav Weise*: 1863 gegründeter Verlag in Stuttgart, wo in den Jahren 1870/71 die »Deutsche Kriegszeitung« erschien.

Chassepotgewehr: Ein nach Antoine Alphonse Chassepot (1833–1905) benanntes Zündnadelgewehr.

Werdergewehr s. zu S. 29.

S. 42 *Unfehlbarkeitsdogma*: Auf dem Ersten Vatikanischen Konzil wurde die Unfehlbarkeit des Papstes in Glaubens- und Sittenfragen unter genau umschriebenen Voraussetzungen zum Dogma erhoben. Diese heftig umstrittene Entscheidung entfachte den schon schwelenden Kulturkampf, einen Konflikt während der Bismarckzeit zwischen dem Reich und vornehmlich der kath. Kirche, der unter Lutz (s. zu S. 53) auch auf Bayern übergriff. Die gewollten und ungewollten Mißverständnisse über das Dogma der Unfehlbarkeit, für die Thoma ein Beispiel ist, reichen bis in die Gegenwart. – Zum Konzil und seinem Dogma vgl. K. SCHATZ, »Der päpstliche Primat: seine Geschichte von den Ursprüngen bis zur Gegenwart«, 1990. – Eine zuverlässige Darstellung der Folgen in Bayern bietet FRIEDRICH HARTMANNSGRUBER, »Der Kulturkampf in Bayern 1871–1890«. In: WALTER BRANDMÜLLER

(Hg), Bayerische Kirchengeschichte Bd III. St. Ottilien 1991, S. 245–262 (dort Näheres auch über das Dogma S. 222–245).
Döllinger vgl. zu S. 12.
Viktor Pröbstl vgl. zu S. 24.

S. 44 *Herzog Ludwig*: Ludwig, Herzog in Bayern (1831–1920), Sohn von Herzog Maximilian, gen. Zithermaxl, und Bruder der Kaiserin Elisabeth von Österreich. – Vgl. KARL SPENGLER, »Die Wittelsbacher am Tegernsee«. München 1969.
Graf Tattenbach s. zu S. 39.

S. 45 »*tätig treu*...«: Zitat nicht verifiziert.

S. 46 »*Oramus*...«: Wir bitten den Herrn Professor, daß wir spazierengehen dürfen.
Bruck: heute Fürstenfeldbruck.
Maisach: Dorf wenige Kilometer nördlich von Fürstenfeldbruck.
Froschverbindungswesen: Eine Art von Studentenverbindungen für Schüler der höheren Klassen des Gymnasiums.

S. 47 *kommersierten*: An einem Kommers (Zusammenkunft von Verbindungsstudenten) teilnehmen.
Die Beschreibungen auf den folgenden Seiten handeln von Thomas Zeit (1878–1885) am Münchner Wilhelmsgymnasium. Davon, daß er dort zwei Klassen wiederholen mußte, schreibt er hier nichts. Das Abitur machte er 1886 in Landshut. Dazu ALFONS BECKENBAUER, »Sein Betragen war satzungsgemäß. Vor hundert Jahren machte Ludwig Thoma in Landshut sein Abitur«. In: Unser Bayern, 1986, S. 54 f.

S. 49 *Friedrich Schlosser* (1776–1861): Universalhistoriker, schrieb eine »Weltgeschichte für das deutsche Volk« (19 Bde), 1843/57.
Georg Weber (1808–1888): Schüler Schlossers, verfaßte ein »Lehrbuch der Weltgeschichte« (2 Bde), 1847, das bis 1902 über 20 Aufl. erfuhr.
Joseph Annegarn (1794–1843): Verfasser einer »Allg. Weltgeschichte für die kath. Jugend und Erwachsenen« (8 Bde), 1827–29; 1875 erschien ein Auszug in drei Teilen.
Gang nach Canossa ...: Beispiele von Parteinahmen und von Sich-Ereifern für längst vergangene Ereignisse (hier: Kaiser Heinrich IV. sucht 1077 in Canossa bei Papst Gregor VII. die Befreiung vom Kirchenbann).

Elisabeth I. von England ließ *Maria Stuart*, ihre Gegenspielerin, 1587 enthaupten. (Vgl. Schillers Drama »Maria Stuart«)
Karl von Anjou ließ 1268 den Staufer Konradin gefangennehmen und in Neapel enthaupten.
Der große Kurfürst: Friedrich Wilhelm von Brandenburg (1620–1688), regiert seit 1640.
Freising: Das Gymnasium auf dem Domberg wurde vor allem von Schülern des erzbischöflichen Knabenseminars besucht.
Der alte Fritz: König Friedrich II. von Preußen (1740–1786).

S. 50 Goethes Versepos »*Hermann und Dorothea*« erschien 1798.
Reclambücher: Die Bändchen von Reclams Universal-Bibliothek gibt es seit 1867. Vgl. »100 Jahre U.B.«. Stuttg. 1967.

S. 51 *Michael Bernays* (1834–1897) bekleidete in München den ersten Lehrstuhl für neuere deutsche Literatur.
Lehel: Stadtviertel in München zwischen Prinzregenten-Maximilianstraße und Isar.
per nefas: zu Unrecht.
Die hier aufgeführten Schauspieler gehörten zum Ensemble des Hoftheaters. Herausragend *Joseph Kainz* (1858–1910), seit 1880 als Schauspieler in München, zeitweise von König Ludwig II. begünstigt und von Hugo von Hofmannsthal geehrt durch das Gedicht »Verse zum Gedächtnis des Schauspielers Josef Kainz«; ferner *Karl Häusser* (1842–1907), seit Ende der sechziger Jahre als Schauspieler in München, Modell für Grützners Gemälde »Falstaff«; *Ernst Ritter von Possart* (1841–1921) von 1872 bis 1905 als Regisseur, Schauspieler und Generalintendant am Münchner Hoftheater und *Hermine Bland* (1850–1919), Hofschauspielerin in München von 1875 bis 98, von Ludwig II., wie Kainz, sehr geschätzt. – Vgl. H. WAGNER, »200 Jahre Münchner Theaterchronik«, 1958 und »Zweihundert Jahre Residenztheater in Wort und Bild. Festschrift zur Eröffnung des Münchner Residenztheaters am 28. Jan. 1951«. München 1951.

S. 52 *Meininger*: Das damals hoch angesehene Ensemble des Theaters der fürstlichen Residenz Meiningen in Sachsen.
Onkel: Der Postassistent a. D. Wilhelm Rupert (als Onkel Josef) war mit der Schwester (Tante Minna) des Premierleutnants a.D. Peter Geißler (Onkel Wilhelm) verheiratet (vgl. LEMP S. 50) – Thoma hat die Namen geändert.

Münchner Bote für Stadt und Land: Zeitung mit einem Unterhaltungsblatt als Beilage.

S. 53 *aufmanndeln*: sich wichtig nehmen, wichtig tun.
Joseph Maier: Anekdote um Ludwig I., der den Studenten im Winter im Englischen Garten lernend antraf und ihm riet, ein Gesuch um Unterstützung beim König einzureichen. Der, sagte der Student, sei ein »Knicker« (ein Geizhals), von dem sei nichts zu erwarten. Vgl. ANDREAS ABERLE, »Bayerische Königsanekdoten«. Rosenheim 1977, S. 104 ff.
Adalbert Falk (1827–1900), preußischer Kultusminister von 1872–79, führte die Kulturkampfgesetze durch.
Lutz: Johann von Lutz (1826–1890) war 1869–1890 Staatsminister des Innern für Kirchen- und Schulangelegenheiten, ein sog. liberaler Politiker, Anhänger Bismarcks und dessen Kulturkampfpolitik (s. S. 42), Gegner der Beschlüsse des Ersten Vatikanischen Konzils von 1870 und dafür Befürworter eines bayerischen Staatskirchentums. Der »Kanzelparagraph« (s. o. S. 58) sollte politische Agitation gegen Regierungsbeschlüsse von den Kanzeln herab verhindern.
Sternecker: Alte Münchner Brauerei (seit 1575) und Gaststätte, wurde im letzten Krieg zerstört.

S. 54 *Wörth, Sedan und Orleans*: Schlachten im Krieg 1870/71.
Schleibinger Bräu: Gasthaus in der Theatinerstr. 3; vgl. EVA MARIA GRAF u. ERWIN MÜNZ, »Zu Gast im alten München«. München 1982, S. 130.
Schwaigertheater: Es gab zwei Schweiger-Theater, Max Schweigers Isarvorstadttheater in der Müllerstraße »Zu den drei Linden« (1847–1865) und Johann Schweigers (Onkel von Max) neues Vorstadttheater in der Au (1850–1865). Vgl. EUGEN WEIGL, »Die Münchner Volkstheater im 19. Jh.«, München 1961.

S. 55 *behäbiges Dorf*: Schwabing, heute Stadtteil von München.
»Grüner Baum«: Wirtschaft in der Floßstraße 1 (vgl. Gemälde von Joseph Stephan im Münchner Stadtmuseum).
Kirche: St. Benedikt, 1878–1880 erbaut von Johann Marggraff – heute steht nur noch der Turm dieses ehemaligen Sakralbaus.

S. 56 Das neugotische *Rathaus* wurde in den Jahren 1867–1874 und 1889–1905 erbaut; Architekt war Georg von Hauberrisser. Das »Ewige Licht«, der »Donisl« etc. sind Münchner Gasthäuser.

Schrannenleute: Arbeiter auf dem Kornmarkt, Getreidemarkt.
S. 57 *Franz von Kobell*: s. zu S. 22.
Hermann Lingg (1820–1905) gehörte zum Münchner Dichterkreis um Geibel und Heyse und gilt als Lyriker von Rang.
Paul Heyse (1830–1914): seit 1854 in München, zu seiner Zeit hoch angesehen als Dichter, von großem Einfluß auf das Kulturleben der Stadt, erhielt 1910 den Nobelpreis für Literatur.
Döllinger: s. S. 12.
S. 58 *von Lutz* und *Kanzelparagraph*: s. zu S. 53.
Johann Nepomuk von Fäustle (1828–1887): bayerischer Justizminister.
Johann Baptist Sigl (1839–1902): Journalist, schrieb gerne polemisch, war Mitarbeiter des »Volksboten« und des »Straubinger Tagblatts«, Mitbegründer des Bauernbundes und Hg. der Zeitung »Bayerisches Vaterland«, Gegenpol zu Lutz.
Georg Moritz Ebers (1837–1898): Ägyptologe und Verfasser beliebter historischer Romane, der sog. Professorenromane (z. B. »Kleopatra« oder »Eine ägyptische Königstochter«), insgesamt 32 Bde.
Dahn: Felix Dahn (1834–1912), vielleicht ein Band der 12 Bde. »Die Könige der Germanen« (1861–1907).
Gustav Freytags (1816–1895) Roman »Ahnen«, 5 Teile, erschien von 1873–1881.
Joseph Victor von Scheffel (1826–1886) gehörte in München zum Kreis um Geibel und Heyse.
Berthold Auerbach (1812–1882): Verfasser der »Schwarzwälder Dorfgeschichten«, war einer der Begründer der neueren Dorfgeschichte im 19. Jh.
S. 59 *Fritz Mauthner* (1849–1923): Journalist, Kritiker und Schriftsteller; die Parodien »Nach berühmten Mustern« erschienen 1878–1880.
S. 60 *Sustris* etc. Maler und Bildhauer im Bayern des 16. und 17. Jhs.
Johann Wilhelm Preger (1827–1896): Evangelischer Theologe und Historiker, veröffentlichte 1864 das oft aufgelegte »Lehrbuch zur bairischen Geschichte«.
S. 62 *Fadesse*: für Fadaise – Geschmacklosigkeit, Dummheit.
Schwartenmägen: Mit Speck und Fleischstücken gefüllte Magenhaut vom Schwein.

S. 63 *Lindauersche Leihbibliothek*: Einrichtung bei der alteingesessenen Münchner Buchhandlung.

S. 65 *Wirtsstube* der durch die Chiemsee-Künstler berühmt gewordenen Lindenwirtschaft auf der Fraueninsel.

Die *Künstlerchronik* auf der Fraueninsel wurde 1841 angelegt und ist auf fünf Bände angewachsen; die ersten drei Bände sind verschollen. Eine Auswahl daraus bei KARL RAUPP und FRANZ WOLTER (Hg), »Die Künstlerchronik von Frauenchiemsee«. München 1918.

Von *Scheffel* (s. zu S. 57) z. B. das Gedicht »Ave Maria« beginnend mit der Zeile »Schweigsam treibt ein morscher Einbaum« (nach einem Bild von Christoph Christian Ruben); von *Karl Stieler* (1842–1885) »Eliland. Ein Sang vom Chiemsee« in »Hochlands-Lieder« (1879) oder die fünfzehn »Lieder eines fahrenden Schülers« aus der Sammlung »Neue Hochlands-Lieder« (1881).

Die Landschaftsmaler *Max Haushofer* (1811–1866), *Karl Raupp* (1837–1918) und *Joseph Wopfner* (1843–1927) gehören zu den bekanntesten der sogenannten Chiemsee-Künstler.

Der Baubeginn von Schloß Herrenchiemsee war am 21. Mai 1878.

S. 66 *Franz Ritter von Brandl* (1833–1896), Sohn eines Kleingütlers aus Laufen, besuchte die Baugwerbeschule in München, kam u.a. durch Eisenbahnbauten zu Ansehen und Wohlstand und wurde schließlich dazu beauftragt, die königlichen Schloßbauten auszuführen, Bauverträge für den König auszuhandeln und Gelder dafür zu beschaffen. Der erste Spatenstich auf Herrenwörth erfolgte unter seiner Leitung am 24. Mai 1878. Architekt des Schlosses war Georg Carl Heinrich von Dollmann (1830–1895). – Vgl. HANS ROTH, »Franz Ritter von Brandl. Bauleiter und Geldgeber König Ludwig II. Zu seinem 150. Geburtstag«. In: Das Salzfaß 17 (1983), S. 61–73; DERS., Franz Ritter von Brandl-Grabmal renoviert. In: Das Salzfaß 28 (1994), S. 76.

S. 69 *Mein ältester Bruder* war Max Thoma (1858–1911) – vgl. zu S. 79 und ANDREAS PÖLLINGER, »Ammergauer Schnitzwerk in Australien. Not mit einem Auswanderer: Ludwig Thomas Bruder Max«. In: Unser Bayern 42 (1993), S. 28 ff.

Viktor: s. o. zu S. 24.

S. 70 *Gödin*: Taufpatin.

Tschibuk: lange türkische Rohrpfeife.

S. 71 *General Tattenbach*: Maximilian August Graf von Tattenbach (1813–1886), General der Infanterie und Präsident des kgl. bayerischen Generalauditoriums, der ältere Bruder von Oberst Heinrich Joh. Nep. Graf von Tattenbach (s. zu S. 39).
Noerr s. zu S. 22.

S. 72 *galizische Schwindler*: Moderne Künstler aus dem Osten, deren Art Thoma nicht verstand, als »kulturfeindlich« betrachtete und deshalb verachtete. Im Brief an Maidi von Liebermann vom 28.4.1920 verwahrt er sich jedoch, wie auch verschiedentlich an anderer Stellen, gegen den Vorwurf des Antisemitismus und schreibt: »...Ich bin wirklich kein Antisemit, so sehr ich die ostjüdische Kulturfeindlichkeit hasse.« (LB S. 423)
Steub: Friedrich Steub s. S. 204 ff.
älteste Schwester: Maria Thoma (1860–1897).
Krautinsel: Kleine Insel im Chiemsee, neben der Fraueninsel, früher als Krautgarten genutzt.

S. 73 *Varinas*: Tabak (»Varinasknaster«) aus der südamerikanischen Stadt Varinas oder Barinas (Venezuela).
Palikaren: Griechische »Krieger« oder Räuber, dargestellt in albanesischer Tracht und Ausrüstung mit langer Flinte, langem Dolch und zwei Pistolen.
Austrag: Eine Art Altersversorgung, die der Bauer nach der Hofübergabe von seinem Nachfolger erhält.

S. 74 *Geistlicher Rat Hefter*: Pfarrer von Prien war von 1851 bis 1881 Andreas Hafner (1805–1881).

S. 75 *Nachfolger* von Pfarrer Hafner war Joseph Max Schinner (geb. 1826), von 1881 bis 1893 Pfarrer in Prien; ob als *scharfer Herr*, war nicht zu ermitteln.
Kooperator aus dem Kölnischen: Der Aushilfspriester Johann Baptist Köllen aus Köln war in Prien von 1877–1881.

S. 76 *Altöttinger Kalendergeschichten*: Gemeint sind Kalender wie der »Altöttinger Liebfrauen-Kalender«, der seit 1896 erscheint.

S. 79 *Tschibuk* s. o. zu S. 70.
ältester Bruder: Max Th. wanderte 1880 nach Australien aus, um dort die Firma Lang sel. Erben, Oberammergau, zu vertreten. 1901 kam er mit seiner Familie zurück und wanderte 1902 erneut aus,

diesmal über Kanada nach Kalifornien, wo er 1911 starb. (s.o. S. 69)

S. 80 *Hermann von Schmid* (1815–1880): Dramatiker und Erzähler; sein Roman »Der Kanzler von Tirol« erschien 1862 in drei Bänden.

Felix Dahn s. zu S. 58.

Friedrich Theodor von Vischer (1807–1887): Schriftsteller und Philosoph von hohem Ansehen.

S. 81 *Strauben*: In Schmalz gebackene Mehlspeise aus dünnflüssigem Omelettenteig.

Franz Gyulai (1798–1868): Österreich-ungarischer Feldmarschall, 1849/50 Kriegsminister, 1859 Oberbefehlshaber der Armee in Oberitalien – schließlich wegen Untätigkeit abberufen.

S. 82 *Friedrich Wilhelm Hackländer* (1816–1877), Begründer der Wochenschrift »Über Land und Meer« (s. S. 23), Verfasser humoristischer Geschichten, von Reiseschilderungen und Novellen.

jüngste Schwester: Bertha (1873–1938), verheiratete Zurwesten.

S. 84 *babylonische Gefangenschaft*: Wegführung der Stämme Juda und Benjamin nach Babylonien unter Nabuchodonosor 605–535 v. Chr.

S. 86 *Nunc est bibendum, nunc pede libero pulsanda tellus*: Jetzt heißt es trinken, jetzt mit freiem Fuß die Erde stampfen... Horaz, Oden I, 37.

S. 88 *Landshut*: Thoma mußte wegen des harmlosen Briefes (s. S. 85 ff.) an ein Mädchen das Wilhelmsgymnasium verlassen und fand am Landshuter Gymnasium Aufnahme und Verständnis. Rektor in München war damals Professor Christian Adam, Ordinarius von Thomas Klasse Joh. Ev. Fesenmair. Als Religionslehrer Thomas kommen in Frage Prof. Albert Schedler oder Stiftsvikar Franz Hacker.

Bürgerfamilie: Der Glockengießer Spannagel.

pekziert: sündigen, ein Verbrechen begehen.

S. 89 *König Ludwig II.* ertrank unter ungeklärten Umständen am 13. Juni 1886 im Starnberger See.

S. 90 *Nunc est bibendum...*: s. zu S. 86.

Traunstein: Thomas Mutter war Wirtin in Traunstein (Hotel »Post« in Traunstein und Seebruck). In: Unser Bayern 2 (1953), S. 87; zu Traunstein vgl. auch »Erinnerungen« S. 105–108. –

K. PERKTOLD, Eine kleine Stadt und »ihr« großer Dichter. Ludwig Thoma in Traunstein. Traunstein 1949; HENDRIK HEUSER, Ludwig Thoma und Traunsteiner Zimmerschützen. In: Chiemgau-Zeitung vom 4. Jan. 1984. – Zu Traunstein als Vorbild für Altaich neben Altomünster vgl. Thoma in seinem Brief an Josef Hofmiller vom 16.1.1918: »›Altaich‹ wird sich, wie ich denke, harmlos und behaglich lesen. Es ist auch Autobiographisches darin, insofern ich den Gesamteindruck, den ich in meiner Jugend von Traunstein empfing, wiedergebe.«; KARL PÖRNBACHER im Nachwort zu Ludwig Thoma »Altaich«. München 1992, S. 250 bis 253.

bibendo: Trinken.

S. 92 *Uhlandzeit*: Die Zeit der Spätromantik, des Jungen Deutschland und des Biedermeier; der Dichter und Professor Ludwig Uhland starb 1862.

Heinrich Gottfried Gengler (1817–1901): Rechtshistoriker in Erlangen – hierzu und zum folgenden: »Die Professoren und Dozenten der Friedrich-Alexander-Unviersität Erlangen 1743 bis 1960. Hg. von Renate Wittern. Bd 1: Theol. und Jurist. Fakultät«. Erlangen 1993

S. 93 *Collegia*: Vorlesungen.

Franz Makowitschka (1811–1890) Nationalökonom in Erlangen.

Karl Ludwig Sand, der 1816 in Erlangen studierte, wurde, nachdem er den Dichter Kotzebue als vermeintlichen russischen Spion und Feind der Burschenschaft ermordet hatte, 1820 in Mannheim hingerichtet.

Lüders: Karl Johann Friedrich Ludwig Lueder (1834–1895), Professor in Erlangen seit 1874, Verfasser von »Grundriß zu Vorlesungen über deutsches Strafrecht« (1872) und anderer Werke, Bismarck-Verehrer wie Thoma.

Philister: »Alter Herr«, Mitglied einer Verbindung nach der Studienzeit.

S. 94 *Entlassung Bismarck*s: 20. März 1980; zu Bismarck s. zu S. 39.

S. 100 *Haarbeutel anschnallen*: sich betrinken.

S. 101 *hereditär*: vererbt, erblich.

brevi manu: kurzerhand, direkt.

S. 102 *Krischer*: Schreier.

S. 103 *Auditoriat*: Militärgerichtswesen.
Intendantur: Militärische Verwaltungsbehörde.
Medisance: Schmähsucht.
Staatshämorrhoidarius: Titel von Franz Graf Poccis Satire auf den Verwaltungsbürokraten (1857); zu Pocci s. zu S. 22. – Hämorrhoidarius (von Hämorrhoiden), alte Beamte, welche durch ihr hypochondrisches Wesen und die Art zu sitzen und zu gehen den Verdacht erregen, sie litten an Hämorrhoiden.

S. 104 *Havelock*: Ärmelloser Mantel mit Schulterkragen.
Karl Wilhelm Hecht (1843–1920): Holzschneider und Radierer, seit 1885 Professor in Wien; Leiter der Holzschnittarbeiten für »Die österreichische Monarchie in Wort und Bild« (1894).
Assessor F.: Jakob Frankl (1854–1929), Kgl. Bauamtsassessor; vgl. dazu den Briefwechsel Thoma/Frankl: »Ludwig Thoma. Vom Advokaten zum Literaten. Unbekannte Briefe«. Hg. und kommentiert von RICHARD LEMP. München 1979.

S. 105 *Mein zweiter Bruder*: Peter Thoma (1864–1924), ab 1909 Jagdaufseher bei Ludwig Thoma am Tegernsee.

S. 106 *Schranne*: s. o. zu S. 56.
Hartwig Peetz (1822–1892): Rentamtmann in Trostberg und Traunstein. Seine Erinnerungen wurden unter dem Titel »Chiemgauer Volk« 1892/93 in Leipzig veröffentlicht. Vgl. »Bayerische Bibliothek IV: Die Lit. des 19. Jahrhunderts«. München 1980, S. 595–598; IRENE KOHL, »Chiemgauer Volk, Aus den Papieren des Hartwig Peetz«. In: Unbekanntes Bayern. 2: Verborgene Heimat. München 1956, S. 134–144.

S. 108 *Bauernbund*: Über die Entwicklung dieser bäuerlichen Interessenvertretung in Bayern, wie Thoma sie andeutet, vgl. ALOIS HUNDHAMMER, Geschichte des Bayerischen Bauernbundes. München 1924; DIETER ALBRECHT, Der Bayerische Bauernbund, in: Max Spindler (Hg.), »Handbuch der bayerischen Geschichte« IV, München 1974, S. 312 ff. und ANTON HOCHBERGER, »Der Bayerische Bauernbund 1893–1914«. München 1991 (Schriftenreihe zur Bayerischen Landesgeschichte 99). – Eine Versammlung des Bauernbundes schildert Thoma im 13. Kapitel seines Romans »Andreas Vöst«.
Kleitner: Dr. Leonhard K. (1851–1915), ein Schwabe aus der Gegend von Augsburg, Gymnasialprofessor und Rentier, spielte

bei der Gründung des Oberländer Waldbauernbundes 1893 eine Rolle. Er hatte sich Kompetenz in der Forstrechtsfrage angeeignet und engagierte sich seit 1900 vor allem im Waldbauernbund. 1900 wurde er Ehrenbürger von Ruhpolding, 1915 ist er in Frankreich gefallen.

Georg Eisenberger (1863–1945): Bauer aus Hutzenau bei Ruhpolding – ein »lateinischer« Bauer, der bis zu 16 Zeitungen abonniert hatte, setzte sich unter persönlichen Opfern für seinen Stand im Bauernbund ein und war von 1901 bis 1930 Vorsitzender des Bayerischen Bauernbundes. Er war Bürgermeister von Ruhpolding, Mitglied des Landtags (1905–1920) und des Reichstags (1920–1932). – Thoma setzt ihm in seinem Roman »Andreas Vöst« in der Figur des Vachenauers ein Denkmal. Vgl. BERNHARD GAJEK in seiner Ausgabe von Thoma »Andreas Vöst«. München 1988, S. 315 ff. FRITZ MEINGAST, »Der Volkstribun mit dem Gamsbart. Hutzenauer Geschichten. München 1992?

Melber Jehl: August Jehl (1860–1905), Mehlhändler in Traunstein.

Denkmal: Die Büste des Königs Max wurde 1940 eingeschmolzen und das Denkmal abgetragen. Den Platz schmückt seit jüngster Zeit ein Rupertusbrunnen. Vgl. FRANZ HASELBECK, »Der Maxplatz in Traunstein. 140 Jahre Gschichte vom Stadtbrand bis zum Rupertusbrunnen«. In: Chiemgau-Blätter, Nr. 23, 8. Juni 1991, S. 2–4.

S. 109 *Löwenfeld*: Theodor Loewenfeld (1849–1919), Rechtsanwalt in München.

Augustinerstock an der Kaufingerstraße in München, ehem. Kloster der Augustinereremiten, heute Jagdmuseum.

Konkurseinser: Siehe dazu Thomas Erzählung »Der Einser«, zuerst im »Simplicissimus«, dann 1905 bei Langen in München in dem Bändchen »Pistole und Säbel? und anderes« erschienen.

Karl *Wimmer* (1847–1901) aus Kollbach im Rottal war seit 1879 Rechtsanwalt in München, 1897 zum Justizrat ernannt.

Max Ernst *Bernstein* (1854–1925) aus Fürth, seit 1881 Rechtsanwalt in München, 1903 Justizrat und 1924 »Geheimer Justizrat«, war als Literat vielseitig tätig: Er schrieb Lustspiele, Erzählungen und war lange Jahre Theaterkritiker der »Münchner Neuesten Nachrichten«. – Vgl. JÜRGEN JOACHIMSTHALER,

»Max Bernstein – Kritiker, Schriftsteller, Rechtsanwalt. Ein Beitrag zur Literatur-, Rechts-, Zensur-, Kultur-, Sozial- und allgemeinen Geschichte zwischen 1878 und 1925«. Frankfurt 1995 (Regensburger Beiträge zur Deutschen Sprach- und Literatur-Wiss. 58).

August *Angstwurm* (1839–1902) aus Landshut war seit 1879 Rechtsanwalt in München und wurde 1897 zum Justizrat ernannt.

Mößmer Franzl (1865–1909): Dr. jur., ein geborener Münchner, war seit 1893 Rechtsanwalt in seiner Vaterstadt.

S. 110 *Herzl*: Die Nürnberger Wurstküche »Zum Herz« in München, unweit vom Hofbräuhaus, wo Thoma im Frühjahr 1893 viel verkehrte.

Joseph Ritter: Ein für Thoma wichtiger Journalist der »Augsburger Abendzeitung«, der ihm den Start als Literat ermöglicht hat. Ritter war als guter Stenograph in der Lage, Reden aus dem Parlament etc. wörtlich in der Zeitung wiederzugeben. Vgl. CAJETAN FREUND, »Die München-Augsburger Abendzeitung«. Ein kurzer Abriß ihrer mehr als 300jährigen Geschichte 1609–1914. München 1914.

Hauptmann, Gerhart (1862–1946): Dichter, bedeutender Vertreter des Naturalismus in Deutschland; s. S. 157 ff.

Sudermann, Hermann (1857–1928): Dramatiker und Erzähler, verwendete vor allem Stoffe aus Ostpreußen; das Drama »Die Ehre« (1889) wurde damals allgemein abgelehnt.

Marlitt: Eugenie John (1825–1887) schrieb unter dem Pseudonym ›Marlitt‹ ebenso erfolgreiche wie triviale Romane und Erzählungen.

Fontanes »Jenny Treibel«: Theodor Fontanes (1819–1898) Roman »Frau Jenny Treibel« war 1892 erschienen.

S. 111 *»Gesellschaft«*: »Realistische Wochenschrift für Literatur, Kunst und öffentliches Leben« (1885–1902), hg. v. Michael Georg Conrad (1846–1927).

Prüfung: Am 19.12.1893 kann Thoma an Assessor Frankl (s. o. zu S. 104) schreiben: »Heute ist der Concours glücklich zu Ende gegangen.« – Thoma erreichte die Gesamtnote II 10/20 = II und erhielt unter 303 Kandidaten die Platzziffer 176 (R. LEMP, »Vom Advokaten zum Literaten«, S. 42).

S. 112 *Sarge meiner Mutter*: Thomas Mutter starb 63jährig am 2. Juni 1894 in Seebruck an Herzwassersucht.

S. 113 *Konzipientenstelle*: Stelle als Advokatskandidat, heute Referendar.
Rechtsanwalt: R. A. Pailler; dort blieb Thoma bis zum 29.11.94.
Schwabhausen: Dorf an der Straße nach Aichach, acht Kilometer nordwestlich von Dachau.
Dachau: Über den Anfang in Dachau vgl. Thomas Erzählung »Anfänge«, in: »Nachbarsleute« (1913).
Schneidermeister: Max Rauffer, Augsburger Str. 13 in Dachau.

S. 114 *Lehrer*: Vgl. Thomas Erzählung »Anfänge« (s.o. S. 13).

S. 116 *»Sammler«*: Belletristische Beilage zur Augsburger Abendzeitung. Dort erschien als erste Erzählung Thomas »Der Truderer. Aus dem bäuerlichen Leben« (6. April 1895).
Agricola: »Agricola. Bauerngeschichten. Mit Zeichnungen von Adolf Hölzel und Bruno Paul«.

S. 118 *Caprivische Handelsverträge*: Verträge, die 1891 unter Reichskanzler Leo Graf von Caprivi (1831–1899) abgeschlossen wurden und für die Landwirtschaft in Bayern nachteilig waren.

S. 119 *Frankfurter Friede*: Friedensschluß zwischen Frankreich und Deutschland am 10. Mai 1871.
In Dachau waren damals zahlreiche Maler: Zur »Neu-Dachauer Schule« (1895–1905) und den von Thoma genannten Namen vgl. WOLFGANG VENZMER, »Neu Dachau 1895–1905«; LUDWIG DILL, »Adolf Hölzel, Arthur Langhammer in der Künstlerkolonie Dachau«. Dachau 1984; LORENZ JOSEF REIMEIER, »Dachau. Ansichten und Zeugnisse aus zwölf Jahrhunderten«. 4 Teile. Dachau 1976–1986. – Einen Überblick bietet BERNHARD GAJEK in seinem Nachwort zu Ludwig Thoma, »Agricola. Bauerngeschichten. Mit Zeichnungen von Adolf Hölzel und Bruno Paul«. München 1986, S. 134–141.
Georg Flad (1853–1913): Landschaftsmaler, zur Dachauer Schule gehörend.

S. 120 Johann *Scherrs* (1817–1886) Buch, »Blücher und seine Zeit«. 3 Bde, erschien 1863; 4. Aufl. 1887 – Scherr war damals ein beliebter Kulturhistoriker.
die Russen: Die russischen Schriftsteller.
Infallibilität: Unfehlbarkeit.

S. 121 »*Die Jugend*«: Münchner illustrierte Wochenschrift für Kunst und Leben. München: G. Hirth's Kunstverlag 1896 bis 1906.
»*Simplicissimus*«: Illustrierte Wochenschrift. München 1896 bis 1944. S. Literaturverzeichnis.
Thomas Theodor Heine (1867–1948), Maler und vorzüglicher Karikaturist, beherrschend in der Redaktion des »Simplicissimus«, für den er vor allem arbeitete.

S. 122 *Eduard Graf von Keyserling* (1855–1918), Erzähler, Dramatiker, Essayist.
Universitätsfreund: Georg Goes, seit 1895 Rechtsanwalt in München, 1921 Justizrat, 1943 Ruhestand (vgl. LEMP, Vom Advokaten zum Literaten, S. 132); die Zusammenarbeit der beiden kam nicht zustande.
Ritter: s. o. zu S. 110.
Nummer 1: Die erste Nummer des »Simplicissimus« erschien 1896 bei Albert Langen in München. – Zu *Langen* zu S. 124 und S. 221 ff.; zu Thomas Arbeit für den »Simplicissimus« vgl. Lemp, Rösch.
Frank Wedekind (1870–1922): Dichter, Dramaturg, Schauspieler; s. S. 130, 271 ff.

S. 123 Thomas *Schwester* Maria starb am 15. Juni 1897 in München.
Herzl s. zu S. 110.
Rohrmüller, Josef (1857–1914): Buchhändler und Verleger in Passau; Thomas Bekanntschaft mit ihm reicht zurück in das Jahr 1893.
Bauerngeschichten: »Agricola«. Passau 1897. Vgl. das Nachwort von BERNHARD GAJEK zur Ausgabe in der Serie Piper (Nr. 487), München 1986.
Bruno Paul (1874–1968), Maler und Karikaturist, fester Mitarbeiter des »Simplicissimus«, seit 1907 in Berlin.

S. 124 *Adolf Hölzel* (1835–1934): Herausragendes Mitglied der Dachauer Malerkolonie um die Jahrhundertwende, s. oben zu S. 119.
Korfiz Holm (1972–1942) aus Riga, Verlagslektor bei Langen, Schriftsteller. Vgl. KORFIZ HOLM, »ich – kleingeschrieben. Heitere Erlebnisse eines Verlegers«. München 1932. – Ob Thoma

den Brief an Langen vom 15.11.1899 kannte, in dem Holm vor Thoma warnt, denn er sei ein Starrkopf, ein Antisemit, er sei gegen Dreyfus und »gar zu ›krachledern‹«? Vgl. zu Dreyfus zu S. 140.
Rudolf Wilke: s. zu S. 125 u. 216 ff.
Littauer: Angesehene Münchner Kunstbuchhandlung, bis zur Zerstörung im Zweiten Weltkrieg auf der Westseite des Odeonplatzes.
Conrad: s. o. zu S. 111.
Albert Langen (1869–1909): Smarter und tüchtiger Verleger, erst in Paris, seit 1895, sechsundzwanzigjährig, in München, hat u. a. Knut Hamsun in seinem Programm, Ibsen und Selma Lagerlöf, ferner Zola und Guy de Maupassant; seit 1896 erscheint in seinem Haus der »Simplicissimus«; Langen wurde Thomas Verleger und Freund . – Vgl. S. 221 ff. und ERNESTINE KOCH, »Albert Langen. Ein Verleger in München«. München 1969.
Dr. Sigl s. o. zu S. 58.

S. 125 *Café Heck*: Am Odeonsplatz Nr. 6.
Th.Th. Heine s. o. S. 121; *Bruno Paul* s. o. S. 123; *Rudolf Wilke* (1873–1908) s. S. 127–130, 189 f. und 216–220, wo Thoma dem Freund ein Denkmal setzt; *Eduard Thöny* (1866–1950); *Ferdinand Frhr. v. Reznicek* (1868–1909) s. S. 189 f.; – über diese Künstler und ihre Bedeutung für Thoma sprechen die »Erinnerungen« deutlich genug.
Angelo Jank (1868–1940), Maler von mondänen Reiterbildern und virtuoser Illustrator; *Fritz Erler* (1868–1940), ab 1896 Mitarbeiter der »Jugend«, deren erstes Titelblatt er entwirft. Er gilt neben *Leo Putz* (1869–1940), der zeitweise Mitarbeiter der »Jugend« war, als wichtigstes Mitglied der Münchner Künstlervereinigung »die Scholle«; 1936 ging Putz, weil als »entarteter Künstler« eingestuft, zurück nach Meran. – *Hermann Gröber* (1865–1935), Maler; *Reinhold Max Eichler* (1782–1947), Maler und Illustrator, Mitbegründer der »Scholle«; Walther *Georgi* (1871–1924), Mitarbeiter der »Jugend« und des »Simplicissimus«; Max *Feldbauer* (1869–1948), bis 1916 in München, u.a. Mitarbeiter der »Jugend«, 1913 Mitbegründer der »Neuen Münchner Sezession«. – Die meisten der hier genannten Maler gehörten zur Künstlervereinigung »Die Scholle«.

S. 126 Henri *Murger*: »Zigeunerleben. Scenen aus dem Pariser Literaten- und Künstlerleben. Deutsch von Robert Habs«. Leipzig 1881; DERS., »Die Bohème. Scenen aus dem Pariser Künstlerleben. Übertragung von Felix Paul Greve«. Leipzig 1906.
Holossy: Der Ungar Simon Holloschy unterhielt eine private Zeichenschule in München.
Georg *Hirth* (1841–1916), bedeutende Verlegerpersönlichkeit in München, 1900 Mitbegründer des Goethe-Bundes (s. S. 144, 256f.), auch S. 121, 151f. – Thoma stand dem Goethe-Bund, in dem er das Übel der bloßen Vereinsmeierei sah, reserviert gegenüber.

S. 127 *Radtour* in Frankreich und Tunesien im April und Mai 1904.

S. 128 *Jung-München*: Analoge Bildung zu Jung Deutschland, Anspielung auf die Schwabinger Literaturszene, die Thoma affektiert und übersteigert fand.
Torggelstube: Weinwirtschaft am Platzl, wo sich Münchner Literaten trafen. Vgl. »Torggelstube«, S. 253–255.
Die Unsterblichen: Ironisch für die modernen Dichter und Schreiber in der Stadt, für den Georgekreis, für die Kosmiker, aber auch für Schriftsteller wie Wedekind (vgl. »Die Torggelstube«, S. 253ff.); bezeichnend, daß man das Café Stefanie, wo sich viele dieser Literaten trafen, ironisch auch »Café Größenwahn« nannte.

S. 129 *Platons* »*Laches*«: Werk des griechischen Philosophen (427–347 v. Chr.) über die Tapferkeit.
»*Also sprach Zarathustra*« von Friedrich Nietzsche, 1883–1885 erschienen.

S. 130 *Medisance*: Schmähsucht.
Schwabing: Münchner Stadtteil; zur Zeit um 1900 vgl. H. und K. PÖRNBACHER, »Vom Ende des 19. Jhs. bis zum Ausbruch des Ersten Weltkriegs«, in: MAX SPINDLER (Hg), Handbuch der bayerischen Geschichte IV. München 1974, S. 1118–1129 (dort weitere Literatur); WALTER SCHMITZ (Hg), »Die Münchner Moderne. Die literarische Szene in der ›Kunststadt‹ um die Jahrhundertwende«. Stuttgart 1990; DIRK HEISSERER, »Wo die Geister wandern. Eine Topographie der Schwabinger Bohème um 1900«. München 1993.

Frank Wedekind: s. o. zu S. 122; es handelt sich um das Gedicht »Im Heiligen Land«. – Zur »Legende« vgl. den folgenden Abschnitt und S. 271–274.

Korfiz Holm: s. S. 124.

S. 132 *Rosenthal*: Dr. Friedrich Rosenthal (1845–1906) aus Uffenheim, erst als Kaufmann tätig, dann Jurastudium und Promotion (1871 in Erlangen). Seit 1879 Rechtanwalt in München, 1897 Justizrat.

S. 133 Zu Thoma und Kaiser Wilhelm II. vgl. die Besprechung »Die Reden Kaiser Wilhelm II. Ein Beitrag zur Geschichte unserer Zeit«, die Thoma während seiner Haftzeit in Stadelheim (Nov. 1906) geschrieben hat. Sie ist 1907 in den »Süddeutschen Monatsheften« I, S. 48–60 erschienen. Vgl. auch »Der Kaiser«, ebda II (1908), S. 249–253.

S. 135 *Witwen*: Das Lustspiel beendet Thoma im Dez. 1899; die Münchner Bühnen lehnten eine Aufführung ab; Erstaufführung am 5. August 1958 in der Bearbeitung von Georg Lohmeier am Münchner Residenztheater. – Eine Buchausgabe erschien nach anfänglichem Sträuben des Verlegers 1901 bei Langen in München.

S. 136 *Rechtskonzipient*: s. o. zu S. 113.

Der Käufer der Praxis am Promenadeplatz 17/I war Rechtsanwalt Emil Göring, der dafür 8000 Mark zahlte; Tag der Übergabe war der 15.9.1899. – Im August hatte Thoma von Langen ein Angebot erhalten, als ständiger Redakteur am »Simplicissimus« zu arbeiten. Im März des folgenden Jahres wird Thoma zusammen mit Dr. Reinhold Geheeb (1872–1939) Redakteur der Zeitschrift. – Thomas Pseudonym ist »Peter Schlemihl«, die Titelgestalt einer Erzählung von Adalbert von Chamisso (1814), die ihren Schatten verloren hat.

Allershausen: Dorf ca. 30 Kilometer nördlich von München, 12 Kilometer westlich von Freising.

Bauernhochzeit: Im April 1901 hat Thoma die Geschichte »Hochzeit« beendet, 1902 ist das Buch bei Langen mit Zeichnungen von Bruno Paul erschienen.

Das Lustspiel »*Die Medaille*« wurde am 24. August 1901 im kgl. Residenztheater in München uraufgeführt und ist im gleichen Jahr bei Langen erschienen.

S. 137 *Langen*: Durch Vermittlung seines Schwiegervaters Björnstjerne Björnson und des sächsischen Geheimen Hofrats Dr. Mehnert wurde die Niederschlagung der Anklage gegen Langen wegen Majestätsbeleidigung gegen die Zahlung von 20000 Mark verfügt (Lemp S. 21) – verschiedentlich ist in der Literatur von 30000 Mark die Rede.
Reinhold Geheeb: s. zu S. 136.

S. 138 *Wilhelm Schulz* (1865–1952): Er arbeitete als Maler und Zeichner für den »Simplicissimus« von der ersten bis zur letzten Nummer.
Joseph Benedikt Engl (1867–1907): Zeichner, der einzige Altbayer unter den »Simpl«-Künstlern; sein Gegenstand: »Münchner Humor«, wie der Titel eines Engl-Albums bei Langen heißt. Vgl. BENNO HUBENSTEINER »Der Zeichner J. B. Engl« in: Biographenwege. München 1984, S. 203–217.
Otto Julius Bierbaum (1865–1910): Schriftsteller und Bibliophile, Mitbegründer des »Pan« und der »Insel«; zählte zur literarischen Bohème von München-Schwabing.
Otto Falkenberg (1873–1947): Mitglied des Kabaretts »Die elf Scharfrichter«, später Regisseur an den Kammerspielen in München.
Hans von *Gumppenberg* (1866–1928): Theaterkritiker der »Münchner Neuesten Nachrichten«, Mitglied des Kabaretts »Die elf Scharfrichter, wo er u.a. seine Parodien («Das teutsche Dichterross in allen Gangarten vorgeritten», München 1901) vorgetragen hat.
Leo *Greiner* (1876–1928): Redakteur, Mitglied des Kabaretts »Die elf Scharfrichter« – Vgl. dazu LUDWIG HOLLWECK, »Von Wahnmoching bis zur Traumstadt«. München 1969, S. 96–102, und H. GREUL, »Bretter, die die Zeit bedeuten«. 1. München 1971, S. 122–144.
Arthur *Holitscher* (1869–1941): Vielgereister Journalist aus Ungarn, ein glänzender Schreiber, Erzähler und Dramatiker; als Anhänger des Kommunismus fand er Exil in der Schweiz; 1924 erschien von ihm in Berlin: »Lebensgeschichte eines Rebellen. Meine Erinnerungen«. Langen hatte ihn als Mitarbeiter für den »Simplicissimus« gewonnen.
Thomas Mann (1875–1955): Der Schriftsteller wurde von Kor-

fiz Holm als Redakteur für den »Simplicissimus« geworben und kam so kurze Zeit mit diesem Kreis in Berührung. Bezeichnend ist Ludwig Thomas Urteil im Brief vom 10. Jan. 1902 an Langen: »Trachten Sie mit allen Mitteln, den Thomas Mann zu kriegen. Das ist doch ein Kerl. Das Schundzeug, das hier wächst, taugt nichts.« (Pöllinger I, S. 324)

Max *Halbe* (1865–1944): Er lebte seit 1895 in München; sein Schauspiel »Jugend« machte ihn berühmt; neben Ruederer *die* Autorität im Münchner Literaturbetrieb (Schmitz); s. S. 144.

Josef *Ruederer* (1861–1915): Er fand literarische Anregungen zunächst in Berlin, erste Erfolge in München durch den Roman »Ein Verrückter« (1895) und die Komödie »Die Fahnenweihe« (1898); der autobiographische Roman »Das Erwachen« (1916) blieb Fragment. Thoma schildert sein kritisch distanziertes Verhältnis zu Ruederer in »Leute, die ich kannte« (S. 261–264); die »Distanz« war durchaus gegenseitig. Zu Ruederer vgl. auch HANS DOLLINGER, Hg., »Josef Ruederer 1861–1915«. Zum Erscheinen einer neuen Werkausgabe, hg. von HANS-REINHARD MÜLLER. München (1987) und CLAUDIA MÜLLER-STRATMANN, Joseph Ruederer (1861–1915). Frankfurt 1994.

Otto Erich Hartleben (1864–1905): Lebte ab 1880 als freier Schriftsteller in Berlin, seit 1901 meist in München und am Gardasee; Parodist, Lyriker und Erzähler; s. S. 265–268.

Björnsterne Björnson (1832–1910): Er war neben Ibsen der bedeutendste norwegische Dichter, 1903 Nobelpreisträger für Literatur, lebte im norwegischen Aulestad (der Ort ist verschiedentlich bei Thoma erwähnt), in Rom und in Paris, Schwiegervater von Albert Langen.

S. 139 »*Über unsere Kraft*« (1883/85), damals ein hochgerühmtes Schauspiel Björnsons.

Giacomo Boni († 1925): Angesehener italienischer Archäologe, leitete seit 1900 die Ausgrabungen auf dem Forum und dem Palatin in Rom. Er liegt in den Farnesischen Gärten begraben.

S. 140 *Theodor Mommsen* (1817–1903): Altertumsforscher und hervorragender Kenner des antiken Rom.

Via Gregoriana: Hochgelegene Straße über der Piazza di Spagna mit freiem Blick über die Stadt; dort auch die »Bibliotheca Hertziana«.

Arne, wie der Enkel, heißt ein Roman Björnsons von 1858.
Alfred Dreyfus: Der Artilleriehauptmann Alfred Dreyfus (1859–1935) wurde nach einem zweifelhaften Prozeß 1894 wegen Verrats militärischer Geheimnisse zu lebenslänglicher Deportation verurteilt. 1897 strengten seine Freunde, darunter der von Thoma (S. 165) genannte Oberst Georges *Picquart* (1854–1914), Kriegsminister von 1906–1909, eine Revision an, die 1906 schließlich zur Begnadigung führte. Die Affäre hatte innenpolitische Turbulenzen zur Folge. Am 7.9.1995 hat die französische Armee Dreyfus für unschuldig erklärt. – Vgl. S. 222f.

S. 141 *Sittlichkeitsapostel*: Gegen Thomas Gedicht »An die Sittlichkeitsprediger in Köln am Rheine« (im »Simpl.« IX, Nr. 31) stellt der evangelische Ober-Kirchenrat in Berlin Strafanzeige. Im März 1905 wurde in Stuttgart, weil Druckort, Anklage erhoben; im Juni wird Thoma zu einer Gefängnisstrafe von sechs Wochen verurteilt, die er im Oktober und November in Stadelheim bei München absitzt. – THOMA, »Stadelheimer Tagebuch«. München 1923; und Gritschneder, »Angeklagter Ludwig Thoma«, S. 144ff.

S. 143 *Sittlichkeitsvereine*: s. o. Sittlichkeitsapostel zu S. 141.

S. 144 *Difficile…*: Es war nicht schwierig, eine Satire zu schreiben, ein Zitat aus Juvenal 1,30. Vgl. Thomas Erfolgsstück »Moral. Komödie in 3 Akten«. München, Langen 1909.
Der *Goethe-Bund* zum Schutz freier Kunst und Wissenschaft gegen die Lex Heinze wurde im März 1900 gegründet. In »Leute, die ich kannte«, S. 256f., äußert sich Thoma kritisch über diese Vereinsmeierei. – Zu *Halbe* vgl. zu S. 138.

S. 145 *Kaffeehausliteraten*: Gemeint sind wohl Autoren wie Landauer, Mühsam, Toller, denen durch die Revolution 1918 für kurze Zeit Regierungsverantwortung zufiel.

S. 146 *Pfarrherr von Allershausen*: Pfarrer war von 1885 bis zu seinem Tod Dominikus Käser (1843–1920) aus Rummersham.

S. 147 *Heimkehr meines älteren Bruders*: Max Thoma s. S. 79.

S. 151 *»Die Lokalbahn«*: Komödie in 3 Akten. erschien 1902 bei Langen in München. – Der Stoff dazu stammte noch aus Thomas Dachauer Zeit: Es handelt sich um die Bahn nach Altomünster. Die Uraufführung war am 19.10.1902 im Kgl. Residenztheater, München.

Georg Hirth: s. o. zu S. 126.
Ernst Keil gründete 1853 die Zeitschrift »Gartenlaube«; s. zu S. 25.

S. 152 *Zeitung*: Die Münchner Neuesten Nachrichten (seit 1875).

S. 154 *Heinrich Treitschke* (1834–1896): Politiker, Historiker und Schriftsteller; sein Hauptwerk: »Deutsche Geschichte im 19. Jh.«. 5 Bde, 1894–97, erfuhr mehrere Auflagen.
Ludwig Häußer (1818–1867): Schüler Schlossers (s. zu S. 49), Historiker mit national-preußischem Standpunkt; Hauptwerk: »Deutsche Geschichte vom Tod Friedrich des Großen bis zur Gründung des deutschen Bundes«. 4 Bde, 1854–57.
Bernhard Kugler (1837–1898): Sohn des Kunsthistorikers Franz Kugler († 1858); Hauptwerk: »Die Hohenzollern und das deutsche Vaterland«, 1881/83.
Wilhelm Oncken (1838–1905): Historiker, Verfasser der gut geschriebenen »Geschichte Friedrich II.« 2 Bde, 1881 f.
Johann Wilhelm Archenholtz (1743–1812): Er war bekannt für seine große Begeisterung für Friedrich II. (»Geschichte des siebenjährigen Krieges«).
Friederizianer: Zu Thomas früh festgelegter politischen Einstellung s. o. S. 49.
nach 1890: Nach Bismarcks Entlassung.

S. 155 *Ernst Freiherr von Wolzogen* (1855–1934): Schriftsteller, eröffnete er im Januar 1901 am Alexanderplatz sein »Buntes Theater« mit dem Namen »Überbrettl«; zur Eröffnung steuerte Thoma das Couplet »Zur Dichtkunst abkommandiert« bei (Lemp S. 78); vgl. *Überbrettl* S. 269–270.
Carl Rößler (1864–1948): Dramatiker und Schauspieler, lebte lange Jahre in München und Berlin, bis er 1933 erst nach Wien, dann nach England (Kreis um F. X. Aenderl) emigrierte. Die Komödie »Die fünf Frankfurter« (1912) gehört zu seinen großen Erfolgen.

S. 156 *Berlin W*: West Berlin, der kulturell führende Teil der Stadt.
Detlev von Liliencron (1844–1909): Beamter, vielseitiger Schriftsteller, als Lyriker wichtig für die Moderne; Geldnot zwang ihn zu Dichterlesungen, obwohl Wilhelm II. ihm einen Ehrensold aussetzte.

Haben Sie nicht den kleinen Cohn geseh'n?: Vermutlich Berliner Schlager, über den nichts Näheres in Erfahrung zu bringen war.

S. 157 *Glasbrenner*: Adolf Glaßbrenner (1810–1876), Schriftsteller und Journalist, dessen »Bilder aus dem Berliner Alltagsleben« besonders gerühmt werden.

Tunnelzeit: Der schon 1827 gegündete Kreis Berliner Dichter und Literaturfreunde »Tunnel über der Spree« existierte bis 1897. Zu seinen Mitgliedern gehörten u. a. Felix Dahn, Theodor Fontane, Emmanuel Geibel, Paul Heyse und Theodor Storm.

Elias: Julius Elias (1861–1927): Literatur- und Kunstkritiker.

Der rote Hahn: Tragikomödie in 4 Akten von Gerhard Hauptmann. Premiere im Deutschen Theater. Berlin, am 27.11.1901.

Biberpelz: Eine Diebskomödie, 1893, gehört zu den beliebtesten Stücken Hauptmanns.

S. 158 *Otto Brahm* (1856–1912): Regisseur, leitete 1894–1904 das Deutsche Theater und dann das Lessingtheater in Berlin; setzte sich sehr für G. Hauptmann (s. o. zu S. 110) ein.

Sudermann: s. zu S. 110.

Alt-Heidelberg: Mit diesem Schauspiel (1903) nach seinem Roman »Karl Heinrich« (Berlin 1899) erzielte Wilhelm Meyer-Förster (1862–1934) einen »sensationellen Dauererfolg« (W. Weismantel). Vgl. den Film von Ernst Lubitsch »The Student Prince. Alt-Heidelberg« (1927).

S. 159 *Markartbukett:* Blumenstück von Hans Makart (1840–1884), einflußreicher Wiener Modemaler des späten 19. Jhs.

Paul Lindau (1839–1919): Journalist, Epiker und Dramaturg.

Oskar Blumenthal (1852–1917): Kritiker, Redakteur und Philologe; schrieb selbst Lustspiele und Erzählungen.

Julius *Stettenheim* (1831–1916): Humoristischer Schriftsteller, Gründer der Zeitschrift »Die Wespen«, ab 1868 »Berliner Wespen«; das von ihm hg. »Wippchen« war eine Beilage zum »Kleinen Journal« in Berlin.

Koätan: Altersgenosse.

Ludwig *Pietsch* (1824–1911): Illustrator und Lithograph, Kunstkritiker und Feuilletonredakteur der »Vossischen Zeitung.«

S. 160 *Sezession*: Kunstbewegung in Berlin; radikal moderne

Künstler, die sich von älteren Stilrichtungen absondern; ähnliche Bewegungen in München und Wien.

S. 162 *Georg von Vollmar* (1850–1922): Er arbeitete seit den siebziger Jahren für die sozialdemokratische Presse, seit 1890 vor allem in Bayern; dort auch Vorsitzender der Partei.

S. 164 *Rodin*: Auguste Rodin (1840–1917): Bedeutender französischer Bildhauer.
Carrière: Eugène Carrière (1849–1906), Lithograph und Maler.
Besnard: Charles Albert Besnard (1849–1934), französischer Maler.
Steinlen: Théophile Alexander Steinlen (1859–1923), ursprünglich Schweizer, dann in Frankreich naturalisiert; Maler, Graphiker, Illustrator für den »Simplicissimus«.
Thaulow: Frits Thaulow (1847–1906), norwegischer Maler, Graphiker und Schriftsteller.
Picquart: Französischer Oberst, s. zu S. 140.

S. 165 *Methuen*: Paul Sanford Methuen (1845–1932), englischer General, wurde am 1. Dez. 1899 von den Buren in Südafrika besiegt.
Dreyfus-Prozeß: siehe zu S. 140.
Paul Clémenceau: Bruder von Georges Clémenceau (1841 bis 1929), genannt »Tiger«, französischer Staatsmann, Ministerpräsident von 1906 bis 1909 und wiederum ab Nov. 1917.
Kröyer: Peter Severin Kröyer (1851–1909), dänischer impressionistischer Maler.

S. 166 *Rue de la Pompe:* Adresse Langens in Paris.
Bois de Boulogne: Großer, waldähnlicher Park im Westen von Paris.

S. 167 *Schlenther*: Paul Schlenther (1854–1916), Publizist, Kunst- und Theaterkritiker in Berlin, 1898–1910 Direktor des Burgtheaters in Wien.

S. 168 *Karl Schönherr*: (1867–1943) Arzt, seit 1900 erfolgreicher Vertreter des Tiroler Volksstücks.
Engelbert Pernerstorfer: (1850–1918) Lehrer, Literaturkritiker und sozialdemokratischer Politiker; vgl. S. 258–260.
Paul Busson: (1873–1924) Offizier, dann Schriftleiter am »Neuen Wiener Tagblatt«.
Karl Kraus (1874–1936): Journalist, Gründer und Hg. der

»Fackel«, vielseitiger Literat, Dramatiker und Satiriker, Förderer zeitgenössischer Dichter, große Gestalt des literarischen Österreich.
Peter Altenberg (1859–1919): Verfasser von skurrilen Plaudereien und literarischer Skizzen.
Baböll: auch Pahöl, großer Lärm, Durcheinander und Streit (vgl. ungarisch páholni: prügeln und jiddisch palhe: Lärm).
David: Jakob Julius David (1859–1906), Journalist, schreibt Dramen und Erzählungen, vor allem über seine mährische Heimat, sowie Gedichte.
Benediktiner: In »Leute, die ich kannte« S. 260 nennt Thoma den Familiennamen, Müller. Eine Rückfrage bei der Universität Wien brachte keine näheren Aufschlüsse über diesen Ordensmann.
S. 169 *Pötzl*: Eduard Pötzl (1851–1914), erst Eisenbahnbeamter, dann Journalist, Verfasser vorzüglicher Feuilletons.
Chiavacci: Vinzenz Chiavacci (1847–1916), bis 1886 Bahnbeamter, dann Journalist; gründet die »Wiener Bilder«, schreibt Wiener Genrebilder und bemüht sich um das Altwiener Volksstück (Nestroy etc.); befreundet mit Ganghofer (s. zu S. 11 u. S. 173).
Girardi: Alexander Girardi (1850–1918), bedeutender Charakterkomiker, seit 1871 in Wien.
Baumeister: Bernhard Baumeister (1828–1917), seit 1852 an der Burg, Darsteller komischer Rollen
Sonnenthal: Adolf Ritter von Sonnenthal (1834–1905), Schauspieler, stellvertretender Direktor der Burg in Wien.
von Berger: Alfred (1853–1912), 1887 Sekretär am Burgtheater, 1894 Prof. der Ästhetik, 1899 Leiter des Hamburger Schauspielhauses, 1912 Burgtheaterdirektor; feingebildeter Dramaturg, Kritiker, Erzähler, Dramatiker und Lyriker.
den falschen Waldemar: Angeblicher (falscher) Markgraf von Brandenburg (1348–1355).
Wien als »Hauptstadt« – Kann das ein Bismarck-Verehrer wirklich meinen?
S. 170 *Hackländer*: Gemeint ist der Unterhaltungs- und Reiseschriftsteller Friedrich Wilhelm Hackländer (1816–1877); vor allem seine Zeitschrift »Über Land und Meer«, s. zu S. 23 u. 82.
Nestroyzeit: Der Wiener Lustspiel- und Possendichter lebte von 1801–1862; seine Art wirkte in Wien noch Jahrzehnte weiter.

S. 171 *Friedrich Haußmann* (1857–1907): Rechtsanwalt in Stuttgart; zu den Brüdern Haußmann vgl. in »Leute, die ich kannte«: Schwäbische Eindrücke, S. 281 ff. und LB (Register).
Conrad Haußmann (1857–1922): Rechtsanwalt in Stuttgart, Abgeordneter der Demokratischen Partei; C. Haußmann hielt bei der Beerdigung Thomas einen Nachruf am Grab, aus dem Lemp zitiert.
Friedrich von Payer (1847–1931): Politiker, Abgeordneter der Demokratischen Partei, bis 1912 Präsident der 2. Württembergischen Kammer.
Liesching: S. zu S. 283.
S. 172 *Sittlichkeitsprediger* s. zu S. 141.
Ludwig Ganghofer s. zu S. 11.
S. 173 *Ludwig Pfau* (1821–1894): Gründer der ersten politischen karikaturistischen Zeitschrift »Eulenspiegel«; von 1848 bis 1865 im Exil.
»*Moral*« s. o. zu S. 141 *Sittlichkeitsapostel*.
»*Andreas Vöst. Bauernroman*«. München: Langen 1906.
»*Der Heilige Hias.* Merkwürdige Schicksale des hochwürdigen Herrn Mathias Fottner von Ainhofen, Studiosi, Soldaten und späterhin Pfarrherrn von Rappertswyl. Gezeichnet von Ignatius Taschner«. München: Langen 1904.
Erlebnisse eines Lausbuben: »Lausbubengeschichten. Aus meiner Jugendzeit«. München: Langen 1905. – Die Umschlagzeichnung lieferte Th. Th. Heine.
Jagdhaus Hubertus: Ganghofer hatte 1896 im Gaistal in Tirol und in angrenzenden Gebieten (Ehrwald, Biberwier, Leutasch) eine Jagd von 20000 Hektar und baute dort die großzügige Bleibe, das »Haus Hubertus«, das u. a. auch Chiavacci (s. zu S. 169) in den schönsten Farben schildert. Vgl. Ludwig Ganghofers Jagdbuch. »Von Wald und Wild, von Jägern und Wilderern«. Hg. v. ANDREAS ABERLE u. JÖRG WEDEKIND. Rosenheim 1978.
S. 174 *Hotelpepinière*: Hotels, angelegt wie Baumschulen.
S. 175 *Alfred Holzbock* (1857–1927): Journalist, schrieb Feuilletons für den »Berliner Lokalanzeiger«.
S. 176 *hyperboräisch*: im kalten Norden gelegen.
S. 177 *Fra Diavolo*: der Teufel.
Toscana: Italienische Zigarrenart, in Deutschland nicht erhältlich.

Fiaschi: Flaschen.

S. 178 Palazzo Antinori: Prächtiger Palast in Florenz in der Nähe der Kirche Santa Maria Maggiore.
Mussinan: Ludwig von Mussinan (1826–1908), bayerischer General.
San Miniato: Romanische Basilika und Benediktinerabtei oberhalb der Stadt Florenz.
deutschen Reisenden: Dazu Thomas »Käsebiers Italienreise« in: Das Aquarium und anderes. München: Langen 1916.

S. 179 *Girolamo Savonarola*: Dominikanermönch in Florenz, der wegen seiner radikalen Reformen 1498 hingerichtet wurde.
jams: Marmeladen.

S. 180 *Victor Hehn* (1813–1890): Sprachforscher, Essayist und Kulturhistoriker; vgl. sein Buch »Italien«, 1864.
Karl Voll († 1917): Kunsthistoriker in München; vgl. das Porträt von Max Slevogt in der Neuen Pinakothek, München.

S. 181 *Giorgio Vasari* (1511–1547): Verfasser des berühmten Werkes »Vite de'più eccellenti pittori, scultori ed architetti« (1550), das 1849 auch in deutscher Übersetzung erschienen war.
Gottfried Kellers Bildhauer: Gemeint ist wahrscheinlich der Maler Römer aus dem »Grünen Heinrich« (Bd III, Kap. 2), der fünfzehn Jahre in Italien gelebt hatte und durch diese Zeit geprägt war.
*dolcefarniente*r: Mehr dem süßen Nichtstun verfallen sein.

S. 182 *Carlo Böcklin* (1870–1934): Maler, Sohn des berühmten Arnold Böcklin (1827–1901), lebte in Florenz.
Peter Bruckmann (1850–1925): Bildhauer, Schüler Wilhelm von Kaulbachs, war verheiratet mit Carlo Böcklins Schwester Clara.
Guiseppe Garibaldi (1807–1882): Italienischer Nationalheld.
Zur Flucht und Heimkehr Langens vgl. o. zu S. 137.

S. 183 *Gesellschaft*: Im Februar 1906 ging der »Simplicissimus« auf Drängen der Mitarbeiter aus dem Alleinbesitz Langens in eine GmbH über; Thoma wird Gesellschafter mit einer Stammeinlage von 2100 Mark. (LEMP, S. 23).
Konzern: Hier wirtschaftlicher Zusammenschluß der Mitarbeiter.
Wedekind: Gemeint ist die Literaturkomödie »Oaha« (1908).
Olaf Gulbransson (1873–1958): Norwegischer Maler und

Zeichner, »das humoristische Genie« (Thomas Mann); 1902 (oder erst, wie Thoma schreibt, im Januar 1903?) kam er aus Berlin nach München und wurde Mitarbeiter des »Simplicissimus«. Er stand Thoma nahe, wohnte schließlich, wie er, am Tegernsee, illustrierte mehrere Bücher Thomas und hat den Dichter verschiedentlich porträtiert. – Vgl. KORFIZ HOLM, »Ludwig Thoma und Olaf Gulbransson – wie ich sie erlebte«. München 1953. – Olaf Gulbransson, »Es war einmal«, 1934.

S. 184 *Ignatius Taschner* (1871–1913): Graphiker und Bildhauer, der den Plan für Thomas Haus auf der Tuften über dem Tegernsee machte. Thoma nennt ihn seinen besten Freund. In »Leute, die ich kannte« schrieb Thoma ein Lebensbild des Freundes, s. S. 228–252. Vgl. auch »Ludwig Thoma – Ignatius Taschner. Eine bayerische Freundschaft in Briefen«. Hg. und kommentiert von RICHARD LEMP. München 1971; – WILHELM LIEBHART, »Ludwig Thoma, Ignatius Taschner und Altomünster«. In: Amperland 29 (1993), S. 113–117.

August Heer (1867–1922): Bildhauer aus Basel.

S. 185 *Kellers*: Gottfried Kellers Novelle »Die drei gerechten Kammacher« erschien 1856 in der Sammlung »Die Leute von Seldwyla«.

fränkische Meister: Die spätmittelalterlichen Bildhauer aus Nürnberg (Peter Vischer, Adam Krafft, Veit Stoß) und Würzburg (Tilman Riemenschneider).

Mitterndorf: Dorf unweit von Dachau, wo sich Taschner ein Haus gebaut hatte.

als er starb: Taschner starb am 25. Nov. 1913. – Thoma setzte ihm ein Denkmal in »Leute, die ich kannte« (S. 228–252) und gab, ebenfalls bei Langen (1921), zusammen mit Alexander Heilmeyer ein Buch über Taschner heraus.

S. 186 *Hauptstadt der Kritik*: Berlin.

Zentrumsherrschaft: Seit 1887 ›Bayerische Zentrumspartei‹ genannt, die aus der Patriotenpartei (seit 1868), einer christlich-demokratischen Bewegung, hervorgegangen ist und bis 1918 stärkste Fraktion in der Zweiten Kammer Bayerns war. Thoma war nicht nur die christliche Ausrichtung der Partei ein Ärgernis, sondern auch deren Ablehnung der preußischen Hegemonie in Deutschland.

Abraham a Santa Clara (1644–1709): Augustinerbarfüßermönch, ein Sprachgenie von überschäumendem Einfallsreichtum. Lange war er fast der einzige, noch bekannte Barockprediger; das gilt jedenfalls für die Zeit Thomas. Schiller nahm sich Abraham a Santa Clara als Vorbild für die Kapuzinerpredigt in »Wallensteins Lager«.
Predigt gegen die Dunkelmänner: Über die sittliche Erziehung. Eine Fastenpredigt von Abraham a Santa Clara. In: »Simplicissimus« 1903, Nr. 42. Spezialnummer »Das Zentrum«, S. 330f.
Max Graf Feilitzsch (1834–1913): Innenminister und Ministerpräsident in Bayern.
der Hieb: »Das große Malöhr im Juni 1903, wahrheitsgetreu berichtet von Ludwig Thoma mit Illustrationen von Th. Th. Heine«. Flugblatt des »Simplicissimus« 1903.

S. 187 *Beleidigung*: s. S. 172 und 188.
Magdeburg: Das Gedicht »An die Sittlichkeitskonferenz zu Magdeburg« erschien im Jahrgang X des »Simplicissimus«, Nr. 27 – auch erschienen in »Peter Schlemihl. Gedichte.« München: Langen 1906.

S. 188 *Forel*: August Forel (1848–1931), seit 1879 Professor der Psychiatrie in Zürich, bemühte sich u. a. auch um eine Reform des Strafrechts. Vgl. H. BUESS, »Schweizer Ärzte als Forscher, Entdecker und Erfinder«. Basel 1945 (mit Literatur).
Hirth und *Ganghofer*: s. zu S. 126 und zu S. 11.
Ära Lutz: s. zu S. 53.
»*Andreas Vöst*: Bauernroman, s. o. zu S. 173. Über die Hintergründe des Romans vgl. LEMP, S. 94f. und ausführlich BERNHARD GAJEK im Nachwort zu seiner Ausgabe in der Serie Piper Bd 806; Quelle war für Thoma die »Chronik von Weichs« (ein Ort 15 km nördlich von Dachau) des Lehrers Johannes Holdenried.
Der Bayrische Kurier: Alte Münchner Zeitung, seit 1856, die vor allem katholische Interessen vertrat und zeitweise Sprachrohr der Bayerischen Volkspartei war. Am 9. 3. 1933 wurden die Verlags- und Redaktionsräume von SA-Trupps zerstört.
Briefe: »Briefwexel eines bayerischen Landtagsabgeordneten [= Jozef Filser]«. Mit zwanzig Zeichnungen von Eduard Thöny. München: Langen 1909; »Jozef Filsers Briefwexel. Mit fünfzehn

Zeichnungen von Eduard Thöny«. München: Langen 1912. – Die »Briefe« waren bereits vorher im »Simplicissimus« erschienen.

S. 193 *mein Tegernseer Haus*: das von seinem Freund Ignaz Taschner entworfene Haus »auf der Tuften« bezog Thoma im Frühjahr 1908.

S. 197 *Herzl*: s. zu S. 110.
Karl Haider (1846–1912): zu S. 13. – Vgl. »Die Münchner Schule 1850–1914«. Katalog München 1979, S. 220–224.
Albert Langen: s. S. 221–227.
Heimatlied ... mein Altbayern: Wie in den »Erinnerungen« spielt auch hier der Heimatgedanke eine wichtige Rolle. Die Heimat tut Thoma wohl, er braucht sie. Vgl. auch im Porträt von Taschner S. 238f. – Bei aller Liebe zu Altbayern, ist er nicht blind für die Schwächen des Landes. Man vgl. den Beitrag »Schwäbische Eindrücke«. Ganz anders der Heimatbegriff der fast gleichaltrigen Annette Kolb (1870–1967); hier wäre ein Vergleich aufschlußreich.

S. 198 *Strasser am Radlsteg*: Weinwirtschaft in der Nähe des Viktualienmarkts.

S. 199 *»März«*: Zur Zeitschrift »März«. Halbmonatsschrift für deutsche Kultur [ab Jg V: Eine Wochenschrift], die, 1906 gegründet, von 1907 bis 1912 erst im Verlag Langens, dann ab Jg. VI im März Verlag erschien und von Thoma, Hermann Hesse, Albert Langen und Kurt Aram, ab Jg IV/II von Thoma und Hesse, herausgegeben wurde, vgl. HELGA ABRET, »Versuch einer Politisierung des Geistigen: Die kulturpolitische Zeitschrift ›März‹.« In: Revue d'Allemagne 12 (1980) und RÖSCH. Im Brief an Conrad Haußmann vom 6.5.1906 schreibt Thoma: »Wir haben keine kleinen Ziele und Absichten. Wir wollen in Politik, Literatur, Kunst und Wissenschaft alles sammeln, was in Süddeutschland etwas weiß und kann ... Süddeutschland – nicht so wie man es in Berlin abgrenzt, sondern die alten süddeutschen Kulturländer, also Österreich und Schweiz auch ohne Bülows Genehmigung wieder in Deutschland ... Tendenz: nur Positives bringen, und freiheitlich sein. Politisch keiner Partei dienen, aber ungefähr die Stimmung der guten 48er halten ... Keine Polemik mit dem Neuberlinertum, keine Phrasen, aber so viel Gutes bringen, daß die germanisierten Wenden ihre Superklugheit hinunterfressen müssen. In der Literatur können wir ohne atemlose Hetze den Wettlauf spielend gewinnen... Wir brauchen aber auch anderes. Gute politische Artikel, die belehren; braves Deutsch, ohne jede Spur von Journalismus, also Tatsachen, Zahlen, Beweise und tiefgründige Gedanken...« LB, S. 187.

S. 200 *Leibl:* Wilhelm Leibl (1844–1900), in Köln geboren, kam nach einer Schlosserlehre 1864 an die Münchner Akademie und wurde zum Hauptvertreter der Münchner Malerei des 19. Jahrhunderts.
Hans Thoma (1839–1924): Er war im letzten Jahrzehnt des 19. Jhs. ein Lieblingsmaler seiner Zeit.
Grüner Heinrich: Roman von Gottfried Keller.
Trübner: Wilhelm Trübner (1851–1917), 1869 an der Münchner Akademie, 1870 Schüler von Wilhelm von Diez (s. zu S. 208), Angehöriger des Leibl-Kreises, längere Zeit Aufenthalt am Chiemsee, 1875–84 in München, 1903–17 Professor in Karlsruhe.

S. 201 *Greaspecht*: Grünspecht, Grünschnabel.
Haferltarock: Das Geld zum Spiel war in einem »Haferl«, in einer Schale.
geistliche Rat: Dominikus Maier, geb. 1834 in Ottmarshart.

S. 202 *aufhören mußte:* Ab Mitternacht galt das Nüchternheitsgebot für den Kommunionempfang am folgenden Morgen.
Strasser: s. o. zu S. 198.

S. 203 *Gulbransson*: s. zu S. 183.

S. 204 *Steub, Friedrich* (1844–1903): Bedeutender Zeichner, Mitarbeiter der »Fliegenden Blätter«, s. S. 13 u. 72.
Steub, Ludwig (1812–1888), Verfasser von Satiren und Reisebeschreibungen aus Bayern und Tirol.
Oberländer: s. zu S. 11.

S. 205 *Georg Queri* (1879–1919): Journalist, Volkskundler, Mundartdichter; s. S. 279–280.

S. 206 *Schlittgen:* Hermann Schlittgen (1859–1930), Maler, Radierer und Karikaturist, Mitarbeiter der »Fliegenden Blätter«.
Burenalbum: Der Burenkrieg. Mit kurzen Biographien der hervorragendsten Heerführer nach Mitteilung von W. Leyd. Hg. von

Dr. Ludwig Thoma unter Mitwirkung der Künstler Franz von Defregger, Th. Th. Heine, Wilhelm Leibl u. a. München, Langen 1900. (32 S.) – Thomas Texte in diesem Album gehören nicht zum »Feinsten«. Vgl. S. 347 Rösch, S. 198 ff.; Pöllinger I, S. 19 ff.

S. 208 Zu *Wilhelm von Diez* (1837–1907) vgl. u. a. HORST LUDWIG, »Piloty, Diez und Lindenschmit – Münchner Akademielehrer der Gründerzeit«. In: Die Münchner Schule (1850–1914). Katalog München 1979, bes. S. 68–71 und S. 181 f. – Da Diez aus Bayreuth stammt, verwundert die altbayerische Mundart, mit der ihn Thoma reden läßt.

Burenalbum: s. zu S. 206.

S. 209 *Slevogt*: Max Slevogt (1868–1932), Maler des Impressionismus, gefeierter Illustrator für die Zeitschriften »Jugend« und »Simplicissimus«.

S. 212 *Holger Drachmann* (1846–1908): Dänischer Maler und Schriftsteller.

Skaal: Prost.

S. 213 *Fritz August von Kaulbach* (1850–1920): 1886–1891 Direktor der Akademie in München.

S. 214 *Frau von Kaulbach*: Kaulbach war in zweiter Ehe mit der Violinvirtuosin Frida Schytte (1871–1948) verheiratet.

S. 216 *Rudolf Wilke* (1873–1908): s. zu S. 125.

S. 218 *Murger*: s. zu S. 126.

S. 221 *Albert Langen* (1869–1909): Ein Porträt Langens von Thomas Theodor Heine aus dem Jahr 1905 hängt im Münchner Lenbachhaus. – Von Langen schreibt Thoma ausführlich in den »Erinnerungen«, S. 124 f., 131 f., 163 f., 182 ff. Zum Verleger Langen vgl. HELGA ABRET, »Verlegen – Vermitteln. Albert Langen und sein Buchverlag«. Paris 1992. – Aufschlußreich für das Verhältnis Thoma-Langen ist die vorzüglich kommentierte Briefausgabe von Pöllinger.

S. 222 *Doktortitel*: Thoma legte am 6.12.1890 die mündliche Doktorprüfung ab, die er mit rite bestand. Seine Dissertation »Zur Lehre von der Notwehr« ist zwar in seinem Nachlaß erhalten, er hat sie jedoch nicht abgegeben, so daß er vermutlich den Titel zu Unrecht führte. Vgl. Lemp , S. 16 f. und Gritschneder, »Ludwig Thoma führte seinen Doktortitel zu Unrecht.« In: »Angeklagter Ludwig Thoma« S. 105–112.

Holm: Vgl. zu S. 124.
Palästinafahrt: Vgl. S. 130.
Rosenthal: Justizrat in München, s. zu S. 132.
Anti-Dreyfusard: s. zu S. 140.
S. 223 *borderau*: Sortenzettel für Geld.
Björnson: Schwiegervater Langens, s. zu S. 137.
S. 224 *»chaussure«*: Schuhbekleidung.
S. 226 *Herr aus Sachsen*: Paul Mehnert (1852–1922), Mitglied der II. Sächsischen Kammer und deren Präsident von 1899–1909, 1809–1918 Mitglied des sächsischen Landtags, setzte sich seit 1902 wegen seiner freundschaftlichen Beziehungen zu Björnstjerne Björnson (s. zu S. 223) für Langen ein.
dreißigtausend: Nach anderen Angaben waren es zwanzigtausend Mark.
Verfahren: Zur Majestätsbeleidungsaffäre vgl. S. 130 ff. und die Untersuchungen von HELGA ABRET und ALDO KEEL, »Die Majestätsbeleidungsaffäre des ›Simplicissimus‹-Verlegers Albert Langen. Briefe und Dokumente zu Exil und Begnadigung 1898–1903.« Frankfurt 1985 und PÖLLINGER S. 55–59.
S. 227 *»Hidallah«*: Drama von Wedekind (1904).
»Oaha«: Literaturkomödie von Wedekind (1908) – s. zu S. 183.
S. 228 *Ignatius Taschner* (1871–1913): Bildhauer, Graphiker; s. zu S. 184. Zu Taschner vgl. NORBERT GÖTZ und URSEL BERGER (Hg), Ignatius Taschner, ein Künstler zwischen Jugendstil und Neoklassizismus. München 1992; Taschner S. 66.
S. 233 *Syrius Eberle* (1844–1903): Bildhauer aus Pfronten, seit 1882 Professor in München, erhielt zahlreiche Aufträge für die Bauten König Ludwigs II. und für Plastiken in München z. B. am neuen Rathaus, an Isarbrücken etc. Vgl. ADOLF LAYER, »Bedeutende Persönlichkeiten«. In: Ostallgäu. Einst und Jetzt. Bd 2. Kempten 1984, S. 948.
S. 237 *Marr*: Carl von Marr (1858–1936), in USA geborener Maler, von 1890–1924 Professor an der Münchner Akademie; seine Spezialität waren Historienbilder und dekorative Malerei.
Grabstein: Das Grabmal des Malers Karl Bennewitz von Loefen (1826–1895) wurde 1897 auf dem Dreifaltigkeitsfriedhof in Berlin aufgestellt.
S. 239 *Vierundzwanziger*: Silbermünzen.

Stanglmayr: Der Kapplerbräu war jedoch nicht verwandt mit Taschner, vielmehr führte seine Tante Maria dem früheren (bis 1883) Brauereibesitzer Lusteck (gest. 1901) und dessen Frau (gest. 1899) den Haushalt. Vgl. WILHELM LIEBHART, »Ludwig Thoma, Ignatius Taschner und Altomünster«. In: Amperland 29 (1993), S. 115; KARL LEINFELDER, »Der Kappler-Bräu zu Altomünster und seine Geschichte«. In: Aichacher Heimatblatt 6 (1958), S. 30 f.

S. 240 *Roß:* Holzplastik, gefaßt, München 1900, Katalog Nr. 65.
Rauhbein: Berittener Strauchdieb, eine Plastik, die 1900 in Wien ausgestellt war; die Bezeichnung stammt wohl vom Künstler selbst.

S. 243 *Poelzig,* Hans (1869–1936): Architekt, Bühnenmaler und Kunstgewerbler in Berlin; von 1903–1916 Akademiedirektor in Breslau.

S. 244 *Messel,* Alfred (1853–1909): Architekt und Professor in Berlin.
Hoffmann, Ludwig (1852–1932): Stadtbaurat in Berlin.

S. 248 *Pfarrherr:* Ludwig Wittmann aus Gachenbach, geb. 1861, war von 1902–1923 Pfarrer in Mitterndorf. Sein Vater, der pensionierte Lehrer Ludwig Wittmann starb am 14. Sept. 1910, die Mutter am 7. 12. 1913.

S. 249 *Dachau:* Seit März 1977 ist das Dachauer Gymnasium nach Ignaz Taschner benannt.

S. 253 *Wedekind:* Frank Wedekind (1864–1918), s. S. 130 f., 271–274; Thoma, der kein Freund Wedekinds war, hatte mit ihm in der Redaktion des »Simplicissimus« häufig zu tun.
Joachim: Joachim Ringelnatz (1883–1934), eigentlich Hans Bötticher, Lyriker, Erzähler und Kabarettist.
Literaturprofessor: Artur Kutscher (1878–1960) aus Hannover, ein populärer Universitäts-Dozent, der sich vor allem der Theaterwissenschaft und der zeitgenössischen Literatur annahm und seinem Freund Wedekind eine dreibändige Biographie widmete, »Frank Wedekind«. München 1922–1931.
»Franziska«: Drama Wedekinds von 1912.

S. 256 *Der Goethebund:* s. zu S. 144.
Lex Heinze: s. zu S. 144.
Max Halbe: s. zu S. 138.

S. 258 *Pernerstorfer:* Zu Engelbert Pernerstorfer (1850–1918) s. zu S. 168.
Schönerianer: Anhänger von Georg Ritter von Schönerer (1842–1921), Vertreter der deutschnationalen Bewegung in Österreich, radikaler Antisemit; 1888 zu Kerker verurteilt, ab 1897 wieder Mitglied des Abgeordnetenhauses; beeinflußte mit seiner politischen Einstellung Hitler.
Klosterneuburger: Wein der Klostergüter des Augustinerchorherrn-Stifts vor den Toren Wiens.
S. 259 *Schlenther:* s. zu S. 167.
Baböll: s. zu S. 168.
Badeni: Graf Kazimierz Feliks Badeni (1846–1909), österreichischer Staatsmann, der mit seiner Sprachenverordnung für Böhmen und Mähren vom April 1897 im Reichstag den Skandal auslöste.
S. 260 *Kontrahage:* Herausforderung zum Zweikampf.
Tuchlauben: Straße in Wien zwischen Graben und Hoher Markt.
David: s. zu S. 168.
S. 261 *Joseph Ruederer* (1861–1915): s. zu S. 138.
Carl Peters (1856–1918): Gründer des Schutzgebietes Deutsch-Ostafrika.
Gothein: Vermutlich der Historiker Eberhard Gothein (1853 bis 1923), der mit seinen einseitigen Geschichtswerken damals Aufsehen und Anstoß erregte.
selbstbiograph. Skizze: Text aus dem Jahre 1912, erschienen in: »Geistiges und künstlerisches München in Selbstbiographien. Hg. von W. Zils. München 1913. Wieder gedruckt in (Hans Dollinger, Hg.), «Josef Ruederer 1861–1915. Zum Erscheinen einer neuen Werkausgabe, hg. von Hans-Reinhard Müller». München 1987, S. 16–20.
S. 262 *Sigmund von Riezler* (1843–1927): Geschichte Bayerns. Bde 1–8. Gotha 1878–1914. – Ähnliche Äußerungen finden sich öfter in Riezlers Geschichte Bayerns; ob das Zitat wörtlich so bei Riezler steht, konnte nicht festgestellt werden.
S. 263 *»Die Fahnenweihe«:* 1895, eines der bekanntesten Stücke Ruederers.
S. 265 *Otto Erich Hartleben* (1864–1905): Seit 1901 meist in München und am Gardasee, schrieb zahlreiche Theaterstücke

und Gedichte; kurze Zeit war er in Stolberg am Harz und in Magdeburg als Jurist tätig. Vgl. zu S. 138.
Bierbaum: Otto Julius Bierbaum (1865–1910); s. zu S. 138.
Halkyonier: Ein am Wasser Wohnender, nach dem antiken Meerwesen Alkyone.

S. 266 »*Rosenmontag*. Eine Offiziers-Tragödie in fünf Acten« 1900.
Haus am Gardasee: Das Haus in Salò nannte er ›Halkyone‹.
Heyse: Paul Heyse (1830–1914), angesehener und beliebter Schriftsteller in München, der gern in Italien weilte, viele italienische Stoffe in seinen Novellen verarbeitete und aus dem Italienischen übersetzte. – 1910 wurde Heyse mit dem Nobelpreis für Literatur ausgezeichnet.

S. 269 *Quartier Latin*: Das berühmte Studentenviertel in Paris, eigentlich »lateinisches« Viertel.
Eskarpins: Kniehosen.
Quartier-Latäng: saloppe Aussprache von Quartier Latin.
Lude: Zuhälter.
Apachen: Hier: Großstadtganoven.
Baudelaire: Charles Pierre Baudelaire (1821–1867), sein Hauptwerk, »Fleurs du Mal«, ist 1866 in der endgültigen Form erschienen.
Bierbaum: s. zu S. 265.
Wedekind: s. S. 271–274 und zu S. 121 und zu S. 130.
Wolzogen: Ernst von Wolzogen (1855–1934), Erzähler, Dramatiker, Dramaturg; das Kabarett »Überbrettl« gründete er um 1895 in Berlin.
Berlin W: S. o. zu S. 156.

S. 270 *Lautenburg*: Sigmund Lautenburg (1851–1918) aus Budapest, seit 1874 Regisseur an vielen herausragenden Bühnen in Deutschland Österreich und in den Niederlanden, wurde 1887 Direktor des Residenztheaters und des Neuen Theaters in Berlin. Vgl. LOTHAR HIRSCHMANN, »Das Berliner Residenztheater... unter der Leitung von Sigmund Lautenburg«. Phil. Diss. Berlin 1960.
Sada-Yacco: Japanische Schauspielerin, die 1900 und 1901 mit einer pseudojapanischen Theatergruppe Europa bereiste.
Madame la lune: Mond.

S. 271 *Frank Wedekind*: s. S. 253–255 und zu S. 121 und 130.
kosmisches Genie: Die Schriftsteller des Kreises um Stephan George nannten sich nach einer Bezeichnung von Friedrich Wolters die »Kosmiker« (Karl Wolfskehl, Norbert von Hellingrath, Friedrich von der Leyen, Ludwig Klages, Alfred Schuler, Ludwig Derleth etc.).
Hieronymus Jobs: H. Jobs war ein Pseudonym Wedekinds, Schlemihl das Thomas im »Simplicissimus«.
altbayerischer Grobianus: Ludwig Thoma.
die Kurve: Von Wedekind zu Thoma, dessen Pseudonym Peter Schlemihl war.
Satanisten: Vgl. Thoma, »Der Satanist«. Zwei Szenen von Peter Schlemihl. In: Simplicissimus 13, 1908–1909; außer den Richtern, dem Staatsanwalt etc. tritt auf »Franz Wedelgrind, ein satanischer Dichter«.

S. 272 *Holm*: Korfiz Holm, s. zu S. 124.
Palästinafahrt: Zu dieser Affäre, der sog. »Majestätsbeleidigung«, schreibt Thoma wiederholt in seinen »Erinnerungen« und in »Leute, die ich kannte«, z. B. im Abschnitt über Langen (S. 221–227).
Heine: Zu Th. Th. Heine vgl. zu S. 121.
Torggelstube: s. S. 253–255.

S. 275 *Heinrich von Reder* (1824–1909): Von seinen Veröffentlichungen seien genannt: »Deutsche Lieder«, 1848; »Soldatenlieder«, 1854; »Gedichte«, 1859; »Der Bayerwald, 1861; «Die Fischer-Rosel», 1893 – Reder versuchte sich auch als Landschaftsmaler.
Aschaffenburger Forstschule: Dort hat Thoma 1887/88 zwei Semester Forstwirtschaft studiert.
Hans von Werth: (1600–1652) Reitergeneral im Dreißigjährigen Krieg und zeitweise Oberbefehlshaber der bayerischen Truppen.
qui fit…: Der den König von Frankreich weinen machte.

S. 276 *Ruederer*: s. S. 261–264.
Georg Hirth: s. zu S. 126.

S. 277 *Verkennung*: In seinem »Bayernbuch« (München 1913) schreibt Thoma über Heinrich von Reder: »Er hat mit seinen Verlegern zeitlebens viel Pech gehabt und wurde eigentlich erst nach seinem Tode entdeckt…«

das Reich: Gemeint ist das Zweite deutsche Reich unter den Hohenzollern, hier auch ein Bekenntnis Thomas.

S. 279 *Georg Queri:* (30.4.1879–21.11.1919), s. zu S. 205. Ein Porträt Queris von Karl Arnold findet sich in Queris »Der Wöchentliche Beobachter von Polykarpszell«, München 1911, als Frontispiz.
Gulbransson, s. zu S. 183.
Passionspiele: Queri gab 1910 eine Textausgabe der Oberammergauer Passion heraus.

S. 281 *Conrad Haußmann:* s. zu S. 171. – Vgl. dazu auch Gritschneder, »Conrad Haußmann verteidigt Ludwig Thoma.« In: Angeklagter Ludwig Thoma, S. 36–61.
Heusel: Gemeint ist wohl der Rechtsanwalt Otto Heuel, der Thoma zusammen mit Dr. Moos beim Prozeß in Stuttgart 1904 verteidigt hat.
Marquardt: Ehemaliges Hotel in der Schloßstraße, heute Bolzstraße.
Puttlitz: Joachim Gans Edler zu Puttlitz (1860–1922), damals Intendant der Hofbühne in Stuttgart.

S. 282 *Uhland…*: Thoma zählt hier schwäbische oder in Schwaben wirkende (Freiligrath) Literaten auf, die sich politisch engagiert haben. Besonders hinzuweisen ist auf *Ludwig Pfau* (1821–1894), Lyriker, Gründer der karikaturistischen Zeitschrift »Eulenspiegel«; er flieht 1848 in die Schweiz und kehrt erst 1865 nach Deutschland zurück. *Georg Herwegh*: (1817–1875), Schriftsteller und politischer Publizist.

S. 283 *Payer*: s. zu S. 171.
Liesching: Theodor Liesching (1865–1922), Rechtsanwalt, demokratischer Politiker, Finanzminister von 1918–1922.
Gauß: Heinrich Gauß (1859–1921), Oberbürgermeister von Stuttgart.
Elsaß: Fritz Elsas (1890–1945), Bürgermeister in Stuttgart, ermordet im KZ Sachsenhausen.
am süddeutschen Wesen …: Abwandlung des Geibel-Zitates »Und es mag am deutschen Wesen einmal noch die Welt genesen«.
Prozeß: Im Sommer 1905 wegen des Gedichtes »An die Sittlichkeitsprediger in Köln am Rheine«. Die Gefängnisstrafe verbüßte

Thoma vom 16. Oktober – 27. November 1906. – Vgl. zu S. 141 und Gritschneder.
S. 285 Dieses Städtebild, ein Hymnus auf die Salzachstadt und auf Österreich, gehört, ähnlich wie »Schwäbische Eindrücke«, in die Sparte der »Begegnungen«.
S. 287 *Peterskeller*: Gasthaus bei der Erzabtei St. Peter in Salzburg.
Hyrtl: Joseph Hyrtl (1811–1894), bedeutender Anatom (Einführung der topographischen Anatomie in die Medizin).
S. 288 *Nußberger*: Weißwein aus Nußdorf (Wien, 19. Bezirk).
Kloster-Neuburger: Wein aus den Gütern des berühmten Stifts bei Wien; s. zu S. 258.
Kleinstadt: Hier wohl Traunstein gemeint. – Es fällt auf, wie sehr er das Kleinstädtische in Traunstein, auch in den »Erinnerungen«, verurteilt und wie positiv er das Leben in Dachau sieht. Vgl. zu Traunstein »Erinnerungen« S. 90 ff.
S. 289 *weidlich*: kräftig, frisch.
Haslinger: Haselnußstecken.

Nachwort
Zwei Bücher – ein Anliegen

Im Februar 1917 beginnt Thoma mit der Niederschrift der »Erinnerungen«, die er innerhalb von zwei Jahren abgeschlossen hat, für Thomas Arbeitstempo eher eine lange Zeit. Am 24. Januar 1919 erwähnt er dieses Vorhaben in einem Brief an Frau von Liebermann[1]:

> »Gegenwärtig schreibe ich meine Erinnerungen fertig. Die Schuljahre sind abgeschlossen, 51 Maschinenschreibseiten, etwa 80 Druckseiten. Das ist rechtes Maß, denn man muß sich bei Erinnerungen vor allem hüten, selbstgefällig zu sein und redselig.
> Von mir ist wenig die Rede darin. Nun kommen die Berufsjahre. Ich bin dabei meine ersten schriftstellerischen Versuche in München, die Literatur von damals zu schildern.
> Dann kommt Dachau, dann nochmal München und Eintritt in den Simplic[issimus]. Und damit Schluß.
> Was nachher war mag der geneigte Leser aus meinen Büchern sehen. Das Weibliche spielt keine Rolle. Vielleicht wirst Du einmal in meinem Werdegang sehen, daß das *Puncto* Weib nicht gar so viel zu sagen hatte ...«.

Damals war Thoma mit der Niederschrift schon weit, denn noch im gleichen Jahr 1919 konnten die »Erinnerungen« erscheinen, ja im August hatte sie Frau von Liebermann schon gelesen; sie bemängelte offenbar, daß manche Persönlichkeiten, vor allem die Mutter, in dem Buch zu kurz gekommen seien. Ihr Urteil war Thoma, wie wir sehen werden, wichtig, und so schreibt er ihr am 7. August 1919:

> »Du hast so gut und richtig über meine Erinnerungen geurteilt, d.h. über Dinge, die Du vermißt. Aber in den Ergänzungen steht noch manches, was Du wünschtest ...«[2]

---

[1] LB, S. 363; zu Frau Maria (Maidi) Liebermann von Wahlendorf vgl. Lemp (Register) und Schad S. 132–186.
[2] LB, S. 378; im gleichen Brief schreibt Thoma: »Über Drachmann will ich

Diese Ergänzungen sind, soweit fertig, 1923, zwei Jahre nach dem Tod des Dichters, unter dem von ihm vorgesehenen Titel »Leute, die ich kannte« erschienen. Geplant hatte Thoma dafür unter anderem ein Porträt der Mutter, die auch nach seiner Meinung in den »Erinnerungen« mehr Raum verdient hätte, geplant waren ferner Lebensbilder von Ferdinand von Reznicek, Otto Julius Bierbaum, Schlenther, Chiavacci und Ganghofer[3]; diese alle sind nicht mehr fertig geworden.

Ganz treffend ist der Titel dieser Sammlung nicht, denn manche der Porträtierten, wie Steub, Diez, Ruederer, Drachmann, kannte Thoma nicht oder nur flüchtig; außer von *Leuten* handelt das Buch ferner von fragwürdigen Einrichtungen, wie die Literatentreffen in der Münchner Torggelstube, von Zeitmoden wie die der Vereinsmeierei (Goethebund) oder von Ländern wie Württemberg, dessen Liberalismus und Fortschrittlichkeit Thoma bewunderte, und von jenem Österreich, das er von Wien und von Besuchen im nahen Salzburg her kannte. »Begegnungen und Beobachtungen«, so ähnlich hätte der Titel lauten können; von *Begegnungen* spricht auch Thoma im Zusammenhang mit diesem Buch[4], in dem er mit seiner Porträtkunst noch mehr als in den »Erinnerungen« brilliert. Bei manchen Passagen wird man zwar die

---

sofort etwas nachholen. Und auch von meiner lieben Mutter. Ich hatte selbst das Gefühl, daß ich hier zu kurz war...« Und einen Tag später (LB S. 379): »Für eins bin ich Dir nun wieder recht von Herzen dankbar, Du Liebe. Daß Du mir gezeigt hast, wie ich in den Erinnerungen zu wenig von meiner Mutter gesagt habe. Ich setzte mich noch gestern hin und schrieb und schrieb...«

3 Brief an Frau von Liebermann vom 7.9.1920, LB, S. 435 (s. Anm. 4).

4 »...Wie ich jetzt in meiner trübseligen Lage die lustige Geschichte von Papa's Fehltritt bei Seite legte, wollte ich doch nicht faulenzen und fing was neues an. ›Leute, die ich kannte‹, heißt es. Ich beschrieb *Begegnungen* mit berühmten Männern. Karl Haider, Friedrich Steub, Wilhelm von Diez sind schon fertig und wie ich glaube sehr ansprechend. Holger Drachmann ist in Arbeit. Albert Langen, Rudolf Wilke, F. v. Reznicek, Georg Queri, O. E. Hartleben, Bierbaum, Pernerstorfer, Pötzl, Schlenther, Chiavacci etc. – mein Friedhof ist groß. Natürlich auch Ganghofer. Brahm. Ich erzähle kleine Züge, ein bißchen humoristisch. Arbeit ist es so gut wie keine; aber es gibt einmal ein dickes, lesenswertes Buch. – So nebenher. –« Brief an Frau von Liebermann vom 7.9.1920, in LB, S. 435.

Authentizität bezweifeln, etwa in dem Stück über Wilhelm von Diez, der sich als gebürtiger Franke nach Art und Sprache wahrscheinlich gar nicht so altbayerisch gebärdete, wie Thoma ihn schildert. Zudem war die Begegnung mit Diez zum Zeitpunkt der Niederschrift schon gute zwanzig Jahre her, und der Wortlaut des Dialogs wird längst vergessen gewesen sein. Aber Thoma macht daraus im nachhinein eine ebenso amüsante wie lebendige Szene, die bühnenreif ist. Gerade in solchen Abschnitten zeigt sich seine Kunst zu *sehen* und mit Worten zu *malen*. Ähnliches gilt für den Besuch bei Friedrich Steub, ähnliches für den Frühschoppen in Murnau mit dem dänischen Dichter Drachmann. Andere Abschnitte des Buches sind nicht ganz ausgereift, so das gewinnende und sehr persönliche Porträt von Ignatius Taschner, das alle anderen an Umfang übertrifft, in dem es aber noch Wiederholungen gibt und Längen. Dennoch gehört dieses Lebensbild zu den wichtigen und besonders schönen, schenkt es mehr wie andere Einblick in Thomas Denken, verrät es viel über seine Auffassung von Kunst und Arbeit, von Freuden und Idealen, von seiner Art zu leben. Es lohnt, diese Texte genau zu lesen. Wir erfahren ferner, was für ihn als Autor wichtig war, nämlich Ordnung und strenge Zeiteinteilung (S. 229f.); wir erfahren etwas über seine Auffassung von der Schriftstellerei: das Herauswachsen der Kunst aus dem Können, nicht nur aus Phantasie und Willen (S. 250); nichts hat er übrig für eine »sich genialisch gebärdende Schlampigkeit« (S. 251). Als strenge, unbeirrbare Richterin über sein Werk sieht er in erster Linie die »eigenen Zufriedenheit«, die mehr von ihm verlangt als fremde Kritik. Viele bedeutsame Kleinigkeiten zeichnen gerade dieses Lebensbild aus und geben ihm Farbe: die Schilderungen von Taschners Humor (S. 232), die Geschichte vom verdoppelten Preis (S. 238), die kluge Idee, Kinder als Juroren fungieren zu lassen (S. 235), die Beschwörung einer »glücklichen Jugend« (S. 248), die Beschreibung des Landes um Altomünster (S. 238f.); nur beim »festverwurzelten Volk« (S. 239) ist Thomas Temperament mit ihm durchgegangen.

Daß es dann und wann zu Überlappungen dieser Porträtsammlung mit den »Erinnerungen« kommt, darf nicht wundern: Es handelt sich zwar um deren Ergänzung, mitunter auch Vertiefung, aber doch auch um ein eigenständiges Werk, das für sich allein stehen sollte. Allerdings sah der Autor darin eine Arbeit, die »nebenher« zu tun war, und dafür blieben ihm nur noch zwei kurze Jahre. Diese zwei Jahre waren überdies randvoll mit Plänen angefüllt, Romane und Erzählungen wie »Kaspar Lorinser«, »Münchnerinnen«, »Der Jagerloisl«, »Der Ruepp«, »Die Dachserin«, »Papas Fehltritt«, viele Zeitungsartikel und Entwürfe wie »Cato« etc. – ein Beweis für Thomas Fleiß und sein rasches Arbeiten. Was von dem Buch »Leute, die ich kannte« einigermaßen fertig war und für die Veröffentlichung taugte, ist dann 1923, zwei Jahre nach Thomas Tod bei Langen in München erschienen.

»Erinnerungen« und »Leute, die ich kannte« ergänzen sich in einer Weise, daß sie als Einheit gesehen werden können. So ist diese gemeinsame Ausgabe sinnvoll und gerechtfertigt.

Die »Erinnerungen« sind in dieser Ausgabe zum erstenmal mit Anmerkungen versehen, »Leute, die ich kannte« erscheinen seit langem hier wieder vollständig.[5]

Beide Werke sind eine ergiebige Quelle für Thoma und seine Zeit. Während jedoch dem Teil »Leute, die ich kannte« eine gewisse Objektivität schon von der Sache her eigen ist, und er darum auch kaum der Kritik ausgesetzt war, hat man die »Erinnerungen« recht unterschiedlich beurteilt. Johann Lachner[6] hat für sie das Prädikat »das weiseste Buch« Ludwig Thomas[7] vorgeschlagen, Kurt Tucholsky wertet sie als »spießig«[8] ab.

Das sind extreme Positionen, was nicht besagt, daß die

---

5 In »Gesammelte Werke« von 1956, Bd 1 fehlen Rudolf Wilke, Ignatius Taschner und Schwäbische Eindrücke.
6 Johann Lachner, eigentlich Hans Mollier, (1895–1971), ein guter und einfühlsamer Kenner von Thomas Werk und Person, hat 1956 die achtbändige Thoma-Ausgabe eingeleitet.
7 Ausgabe München: Piper 1947; 4. Aufl. 1980 (Klappentext).
8 In der Weltbühne XVI (1920), Nr. 8, S. 254 f.: »Dieser gute alte Mann [Thoma war damals 53!] hat seine ›Erinnerungen‹ veröffentlicht ... Und ich hätte nie geglaubt, daß ich einmal so über ihn, dessen Bild jahrelang in

Wahrheit in der Mitte liegt. Bei beiden Äußerungen handelt es sich um ganz subjektive Urteile; während Lachner den Dichter Thoma verstehen will, diese komplizierte Persönlichkeit, die sich eher spröde gibt und abweisend, handelt es sich bei Tucholsky um die Verärgerung über ein Buch, das ihm zuwider ist. Warum? Etwa weil es die Vergangenheit nicht nur »negativ« sieht? Vermutlich hat er das eigentliche Anliegen des Buches gar nicht erkannt und obendrein nicht verstanden oder verstehen wollen; doch wahrscheinlich ist es nicht so sehr das Buch, das den Kritiker ärgert, sondern der Gesinnungswandel Thomas seit Ausbruch des Ersten Weltkrieges. Thoma als Wendehals? Davon wird noch zu sprechen sein. Zunächst seien beide Werke vorgestellt als Zeugnis altbayerischer Lebensart und Lebensfreude (S. 62, 115), als Dokument für die Zeit vor und nach dem Ersten Weltkrieg sowie als Quelle für Thoma als Schriftsteller und für seine Persönlichkeit.

»Jahrgang 1919«

Obwohl Thoma insgesamt zwei Jahre an den »Erinnerungen« gearbeitet hatte, bezeichnete er sie in einem Brief von Silvester 1919 an Franz Xaver Schönhuber als »Jahrgang 1919«:

»Mir ist das Buch ein bißchen zu resigniert. Jahrgang 1919 und Schmerz über Land und Volk als Bodensatz.«[9]

»Jahrgang 1919«: den Hauptteil schrieb Thoma demnach doch erst unter dem Eindruck des Kriegsendes und der politi-

---

meiner Stube hing, würde urteilen können. Der Gesamteindruck des Büchleins ist: Welch ein Spießer!... Gut sind die negativen Urteile über den Berliner ›Betrieb‹. Gut ist die Ehrlichkeit der Empfindung, wenn es sich um seine nähere Umgebung handelt. Wir gönnen ihm einen freundlichen Lebensabend und wünschen ihm viel Glück auf Erden. Aber welch ein Spießer! (Und wir haben ihn doch einmal, hols der Teufel, lieb gehabt, und er war auch – damals – ein Künstler und ein Polemiker und stellenweis ein Satiriker, dem mein guter Freund Kasper Hauser nicht das Schlechteste verdankt...) Und jetzt? Welch ein Spießer!...« – Thoma hat dem Kritiker diesen Verriß ein Jahr später auf seine Weise heimgezahlt in dem Artikel »Reisende, meidet Bayern!« im Miesbacher Anzeiger vom 2. Februar 1921. VOLKERT, S. 131 f.

9 LB, S. 408.

schen Verhältnisse der ersten Nachkriegszeit, die ihn beschäftigen und plagen. Viele Stellen im dritten Teil weisen tatsächlich darauf hin; jedenfalls verrät diese Briefstelle, wie der Dichter selbst das Werk sieht und verstanden haben will.

Politik und Satire

Die Arbeit an den »Erinnerungen« beginnt Thoma 1917, bald nach seinem Front-Einsatz im Jahre 1915, das war zugleich eine Zeit, in der die Kriegsbegeisterung längst abgeklungen war. Der Zusammenbruch des Reiches schließlich, das ihm so viel bedeutete [10], hatte für Thoma eine gewisse Orientierungslosigkeit zur Folge, seine Welt mit deutschnational geprägten Vorstellungen aus der Zeit Bismarcks, den er verehrte, begann zu wanken, der Untergang zeichnete sich ab. Nach dem Tod des Vaters war der Zusammenbruch des Reiches die zweite große Katastrophe in seinem Leben. Zur persönlichen Misere der Einsamkeit – Tod der Freunde, das Zerbrechen der Ehe, die er allerdings mit keinem Wort erwähnt – war der politische Zusammenbruch gekommen, der ihn niederdrückte. Ob er zu einer Gewissenserforschung führte? Jedenfalls sah Thoma die Notwendigkeit einer Rechtfertigung seiner bisherigen Arbeit für die Zeitschrift »Simplicissimus«. Was er ebenfalls brauchte, war eine Standortbestimmung für sich selbst, und je bedrückender er die politische Lage empfand, um so mehr nahm er Zuflucht zur Erinnerung an glückliche Zeiten in der frühen Kindheit und an gute Freunde während seiner besten Schaffensjahre. Das braucht keine Flucht in die Vergangenheit zu sein, vielmehr wird die Erinnerung auf diese Weise zur Medizin für eine wunde Seele, versucht der Autor dadurch Halt zu finden.

Was Thoma von »Unfug oder eine Anmaßung« (S. 143) im politischen Handeln jener Zeit schreibt, sind beherzigenswerte und historisch aufschlußreiche Abschnitte, die überzeugend dargestellt sind, wenngleich eine gewisse Schönfärberei

---

10 »Leute, die ich kannte« S. 278.

unübersehbar ist. Denn von seinen vielfach groben Angriffen im »Simplicissimus«, die nicht selten beleidigen statt argumentieren, die oft genug die Grenzen des Zumutbaren überschreiten, sagt er nichts. Nach Thoma ist »für die Satire Derbheit die allererste Grundbedingung«[11], und so schreibt er in dieser Art über Kaiser und Adel, Offiziere und Frauenrechtlerinnen, Beamte und Geistliche, Kirche und Religion, über alles, was ihn ärgert, was er – mitunter hellsichtig und klug – gefährlich und unaufrichtig findet. Dabei hat er nicht nur seinen Spaß, sondern auch gute Einkünfte. Nach 1918 betont Thoma die konstruktiven Absichten des »Simplicissimus« vor dem Krieg: Man wollte »einem Unfug oder einer Anmaßung entgegentreten« (S. 143), »operettenhafte Politik« (S. 145) bloßstellen, für die Erhaltung des Friedens eintreten (S. 191) etc. Das sind für sich genommen ehrenwerte Ziele. Während des Krieges freilich habe sich die Haltung geändert, da habe man gegen den »giftigen Haß der Feinde« (S. 191) geschrieben und mit der Polemik gegen die eigenen Regierungen innegehalten. Es sei, so Thoma (S. 191) ein Laster politisierender Spießbürger, im Festhalten an einer Meinung ein Verdienst zu erblicken. Das Verdienst liege vielmehr im Lernen und im Bekennen. – Das klingt plausibel, wenngleich das »Festhalten an einer Meinung« nicht unbedingt falsch zu sein braucht. Jedenfalls haben viele Gesinnungsgenossen Thomas, die zunächst den Krieg begrüßten, während des Krieges oder nach der Niederlage ihre Meinung geändert. Auch damit hat er Recht, daß die Verantwortung für den Ausbruch des Krieges nicht nur beim Deutschen Reich lag, mag die Handlungsweise der Regierung in Berlin vor dem Krieg und bei dessen Ausbruch auch unklug gewesen sein. Diese Sicht der Kriegsschuld, die hier nicht näher erläutert werden kann, aber längst von den Historikern beider Lager so gesehen wird, erklärt wohl auch das Zusammenhalten der Bevölkerung bei Ausbruch des Krieges. Daß sich Thoma, wie viele Dichter und Künstler, dieser Solida-

---

11 Brief an Dagny Björnson-Langen, die Gattin seines Verlegers, über das »Burenalbum« (s. S. 206 u. 209) vom 20. April 1900, in: LB, S. 41.

rität nicht entzog, ehrt ihn eher als daß man ihm daraus einen Vorwurf machen dürfte. Was Thoma meint, ist deutlich. Wir brauchen diese seine Haltung nicht weiter unter die Lupe zu nehmen und haben auch kein Recht, seine Motive, die er in den »Erinnerungen« darlegt, in Zweifel zu ziehen. Doch was er von seinen Motiven sagt, das gilt nicht unbedingt auch für die Mittel, die er und seine Mitarbeiter beim »Simplicissimus« eingesetzt haben.[12] Darüber verliert er kein Wort, schweigt ohne die leiseste Entschuldigung.

Ein Anliegen von Thomas Buch ist zunächst die Standortbestimmung nach der Katastrophe, die Rechtfertigung für seine Satiren vor dem Krieg, denen manche Kreise jetzt zersetzende Wirkung nachsagen, und die glaubhafte Begründung seines Gesinnungswandels. Doch nicht die Gesinnung habe sich geändert, so Thoma, sondern lediglich die Strategie. Thoma litt, wie gesagt, am Zusammenbruch des Reiches, den er für vermeidbar hielt und den er bedauerte. Soll er jetzt auch noch dafür verantwortlich gemacht werden? Er war der ständigen Stänkerei ohnehin müde.

»›Alles Oppositionelle ist negativ und das Negative ist

---

12 Bedenkenswert ist in diesem Zusammenhang die Überlegung des Schriftstellers Joseph Bernhart zum »Simplicissimus« in seinen »Erinnerungen 1881–1930«. Hg. von Manfred Weitlauff. Weißenhorn 1992, S. 49 f.: »Eines Morgens auf dem Schulweg – es war 1896 – sprang mir am ›Café Ungerer‹ ein ungewöhnliches Plakat in die Augen. Es zeigte eine bissig aussehende Bulldogge, und darunter stand: ›Simplicissimus, Künstlerisch-satirische Wochenschrift‹ usw. Es traf mich augenblicklich das scharfe Vorgefühl eines Stoßes, der vieles umstoßen und nichts Gutes, um so mehr Böses anrichten werde ... Als ich die ersten Nummern gesehen hatte, ... sah ich meine erste Ahnung bestätigt, und die schlechtweg destruktive Aufwendung von Witz und Geist – eine für die Hersteller selbst, wie einer mir nachmals gestand, ›melancholisches Geschäft‹ – konnte ich späterhin nur als Mitursache an den zwölf erbärmlichsten Jahren unserer Volksgeschichte betrachten. Satire, die nicht etwas retten will, dies überhaupt nicht wollen kann, weil sie der Rettung Würdiges nicht kennt, bringt leicht ein Heer von Lachern zusammen, denen die Bloßstellung des Faulen, Unzulänglichen ein Vergnügen ist, das ihnen ein gesunder Stand der Dinge nicht aufwiegen könnte. An Kirchen, Palästen und Hütten die Fenster einzuschmeißen, ist auch dann kein Dienst an der Gesellschaft, wenn dieses Handwerk von Meistern des Treffens geübt wird.«

nichts‹ sagte der alte Goethe zu Eckermann. Mir ging und geht es ähnlich; ich habe keinen Geschmack mehr am Streiten; gelingt einem der Spott, so bleibt das peinliche Gefühl, einem Menschen weh getan zu haben.«
Diese Stelle aus einem Brief Thomas vom 20. Dez. 1916 an Georg Heim[13] ist wohl mehr dem Adressaten zuliebe geschrieben, als daß sie wirklich die Meinung des Schreibers wiedergäbe; jedenfalls ist er bei dieser Meinung nicht geblieben. Und doch könnte diese Äußerung eine gewisse Einsicht andeuten. Thoma will, ja muß sich von psychischer Last und – wie er meint – ungerechten Vorwürfen befreien, um weiterarbeiten, um weiterleben zu können.

»Von dem Drucke, den ich wie alle nach dem Zusammenbruch des Vaterlandes auf mir lasten fühle, suchte ich und fand ich zeitweilige Befreiung in der Erinnerung an die Vergangenheit«

heißt es gegen Ende des Buches (S. 192). Und die neuen Ziele, die er nun anstrebt, die er für seine Arbeit braucht? An schriftstellerischen Plänen fehlt es nicht, aber es geht doch auch wieder um die politische Auseinandersetzung, um Einflußnahme, um Kritik. In diesem Zusammenhang führt kein Weg vorbei an Thomas zum Teil abstoßenden Artikeln im »Miesbacher Anzeiger«[14], die im Juli 1920, also etwa ein Jahr nach dem Erscheinen der »Erinnerungen«, einsetzen. Sie sind kein Ruhmesblatt für den Autor, aber sie passen in ihrer verletzenden Grobheit genau zur Haltung, die auch seine Beiträge im »Simplicissimus« bestimmt. Diese aber fanden viele

---

13 LB, S. 299.
14 s. Volkert (Lit. Verz.). – Es gibt zu diesem Buch mit heiklem Inhalt viele Stellungnahmen in der Presse, die hier nicht alle aufgeführt werden können. Genannt seien BERNHARD GAJEK in: FAZ vom 17. Jan. 1990, S. 8; Otto Gritschneder, Ludwig Thomas Artikel im »Miesbacher Anzeiger« in Gritschneder S. 131–139; HERMANN UNTERSTÖGER in: Süddeutsche Zeitung vom 19./20. August 1989, S. 16. und REINHARD WITTMANN in: Charivari 1989, Nr. 12, S. 62 f. – Falsch ist es in jedem Fall, den Dichter Thoma mit dem Journalisten Thoma in einen Topf zu werfen. Die literarische Qualität seines dichterischen Werkes wird durch die abstoßenden Artikel im »Miesbacher Anzeiger« oder durch ähnliche Gedichte im »Simplicissimus« nicht beeinträchtigt.

Leser bis in die Gegenwart herein schick, Tucholsky sogar bewunderungswürdig. Wer jedoch diese Ausfälle goutiert, darf sich über bestimmte Artikel im »Miesbacher Anzeiger« weder wundern noch entrüsten.[15] An Rücksichtnahme oder Anstand hat Thoma dabei nicht gedacht. Und das ist in jedem Fall bedauerlich. Doch soll nicht übersehen werden, daß Thoma mit solchen Tönen, mit derlei Angriffen und Verallgemeinerungen in seiner Zeit nicht allein stand; bei Lion Feuchtwanger etwa, um ein prominentes Beispiel zu nennen, kann man Äußerungen lesen, die in die gleiche Richtung gehen (z. B. »Oberammergau«, in: Die Schaubühne 6, 1. 1910), und in seriösen Zeitungen der frühen zwanziger Jahre, von denen man dies nicht vermuten würde, stehen Dinge, die den Taktlosigkeiten Thomas im »Miesbacher Anzeiger« in nichts nachstehen. Daß unter den Beiträgen Thomas im »Anzeiger« viele durchaus seriös sind, Artikel, die sitzen, die politische Gefahren hellsichtig signalisieren, macht die Entgleisungen natürlich nicht besser. Doch ist auch zu bedenken, daß man heute manches klarer sehen kann und anders beurteilen muß als zu einer Zeit, die noch *vor* dem braunen Terror und *vor* der völligen Entlarvung der roten Diktaturen liegt. Statt sich über den Thoma des »Miesbacher Anzeigers« zu entrüsten, wäre es richtiger, ähnliche Fehler in der Gegenwart zu vermeiden. Was Thoma angeht, so mag es auch sein, daß der rüde Ton, gerade gegen Ende seines Lebens, Ausdruck der Angst ist, nicht mehr gehört zu werden, vergeblich zu warnen, wo er Warnung für notwendig hält. Da, so Thoma[16], »darf man keine Filzschuh anziehen und Glacéhandschuh, daß wir ja nicht zu grob anfassen«. An Rücksicht und Anstand hat er nicht gedacht. – Das Entsetzen freilich kommt immer zu spät.

---

15 Da hilft auch nicht, wenn bei den Miesbacher Artikeln bemängelt wird, daß sie »nicht durch Satire gebrochen« seien. Vgl. Rösch S. 85. Solche Unterscheidungen mögen mitunter gerechtfertigt sein, sie sind dennoch gefährlich. Vgl. auch JOSEPH BERNHART in Anmerkung 12.
16 »Miesbacher Anzeiger« vom 25. April 1921, Volkert S. 258.

Der Dichter

Thoma ist nicht nur der Satiriker. Gegen Ende der »Erinnerungen«, die ja auch seinen Weg zur Dichtkunst beschreiben, kommt er auf seine Erfolge als Erzähler und Theaterdichter zu sprechen. Dabei fällt einerseits der Ernst auf, mit dem er die Schriftstellerei betreibt, andererseits das Spielerische und dadurch eminent Künstlerische seines Arbeitens; zugleich aber spürt man bei ihm das Unprätentiöse im Gegensatz zu vielen der zeitgenössischen Dichterkollegen, nicht nur im damaligen München[17]: Er kennt seine Begabung[18], arbeitet zugleich mit großer Energie – »durchbeißen« nennt er das[19] –, er weiß, was er mit seinen Gedichten, Theaterstücken, Erzählungen und Romanen erreichen will und kann, und er verachtet jedes unehrliche Getue beim Arbeiten.

Die Kollegen

Das krachlederne Gehabe, hindert es ihn, Kontakt zu pflegen mit den Schwabinger Schriftstellern seiner Zeit? Daß er sie nicht mag, wird in den »Erinnerungen« deutlich genug und beruht auf Gegenseitigkeit. Gerade im Vergleich zu ihnen betont er sein Können, seinen Fleiß, seine solide Arbeit, seine Kompetenz.[20] Umgang mit Schriftstellerkollegen hat er kaum, wenngleich es Ausnahmen gibt wie die wenigen Treffen mit Hermann Hesse[21], während die Freundschaft mit

17 Deren Getue kann Thoma schlecht ertragen. Man vgl. die entsprechenden Abschnitte in den »Erinnerungen« S. 128 und S. 130 und in »Leute« S. 253 ff. u. 271 ff. Andererseits war er zu wenig Theoretiker, um literarische Fachsimpelei zu suchen oder zu brauchen. Auch deshalb hatte er kaum Kontakte zu Schriftstellerkollegen. Daß Thoma Gespür besaß für literarische Qualität, zeigt sein Urteil über den jungen Thomas Mann (s. »Erinnerungen«, S. 138).
18 Das geht aus seinen Briefen deutlich hervor, auch das Leichte, Spielerische seines Arbeitens, das mit seiner Begabung zusammenhängt.
19 »Leute, die ich kannte« S. 211.
20 Z. B. »Leute, die ich kannte« S. 211 oder 251.
21 Es ging dabei um die Zeitschrift »März«; s. »Leute, die ich kannte«,

Ganghofer dem Jäger gehört, dem charmanten Unterhalter, später dem Nachbarn, nicht aber dem Romancier, dessen Schwächen er natürlich durchschaut und bei aller Rücksicht auch benennt. Denn Thoma hat ein sicheres Gespür für Qualität, er kennt die Stärken eines Schriftstellers, etwa beim jungen Thomas Mann, und die Schwächen, so bei Wedekind und Ruederer, aber er flieht die Gesellschaft der »Dichter«, ähnlich wie er unmittelbar nach dem Studium die Gesellschaft der Juristen flieht[22]. Da schließt er sich lieber den Malern und Zeichnern an, und glaubt vielleicht auch deshalb, daß er selbst das Zeug zum bildenden Künstler gehabt hätte. Der Grund für diese Freundschaften lag jedoch eher in der Fähigkeit dieser Künstler zu unbeschwerter Geselligkeit, der sich auch Thoma gerne hingab, einer Geselligkeit ohne Fachsimpelei und Selbstbeweihräucherung, was ihm beides zuwider war.[23]

»Was an mir wertvoll ist...«

Thoma versucht mit seinen »Erinnerungen« auch sich selbst vorzustellen, sein ›besseres Ich‹ gleichsam, sein wahres, aber verborgenes Wesen. Er spürt das Derbe, das Unbeholfene seines Auftretens und beschreibt es; er weiß, daß gerade bei ihm die Redensart vom weichen Kern in harter Schale gilt.[24]

Die wichtigste Leserin für ihn ist seine damalige Geliebte, Frau von Liebermann, auf sie vor allem ist die Auswahl der späteren Teile der »Erinnerungen« ausgerichtet. Daß sie, die

---

S. 199. – Im Brief an Frau Björnson-Langen vom 28.4.1900 schreibt er jedoch: »Es ist schrecklich, mit einem solchen Jesuiten wie Hesse, den Diplomaten spielen zu müssen«. LB, S. 44.
22 Vgl. S. 103, 107, 109. Wie er Juristen bisweilen einschätzt, zeigt der Abschnitt der »Erinnerungen« über die Ausbildungszeit in Traunstein und die Erzählung »Der Einser«, mehrfach veröffentlicht, zuerst in: »Simplicissimus« 8, 1903/04, S. 410 und schließlich noch einmal im »Miesbacher Anzeiger« vom 28. April 1921, Volkert S. 259–262, »Der Dreier«, in Süddeutsche Monatshefte IV, 1910, S. 7–11, sowie die letzte Geschichte in »Leute, die ich kannte«.
23 S. 81; »Leute, die ich kannte«, S. 253 ff.
24 Vgl. dazu die feinen Studien von KORFIZ HOLM, Ludwig Thoma und Olaf Gulbransson – wie ich sie erlebte. München 1953.

Freundin, dies alles durch ein *Buch* erfahren soll, kommt nicht von ungefähr: dieses Medium verleiht der Aussage Gewicht und Objektivität zugleich.

Ihr schreibt er am 1. Januar 1920:

»Neben dem Ludwig, den Du kennst und nicht kennst, gibts noch einen ernsteren, ders wirklich ehrlich mit der Arbeit meint und ders verdient, daß ihm später, wenns in Deutschland und in Altbayern wieder heller ist, ein gutes Andenken gewahrt wird.«[25]

Ähnliche Briefstellen – »Du bist klug genug, herauszufinden, was an mir wertvoll ist« (5.2.1920)[26] – machen dies deutlich, zugleich auch die Tatsache, daß Thoma Frauengeschichten[27] ganz ausspart und auch über seine erste Ehe in den »Erinnerungen« kein Wort verliert. Nicht umsonst schließt der Bericht mit dem Tod der Freunde in den Jahren 1907 bis 1909. Allerdings sieht er sich jetzt auch am Ziel: »was nun kam, war Arbeit und Ernst, kein Kampf mehr ums Werden« (S. 190).

Wie wenig die »Erinnerungen« Lebensbeschreibung sind, wie sehr sie einen neuen Standort beschreiben, ein anderes Bild der eigenen Persönlichkeit zu vermitteln suchen, zeigt die Auswahl, die Thoma trifft. Aus »Kinderzeit« und »Schuljahre« berichtet er mit Vorsicht, kaum etwas von dem, was in den »Lausbubengeschichten« an Autobiographischem[28] zu

---

25 LB, S. 409.
26 Ebda. S. 415.
27 Als Beispiel sei die »alte Geschichte« erwähnt, die Thoma in einem Brief an Albert Langen vom 4. Juli 1901 andeutet und auf die Bernhard Gajek in seinem Nachwort zu Thomas Roman »Münchnerinnen«. Piper, München 1984, S. 186–189 u. 201 f. eingeht. – Fritz Heinle meint in seiner Thoma-Biographie »Ludwig Thoma in Selbstzeugnissen und Bilddokumenten«. Rowohlt, Reinbek 1963, S. 98: »Er konnte einfach nichts sagen über seine innersten Gefühle« und zitiert WALTHER ZIERSCH (s. Anm. 30) »Während seines ganzen Lebens hat Thoma streng vermieden, über die Liebe und die Frauen, die ihm nahestanden, zu sprechen oder zu schreiben...« (ebda S. 99). Doch das zwar schön ausgestattete, aber nationalistische Buch von Ziersch ist mit Vorsicht zu gebrauchen. – Vgl. zu diesem Thema die neue Untersuchung von Schad.
28 Vgl. Nachwort von BERNHARD GAJEK zu »Lausbubengeschichten. Aus

lesen steht. Die Schwierigkeiten an den Schulen, die es fast immer und überall für ihn gab und von denen er in den »Erinnerungen« gewisse Andeutungen macht, gehen zu Lasten unverständiger Lehrer und eines verknöcherten Systems; die Studienjahre, die Thoma, wie aus anderen Quellen bekannt, auch nicht gerde optimal nutzte, übergeht er großzügig und begnügt sich mit kurzen Porträts einiger Sonderlinge unter den Professoren Erlangens. Er vermeidet es, sich als »Lausbub« an der Schule oder als lauten Studenten an der Universität zu schildern. Er will weg von dem Eindruck, den er lange genug auf seine Umgebung gemacht hat, nämlich nichts als ein grobschlächtiger Polterer zu sein, ein Eindruck, den sein Äußeres noch verstärkt. Deshalb betont er die intensive und vielseitige, wenn auch mitunter etwas planlose Lektüre schon während der Gymnasialzeit, stellt seine Neigung zum preußischen Staat unter Bismarck heraus, unterstreicht seine Freude an Berlin und Stuttgart, schildert seinen Aufenthalt in Paris, die Reisen nach Südfrankreich und Nordafrika, nach Italien und Wien, kurzum, er umgibt sich mit einer kosmopolitischen Aura, die nicht zur Gestalt des altbayerischen Grobians paßt, sondern dieses Bild bewußt und mit Recht korrigiert. Gerade solche Passagen in den »Erinnerungen« geben dem Leser die Möglichkeit, hinter die Fassade zu schauen, um den Ludwig Thoma kennenzulernen, den er selber präsentieren möchte, weil er jedenfalls glaubt, so zu sein.

Thoma und die bildende Kunst

In beiden Büchern ist viel von der bildenden Kunst und von Thomas Begabung dafür die Rede. Wie entwickelt diese Neigung, sein Verständnis dafür tatsächlich war, ist schwer zu sagen. Seine vortreffliche Beobachtungsgabe gerade im Beschreiben von Charakteren fällt rasch auf. Denn seine
»Gestalten sind ›gesehen‹, sie sind prachtvoll gesehen. Ich

---

meiner Jugendzeit« Piper, München 1989 und »Tante Frieda. Neue Lausbubengeschichten«. Piper, München 1985.

halte Ludwig Thoma für Einen, mit dem zu rechnen ist: weil er so sieht...«

schreibt Alfred Kerr zur Aufführung von Thomas »Die Medaille«.[29]

Zweifellos ist Thoma ein Augenmensch, das beweist sein schriftstellerisches Werk. Die Freundschaft mit den Zeichnern beim »Simplicissimus«, die gemeinsamen Reisen mit ihnen, vor allem nach Italien, machen ihn wach und aufnahmebereit für die bildenden Künste, und so wird er nicht müde, in den »Erinnerungen«, aber auch in Briefen, nicht nur seine Freude an der Kunst, sondern auch seine künstlerische Begabung herauszustellen. Und doch fällt auf, daß Thoma über Kunstdenkmäler wenig schreibt. Der Gymnasiast in München lief an den »Kirchen, Palästen, Brunnen und Denkmälern vorbei«, ohne etwas zu sehen (S. 60). Er spricht in den »Erinnerungen« einmal vom Weiler Wies bei Steingaden, nicht aber von der ungewöhnlichen Kirche in dieser Einöde, von der ihm Hofmiller hätte erzählen können; er liebt die Fraueninsel, weil er damit Erlebnisse und die Ferienzeiten bei der Mutter in Prien verbindet, aber von den eindrucksvollen Bauten der Insel, von ihrer Kultur und ihrer jahrhundertealten Ausstrahlung schreibt er kein Wort; keine der Kirchen im Chiemgau oder im Ammergauer Land wird erwähnt. Sein Urteil über die künstlerischen Qualitäten von König Ludwigs

---

29 Erschienen am 1. November 1901 in der Berliner Zeitung »Der Tag«. Hier zitiert nach Lemp 1984, S. 78 (Bildlegende zu Abb. 103). Im Brief an Frau von Liebermann vom 4.10.1919 (LB, S. 394) schreibt Thoma sehr selbstbewußt: »Ich bin ein ganz leidlicher Schriftsteller geworden und wäre ein ganz großer Maler geworden, wenn ich in die Karriere gekommen wäre... Das weiß ich. Und alles, was Kritiker loben oder tadeln, gilt mir gar nichts neben dem eigenen Bewußtsein, daß ich viel malerischer schreibe als irgendein anderer... Aber sowie ich die Feder ansetze, male ich, gebe ich Porträts und Stimmungen... Einmal hat's einer herausgefunden. Das war kein Kritiker, kein gescheiter Berliner --- sondern ein Schreinermeister aus Prien. Der sagte zu mir: »Sie wär'n a Maler worn... Herrgott... is das schad!« – Dagegen schreibt Hofmiller: »Sein Auge, glaube ich, war zu andächtig, um scharf zu sehen, zu glücklich, um malermäßig zu beobachten. Er ist mehr Ohr als Auge.« In: Ludwig Thoma, »Ausgewählte Briefe«. München 1927, S. XI.

Schloß auf der Herreninsel braucht nicht positiv zu sein, aber Schloß und Ausstattung als »planlos« (S. 66) zu bezeichnen, wird der Sache nicht gerecht. Daß er trotzdem »einen wachen Sinn für bildende Kunst« hatte (S. 59), sei deshalb nicht ausgeschlossen, doch scheint er vieles davon seit seinem Umgang mit Künstlern in frühere Zeiten hineinprojeziert zu haben.[30] Geschmack und Kunstverstand verrät jedenfalls Thomas Haus auf der Tuften, das den Bewohner ehrt und für ihn spricht; aber dafür braucht er den Freund Taschner, der ihm Haus und Einrichtung entwirft. Dennoch zeigt dieses Haus mehr als vieles andere den wahren Thoma, den er selbst seinen Lesern, der gebildeten Welt, vor allem der von ihm umworbenen Frau von Liebermann durch die »Erinnerungen« vorstellen will. Auf seine Briefbögen läßt er nicht von ungefähr als Ortsangabe selbstbewußt und wohl auch glücklich über die Art des Hauses »Landhaus Ludwig Thoma« drukken.

»mir liegt das Biblische im Blut«

Fehlen Äußerungen zur bildenden Kunst in den »Erinnerungen« weitgehend, die Zeichner des »Simplicissimus« und Maler wie Karl Haider oder Julius Noerr ausgenommen, so sind Bemerkungen zur Religion entweder distanziert oder plump. Religion bedeutet Thoma nichts. Daß Gott in einer Kirche wohne – ein Bild, das dem kleinen Enkel Björnsons vorgestellt wird[31], ist für ihn ein »Märchen«. Wohl weiß er »Katholisches« zu schätzen – zum Schönsten gehört sein Kommentar dazu im Bericht von der Beerdigung Helene Taschners in Mitterndorf[32], aber dabei handelt es sich um Fragen des Kultes, um die Wirkung des Latein als Kirchen-

---

30 WALTHER ZIERSCH schreibt in seinem unguten Buch »Thoma und die Münchner Stadt« (München 1936), S. 42 ff., allerdings davon, daß Thoma als Student die Sehenswürdigkeiten Münchens entdeckt habe.
31 »Erinnerungen« S. 140.
32 Brief vom 10. Oktober 1919 an Frau von Liebermann, LB, S. 395 f.

sprache, um die kulturelle Bedeutung der Liturgie etc., nicht um Glaubensinhalte. Oder er beschreibt nach rein äußerlichen Kriterien das Katholische in Salzburg:

»Und wie katholisch nach alter, nicht neuer, händelsuchender Art; fröhlich, barock und zopfig mit Posaunen blasenden jubilierenden Engeln über den Portalen der Kirchen, in denen es still und einladend kühl war, wenn die Plätze draußen unter greller Sonne lagen.«[33]

Die kirchlichen Feste sind ihm bestenfalls Brauchtum, Teil der »alten Sitte und der alten Formen« (S. 42), nicht mehr; wenn ein Fest nicht in dieses Schema paßt, wie etwa »Maria – Patrona Bavariae«, dann hatte er dafür nur Spott übrig.[34] In dieser Hinsicht konnte ihm die fromme Mutter offenbar wenig mitgeben, und was er als das zwar ehrenwerte, aber magere ›Credo‹ seiner Mutter wiedergibt, daß man niemandem wehe tun dürfe (S. 42), ist wohl eher *seine* Meinung. Hätte er sich wenigstens nach der Niederschrift der »Erinnerungen« selbst daran gehalten, so wäre ihm und seinen Lesern manches erspart geblieben. Wie sehr Thoma jedes Durchscheinenlassen einer christlichen Haltung fürchtet, vielleicht auch ein Mangel an Zivilcourage, zeigt der wiederholte Kommentar zum Tod der Freunde; da ist immer vom »Schicksal« die Rede, ja bei Wilke schreibt er, daß der Tod eines so genialen Menschen »töricht« sei.[35] Andererseits wirft er sich, angesichts des vielen Lobs, das er für seine »Heilige Nacht« (erschienen Ende 1916) einheimsen darf, in die Brust und schreibt an Conrad Haußmann (27. 12. 1916):

»Das machen und so machen zu können, ist von den Urvätern ererbtes Gut, und, weil ich mütterlicherseits von Ammergau herstamme, liegt mir das Biblische im Blut, und auch so was von krippenspielerischer Bauernkunst.«[36]

33 »Leute, die ich kannte« S. 286.
34 Brief an Conrad Haußmann vom 19. 5. 1916 in LB, S. 287.
35 »Das Schicksal ist töricht« heißt es auch im Brief an Maidi von Liebermann vom 8. Aug. 1919. In: Ges. Werke I, München 1956, S. 499 u. LB, S. 379.
36 LB, S. 300 f.

Damit mag er Recht haben, doch eine Auseinandersetzung mit religiösen Fragen war ihm kein Bedürfnis, daran hinderte ihn auch sein Antiklerikalismus. Bei seiner Eheschließung mit Marion Schulz brüstet er sich damit, daß ihm das Standesamt genüge und er den Pfarrer nicht zu bemühen brauche. Das wäre in seinem Fall ohnehin vergebliche Liebesmühe gewesen. Er war gegen den Klerus, gegen die Kirche, gegen Dogmen, und er scheute in seiner Polemik nicht vor platten Verallgemeinerungen und groben Entstellungen zurück. Er war gegen den Klerus, doch die »Erinnerungen« sind voll von gewinnenden Priestergestalten, angefangen bei Pfarrer Daisenberger von Oberammergau bis hin zu den Seelsorgern in Allershausen und Egern, die seine Freunde waren. Verallgemeinerungen sind immer gefährlich. Aber ein rechter Pfarrer ist für ihn ohnehin nicht mehr als ein lebenslustiger Junggeselle, der Karten spielen kann und bei dem das priesterliche Amt bestenfalls nach der Leidenschaft fürs Jagen kommt. In Wirklichkeit gibt es in Thomas Leben wenig negative Priestergestalten, wohl manche in seinem Werk, die ihm selbst aber wenig Ehre machen.

Sein *Liberalismus*, den er in diesem Zusammenhang gerne beschwört, hat nichts mit wirklicher Liberalität zu tun, sondern beschränkt sich auf die Ablehnung eines vermeintlichen Ultramontanismus (S. 49) oder eines in seinen Augen gefährlichen Klerikalismus; er ist für ihn kein Ideal, sondern bloße Anti-Haltung. Wenn in Rom, so betont er in seinen Briefen, daß ihn die christliche Kunst gleichgültig lasse und er sich ganz auf die antiken Denkmäler konzentriere.

Trotz allem gibt es in seinem Haus Herrgottswinkel und Andachtsbilder. Offiziell getrennt hat er sich auch von der Kirche nicht. Im Tegernseer Matrikelbuch steht er bei seinem Tod vermeldet als »Schriftsteller, kath., geschieden«; und über sein Sterben, das er in manchen seiner Erzählungen so ergreifend zu schildern vermag, ist zu lesen:

»Nach schwerer Operation in München am [26.] Aug. 1921 unerwartet sine sacram. [ohne den Empfang der Sakramente] gest., mit Erlaubnis des Erzb[ischöflichen]. Ordinariates kirchl[ich]. beerdigt.«

Gestorben ist Thoma nach diesem Eintrag am 26. August abends 1/2 10 Uhr, beerdigt wurde er am 29. August vorm. 10 Uhr. –

Das Fehlen des Religiösen mag mit die Ursache sein für manche unglückliche Entscheidung Thomas, es erklärt vielleicht auch manche Schattenseiten seines Charakters und ist wohl der tiefste Grund für seine Rat- und Hilflosigkeit nach dem Krieg. Hinzu kommt der Mangel an Erziehung, weil er in seiner Jugend, ganz auf sich gestellt, verwilderte.[37]

»Um mich ist Heimat«

Erinnern ist also für Thoma nicht Selbstzweck – er hatte ja bei der Abfassung dieses Rückblicks gerade erst die Fünfzig überschritten, und daß sein Leben sich so rasch dem Ende zuneigen sollte, konnte er damals nicht ahnen. Was er aber unmittelbar nach dem Zusammenbruch von 1918 braucht und sucht, ist etwas ebenso Komplexes wie Einfaches, nämlich einerseits die Befreiung aus einer Einsamkeit, die ihn lähmt[38], andererseits aber auch geistige Geborgenheit, die jeder Mensch braucht, gleichgültig welchen Namen er dafür hat. Thoma nennt diese Geborgenheit *Heimat*. Von Heimat hatte Thoma in seinem Leben nicht viel gespürt. Heimat war ihm das Elternhaus, aber dann starb der Vater, und er wurde als Siebenjähriger hinausgeschickt in die Fremde und mußte in Internaten oder bei Verwandten leben. »Dann starb der Vater«, das sagt sich leicht, für Thoma und seine Familie war der Tod des Vaters tatsächlich eine Katastrophe. Die Fremde war zugleich das Gegenteil von Heimat, von Geborgenheit und Führung. Die Ferien bei der Muter waren kurz, das Heimweh in der Stadt groß. Eine Art *Heimat* fand Thoma immer wieder

---

37 Bernhard Gajek stellt diese, die Mutter bekümmernde Tatsache in seinen Ausgaben von Thomas »Lausbubengeschichten« (Serie Piper Nr. 853, z. B. S. 136–142) und »Tante Frieda« (Serie Piper 379) deutlich heraus.
38 »Nur... Arbeit und tiefste Einsamkeit« klagt er der Freundin, Frau von Liebermann, am 10. Oktober 1919, in: LB, S. 396.

bei Menschen, die mit seiner Kindheit verbunden waren, bei seiner Kinderfrau Viktor oder bei dem Jagdgehilfen seines Vaters, Bauer – beide Gestalten werden in den »Erinnerungen« liebevoll und gewinnend, zugleich überaus plastisch gezeichnet. Heimat fand Thoma auch, für ihn in mehrfacher Hinsicht entscheidend, in der Arbeit für den »Simplicissimus«. Diese Arbeit ist für ihn die »Erlösung« (S. 136) aus der Qual der Berufswahl, sie schenkt ihm das Glück der Freundschaft mit Männern, die ihn bereichert haben, und sie bringt nicht zuletzt die Anerkennung als Schriftsteller, den Erfolg, der ihn selbstbewußt macht.

Das Wort *Heimat* kommt in den »Erinnerungen« und in »Leute, die ich kannte« oft vor. Es bezeichnet den Kreis von Menschen, bei denen Thoma Geborgenheit findet, es steht für Landschaften, die ihm lieb geworden sind: Vorderriß, das Dachauer Land, das »gute Altbayerische«.[39] Mag Thoma in anderem Zusammenhang äußerst fragwürdige Theorien von Rasse und Volk vertreten, wie sie seit dem 19. Jahrhundert unter europäischen Liberalen Mode waren[40], sein Heimatbegriff ist nicht angekränkelt von solchen Vorstellungen und Theorien, die dieses Gut später in Mißkredit gebracht haben, und auch nicht von einer Deutschtümelei, die sich mitunter in diese beiden Bücher eingeschlichen hat (S. 60). Doch davon abgesehen, welche Werte und Ideale gibt es überhaupt, die

---

39 Eine Untersuchung zum Heimatbegriff bei Thoma wäre der Mühe wert. In dem Sammelband »Heimat heute«. Hg. von HANS ZEHETMAIER und HELMUT ZÖPFL, Rosenheim 1989, findet man darüber nichts. Die »Thoma-Philologie« steckt trotz der Bemühungen, die von der Universität Regensburg ausgehen (Prof. Bernhard Gajek und seine Schule) und die schon reiche Früchte getragen haben, doch erst in den Anfängen. Zum Heimatbegriff bei Thoma gehören auch seine Äußerungen über Altbayern, die, was Land und Leute angeht, sehr positiv, was die politischen Kräfte betrifft, aber ausnahmslos kritisch sind. Viele Beispiele dafür finden sich in den hier abgedruckten Texten. Vgl. auch S. 62 und S. 197.
40 J. A. Graf Gobineau in Frankreich, J. Chamberlain in England, J. Huizinga in den Niederlanden. – Als Beispiel sei Thomas Lebensbild seines Freundes Taschner in »Leute, die ich kannte« genannt, z. B. S. 241 u. 251.

nicht in ähnlicher Art im Laufe der Geschichte geschändet worden wären? Darf man daraus schließen, daß Thoma, hätte er lange genug gelebt, dem Nationalsozialismus verfallen wäre? Ziersch (s. Anmerkung 30) behauptet in seinem zu Unrecht gelobten, in Wirklichkeit ärgerlichen Buch, Thoma hätte Freude gehabt an der politischen Entwicklung nach 1933. Solche Vermutungen sind ebenso überflüssig wie fragwürdig. Man braucht kein blinder Verehrer Thomas zu sein, um diese Vermutung anzuzweifeln: So ausfallend er in politischen Äußerungen sein konnte, »dumm« war er nicht.

Von dem Thema *Heimat* bei Thoma war die Rede. Die Suche nach solcher Heimat hatte Tucholsky falsch verstanden.[41] Wie könnte er sonst so entsetzt gewesen sein, daß er den ehemals bewunderten Kollegen plötzlich einen Spießer nennen muß? Dabei handelt es sich nicht nur um Mißverständnisse, sondern auch um einen Mangel an Einfühlung und Toleranz. Aber es ging Tucholsky, wie oben angedeutet, bei dieser Bemerkung nicht so sehr um die »Erinnerungen«, sondern um die veränderte politische Haltung Thomas.

Auch Wörter wie »Behagen« oder »behaglich« sind in beiden Büchern häufig.[42] Das geht in die gleiche Richtung wie seine Sehnsucht nach Heimat. Aber was ist so schlecht an diesem Wunsch eines alternden und zutiefst einsamen Menschen, dessen beste Freunde tot sind, dessen politische Vorstellungen zerstört ist, dessen Ehe (1907–1911) gescheitert war und der die ersehnte Verbindung mit Frau von Liebermann, die er im August 1918 wieder am Tegernsee getroffen

---

41 Vgl. oben Anmerkung 8. Später hat ihm selbst diese Geborgenheit so sehr gefehlt, daß er am Leben zerbrochen ist.
42 Zwei Dutzend Stellen sind es leicht; dazu kommen Ausdrücke wie »das stille Glück«, z. B. S. 25, und ähnliche. Das *Behagen* fehlt auch sonst bei Thoma nicht, so schreibt er an Hofmiller (16. 1. 1918) über den Roman »Altaich«, er »wird sich, wie ich denke, harmlos und behaglich lesen.« Und Hofmiller beginnt seine Besprechung in den »Süddeutschen Monatsheften«: »Diese Erzählung atmet und gibt, was wir seit langem nicht mehr kennen: Behagen.« Zitiert aus dem Nachwort von Karl Pörnbacher zu »Altaich« (Ausgabe 1992, Serie Piper 1190), S. 245 und 246.

hat, nicht mehr eingehen konnte?[43] Arbeit allein und dazu »tiefste Einsamkeit« – das ist schwer zu ertragen; durch die »Erinnerungen« hofft Thoma, nicht nur Erleichterung zu finden, sondern auch die Freundin zu gewinnen.

»Lesestücke für deutsche Schulbücher«

»Mir ist das Buch ein bißchen zu resigniert«, schreibt Thoma am 31. Dezember 1919 an Franz Xaver Schönhuber über die »Erinnerungen«.[44] Trifft das für dieses Buch wirklich zu? Es ist eher vorsichtig als resigniert, vorsichtig nicht zuletzt in dem, was ausgesprochen wird oder ungesagt bleibt. »Erinnerungen« – der Titel verspricht etwas Persönliches, und als Buch eines Schriftstellers von Rang etwas Gutes, Fesselndes, Anregendes. Alle diese Erwartungen werden erfüllt. Nicht zuletzt vermag das Buch ein Bild von der bewegten Periode um die Jahrhundertwende zu geben, mit München als eines der literarischen Zentren im deutschen Sprachraum und Thoma als Literat, der von sich reden macht, nicht nur in engem Kreis, nicht nur durch die Arbeit am »Simplicissimus«.[45] *Spießig* (Tucholsky) sind die »Erinnerungen« sicher nicht, wohl auch nicht immer *weise* (Lachner), aber doch klug, für die Zeit bezeichnend, für den Autor aufschlußreich; in jedem Fall ist das Buch eine schriftstellerische Leistung von Rang, ausgezeichnet durch Charakterschilderungen und Landschaftsbilder, durch das geglückte Einfangen von Stimmungen und die anschauliche Beschreibung von Situationen wie der erste Ausflug des gerade Fünfjährigen in die große Welt von Oberammergau, bei dem schon das Dorf Wallgau eine große Überraschung bedeutet, der Königsbesuch in der

---

43 Vgl. dazu Schad.
44 LB, S. 408; vgl. oben S. 345.
45 Einen ersten Einblick in diese Zeitschrift, den Thoma hier voraussetzt, gibt der Münchner Katalog über den »Simplicissimus« von 1978, ferner die Untersuchungen von GERTRUD M. RÖSCH, »Ludwig Thoma als Journalist«, von Andreas Pöllinger I, S. 15 ff. und das Werkverzeichnis bei Lemp.

Riß, die Ferien in Prien, die Radtouren durch Italien, das Erleben des Kulturbetriebes in Berlin etc. Die Sprache ist sparsam und fast schmucklos, ungekünstelt, doch nicht kunstlos. Der Freundin schreibt er dazu:

»Meine ›Erinnerungen‹ sind etwas zu ernst. Aber das wirst Du noch erleben, wenn ich mit Kropf und Knopf unter einem Baum liege, daß aus den Erinnerungen Lesestücke für deutsche Schulbücher abgedruckt werden...«[46]

Thoma hat, wie in dem eingangs zitierten Brief an Frau von Liebermann hervorgeht (S. 341), bei den »Erinnerungen« bewußt gegliedert und ökonomisch erzählt. Sein Anliegen war nicht Vollständigkeit, sondern das Herausarbeiten von Schwerpunkten. Das gilt auch von den Lebensbildern in »Leute, die ich kannte«. Etwas Typisches, eine hübsche Anekdote, wenige Charakterzüge genügen ihm, um ein farbiges Bild einer Persönlichkeit zu zeichnen, und immer versteht er, selbst Kleinigkeiten so zu erzählen, daß sie der Mühe wert sind. In jedem Fall aber bemüht er sich um Objektivität und Fairneß, etwa Langen gegenüber, der so anders war als er selbst und von dem er schreibt, daß er »keine Hinterhältigkeit« kannte, oder bei Ruederer und Wedekind, wo ihm Unparteilichkeit eher schwer fällt. Immer sind diese biographischen Skizzen, von denen manche feine Einfühlungsgabe und Rücksichtnahme verraten, auch eine unterhaltende und anschauliche Quelle für die Kultur- und Literaturgeschichte der Jahrhundertwende bis hin zum Ersten Weltkrieg.

Das Spektrum der beiden Bücher Thomas, der »Erinnerungen« und der Sammlung »Leute, die ich kannte«, ist reich und bunt. Während das zweite Buch eine lose Aneinanderreihung von kleinen Stücken bleibt, sind die »Erinnerungen« kunstvoll gegliedert, schließt sich der Lebensbericht wie ein Kreis. Die letzten drei Zeilen des Buches nehmen noch einmal einen

---

46 Brief vom 12.2.1921, in: LB, S. 445; ob dieser Wunsch in Erfüllung gegangen ist oder gehen wird? KOFIZ HOLM schreibt 1953 in seinem Büchlein »Ludwig Thoma und Olaf Gulbransson – wie ich sie erlebte«, S. 5: »sein Werk wird dauern und kann warten«.

Gedanken auf, der schlicht und ohne Sentimentalität das umschreibt, was für Thoma das »beste Glück« (S. 194) ist:
 »Um mich ist Heimat.
 Und ihre Erde kann einmal den, der sie herzlich liebte, nicht drücken.»
Die Tatsache, daß die »Erinnerungen« nur wenige Jahre vor dem Tod des Dichters geschrieben wurden, lassen diese Zeilen wie ein Vermächtnis erscheinen, Ausdruck seiner Sehnsucht nach Geborgenheit und Glück, die er im Leben vergeblich suchte.

Hans Pörnbacher

Literaturverzeichnis

1. Briefe

Ludwig Thoma. Ein Leben in Briefen [1875–1921]. Hg. von Anton Keller. Vorwort von Josef Müller-Marein. München 1963.　　LB

Ludwig Thoma. Ignatius Taschner. Eine Bayerische Freundschaft in Briefen. Hg. und kommentiert von Richard Lemp. München 1971.　　Taschner

Ludwig Thoma. Vom Advokaten zum Literaten. Unbekannte Briefe. Hg. und kommentiert von Richard Lemp. München 1979. [Briefe an den Bauamtsassessor Jakob Frankl in Traunstein]

Der Briefwechsel zwischen Ludwig Thoma und Albert Langen. 1899–1908. Ein Beitrag zur Lebens-, Werk- und Verlagsgeschichte um die Jahrhundertwende. Hg. von Andreas Pöllinger. Bd 1., 2. Frankfurt 1993 (Regensburger Beiträge zur deutschen Sprach- und Literaturwissenschaft/A 7)　　Pöllinger

2. Werke

Soweit Verweise auf Thomas Werke nötig sind, werden die Werkausgaben der *Serie Piper* wegen der ausführlichen und zuverlässigen Kommentierung angeführt.

3. Sekundärliteratur

Fritz Heinle, Ludwig Thoma in Selbstzeugnissen und Bilddokumenten. Reinbek 1963.

Benno Huberstein, Ludwig Thoma. In: Biographenwege. Lebensbilder aus dem alten Bayern. München 1984, S. 181–202.

Richard Lemp, Ludwig Thoma. Bilder, Dokumente, Materialien zu Leben und Werk. München 1984.   Lemp

Martha Schad, Ludwig Thoma und die Frauen. Regensburg 1995.   Schad

Gertrud M. Rösch, Ludwig Thoma als Journalist. Ein Beitrag zur Publizistik des Kaiserreichs und der frühen Weimarer Republik. Frankfurt 1989 (Regensburger Beiträge zur deutschen Sprach- und Literaturwissenschaft/B 42)   Rösch

Otto Gritschneder, Angeklagter Ludwig Thoma. Mosaiksteine zu einer Biographie aus unveröffentlichten Akten. 2. erw. Aufl. München 1992. [Inhalt: Das Strafurteil; Die Strafvollstreckung; Ludwig Thomas Artikel im »Miesbacher Anzeiger«; Anhang: Daten zu Ludwig Thomas Lebenslauf; Ludwig Thomas Vorfahren]
Gritschneder

Eleonore Nietsch, Frau und Gesellschaft im Werk Ludwig Thomas. Frankfurt am Main, Berlin etc. 1995. (Regensburger Beiträge zur deutschen Sprach- und Literaturwiss. B.). – Diese Untersuchung konnte hier leider nicht mehr berücksichtigt werden.

4. Zeitschriften und Tageszeitungen

in denen Thoma geschrieben hat (nicht eigens aufgeführt sind »Der Sammler«, »Die Jugend«, »Augsburger Abendzeitung« etc.; vgl. dazu Rösch)

Simplicissimus. 1896–1914. (Hg. und eingel. von Richard Christ). Berlin 1972.

Simplicissimus. Eine satirische Zeitschrift. München 1896–1944. Ausstellung München 1978. Wissenschaftliche Bearbeitung: Carla Schulz-Hoffmann.

Helga Abret, Versuch einer Politisierung des Geistigen: Die kulturpolitische Zeitschrift »März« (1907–1917). In: Revue d'Allemagne 12 (1980).

GERTRUD M. RÖSCH, Ludwig Thoma als Journalist. Ein Beitrag zur Publizistik des Kaiserreichs und der frühen Weimarer Republik, S. 45-65 (Simplicissimus), S. 65–80 (März). (S. S. 366).

LUDWIG THOMA, Sämtliche Beiträge aus dem Miesbacher Anzeiger 1920/21. Kritisch ediert und kommentiert von WILHELM VOLKERT. München 1989.   Volkert

Zur Ausgabe

Die Texte dieses Nachdrucks folgen ohne Modernisierung der Orthographie und der Zeichensetzung den Erstdrucken von 1919 bzw. 1923. Lediglich offenkundige Druckfehler wurden stillschweigend berichtigt. Die Anmerkungen sollen vor allem der Personenbestimmung dienen und das Verständnis der Texte, soweit notwendig, erleichtern. Leider konnten einige Stellen, so auch zwei Redensarten oder Dichterzitate, die für Thoma offenbar noch Selbstverständlichkeiten waren, nicht nachgewiesen werden. Für Hinweise sind Verlag und Herausgeber dankbar. Ansonsten wollen die Anmerkungen nicht mehr als die Lektüre erleichtern und für das Verständnis der beiden Bücher die erforderliche Hintergrundinformation liefern; sie verzichten auf Interpretation und können auch keine erschöpfende Dokumentation für das von Thoma Beschriebene sein. Wo sinnvoll und möglich wird in den Anmerkungen weiterführende Sekundärliteratur angegeben.

Als Vorlagen für diese Ausgabe dienten:

LUDWIG THOMA, Erinnerungen. 1. bis 20. Tausend. München: Albert Langen (1919).

LUDWIG THOMA, Leute, die ich kannte. 1. bis 5. Tausend. München: Albert Langen 1923.

Zeittafel

Eheschließung der Eltern	14. 12. 1857
Aufenthalt der Familie in Vorderriß	1865–1873
Geburt Ludwig Thoma in Oberammergau	21. 1. 1867
Umzug der Familie nach Forstenried	26. 8. 1873
Tod des Vaters in Forstenried	26. 9. 1874
Die Mutter als Wirtin in Prien	1876–83
in Traunstein	1883–92
in Seebruck	1892–94
Volksschule in Landstuhl/Pf.	Dez. 1874– Aug. 1875
Gymnasium in Neuburg (Donau)	1877/78
Gymnasium in Burghausen	1878/79
Gymnasium in München	1879–85
Gymnasium in Landshut	1885/86
Studium in Aschaffenburg	1886/87
in München	1887/88
in Erlangen	1888–90
Thoma als Rechtspraktikant in Traunstein	1890–1893
in München	1893
2. Prüfung für den Höheren Justiz- und Verwaltungsdienst	Dez. 1893
Tod der Mutter in Seebruck	2. 6. 1894
Anwaltspraxis in Dachau, Zulassung am	2. 11. 1894
Anwaltspraxis in München	April 1897– 15. 9. 1899
»Agricola« erscheint in Passau	Nov. 1897
Erste Beiträge für den »Simplicissimus«	1898
Feste Mitarbeit beim »Simplicissimus«; 832 Beiträge	1. 11. 1899– 1921

Eintritt in die Redaktion des »Simplicissimus«	1.4.1900
»Burenkrieg«, hg. von L. Thoma	1901
Max Thoma mit Familie in Allershausen	Juli 1901
Aufenthalt in Berlin	Nov. 1901 – März 1902
Aufenthalt in Paris	März/April 1902
Radtour nach Italien	Mai 1902
Erster Aufenthalt in Finsterwald bei Gmund	Juni/Juli 1902
Beginn der Bekanntschaft mit Ganghofer	1902
Bruder Max wandert nach Kanada aus	Aug. 1902
Uraufführung von Thomas »Lokalbahn«	19.10.1902
Tod von Viktor Pröpstl	21.11.1902
Erste Begegnung mit Ignaz Taschner	9.1.1903
Reise nach Wien	28.1.1903
Radtour nach Marseille, Tunis, Italien	April/Mai 1904
Radtour vom Gardasee nach Florenz	Mai 1905
Gefängnisstrafe in Stadelheim	16.10.– 27.11.1906
Erstes Heft der Zeitschrift »März«	8.1.1907
Heirat mit Marion Schulz, geb. Marietta di Rigardo	26.3.1907
Tod von Josef Benedikt Engl	25.8.1907
Einzug im Haus auf der Tuften	8.4.1908
Tod von Rudolf Wilke	11.11.1908
Tod von Albert Langen	30.4.1909
Tod von Ferdinand Freiherr von Reznicek	11.5.1909
Scheidung von Frau Marion	30.6.1911
Tod von Ignaz Taschner	11.11.1913
Beginn der Niederschrift der »Erinnerungen«	Febr. 1917

Tod von Helene Taschner	10. 5. 1919
Tod von Georg Queri	21. 11. 1919
Tod von Ludwig Ganghofer	24. 7. 1920
Thoma kauft Grabstelle neben Ganghofers Grab	Sommer 1920
Beginn der Arbeit an »Leute, die ich kannte«	Aug./Sept. 1920
Operation in München: Magenkrebs	8. 8. 1921
Tod Ludwig Thomas	26. 8. 1921

Register

Abraham a Santa Clara 186,329
Adam, Christian 309
Albert I., Fürst von Monaco 175
Altenberg, Peter 168, 325
Angermaier, Christoph 60
Angstwurm, August 109, 313
Anjou, Karl von 304
Annegarn, Joseph 49, 303
Aram, Kurt 330
Archenholtz, Johann Wilhelm 154, 322
Assessor F. siehe Frankl, Jakob
Auerbach, Berthold 58 f., 306

Badeni, Graf Kazimierz Feliks B. 259, 335
Barbarossa 130
Baudelaire, Charles 269, 336
Bauer, Thomas 24 f., 28, 32, 40, 44, 68–70, 300, 359
Baumeister, Bernhard 169, 325
Berger, Alfred von 169, 325
Bernays, Michael 51, 304
Bernhart, Joseph 348
Bernstein, Max Ernst 109, 312
Besnard, Charles Albert 164, 324
Bierbaum, Otto Julius 138, 265, 302, 319, 336, 342
Bismarck, Otto von 39, 53, 76, 94, 310, 346
Björnson, Arne 140, 321, 356

Björnson, Björnstjerne 138–141, 182, 223, 225, 227, 319 f., 333
Björnson, Karoline 140
Björnson-Langen, Dagny 347, 351
Bland, Hermine 51, 304
Blumenthal, Oskar 159, 323
Böcklin, Arnold 182, 327
Böcklin, Carlo 182, 327
Boni, Giacomo 139, 320
Bouillon, Gustav von 130
Brahm, Otto 111, 158, 323
Brandl, Franz Ritter von 66, 307
Bruckmann, Peter 182, 327
Busch, Wilhelm 27, 204, 296, 300
Busson, Paul 168, 324

Candid, Peter 60
Caprivi, Leo Graf von 314
Carl Theodor, Herzog 40, 302
Carrière, Eugène 164, 324
Chamisso, Adalbert von 318
Chassepot, Antoine Alphonse 302
Chiavacci, Vinzenz 169, 325, 342
Clémenceau, George 165, 324
Clémenceau, Paul 165, 324
Conrad, Michael Georg 111, 124, 144, 313, 316
Courths-Mahler, Hedwig 300

Dahn, Felix 58, 80, 306, 309, 323
Daisenberger, Joseph Aloys 16, 17, 298, 358
David, Jakob Julius 168, 260, 325
Dehmel, Richard 111
Delarey, General Methuen von 165
Dickens, Charles 63
Dietz, Wilhelm von 208–211, 331 f., 342 f.
Döllinger, Johann Joseph von 12, 42, 57, 297, 306
Dollmann, Georg Carl Heinrich von 307
Dostler, Johann Nepomuk 290 f.
Drachmann, Holger 212–215, 332, 342 f.
Dreyfus, Alfred 140, 164, 223, 321

Eberle, Syrius 233, 235 f., 333
Ebers, Georg Moritz 58, 306
Eichler, Reinhold Max 125, 316
Eisenberger, Georg 108, 312
Elias, Julius 157 f., 323
Elisabeth, Kaiserin von Österreich 302 f.
Elsas, Fritz 283, 338
Engl, Joseph Benedikt 138, 189 f., 319
Erler, Fritz 125, 316

Falk, Adalbert 53, 305
Falkenberg, Otto 138, 319

Fäustle, Johann Nepomuk von 58, 306
Feilitzsch, Max Graf 186, 329
Feldbauer, Max 125, 316
Fesenmair, Joh. Ev. 309
Flad, Georg 314
Forel, August 188, 329
Fontane, Theodor 58, 110, 313, 323
Frankl, Jakob 104 f., 311
Franz Joseph I., Kaiser von Österreich 36
Freiligrath, Ferdinand 282
Frey, Joseph 60
Freytag, Gustav 58 f., 306
Friedrich II. 49, 304, 322
Friedrich, Kurfürst von der Pfalz 9
Friedrich Wilhelm von Brandenburg 304
Furmair, Johann 60

Ganghofer, August von 11
Ganghofer, Ludwig 11, 172 f., 188, 296 f., 325, 329 f., 342, 352
Garibaldi, Giuseppe 182, 327
Gauß, Heinrich 283, 338
Geheeb, Reinhold 137, 223, 318 f.
Geibel, Emanuel 306, 323
Geißler, Peter 52–54, 61–64, 304
Gengler, Heinrich Gottfried 92 f., 310
George, Stephan 130
Georgi, Walther 125, 316
Girardi, Alexander 169, 325

Glaßbrenner, Adolf 157, 323
Goes, Georg 315
Goes, Hugo van der 180
Goethe, Johann Wolfgang von 9, 14, 200, 295, 304
Göring, Emil 318
Gothein, Eberhard G. 261, 335
Gotthelf, Jeremias 63
Gregor VII 303
Greiner, Leo 138, 319
Gröber, Hermann 125, 316
Grodemange, Anton 14, 297
Gulbransson, Olaf 183 f., 203, 212, 279, 327 f., 331, 338
Gumppenberg, Hans von 138, 319
Gyulai, Franz 81 f., 309

Hacker, Franz 309
Hackländer, Friedrich Wilhelm 82, 170, 300, 309, 325
Hafner, Andreas siehe: Hefter, Andreas
Haider, Karl Michael 197–203, 297, 330, 342, 356
Haider, Max 13, 20, 201, 203, 297, 356
Halbe, Max 138, 144, 256, 320 f., 334
Halsen, Blasi 33 f.
Halsen, Toni 32–34
Hamsun, Knut 316
Hartleben, Otto Erich 111, 138, 265–268, 320, 335, 342
Hauberrisser, Georg von 305
Hauptmann, Gerhart 110, 157 f., 313, 323

Haushofer, Max 65, 307
Häusser, Karl 51, 304
Häußer, Ludwig 154, 322
Haußmann, Conrad 171, 281, 283, 326, 330, 338, 357
Haußmann, Friedrich 171, 173, 282 f., 326
Hecht, Karl Wilhelm 104, 311
Heer, August 184, 328
Hefter, Andreas 74, 308
Hehn, Victor 180, 327
Heilmeyer, Alexander 328
Heim, Georg 349
Heine, Thomas Theodor 121, 125, 130 f., 133 f., 137, 141, 174, 272, 315 f., 329, 332, 337
Heinrich IV 303
Heppenstein, Sabina Freyin von 10
Herwegh, Georg 282, 338
Hesse, Hermann 330, 351
Heud, Otto 338
Heyse, Paul 57, 266, 306, 323, 336
Hirth, Georg 126, 129, 144, 151, 188, 276 f., 317, 322, 329, 337
Hoffmann, Ludwig 244 f., 334
Hofmannsthal, Hugo von 304
Hofmiller, Josef 296, 310
Hohenlohe, Prinz Chlodwig zu 36, 40, 301
Holitscher, Arthur 138, 319
Holloschy, Simon 126, 317
Holm, Korfiz 124, 130 f., 222, 272, 315, 318, 320, 333, 337

Holnstein, Max Graf von 30, 301
Holossy siehe Holloschy, Simon
Holz, Arno 111
Holzbock, Alfred 175, 326
Hölzel, Adolf 119, 124, 314 f.
Homer 48
Hugo, Victor 164
Hyrtl, Joseph 287 f., 339

Ibsen, Henrik 120, 316, 320

Jank, Angelo 125, 316
Jean Paul 14
Jehl, August 108, 312

Kainz, Joseph 51, 304
Kämpf, Herr 231–233, 236
Käser, Dominikus 321
Karl Theodor siehe Carl Theodor
Karner, Franz 301
Kaulbach, Frida von 214, 332
Kaulbach, Fritz August von 213, 332
Keil, Ernst 151 f., 300, 322
Keller, Gottfried 58, 63, 121, 181, 184, 200, 327 f., 331
Kerner, Justinus 282
Kerr, Alfred 355
Kessel Zeutsch, Freiherr 238
Keyserling, Graf Eduard von 122, 315
Kleitner, Leonhard 108, 311
Kobell, Franz von 22, 57, 300, 306
Köllen, Johann Baptist 308
Kotzebue, August von 310

Kraus, Karl 168, 324 f.
Kröyer, Peter Severin 165, 324
Krumper, Hans 60
Kugler, Bernhard 154, 322
Kutscher, Arthur 334

Lachner, Franz 22, 300
Lachner, Johann 300, 344, 362
Lagerlöf, Selma 316
Landauer, Gustav 321
Lang, Eduard 14, 19, 298
Lang, Georg 18, 298
Lang, Hans 16 f., 298
Lang, Johann 18, 298
Lang, Marie (geb. Pfeiffer) 14, 23, 298
Lang, Otto 17, 298
Lang, Ricca 296
Langen, Albert 124 f., 131 f., 137, 163 f., 166, 182–184, 186 f., 189 f., 197, 221–227, 266, 272 f., 315 f., 318–320, 327, 330, 332, 342, 344, 363
Langen, Arne 140
Lautenburg, Sigmund 270, 336
Leibl, Wilhelm 200, 331 f.
Lenbach, Franz von 186
Liebermann, Maria 296, 308, 341 f., 352 f., 356, 359, 361, 363
Liebermann, Max 246
Lier, Adolf 22, 299
Liesching, Theodor 171, 326, 338
Liliencron, Detlev von 111, 270, 322
Lindau, Paul 159, 323
Lingg, Hermann 57, 306

Loefen, Bennewitz von 237 f., 333
Lola Montez 297
Lori, Johann Georg 297
Lori, Maria 297
Loewenfeld, Theodor 109, 312
Ludwig, Herzog 44, 303
Ludwig I., König von Bayern 53, 55, 108, 305
Ludwig II., König von Bayern 29, 35 – 37, 39, 66 f., 89, 300 f., 304, 309
Lueder, Karl Johann 93, 310
Luitpold, Prinzregent 209
Lutz, Johann von 53, 58, 305 f.

Maier, Dominikus 331
Maier, Joseph 53, 305
Makart, Hans 323
Makowitschka, Franz 93, 310
Mann, Thomas 138, 319 f., 350 f.
Marggraff, Johann 305
Marlitt, Eugenie John 110, 300, 313
Marr, Carl von 237 f., 233
Marx, Karl 258
Maupassant, Guy de 316
Mauthner, Fritz 59, 306
Maximilian II. Joseph, König von Bayern 13, 20, 36, 53, 108, 299, 312
Mehnert, Paul 333
Messel, Alfred 244, 334
Methuen, Paul Sanford 165, 324
Meyer, Konrad Ferdinand 58
Meyer-Förster, Wilhelm 323
Mommsen, Theodor 140, 320

Montez, Lola 13
Mößmer, Franz 109, 313
Mozart, Wolfgang Amadeus 286
Mühlbartl, Sebastian 17
Mühsam, Erich 321
Murger, Henri 126, 317, 332
Mussinan, Ludwig von 178, 327

Napoleon III. 36
Nassau, Herzog Adolf von 29 f., 301
Nestroy, Johann Nepomuk 325
Nietzsche, Friedrich 317
Noerr, Julius 22 f., 68, 71 f., 299, 308, 356

Oberländer, Adolf 204, 296, 331
Oncken, Wilhelm 154, 322
Onkel Joseph, siehe Rupert, Wilhelm
Onkel Wilhelm, siehe Geißler, Peter

Paiker, R. A. 314
Pappenheim, Graf 44
Paul, Bruno 123, 125, 130, 137, 206, 209, 221 f., 314 – 316, 318
Payer, Friedrich von 171, 326, 338
Peetz, Hartwig 106, 311
Pernerstorfer, Engelbert 168, 258 – 260, 324, 335, 342
Peters, Carl 261, 335
Pfarrer von Grassau siehe Reisenberger, Joseph

Pfau, Ludwig 173, 282, 326, 338
Picquard, Oberst 140, 164f., 223, 321, 324
Pietsch, Ludwig 159, 323
Platon 129, 317
Pocci, Franz Graf 22, 296, 299, 311
Poelzig, Hans 243, 334
Possart, Ernst Ritter von 51, 304
Pötzl, Eduard 169, 325, 342
Preger, Johann Wilhelm 60, 306
Pröbstl, Viktor 24, 26, 28, 37, 42–44, 69f., 79–81, 83, 90f., 95, 114f., 124, 134f., 146–148, 151–154, 173, 300, 303, 359
Puttlitz, Joachim Gans Eder zu 281, 338
Putz, Leo 125, 316

Queri, Georg 205, 279f., 331, 338, 342

Raabe, Wilhelm 58, 200
Rauffer, Max 314
Raupp, Karl 65, 307
Reder, Heinrich von 275, 337
Reisenberger, Pfarrer Joseph 20, 299
Reznicek, Ferdinand von 125, 137, 189f., 222, 273, 316, 342
Riehl, Wilhelm Heinrich 20, 22, 299f.
Riezler, Siegmund von 262, 335
Ringelnatz, Joachim 253f., 334

Ritter, Joseph 110, 122, 313, 315
Rodin, Auguste 164, 324
Rohrmüller, Joseph 123, 315
Rosenthal, Friedrich 132, 222, 318, 333
Rößler, Carl 155, 322
Rotteck, Karl Wenzeslav von 301
Ruederer, Joseph 138, 261–264, 276, 320, 335, 337, 342, 351, 363
Rupert, Minna (geb. Geißler) 52–54, 57, 64, 304
Rupert, Wilhelm 52–54, 56f., 61–62, 84, 304

Sand, Karl Ludwig 93, 310
Savits, Herr 134
Savonarola, Girolamo 179, 327
Schedler, Albert 309
Scheffel, Viktor von 58f., 296, 306f.
Scherr, Johann 314
Schiller, Friedrich 200, 329
Schinner, Joseph Max 308
Schlaf, Johannes 111
Schleich, Eduard d. Ä. 22, 54, 299
Schlenther, Paul 111, 167, 169f., 259, 324, 335, 342
Schlittgen, Hermann 206f., 209, 331
Schlosser, Friedrich 49, 303
Schmid, Hermann von 80, 309
Schönerer, Georg Ritter von 335

Schönherr, Karl 168, 324
Schönhuber, Franz Xaver 345, 362
Schulz, Marion 358
Schulz, Wilhelm 138, 319
Schweiger, Johann 305
Schweiger, Max 305
Schwind, Moritz von 22, 296, 299
Shakespeare, William 50, 158
Sigl, Johann Baptist 58, 306, 316
Slevogt, Max 209 f., 327, 332
Sokrates 129
Sonnenthal, Adolf Ritter von 169, 325
Spitzweg, Karl 22, 72, 296, 299
Steinlen, Théophile Alexander 164, 324
Stephan, Joseph 305
Stettenheim, Julius 159, 323
Steub, Friedrich 72, 204–207, 296, 308, 331, 342 f.
Steub, Ludwig 204, 331
Stieler, Karl 65, 307
Stifter, Adalbert 14
Storm, Theodor 58, 200, 323
Stuart, Maria 303
Stuck, Franz 186
Studt, Kultusminister 243
Sudermann, Hermann 110, 158 f., 313, 323
Sustris, Friedrich 60, 306

Tante Minna, siehe: Rupert, Minna
Taschner, Antoinette 248
Taschner, Bartholomäus 228–232, 233
Taschner, Helene (geb. Felber) 237, 242, 356
Taschner, Ignatius 184 f., 228–252, 281, 328, 333 f., 343 f., 356
Taschner, Maja 242, 244
Tattenbach, Oberst Graf Heinrich Johann Nepomuk von 39, 44, 68, 70 f., 302 f., 308
Tattenbach, Maximilian August Graf von 71, 308
Thaulow, Frits 164, 324
Thoma, Bertha 82, 105, 134, 136, 309
Thoma, Franz Seraph 11, 12, 87 f., 295
Thoma, Friederike Josepha 11, 297
Thoma, Hans 200, 331
Thoma, Henriette 12
Thoma, Jenny 147–150
Thoma, Joseph Adam 9
Thoma, Joseph Ritter von 9, 10, 11, 295
Thoma, Katharina (geb. Pfeiffer) 11, 13 f., 17, 20 f., 23, 27, 29 f., 37, 42, 51, 61, 64, 67 f., 71, 79 f., 82, 90, 95, 104 f., 112, 136, 149, 192 f., 297, 309, 314, 341 f., 356
Thoma, Maria 20, 72, 122, 123, 308, 315
Thoma, Max (Bruder) 20, 69, 79, 147–150
Thoma, Max (Vater) 12 f.,

19–24, 26, 28–31, 34f., 37f., 40–42, 68, 79, 147–150, 192f., 307f., 321, 346
Thoma, Peter 105, 311
Thoma, Sabine (geb. Freiin von Heppenstein) 295
Thoma, Theres 27
Thöny, Eduard 125, 127, 130, 137, 142, 174, 181, 222, 316, 329f.
Toller, Ernst 321
Treitschke, Heinrich 154, 322
Trübner, Wilhelm 200, 331
Tucholsky, Kurt 344f., 350, 361f.

Uhland, Ludwig 282, 310, 338

Varnbüler, Friedrich Gottlob Karl Baron von 40, 44, 302
Vasari, Giorgio 181, 327
Viktor siehe Pröbstl, Viktor
Vischer, Friedrich Theodor von 80, 309
Völderndorff, Otto Freiherr von 39, 302
Voll, Karl 180, 327
Vollmar, Georg von 162, 324

Weber, Georg 49, 303
Wedekind, Frank 122, 125, 130f., 137, 222, 227, 253, 255, 269, 271–274, 315, 317f., 327, 333f., 336f., 351, 363
Werder, Ludwig 301
Werth, Hans von 275, 337
Wilhelm II. 130f., 133, 154f., 302, 318, 322
Wilke, Erich 217
Wilke, Rudolf 124, 127–130, 137, 139, 174, 176, 178, 189f., 216–220, 222, 273, 316, 332, 342, 344, 357
Wimmer, Karl 109, 312
Wittmann, Ludwig 334
Wolzogen, Ernst Freiherr von 155f., 269f., 322, 336
Wopfner, Joseph 65, 307

Zola, Émile 316

Ludwig Thoma

Altaich
Eine heitere Sommergeschichte.
Textrevision und Nachwort von Karl
Pörnbacher. 292 Seiten. SP 1190

Andreas Vöst
Bauernroman. Textrevision und
Nachwort von Bernhard Gajek.
355 Seiten. SP 806

Dichter und Freier
Fünf Einakter. Textrevision und
Nachwort von Jean Dewitz.
211 Seiten. SP 1302

Der heilige Hies
Merkwürdige Schicksale des hochwürdigen Herrn Mathias Fottner von
Ainhofen, Studiosi, Soldaten und
späterhin Pfarrherrn zu Rapperswyl.
Nachwort von Richard Lemp.
160 Seiten mit 16 farbigen und
15 Schwarzweiß-Zeichnungen von
Ignatius Taschner. SP 1144

Der Jagerloisl
Eine Tegernseer Geschichte. Mit
15 Zeichnungen von Eduard Thöny
und 40 Zeichnungen von Julius
Widnmann. Textrevision und
Nachwort von Bernhard Gajek.
220 Seiten. SP 925

Jozef Filsers Briefwexel
Textrevision und Nachwort von
Helga Fischer. Mit 29 Zeichnungen
von Eduard Thöny. 272 Seiten.
SP 574

Lausbubengeschichten
Aus meiner Jugendzeit.
Mit 35 Zeichnungen von Olaf
Gulbransson. Textrevision und
Nachwort von Berhard Gajek.
195 Seiten. SP 853

Die Lokalbahn und andere Stücke
Textrevision und Nachwort von
Jan Drewitz. 268 Seiten. SP 1300

Moral
Komödie in drei Akten. Textrevision
und Nachwort von Bernhard Gajek.
102 Seiten. SP 297

Der Münchner im Himmel
Satiren und Humoresken.
164 Seiten. SP 684

Münchnerinnen
Roman. Textrevision und Nachwort
von Bernhard Gajek. 209 Seiten.
SP 339

Nachbarsleute
Kleinstadtgeschichten.
163 Seiten. SP 741

Der Ruepp
Roman. Textrevision und Nachwort
von Bernhard Gajek. 247 Seiten.
SP 543

Der Schusternazi · Der alte Feinschmecker · Waldfrieden
Drei Stücke. Textrevision und
Nachwort von Jean Dewitz.
236 Seiten. SP 1303

Die Sippe
Schauspiel in drei Aufzügen.
Textrevision und Nachwort von Jean
Dewitz. 151 Seiten. SP 1301

Tante Frieda
Neue Lausbubengeschichten. Mit 41
Zeichnungen von Olaf Gulbransson.
Textrevision und Nachwort von
Bernhard Gajek.
151 Seiten. SP 379

Der Wittiber
Roman. Textrevision und Nachwort
von Rudolf Lehner. 248 Seiten mit
28 Illustrationen von Ignatius
Taschner. SP 1077

Das Thoma-Buch
Von und über Ludwig Thoma in
Texten und Bildern. Herausgegeben
von Richard Lemp. 511 Seiten.
SP 641

Şinasi Dikmen
Hurra, ich lebe in Deutschland
Satiren. Mit einem Vorwort von Dieter Hildebrandt. 169 Seiten. SP 2159

Die Geschichten von Şinasi Dikmen erzählen von den Freuden des Alltags, die unseren türkischen Mitbürgern hierzulande beschert werden: von der erbarmungslosen Großzügigkeit, mit der sie die abgelegte Kleidung einheimischer Familien gespendet bekommen, von den beglückenden Erfahrungen im interkulturellen Umgang mit den vielen Deutschen, die alle Fremden so sehr lieben, daß sie ihnen ihr Bestes, also ihr deutsches Wesen, selbstlos und unermüdlich aufdrängen.
Es sind listige Geschichten, die ganz und gar aufs Jammern verzichten.

Walpurga, die taufrische Amme
Parodien und Travestien von Homer bis Handke. Herausgegeben von Theodor Verweyen und Gunther Witting. 500 Seiten. SP 906

Diese umfassende Anthologie versammelt die schönsten, die witzigsten, die frechsten Parodien der Literaturgeschichte. Hier liegt ein Standardwerk vor für den Fachmann und zugleich eine unerschöpfliche Fundgrube für den Liebhaber.

Wild auf Erfolg!
Das Karrierebuch. Herausgegeben von Franziska Polanski. 139 Seiten. SP 1337

Auf den Karriereleitern der Ellenbogengesellschaft sind kumulative Nervenzusammenbrüche ebenso an der Tagesordnung wie schwere Erfrierungen, wenn wieder einmal einer versucht hat, eiskalt zu bleiben.
Dem gegenzuwirken mit Hilfe der satirisch gespitzten Feder hat sich dieser nützliche Ratgeber vorgenommen – über den Erfolg und vor allem über die, die ihn so über alle Maßen brauchen, lassen sich in diesem Band Satiriker von Karl Valentin bis Gerhard Polt aus. Und Zeichner von Wilhelm Busch bis Gary Larson rücken den Katechismus der Leistungsgesellschaft ins rechte Bild.

Joachim Schwedhelm
Wen die Standuhr schlägt
Ein satirisches Stundenbuch. 189 Seiten. SP 1586

Zwischen Nonsens und Satire, zwischen Limerick und Moritat bewegen sich Texte, die Joachim Schwedhelm in den letzten Jahren in vielen großen Zeitungen und Illustrierten publiziert und hier in Form eines humoristischen Stundenbuches für alle möglichen Lebenslagen gesammelt hat.

SERIE PIPER

SERIE PIPER

Karl Valentin

Die alten Rittersleut
Szenen und Couplets. 128 Seiten.
SP 2027

Ich hätt geküßt die Spur von Deinem Tritt
Musikclownerien. Herausgegeben und mit einem Nachwort von Karl Riha. 189 Seiten mit 21 Abbildungen und Faksimiles. SP 863

I sag gar nix. Dös wird man doch noch sagen dürfen!
Politische Sketche. Herausgegeben von Helmut Bachmaier.
121 Seiten. SP 1783

Daß Karl Valentins Komik nicht auf blindes Einverständnis mit dem Publikum und der Gesellschaft im ganzen aus war, sondern zumeist gezielt subversiv sich gegen die herrschende (Un-)Ordnung richtete, belegen aufs schlagendste seine politischen Sketche und Couplets, deren beste in dieser Ausgabe versammelt sind. Sie machen deutlich, daß der große Komiker zu allen wichtigen politischen Fragen satirische Kommentare abgegeben hat.

Die Jugendstreiche des Knaben Karl
Herausgegeben von Bertl Valentin-Böheim. 116 Seiten mit 70 Zeichnungen von Ludwig Greiner. SP 458

Mögen hätt ich schon wollen, aber dürfen hab ich mich nicht getraut!
Das Beste aus seinem Werk. Herausgegeben und mit einem Nachwort von Helmut Bachmaier. 169 Seiten. SP 1162

Karl Valentins Filme
Alle 29 Filme, 12 Fragmente, 344 Bilder, Texte, Filmographie. Herausgegeben von Michael Schulte und Peter Syr. Mit einem Nachwort von Helmut Bachmaier. 225 Seiten. SP 996

Karl Valentin hat sich selbst als Film-Avantgardist begriffen. Bei diesem vielfältig begabten Künster sind der körperliche Ausdruck und die optische Inszenierung für seine Komik ebenso typisch wie das Anrennen gegen die Grenzen der Sprache.

Das Valentin-Buch
Von und über Karl Valentin in Texten und Bildern. Herausgegeben von Michael Schulte. 535 Seiten mit 111 Abbildungen und Faksimiles.
SP 370

»Karl Valentin war ein großer Komiker, ein begnadeter Humorist, einmalig in seiner Skurrilität.«

Lore Lorentz in der »Welt am Sonntag«

Christian Morgenstern
Gesammelte Werke
in einem Band. 616 Seiten.
SP 1067

Wenige Autoren der Weltliteratur haben ein derart facettenreiches, von Gegensätzen bestimmtes Werk hinterlassen wie Christian Morgenstern. Der vorliegende Band, den Margareta Morgenstern, die Frau des Dichters, nach dessen Tod zusammengestellt hat, zeigt die ganze Fülle seines dichterischen und denkerischen Schaffens. Die Auswahl umfaßt die »ernsten« Gedichte wie die Galgenlieder, dazu Grotesken und Parodien, Aphorismen, Sprüche, Epigramme und Briefe. Ob in der Seelenheiterkeit der Palmströmverse oder in dem Lebensernst der Sammlung »Zeit und Ewigkeit«, immer ist die Frage nach dem Sinn menschlicher Existenz spürbar. Der Versuch, die bedrohte Welt und den Menschen zu stärken und zu sich selbst zu führen, verleiht Morgensterns Werk eine zeitlose Gültigkeit: »Der Mensch ist mein Fach, und hier will ich bis zum Äußersten gehen.«

Der Gingganz
Gedichte. 63 Seiten. SP 856

Geboren wurde der »Gingganz« zwischen Knickebühl und Entenbrecht in einem Gespräch zwischen dem Stiefel und seinem Knecht, in dem es da heißt: »ich GING GANZ in Gedanken hin... / Du weißt, daß ich ein andrer bin / seitdem ich meinen Herrn verlor...«

Morgenstern läßt seinen Leibphilologen Dr. Jeremias Mueller die Wortschöpfung so erklären: »Ein in Gedanken Vertiefter, Verlorener, ein Zerstreuter, ein Grübler, Träumer, Sinnierer.«

Beeinflußt von Fritz Mauthners »Beiträgen zu einer Kritik der Sprache« verfaßte er diese »ungeworteten« Ergänzungen zu seinen berühmten »Galgenliedern«.

»Man lacht sich krumm, bewundert hinterher, ernster geworden, eine tiefe Lyrik, die nur im letzten Augenblick ins Spaßhafte abgedreht ist – und merkt zum Schluß, daß man einen philosophischen Satz gelernt hat.«
Kurt Tuholsky

SERIE PIPER

SERIE PIPER

Otto Schenk (Hg.)
Sachen zum Lachen
Ein Lesebuch. 224 Seiten.
SP 2143

Erst als Vortragsprogramm, dann als Video-Kassette, schließlich als Buch: Otto Schenks »Sachen zum Lachen« werden in jeder Form zu einem riesigen Publikumserfolg. Das liegt (neben dem grandiosen Vortrag natürlich) vor allem auch an der Qualität der ausgewählten Texte, die ausnahmslos zu den Meisterwerken der humoristischen Literatur, selbstverständlich speziell der wienerischen, gehören. Peter Altenberg und Alfred Polgar, Roda Roda, Egon Friedell, Robert Neumann und der große Karl Kraus vertreten diese Spielart der »Sachen zum Lachen«. Aber Goethe und Schiller, die großen Klassiker, sind ebenso präsent wie die Spötter Heinrich Heine, Wilhelm Busch und Kurt Tucholsky.

»Wem dieses Buch nicht mindestens ein Schmunzeln entlockt«, meinte der »Münchner Merkur«, »bei dem ist Hopfen und Malz verloren.«

Lust am Lachen
Ein Lesebuch. Herausgegeben von Uwe Heldt. 406 Seiten.
SP 1170

Den verschiedenen Spielformen, das Zwerchfell zu erschüttern, will dieses Lesebuch nachspüren, und dabei versuchen, allen Varianten des Lachens gerecht zu werden – neben dem donnerhallend-schenkelklopfenden also auch und vor allem jenem Gelächter, zu dem die Literatur einlädt: eher leise, aber lange wirksam mit List und Raffinesse angezettelt.

Lust am Weiterlachen
Ein Lesebuch. Herausgegeben von Uwe Heldt. 317 Seiten.
SP 1750

Auf den erfolgreichen Band »Lust am Lachen« folgt mit unerbittlicher Logik die Sammlung »Lust am Weiterlachen«, die wiederum Meisterstücke des literarischen Humors in der Farbskala von grell bis schwarz versammelt.

Neben so würdigen Gestalten wie Christoph Martin Wieland, Karl Immermann und Thomas Mann können natürlich auch jüngere Scherzakrobaten wie Axel Hacke, die Beatles oder Woody Allen ihre Kapriolen schlagen.

Ein Buch, das nirgends fehlen sollte, wo man den Ernst der Lage erkannt hat.